Über dieses Buch Diese bedeutenden Studien trotzen dem Wandel von Zeit und Auffassungen als Musterbeispiele nobler Essayistik. Peter de Mendelssohn schrieb sie in den fünfziger Jahren als einer, der Deutschland sogleich nach der „Machtergreifung" verlassen hatte, in London. Sie sind ein persönliches Bekenntnis und bezeugen die geistige und moralische Situation jener Zeit. Leidenschaftlich und großzügig setzt er sich mit einst geliebten und immer noch nicht preisgegebenen Autoren auseinander, die auf sehr verschiedene Weise der Despotie erlegen waren oder ihr doch Konzessionen gemacht hatten. Er geht tief in ihr Werk und ihr Wesen ein, benennt Schuld und Tragik wie auch bleibende Größe.

Der Autor Peter de Mendelssohn, 1908 in München als Sohn eines Kunsthandwerkers geboren, hat als Achtzehnjähriger seine literarische Laufbahn begonnen. 1933 emigrierte er über Wien nach London. Während des Krieges war er im britischen Staatsdienst, nach dem Krieg beteiligte er sich maßgeblich am Wiederaufbau der deutschen Presse. 1970 siedelte er von London nach München über. Am 10. August 1982 ist er dort gestorben.
Peter de Mendelssohn hat, in deutscher und englischer Sprache, fast vierzig Bücher veröffentlicht: Romane, Erzählungen, Essaybände, die Biographie ‚The Age of Churchill' und die monographischen Standardwerke ‚Zeitungsstadt Berlin', ‚S. Fischer und sein Verlag' und das große Fragment ‚Der Zauberer. Das Leben des Schriftstellers Thomas Mann. Erster Teil 1875–1918', dazu über hundert Übersetzungen aus dem Englischen und Französischen. Er konnte noch neben den ersten acht Bänden der Frankfurter Ausgabe der Werke auch fünf Bände der Tagebücher Thomas Manns herausgeben.
Im Fischer Taschenbuch Verlag liegen außerdem vor: ‚Nachbemerkungen zu Thomas Mann 1 und 2' (Bde. 5770 und 5771).

PETER DE MENDELSSOHN

DER GEIST IN DER DESPOTIE

VERSUCHE ÜBER DIE MORALISCHEN MÖGLICHKEITEN DES INTELLEKTUELLEN IN DER TOTALITÄREN GESELLSCHAFT

MIT EINEM NACHWORT VON
MARTIN GREGOR-DELLIN

FISCHER TASCHENBUCH VERLAG

Ungekürzte Ausgabe
Veröffentlicht im Fischer Taschenbuch Verlag GmbH,
Frankfurt am Main, April 1987

Fischer Taschenbuch Verlag GmbH, Frankfurt am Main
Umschlaggestaltung: Jan Buchholz/Reni Hinsch
Druck und Bindung: Clausen & Bosse, Leck
Printed in Germany
1480-ISBN-3-596-25738-7

INHALT

DEN FREUNDEN

VINCENT BRUN UND

HANS FLESCH VON BRUNNINGEN

ZUGEEIGNET

I

TEMPERAMENT UND MORALITÄT DES INTELLEKTUELLEN

Vorbemerkung in eigener Sache

I

Die Frage nach der Stellung des Geistes in der Gesellschaft, nach seinen moralischen Möglichkeiten und sittlichen Verpflichtungen insonders in einer totalitären Despotie, wird heute mit größerer Dringlichkeit gestellt denn je. Die faschistische und nationalsozialistische Herrschaft haben Lehren erteilt, die, kaum begriffen und verarbeitet, bereits im Angesicht einer neuen Tyrannis, welche dem Geist um nichts günstiger gesinnt ist, nach strikter und verpflichtender Anwendung verlangen.
Ist der schöpferische geistige Mensch in der modernen, zwischen den Diktaturen lebenden Gesellschaft eine moralische Autorität? Muß er Ansichten und Gesinnungen haben, und ist er gar verpflichtet, sie zu äußern, wenn es gefährlich ist? Besitzt die Gesellschaft einen Anspruch auf seine moralische Führerschaft, und ist es ihm gestattet, sich diesem Anspruch zu entziehen? Ist die Kunst wichtiger als die Gesinnung, oder die Gesinnung wichtiger als die Kunst? Darf die Kunst geopfert werden, wenn sich nur so die Gesinnung, und mit ihr die Gesittung, erhalten läßt, und ist eine Kunst das Ansehen wert, die sich aus einer geopferten Gesinnung nährt?
Diese Fragen und eine Schar anderer, die aus ihnen folgen, führten zu den Überlegungen in diesem Buch. Es sind dies Überlegungen höchst persönlicher Art, an Hand von geistigen Erscheinungen, zu denen der Überlegende eine persönliche Beziehung empfindet, in geistiger, künstlerischer, sittlicher Hinsicht. Diese Beziehung gründet sich hier auf Zustimmung, dort auf Widerspruch. Doch sowohl in Zustimmung wie Widerspruch, in Harmonie wie in Dissonanz ist sie immer von durchaus persönlicher Art. Es ist deshalb selbstverständlich, daß diese persönliche Beziehung, diese in vielem gerade-

zu private Art, geistige Erscheinungen unserer Zeit zu betrachten, auch ihrerseits wieder Zustimmung hier, Widerspruch dort hervorrufen wird. Es ist selbstverständlich und weder sonderbar noch vom Übel. Wir leben in einem Zeitalter der Polemik, der unausgesetzten Klärung, Sonderung und Gegenüberstellung der Begriffe und Vorstellungen, und von ihr sind auch die Begriffe des Herzens, mit welchen wir dem Schöpferischen begegnen, nicht ausgenommen.
Damit geraten wir jedoch, ob wir es wünschen oder nicht, unausgesetzt in die Gehege der Moralität. Das ist unvermeidlich. Zugleich aber gerät heutzutage auch jeder, der sich nur von fern mit moralischen Fragen beschäftigt, sogleich in den Ruf eines Moralpredigers und sittlichen Vorschriftenmachers. Und das ist vermeidbar. Denn die Frage, wie die Menschen, und gar Menschen des Geistes, sich zu moralischen Gesetzen verhalten, ist wesentlich weniger interessant als die Überlegung, ob es für den schöpferischen Geist moralische Gesetze gibt und worin sie bestehen.
Dieser Überlegung sind, unter anderem, die nachfolgenden Versuche über das moralische Verhalten des schöpferischen Geistes in der Despotie gewidmet, und da sie nicht erwarten können oder auch nur den Anspruch erheben, für irgend jemand außer dem Autor Gültigkeit und Verbindlichkeit zu besitzen, ist eine persönliche Anmerkung des Autors, wie er zu diesen Überlegungen kommt, am Platz.

2

Am 1. April 1933 ging ich mit meinem Vater durch die Straßen von Berlin. Die Sonne schien, und von vorbeifahrenden Lastwagen riefen braun uniformierte Sprechchöre, man solle die Juden und ihre Geschäfte boykottieren als Vergeltung für die Greuelpropaganda, welche ihre Rasse- und Glaubensgenossen im Ausland gegen Deutschland angefacht hätten. Der Boykott sollte bewirken, daß die Juden im Ausland diese Tätigkeit einstellten. Er war eine Repressalie. Man befand sich in einer Despotie.
Mein Vater und ich wußten, worin diese Greuelpropaganda

bestand. Das nationalsozialistische Regime war zwei Monate alt, und viele unserer Freunde und Bekannten hatten sich Mord und Totschlag und anderer Drangsalierung durch Flucht über die Grenze entzogen. Deutsche Staatsbürger, und keineswegs nur solche jüdischer Herkunft, hatten begonnen, in wachsender Anzahl ihr Vaterland zu verlassen. Draußen hatte man sie ausgefragt, und sie hatten erzählt, wie es drinnen zuging und was sie vertrieben. Wenn sie nur halbwegs die Wahrheit erzählt hatten, so konnten ihre Berichte nicht besonders erheiternd gewesen sein. Ein greulicher Unterton war kaum zu vermeiden, wenn man nicht lügen wollte.

Nachdem wir eine Weile gegangen waren, fragte mein Vater: „Also, was ist zu tun?“

Es war das erstemal in meinem Leben, daß mein Vater mich um meinen Rat fragte, der ich mich selten um den seinen bekümmert hatte. Ich war nicht darauf gefaßt und überlegte, wie er annehmen konnte, daß ich in dieser schwierigen Frage mehr Erfahrung oder Weitblick besäße als er. Er jedoch schien ohne weiteres anzunehmen, daß meine Generation dieses plötzlich aufgetauchte, erschreckende Existenzproblem entschlossener anfassen werde als die seine.

Ich war knapp fünfundzwanzig Jahre alt und mein Vater zwei oder drei Jahre älter als ich es heute bin. Wir waren keine Juden im Sinne der bereits erlassenen oder angekündigten Bestimmungen. Es war nicht anzunehmen, daß mein einer, einziger jüdischer Großvater, ein Gelehrter von hohem Rang und Freund des großen Theodor Mommsen, mir unverzüglich unüberwindliche Schwierigkeiten bereiten würde. Ich besaß wenig politische Kenntnisse und keinerlei politische Verbindungen; auch war mir, abgesehen von einigen albernen Belästigungen, bisher von den neuen Machthabern nichts Unerträgliches widerfahren. Das freilich, nahm ich an, würde sich noch ändern, wie ja auch die Definition, wer als Jude zu betrachten sei, noch nicht endgültig feststand. Fest stand lediglich, daß einer wie ich nicht unbedingt, sondern bestenfalls bedingt, annehmbar war. Das wiederum schien mir schwer annehmbar. Doch hatte ich gelesen, daß eine Reichsschrifttumskammer eingerichtet werde, und mein Verleger hatte mir bedeutet, daß es mit der Weiterveröffentlichung meiner Bücher keine Schwierigkeiten haben werde, falls ich zu gegebener Zeit dort ein-

träte. Ich bezweifelte dies. Ich war bei einigen Zeitungsredaktionen bereits auf unverblümte Ablehnung meines in literarischen Kreisen leidlich bekannten Namens gestoßen, und es hatte mich verletzt, daß die „Vossische Zeitung" meiner Frau eine meiner Arbeiten abgekauft und sie unter ihrem adligen Mädchennamen veröffentlicht hatte. Auf diese Weise waren wir zu etwas Bargeld gekommen, aber auch unversehens zu einer Demütigung. Gegen Demütigungen ist nichts einzuwenden, und man nimmt sie auf sich, wenn sie von einer geistigen oder moralischen Behörde kommen, deren Autorität man gern anerkennt, oder wenn in schwierigen Zeiten dem Allgemeinwohl damit gedient wird. Davon konnte hier nicht die Rede sein, und mich machte die Aussicht schaudern, daß dieser Vorgang zur alltäglichen Lebenspraxis werden würde.
Trotzdem hatte ich nicht die geringste Lust oder Neigung, mein Heimatland zu verlassen und mich außer Landes zu begeben. Im Gegensatz zu vielen meiner Freunde in ähnlicher Lage, die mit einer kurzen Verbannung rechneten und sich auf sie einrichteten, schien mir ein langes Exil eine Gewißheit. So unerfahren ich in politischen Dingen war, hatte ich doch keinen Zweifel, daß ein Regime, welches mit Pistolen und Maschinengewehren amtierte, nur durch Pistolen und Maschinengewehre, vermutlich sogar nur durch Bomben und Granaten wieder beseitigt werden konnte. Mit anderen Worten: ich hielt es für ausgemacht, daß dieses Unternehmen nur in und mit einem Krieg enden würde. So lange wollte ich nicht warten.
Ich lebte gern im Ausland, aber freiwillig. Paris und London waren dem jungen Menschen angenehme und lehrreiche Aufenthalte, so lange er jederzeit in die Heimat fahren konnte, und umgekehrt. Ich hatte gegen meinen deutschen Paß nichts einzuwenden; ich war in Deutschland kein Ausländer und hatte mir nichts zuschulden kommen lassen. Daß ich durch offizielle Umstände genötigt werden sollte, sozusagen mich selbst auszuweisen, empfand ich als widerwärtig, empörend und unwürdig.
Dennoch habe ich es immer vorgezogen, eine Gesellschaft freiwillig zu verlassen, in der ich offensichtlich nicht erwünscht bin, ehe sie mich als unerwünscht hinauswirft. Dabei hilft es mir, daß ich von Natur aus nicht gerade ein passioniert gesel-

liger Mensch bin. Das ist nicht jeder. Die meisten Menschen sind gesellig und lassen sich ihre Zugehörigkeit zur Gesellschaft, in der sie aufgewachsen sind, nicht ohne weiteres vor die Füße werfen. Davor habe ich gebührenden Respekt, vor allem vor den schrecklichen Opfern, die es erfordert, wie die Geschichte der Überlebenden gezeigt hat. Doch ist es, meine ich, letztlich keine Frage der patriotischen Moral, sondern reinweg des Temperaments. Diese beiden Dinge werden heute wie damals nicht gern auseinander gehalten. Es schimpft sich leichter, wenn man sie vermischt.

Schließlich sagte ich zu meinem Vater: „Dies ist eine Entscheidung, die jeder einzelne für sich selbst treffen muß. Es gibt keine allgemein gültigen und verbindlichen Verhaltungsmaßregeln. Was mich betrifft, so scheint mir, daß ich mich gerade eben entschlossen habe. Ich hoffe, ich falle nicht noch um. Hierzulande, schätze ich, werde ich früher oder später Soldat werden müssen oder umgebracht werden, möglicherweise beides in einem. Das nützt niemand etwas, damit ist niemand gedient, weder mir noch anderen, noch irgend einer halbwegs guten oder vertretbaren Sache. Da man sich weder seine Generäle noch seine Mörder aussuchen kann, kann man nicht sicher sein, daß sie sinnvoll mit einem verfahren werden. Sinnlos aber möchte ich mein Leben nicht beenden; zumindest möchte ich versuchen, ein sinnloses Ende zu vermeiden. Obwohl ich nicht annehmen kann, daß irgend jemand gerade auf mich als beispielgebend blickt, möchte ich doch kein unrühmliches, würdeloses oder gar sinnloses Vorbild liefern. Doch solltest du dich unter keinen Umständen unbedingt nach mir richten."

3

Die voraufgegangene Nacht war gleich vielen anderen schlaflos gewesen, und so ungefähr hatte ich es mir in diesen quälenden Stunden zurechtgelegt.

Es war ja wirklich schwer zu glauben, daß ein Regime, welches vorgeblich das Beste wollte, mit einem wie mir nichts anfangen konnte und ihn gar brüsk zurückstieß. Doch taten die öffentlichen Verlautbarungen und Rundfunkreden der Macht-

haber alles Erdenkliche, um einen hierin zu belehren. Meinerseits hatte ich Augenblicke, in denen ich erwog, ob man nicht sie belehren müsse. In der Ratlosigkeit kommt man auf die seltsamsten Gedanken. Ich dachte mir einen Brief aus, den ich an Dr. Goebbels schreiben könnte und in welchem ich ihn auffordern würde, nicht eine so kapitale Dummheit zu begehen, durch die er sich Wohlwollen und Mitarbeit brauchbarer Geister verscherze. Meine Frau, die, wie sich erwies, dem isolierenden Druck und der intensiv politisierten Atmosphäre des Exils nicht gewachsen war und im Jahr darauf in ihre Heimat zurückkehrte, meinte, ich könnte mich gerade so gut sofort im Konzentrationslager um Aufnahme bewerben.
So einfach hätte das Problem von Rechts wegen sein müssen, war es aber nicht. Der junge, unerfahrene, hilflose Mensch, dem im übrigen auch keine materiellen Mittel zur Verfügung standen außer dem, was seine Schreibmaschine ihm von Tag zu Tag verdiente, spürte da noch etwas anderes, etwas Greulich-Abscheuliches: nämlich die Nötigung, die Frage auf der rein moralischen Ebene zu entscheiden, ohne jenen hilfreichen kleinen, aber entscheidenden Stoß, den einem entweder unveräußerliche politische Bindungen oder aber die nicht weg zu argumentierende rassische Defamation versetzen. Ich erhielt weder vom einen noch vom anderen den entscheidenden Stoß und spürte, daß manch einer wie ich sich zu großen Zugeständnissen bereit finden, daß er Augen, Ohren und Verstand so lange es ging verschließen würde, wenn man ihn nur mitmachen ließe. In diesem Punkt heißt es, bis zur Schamlosigkeit ehrlich sein.
Mich hätte man vermutlich mitmachen lassen, mit meinem einen Großvater, so wie man meinen jüngeren Bruder zum Mitmachen zwang, bis er der Tyrannis entwischte. Andere hatten zu viele jüdische Vorfahren, und sie schnitten ihnen die Alternative ab. Doch oftmals habe ich mir in späteren Jahren überlegt, wie viele deutsche Juden, Halbjuden, Vierteljuden es wohl in Hitlers Weltkrieg zu Offizieren gebracht hätten, wie sie es unter dem Kaiser zu Offizieren brachten, wenn man sie gelassen hätte. Eine solche Überlegung rührt nicht einmal von fern an ihr tragisches Andenken. Sie hätten ja nur ihr Vaterland über alles und blindlings geliebt, wären gleich allen anderen der Illusion verfallen, hätten ihre „Pflicht“ getan,

ihren Eid gehalten und wären mit allen anderen aus dem Grauen der Täuschung erwacht.

Doch man soll sich hüten, in solchen Dingen von anderen und gar für andere zu sprechen. Ich spreche nur von mir und nur für mich selbst. Oftmals während dieses Krieges, in dem es mir zeitweilig zufiel, über den Londoner Rundfunk mit dem nationalsozialistischen Kommentar Hans Fritzsche zu polemisieren, überfiel mich am Mikrophon alptraumgleich die Vorstellung, unsere Rollen seien vertauscht und ich müßte von seiner Stelle aus sprechen. In London tat ich's aus freien Stücken, niemand nötigte mich, niemand hätte mich belästigt, wenn ich es abgelehnt hätte. In Berlin wäre es anders herum gewesen. Doch war das völlig unvorstellbar? Ich war gewißlich nicht so geschickt wie mein Gegenspieler, aber ein halbwegs gewiegter Sprecher war ich damals, englisch und französisch konnte ich auch, und wäre ich in Berlin greifbar und gar bereit gewesen, mich meines Namens zu entäußern, vielleicht hätte der „Doktor" mich „eingesetzt", und was hätte ich dann gemacht?

Denn von Heimweh rede mir keiner. Das habe ich durch Jahre ätzend und fressend gespürt, als die Grenzen noch vergleichsweise offen waren. Mehr als einmal im großen Elend zu Wien, Paris und London — inneres und äußeres Elend waren einander ja wert und spielten sich den Ball höchst trefflich zu — war ich drauf und dran, meinen Frieden mit den Verderbern zu machen und mich zurückzuschleichen. Schön war das nicht, und ich wünsche es nur meinen ärgsten großsprecherischen Feinden, von denen ich gottlob nur wenige habe. Denen aber wünsche ich es von Herzen. Nicht damit sie hinfort wissen, wovon sie reden, sondern damit sie erfahren, worüber sie schweigen sollten.

Rückschauend erkenne ich, daß ich mit voller Absicht und in intuitiver Voraussicht der Versuchung und der Gewissensqualen mir selbst den Rückzug abschnitt. Das war der springende Punkt. Denn im Grunde war ich über die Grenze gegangen, um mir den Rückzug in die Schwäche, ins faule Kompromiß, von dem ich meinte, es stünde mir vielleicht offen, in die Versuchung überhaupt zu versperren. Ich hatte nichts dagegen, mich im Exil zu exponieren. In Paris hatte ich die dreimal an mich ergangene Aufforderung der Reichsschrifttumskammer,

das Beitrittsformular und den dazu gehörigen Fragebogen auszufüllen, in den Papierkorb geworfen und die dritte sogar mit einem vorsätzlich und ganz unnötig frechen Brief beantwortet. Ich arbeitete an Zeitschriften und Zeitungen exilierter deutscher Intellektueller mit, obwohl mir nie daran lag, tatkräftig zu irgend einer bestimmten Gruppe zu gehören, die sich für diesen oder jenen Zweck organisierte. Woran mir aber viel lag, war dies: die Eindeutigkeit und Unwiderruflichkeit meines Exils festzustellen — vor mir selbst, und um es jenen in Deutschland, die ich andernfalls vielleicht hätte in Mitleidenschaft ziehen können, zu ermöglichen, mich bedenkenlos abzuschwören.
Ich mußte sicher sein, daß mich Unheil erwartete, falls das Heimweh mich zurücktrieb. Wenn ich ihm trotzdem nachgab und in die mir selbst gestellten Fußangeln lief, so war alle Gewissens-Anstrengung als wertlos erwiesen und mein Verderben spielte keine Rolle. Es kam mir zu.

4

Dies alles habe ich hingeschrieben, damit man sich vergewissern möge, daß ich weiß, halbwegs und einigermaßen, wovon ich im nachfolgenden spreche. Denn, nicht zu vergessen, wir befinden uns im Zeitalter der Ausweise.
Allerorten heißt es, sich legitimieren: wer man sei und warum dieser und nicht ein anderer; woher man komme, wohin man gehe; wieso und warum; und wer sind Sie überhaupt und wie kommen Sie dazu? Das heißt es unablässig beantworten, und so hab ich's denn beantwortet: so komme ich dazu. Dies wäre mein Ausweis, um mich in dieses schwierige Gehege zu begeben.
Natürlich habe ich mir den Ausweis selbst ausgestellt, da ich in Sachen der Lebenserfahrung meine eigene Behörde bin. Das Dasein der letzten zwei Jahrzehnte hat ihn so über und über mit Stempeln bedeckt, daß meine Identität darauf kaum mehr zu erkennen ist. Das soll mir nur recht sein; er könnte auch manch anderem gehören; ich stelle ihn gern zur Verfügung. Jene, denen mein Ausweis nicht gefällt, mögen mir eine Be-

hörde angeben, die einen besseren ausstellt. Doch verspreche ich nicht, mich an sie zu wenden.

Als Kind erregte ich zuweilen den Unwillen meiner Großmutter, die eine über alle Maßen gebildete baltische Aristokratin war, indem ich freimütig kritisierte, was mir nicht oder nicht vorbehaltlos gefiel: Bilder, Bücher, Musik. Die Mutter meines Vaters rügte mich und meinte, man dürfe nichts kritisieren oder gar verwerfen, was man nicht selbst besser machen könne. Dem Zehn- oder Zwölfjährigen schien dies ein unhaltbarer Standpunkt. Ich berichtete ihn meinem Vater und fragte, ob die Ansicht der Großmama stimme. Nein, antwortete mein Vater, sie stimmt nicht. Dann lügt also die Großmama? fragte ich. Nein, antwortete er. Sie lügt nicht. Sie irrt sich.

Dieses Urteil, das auf den Knaben unverlöschlichen Eindruck machte, hat auch für den Erwachsenen Gültigkeit behalten, und ich bemühe mich, es mir immer gegenwärtig zu halten. Als diese oder jene Abschnitte aus den nachfolgenden Versuchen verstreut in Zeitschriften erschienen, wurde häufig von deutschen Lesern der grundsätzliche Einwand gegen sie erhoben, sie ermangelten der „inneren Berechtigung". Jemand schrieb mir beispielsweise, ich sei bezüglich Ernst Jüngers zu richtigen und treffenden Schlußfolgerungen gelangt, die jedoch wertlos seien, da ich keine innere Berechtigung besitze, sie zu ziehen. Ich habe mir überlegt, was dieser und andere Korrespondenten damit meinen. Ich glaube, sie meinen, daß man zu den „Eingeweihten" gehören müsse, die sich um gewisse geistige Erscheinungen sammeln, ehe man sich über diese Erscheinungen den Kopf zerbrechen dürfe; daß der Beurteiler von der gleichen Ausgangsstellung wie der Beurteilte ausgehen müsse, daß er die gleiche „Schau" haben müsse wie jener, sonst sei das Ergebnis seiner Überlegungen wertlos, ja, es komme geradezu einer Beleidigung, einer ehrenrührigen Kränkung, in jedem Fall aber einer groben Ungehörigkeit gleich.

Es fällt mir schwer, mich mit diesen Geistern, die meinen Ausweis nicht anerkennen wollen, weil er von meiner Hand und nicht von ihrer Privatbehörde ausgestellt ist, zu verständigen. Keiner von ihnen hält es für möglich, daß ich mich geirrt haben könnte; alle zeihen mich sofort der Lüge und noch schlimmerer Dinge; und niemand unter ihnen kommt auf den Gedanken,

er könne selbst befangen sein und sich irren. Dieser Umstand macht reine, unvoreingenommene geistige Auseinandersetzung, kühle und unvernebelte Polemik in Deutschland heute so schwierig. Das Gefühl dafür, daß Respekt und Devotion nicht selbst befangen sein und sich irren. Dieser Umstand macht reine, unvoreingenommene geistige Auseinandersetzung, kühle und unvernebelte Polemik in Deutschland heute so schwierig. Das Gefühl dafür, daß Respekt und Devotion nicht dasselbe sind, mangelt sehr, und dieser Mangel führt zu ganz überflüssigen und gegenstandslosen Kontroversen. Respekt ist in jeder geistigen Auseinandersetzung allemal geboten. Da, wo er nicht geboten ist, handelt es sich um geistige Erscheinungen, die eine ernste und gewissenhafte Auseinandersetzung nicht wert sind. Devotion aber, die eifersüchtig wacht, daß keiner sich nähere, der nicht das richtige Abzeichen trägt, die ihm sein völlig selbstloses Interesse an geistigen Problemen und Erscheinungen von vornherein abspricht und ihm unbesehen unterschiebt, er wolle sich durch kritische Betrachtung des Verehrten nur selbst erhöhen, indem er zerpflücke, was er selbst nie hätte zusammenfügen können — sie verengt die Sicht und erweitert sie nicht, sie hat in der Diskussion nichts zu suchen. Jedes Phänomen kann von jeder Seite angesehen werden, auf jedes Ziel darf man aus jeglicher Richtung hinwandern. Das einzige Kriterium ist, ob man hinkommt, ob etwas dabei herauskommt. An ihm und nirgends sonst scheiden sich die Wege der geistigen Auseinandersetzung.
In den nachfolgenden Versuchen und Überlegungen wird man Devotion vermissen, nicht aber, so ist zu hoffen, Respekt. Wenn im übrigen der Leser zuweilen den Eindruck hat, daß der Autor gleichsam den Hut auf dem Kopf behalte, so ist das nicht mit den Händen in den Hosentaschen zu verwechseln. Es wird den Autor nicht daran hindern, sich zu gegebener Zeit achtungsvoll, ja verehrungsvoll und geradezu herzlich zu verbeugen, — vor dem schöpferischen Genius und dem unlöslichen Dilemma, das ihm unsere Zeit und unsere Welt auf Schritt und Tritt bereitet.
Die Sonne, auf die der schöpferische Geist immerdar hoffen muß, scheint ja noch nicht. Doch heißt das nicht, daß man bei bedecktem Wetter sich nicht grüßt.

2

ERLEUCHTUNG UND VERBLENDUNG DES ZERRISSENEN

Versuch über Knut Hamsun

„Es ist so herrlich, ungewöhnlich viel zu glauben."

KNUT HAMSUN: *Die letzte Freude*

I

Das Leben dieses Mannes umfaßte nahezu ein ganzes Jahrhundert. Dessen heißt es, versucht man, die Ausmaße seines Bildnisses zu bestimmen und einen rechten Rahmen für es zu finden, allzeit eingedenk sein. Nicht jeder wird so alt und hat bis zum Schluß eine eigene Meinung. Außerdem war es, im europäischen Bereich, kein beliebiges Jahrhundert, sondern ungewöhnlich reich, vielgestaltig, bewegt und erregend. Als der Sohn des Schneiders Peder Pedersen geboren wurde, war Kierkegaard kaum vier Jahre tot; Jens Peter Jacobsen war zwölf, August Strindberg zehn, Herman Bang zwei Jahre alt. Selma Lagerlöf, die ihn liebte und verehrte, war nur um einige Monate älter als er.

Als Dostojewskij starb, war Hamsun, zweiundzwanzigjährig, in Amerika; als Nietzsche starb, reiste der Einundvierzigjährige mit seiner ersten Frau in Rußland. Er schrieb sein erstes Buch mit achtzehn, sein letztes mit neunzig Jahren. Die Werke seiner Reife „Unter Herbststernen" und „Die letzte Freude" erschienen in den Todesjahren Ibsens und Strindbergs. Er war drei Jahre älter als Gerhart Hauptmann und überlebte ihn. Er überlebte auch Sigrid Undset, Bernard Shaw und André Gide. Er überlebte sie in jeglichem Sinn des Wortes.

Sich selbst überlebte er nicht, obwohl es den Anschein hatte. Das allerletzte Buch dieses Mannes, der bis zum letzten Atemzug lebte, will sagen, dichtete, träumte, sich erinnerte, schrieb, eiferte, zankte und stritt, gehört zu den ergreifendsten und wichtigsten geistigen Zeugnissen unserer Zeit. Es ist völlig einzig in seiner Art, aber es ist auch das einzige Zeugnis über seine Zeit, das er geliefert hat.

Er durchlebte ein bedeutendes Jahrhundert, von der Mitte des neunzehnten zur Mitte des zwanzigsten, und lebte mit und neben einer Vielzahl bedeutender schöpferischer Zeitgenossen. Doch zeigt ein Blick auf ihre Namen und ihre geistigen Bereiche, daß damit wenig, ja im Grunde gar nichts über ihn ausgesagt ist. Dieser Umstand ist von Bedeutung. Die Feststellung, Hamsun sei ein Zeitgenosse Nietzsches und Dostojewskijs gewesen, ist sinnvoll und besagt etwas über ihn. Von ihnen ist manches auf ihn übergestrahlt und in ihn eingedrungen. Die umgekehrte Feststellung, Strindberg, Undset, Hauptmann seien Zeitgenossen Hamsuns gewesen, entbehrt jeglicher Bedeutsamkeit. Womit nicht gesagt ist, von Hamsun habe nichts ausgestrahlt, sei nichts in seine Zeitgenossen übergegangen. Durchaus im Gegenteil: er hat seine Zeitgenossen bewegt wie keiner und so viele Epigonen gezeugt wie nur Hemingway nach ihm.

Aber er war ihnen nicht durch seine Zeit verbunden, die auch die ihre war, sondern weit eher durch seine Zeitlosigkeit, die er mit niemand teilte. Er stand nicht im geistigen Geflecht seines Zeitalters, schuf nicht mit am Gewebe seiner Epoche. Er korrespondierte mit seinen Zeitgenossen nicht, was nicht heißt, daß niemand von ihm einen Brief erhalten hätte. Im wahrsten Sinn des Wortes fehlten vielmehr die Entsprechungen, es ging zwischen ihnen nichts Schöpferisches und Befruchtendes hin und her wie zwischen Ibsen und Shaw, zwischen Hauptmann und Strindberg, Thomas Mann und Herman Bang. Die Zeitgenossen hatten ihn, aber er hatte keine Zeitgenossen.

Er schuf während des größten Teils eines ganzen Jahrhunderts mit unbändiger, versessener Energie ein nahezu unübersehbares Werk, aber weder er selbst noch sein Werk standen gültig für dieses Jahrhundert, waren für es repräsentativ. Gewißlich trägt das Werk seine Gültigkeit in sich, denn es ist über alle Maßen gelungen. Aber sein Jahrhundert kann es nicht vorweisen und sagen: dies galt für uns, in diesem sind wir drin. Und doch sprach er seiner Zeit in entscheidenden Augenblicken tiefer aus der Seele denn irgend ein anderer, der sich mit der Erhellung ihrer Probleme verantwortungsvoll geplagt. Das ist das Rätsel und das Geheimnis dieses großen Schöpfers, seiner Erleuchtung und seiner Verblendung.

Es ist kaum ein Zufall, daß Hamsun sich nie aus der Geschichte einen Vorwurf geholt hat. Dafür ist ihm die Geschichte später mit Vorwürfen gekommen. Es gibt keinen historischen Roman von ihm, in dem ein Zeitabschnitt, eine Epoche mit ihren Menschen, Ereignissen und Problemen festgehalten und gedeutet wäre. Es war natürlich auch kein Zufall, auch das nicht, daß er aus dem „geschichtslosen" Skandinavien stammte und auf seinem Boden blühte und gedieh, der seit langem von bewegenden, treibenden, geschichtsbildenden Ereignissen unberührt geblieben war. Wie es denn auch kein Zufall ist, daß just er im von Geschichte übersättigten Deutschland seinen stärksten Widerhall fand. Er hatte etwas, was die anderen nicht hatten, und er hatte es zum guten Teil, weil sein Heimatland es hatte.

Auch die Abwesenheit einer Eigenschaft ist eine Eigenschaft. Die Geschichtslosigkeit des „Segens der Erde" wirkte wie Balsam auf das von allzuviel Geschichte geschlagene Deutschland von 1918. In Frankreich und in den angelsächsischen Ländern war sie ein merkwürdiger, fremder Hauch, der bald verflog. Wells tat für England, Sinclair Lewis für Amerika, was Deutschland sich von Hamsun erhoffte: sie rückten die menschlichen Beziehungen im sozialen Gefüge der Nachkriegswelt wieder zurecht. Hamsun entrückte sie in eine beziehungslose Welt. Er gab Deutschland einen Traum, aus dem es aufwachen hieß. Anderwärts träumte man auch, aber wachen Auges. Auf beide Arten bekommt man Kopfweh.

Als endlich seine eigene skandinavische Heimat mit einem grausamen Ruck in die Geschichte zurückgezerrt ward, verstand der Dichter dieses Ereignis nicht, ja er mißverstand es vollkommen und wußte mit ihm nichts Schöpferisches zu beginnen. Das einzigartige Beziehungsgewebe zwischen ihm und der Welt, das ihn getragen, war zerstört. Darunter lag ein anderes, hatte immer dort gelegen, aber er kannte es nicht; bis zu ihm waren seine Wurzeln nicht vorgedrungen.

Seine Landsleute waren bestürzt über ihn, aber nicht übermäßig überrascht, er von ihnen aber über alle Maßen. Sie kannten ihn weit besser als er sie. Sie besaßen und enthüllten einen Geschichtssinn, und dieser bestimmte im entscheidenden Augenblick ihre Stellung zum Geschehen der Zeit. Davon hatte Hamsun nichts gewußt und wußte auch nicht recht, was es war.

So ist es geistesgeschichtlich unergiebig, will man, um die Ursprünge und Anfänge dieses zwiespältigen und widerspruchsvollen geistigen Phänomens aufzuspüren, kurzerhand ein Jahrhundert zurückgehen. Da findet sich wohl manches, aber es ist nicht viel und nicht das, was gebraucht wird. Vielmehr scheint es, als müsse man in die graue Vorzeit eintauchen, um zu ermitteln, wo dieser Mann eigentlich herkomme, was ihn gezeugt, geboren und geformt hat. Er war ein riesiger, baumlanger und baumstarker Greis mit einem tollen, flatternden weißen Wolkenbart im nordischen Faunsgesicht, als er starb, aber er war viel, viel älter als dreiundneunzig Jahre. Er war tausend, er war zehntausend Jahre alt und wußte es. „Ein Wiedererstandener aus der Vorzeit, der in die Zukunft hinausdeutet, ein Mann aus der ersten Zeit des Ackerbaus, ein Landnamsmann, neunhundert Jahre alt und doch auch wieder ein Mann des Tages" — so nennt er selbst den Ödlandbauern Isak. Er selbst, der Schöpfer Isaks, ist älter als sein Geschöpf.

Er kam aus einer Zeit, als die Steine noch sprechen konnten und noch ehe es Menschen gab. Als er die ersten Menschen traf, lehrte er sie die Sprache der Steine. Aber auch das ist schon lange her; seine eigenen, besten Geschöpfe beherrschen davon nur noch wenige, nicht immer zusammenhängende Worte. Er war der Zeitgenosse von allem und jedem, das jemals über die skandinavische Erde gezogen, und der Bruder von nichts und niemand, das sich im Historienkalender mit Namen und Jahreszahl benennen ließ. Seine Ursprünge verlieren sich in grauer Urzeit. Er ist nicht so sehr eine unhistorische als vielmehr eine prähistorische Erscheinung. Die Welt schuldet ihm viel; er ihr nichts.

So kommt es, daß im Augenblick, da er der Welt eine Rechnung aufzumachen beginnt und die Welt eine Gegenrechnung macht, alle Konten krumm und schief werden und nichts sich addieren und subtrahieren läßt. Zum Schluß dieses verrückten Handels heißt man sich gegenseitig Betrüger und Verräter und hat ganz vergessen, daß diese Worte etwas bedeuten. Am Irrtum freilich sind beide schuld. Naturgeister sollen keine Wechsel ausstellen, und Banken, in denen die Geschicke der Menschheit investiert sind, nicht panisches Flötenspiel und koboldhaftes Urgelächter als bare Münze in Zahlung nehmen. „Alle diese Felsen sind reine Verschwörungen gegen meine Wanderung, denke ich, riesenhafte gepflanzte Flüche, die mir den Weg versperren. Oder wie, wenn ich einfach in die Gewerkschaft der Felsen geraten wäre? Vielleicht sind die Felsen auch nur ausgestopft?"

So heißt es in der „Letzten Freude". Natürlich sind die Felsen nicht ausgestopft. Sie sind gepflanzte Flüche, und sie sind auch eine Gewerkschaft. Sie sind die Geschichte, die fluchend am Werke ist. Aber sie haben den Urvater gern, der ausweglos zwischen ihnen umhertorkelt, und sie lassen ihn nicht zu Schaden kommen. Nein, das tun sie nicht.

2

Knut Pedersen, am 4. August 1859 auf dem kleinen Hof Garmostredet bei Lom im Gudbrandstal, im Innern Südnorwegens, geboren, stammte aus einer Sippe kleiner, bescheidener Handwerker. Sein Vater war Schneider, aber die Familie war bäuerlicher Herkunft, auf dem Land ansässig und wenngleich arm, so doch durchaus nicht proletarisiert. Das Bild des Schneiders und Kleinbauern Pedersen im Sonntagsstaat zeigt einen würdevollen alten Herrn im weißen Backenbart, mit steifem Bürgerskragen und sorgfältig gebundener Krawatte, einen Mann, der auf sich hielt und sich sehen lassen konnte. Die Bilder des Sohnes in seinen reifen Jahren zeigen eine ähnliche, peinlich genaue, säuberliche Eleganz. Der bäuerliche Schneider und seine Frau hatten sieben Kinder und ein hartes Leben. Das Gudbrandstal ist eine düstere, steinige Gegend. Im Nordland, wohin man bald übersiedelte, war es nicht heiterer.

Tora Pedersen, die ihren Lebensabend auf dem kleinen Hof

Hamsund bei Hamaröy, eine halbe Meile Wegs von ihrem berühmten Sohn entfernt, zubrachte, war eine zarte, aber zähe Frau. Sie überlebte die meisten ihrer Kinder und Enkel, die die Lungenschwindsucht hinwegraffte. Gegen Ende ihres Lebens war sie stocktaub, verwittert wie eine Mumie, ohne einen Zahn im Mund. Doch weigerte sie sich, ein Gebiß zu tragen und las kein einziges der Bücher ihres Sohnes. „Ich habe nichts von Ihnen gelesen", sagt in „Victoria" der alte Hauslehrer zu Johannes. „Ich lese mich selbst, wenn ich etwas lesen will." Tora Pedersens Enkel liebten sie und fürchteten sich zugleich vor der kurz angebundenen, primitiv-gewichtigen und orakelhaften Art, in der sie sprach. Der Sohn hing an ihr. Seine Äußerungen über sie verraten, daß sie ihn in einem dunklen, nornenhaften Bann hielt. Es ist an Hamsun durchaus etwas Mythisch-Verhextes. Man kann vermuten, woher es kam. Doch muß es aus früher Kindheit stammen. Denn der Sohn, einer unter fünf Brüdern, wuchs nur zeitweise im Elternhaus auf.

Man gab den Achtjährigen als landwirtschaftlichen Gehilfen zu seinem Onkel, der beim Pfarrer von Hamaröy auf dem Hof angestellt war. Der Fünfzehnjährige war Lehrling im Kaufmannsladen in Lom; der Sechzehnjährige versuchte sich als umherziehender „fliegender Händler"; der Siebzehnjährige wandte sich dem Handwerk zu und ging bei einem Schuhmacher in die Lehre. Wann und wie lange er bei diesem wechselvollen Kinderleben in die Schule ging, ist nicht klar. Doch konnte der Achtzehnjährige nicht nur lesen und schreiben, sondern muß sich darüber hinaus, auf die eine oder andere Art, auch eine gewisse Allgemeinbildung angeeignet haben. Sie war zumindest ausreichend, um ihn zwei Jahre lang, 1877 und 1878, als Hilfslehrer in der Dorfschule und Gehilfen des Amtmanns in Bö auf Vesteraalen zu halten. Der Onkel in Hamaröy betrieb nicht nur das Postamt und die Volksbibliothek, sondern auch einen kleinen Handel mit Büchern; außerdem mußte der Knabe ihm, der an Lähmungserscheinungen litt, die Schreibarbeiten verrichten.

In dieser frühen Zeit, so scheint es, zwischen seinem zehnten und achtzehnten Jahr, lernte Hamsun die Menschen seiner Heimat kennen, das Volk, das in so unübersehbarer Vielfalt durch seine Geschichten wimmelt. Später kam wohl noch manches hinzu, das die Erfahrung erweiterte. Aber die Grundgesichter, die Archetypen seiner Welt hat er in dieser Zeit erblickt. Sie haben sich ihm unverlöschlich eingeprägt, und er hat sie so bewahrt, wie sie vor das Kind und den Halbwüchsigen hintraten. Hier liegen wohl mancherlei Schlüssel.

Der Kaufmannsladen in Lom spielt in fast allen Büchern Hamsuns eine zentrale Rolle, in „Benoni", in „Kinder ihrer Zeit", in den „August"-Romanen und vor allem in der „Stadt Segelfoß". Mack, Knoff und Theodor sind Urgestalten der Hamsunschen Welt. Es ist ihm kein Winkel ihrer Läden und keine Falte in ihren großmannssüchtigen Krämerseelen verborgen geblieben. Ihre Lehrlinge und Gehilfen sind samt und sonders jene minderwertigen Typen, als deren eine der Fünfzehnjährige sich empfunden haben muß. Die fliegenden Händler sind die unentbehrlichen Statisten aller seiner Erzählungen. Mit der gleichen heimtückischen Genauigkeit und zähneknirschenden Bitterkeit wie die Kaufleute gezeichnet, geistern sie als Uhren-Juden und gar als regelrechte balkanische Spitzbuben auf allen Dorfplätzen und Jahrmärkten. Gerät ein junger, naiver Mensch unter sie, so spürt er nur zu bald, daß er hier nichts zu suchen hat.

„Das Ganze war ein Geschehnis und ein Zufall in Edevarts Leben. Er zog aus seinem Erlebnis im Wald nicht sogleich einen klaren Schluß, aber es lagerte sich als Grundlage für spätere Erfahrungen in ihm ab." So steht es mit fast autobiographischer Deutlichkeit im „Landstreicher", und die „Grundlage für spätere Erfahrungen" läßt sich natürlich durchaus als eine jugendliche vorgefaßte Meinung, als ein Vorurteil, als einen Komplex begreifen. Wie es schließlich beim Amtmann eines Dorfes zugeht, weiß er, der Amtmannsgehilfe war, in- und auswendig, und er hat im allgemeinen keine hohe Meinung davon. Die Handwerker, insbesondere die Schuhmacher, bilden eine Ausnahme. Der arme verelendete Schuster Nils in der „Stadt Segelfoß" ist die Sorte Mensch aus der Welt des Siebzehnjährigen, an die der Sechsundfünfzigjährige sich gern, mit warmem Herzen, erinnert.

An die übrige Welt des unsteten Jünglings erinnert er sich nicht gern. Überall starren ihn Berufe an, die er nicht mochte und die ihn nicht mochten, und sein jugendliches Mißbehagen in den Berufen überträgt sich auf ihre typischen Vertreter. Späterhin kommen Geistliche und Rechtsanwälte, Journalisten und Engländer als unangenehme Zeitgenossen hinzu. Rechtsanwalt oder Engländer freilich war Hamsun in seiner empfindlichen Jünglingszeit nicht. Aber das wenige, das in ihm vom verfehlten jugendlichen Geistlichen und vom Journalisten saß, behandelte er zeitlebens mit jener aufbrausend-höhnischen Verachtung, deren nur ein junger Mensch fähig ist.

Der Jüngling fühlte sich in dieser Welt nicht wohl, mit der er nichts anfangen konnte und die mit ihm nichts anzufangen wußte. Sie war eng und schwierig und bot keine Aussicht. Wir wissen nicht, was er in den zwei Jahren als Hilfslehrer in Bö an Büchern las, die seinen unruhigen Geist beflügelten. Es waren möglicherweise nur Groschenhefte. Die Vermutung liegt nahe, denn das erste, was der Dorfschullehrer achtzehnjährig selbst schrieb, war „Der Rätselhafte", eine Liebesgeschichte von einunddreißig Seiten, die 1877 in Tromsö unter dem Namen „Kn. Pedersen" erschien und als Groschenheft von Landhausierern verkauft wurde.

Es ist der natürliche Weg. Der Nachahmungstrieb ist die legitime Hintertür, durch die sich die echte schöpferische Begabung den Weg ins Freie sucht. Der Unkundige und Unerfahrene bemächtigt sich der ersten, besten Form, die zur Hand ist. Jeder Gymnasiast schickt seine ersten Gedichte an die Redaktion der Zeitung, die zufällig im Elternhaus gelesen wird. Zuweilen hat man Glück, und es geht von dort weiter. Wenn nicht, so muß es auf Umwegen erzwungen werden. Im gleichen Jahr 1877 erscheint „Björger", bereits ein Buch von 124 Seiten, „im Verlag von Knut Pedersen Hamsund". Es bleibt unbeachtet. Aber ein Großkaufmann in seiner Gegend gibt dem jungen Dichter die Mittel, sich im Süden des Landes als Literat zu versuchen. Der Posten in Bö wird aufgegeben, aber auch die Hilfe des Mäzens kann es nicht erzwingen. Björnson, den der junge Mensch verehrt, bezeichnet eine neue Novelle „Frida" kurzerhand als unreif. Es geht nicht weiter. Der Zwanzigjährige kehrt in die Heimat zurück und verdient sich sein Leben als Straßen- und Gelegenheitsarbeiter.

Dieser Zeit, die wohl nur einige Monate umfaßt haben kann,

gedenkt Hamsun ohne Bitterkeit. Es kann nicht leicht gewesen sein, den Fehlschlag zu verwinden. Aber es liegt kein Schatten über diesem Sommer. Grindhusen und Falkenberg, die Wegarbeiter in „Unter Herbststernen“, sind ausgesprochen liebenswerte Gefährten aus „unserer grünen Jugend“, und die Arbeiten, die man verrichtet, erfordern Umsicht und Sachkenntnis. Sie sind „richtige“ Arbeiten, so niedrig sie auch sein mögen, und machen im Gegensatz zu den unseriösen und leicht anrüchigen Betätigungen der fliegenden Händler und Ladengehilfen auf den jungen Menschen einen Eindruck. Dieser Eindruck wirkt nach bis in das vierzig Jahre später geschriebene Buch. Die Menschen begehen allerlei moralisch zweifelhafte Dinge, auch hier; aber ihre Arbeit ist moralisch einwandfrei.
Natürlich muß man, um den Bau einer Wasserleitung richtig schildern zu können, nicht unbedingt selbst eine Wasserleitung gebaut haben. Doch man hat, was man hat, wenn es auch nur eine Erfahrung ist, die unablässig weiter in der Seele nagt und einen das ganze „zerschlissene Leben“ lang nicht mehr losläßt. Gute Handwerksarbeit wird leicht von jenen zu hoch bewertet, die wissen oder ahnen, daß sie selbst schließlich mit dem Kopf zu arbeiten bestimmt sind. Dem Jüngling, der den Kopf voller Gedanken, wenn auch „unreifen“ hat, verursacht der sachgemäße Bau einer Wasserleitung noch im Rückblick über vierzig Jahre ein gewisses lustvolles Unbehagen. Er weiß, daß er eines Tages Bücher schreiben wird, die rein als Handwerksleistung betrachtet, Falkenbergs Wasserleitung gleichwertig, wenn nicht überlegen sein werden. Inzwischen aber ist Falkenbergs funktionierende Wasserleitung eine bessere Arbeit als seine eigene, nicht funktionierende Schriftstellerei. Und dieser Eindruck sitzt und setzt sich fest. Er wuchert später zu den tollen Blüten einer durchaus manischen, vorgeblichen Geringschätzung aller geistigen Leistung überhaupt, die umso wütender ausfällt, je bedeutender und unbezweifelbarer die eigene geistige Leistung hervortritt. Dieser ganze jugendliche Komplex ist in „Unter Herbststernen“ verschlüsselt.

3

Er muß trotz allem ein einigermaßen ungewöhnlicher Wegarbeiter gewesen sein. Vermutlich redete er viel und halbwegs wohlgesetztes und wohltönendes Zeug. Wie sonst wäre eine alte Frau darauf gekommen, ihm Geld anzubieten, damit er Pfarrer werden könne? Irgendwo saß der Prediger in dem Burschen, das spürte das alte Weib. „Mißmutig schlich ich in den Wald hinauf und versteckte mich. Warum hatte ich naseweiser Tor nicht geschwiegen? Ich banaler Schwätzer!" Der Frau erklärte er, er wolle das Geld lieber dazu verwenden, nach Amerika auszuwandern, in die „moralisch bessere Welt".

Es war auch zu jener Zeit für das arme, mit hunderterlei Ungunst kämpfende Fischer-, Bauern- und Handwerkervolk des norwegischen Küstenlandes keine Kleinigkeit, nach Amerika zu gelangen. Es hieß, wie der Ladengehilfe Lorensen — „auch er hatte angefangen, an Amerika zu denken, was blieb ihm sonst übrig?" — jahrelang sparen. Es hieß, wie bei Haakon Doppen, den ärmlichen Hof verkaufen, das Geld für die Reise demütig auf den Knien zusammenbetteln. Ob die alte Frau mit dem Vorschlag des Wegarbeiters einverstanden war, auf welche Weise der Einundzwanzigjährige 1880 nach den Vereinigten Staaten gelangte, ob als Schiffsheizer, wie ein Biograph wissen will, ob als „Journalist mit einer Freikarte", wie ein anderer meint, scheint nicht aufgeklärt. Gleichviel, Knut Pedersen Hamsund reiste. Björnson, ihm nach wie vor gewogen, gab ihm anscheinend einige Empfehlungsbriefe mit.

Hamsuns erster Aufenthalt in Amerika währte etwas über vier Jahre. Offenbar war es seine ursprüngliche Absicht, sich mit seiner Feder durchzubringen. Aber sie erwies sich, wie beim ersten Versuch in Kristiania, als undurchführbar. Er konnte seine Reiseberichte nicht unterbringen. Wieder hieß es, zu manueller Arbeit zurückkehren. Er arbeitete als Landarbeiter auf verschiedenen Farmen in Wisconsin, Minnesota, den beiden Dakotas, wo er sich halbwegs beheimatet fühlen konnte, denn er war umgeben von deutschen und norwegischen Einwanderern.

Die großen deutschen Kolonien waren nach der Revolution

von 1848 ins Land gekommen und hatten nicht nur fortschrittliche landwirtschaftliche Methoden, sondern auch die Vielfalt ihrer hochentwickelten handwerklichen Tradition mitgebracht. Die Skandinavier folgten ihnen etwas später und waren fast ausschließlich Bauern und Landarbeiter. Heute gibt es in Wisconsin rein deutsche Landkreise, die von Norwegern buchstäblich eingekreist und umringt sind. Aber neben vornehmlich Deutschen und Norwegern bevölkerten auch Dänen, Finnen, Polen und Schweizer diese besondere amerikanische Teilwelt, in der der junge Mensch Fuß zu fassen versuchte. Es läßt sich vermuten, daß Hamsun seine spätere Abneigung gegen die Schweizer aus jener Zeit bezog, da die prosperierenden Käsemacher des Green County den ärmeren Einwanderern ein Dorn im Auge waren. Schweizern fällt es nun einmal nicht leicht, ihren Wohlstand mit Grazie zu tragen.

Der Vierundzwanzigjährige verschaffte sich schließlich mit Hilfe einer Empfehlung Björnsons eine Stellung in einem Laden im Städtchen Elroy in Wisconsin. Aber bald darauf ist es mit der verhaßten Krämerei wieder vorbei, er wird Aufseher auf einem Holzlagerplatz und schließlich im folgenden Jahr Sekretär bei Kristoffer Janson, dem Pastor der norwegischen Gemeinde in Elroy, der den Ruf eines originellen und bedeutenden religiösen Denkers genoß. Die alte Frau in Norwegen, die dem Wegarbeiter die Karriere eines Geistlichen empfahl, hatte eine merkwürdige Seite in dem jungen Menschen richtig erkannt: in diese Zeit fällt sein fehlgeschlagener Versuch, Pastor der Unitarischen Kirche zu werden. Die Nähe Jansons muß stark auf ihn gewirkt haben.

Aber der Fehlschlag zeugt nur wieder eine übermächtige Animosität gegen eine neue Menschengruppe. In dem Spott, dem Hohn, dem geradezu lästerlichen Sarkasmus und den außer Rand und Band geratenen Schmähungen, mit denen er die gewißlich armselige Figur des streberischen Hohlkopfs und Pastors Lassen in der „Stadt Segelfoß“ überschüttet, liegt die unmäßige Rache des jungen Menschen, der die Verkümmerung einer kleinen, geheimen, nie recht ausgesprochenen Regung seiner Seele nicht verschmerzen kann. Aber das Leiden, das in seiner Familie wütet, fällt ihn an. Eine Lungenaffektion zwingt ihn zur Heimkehr nach Norwegen.

Es ist das Jahr 1885. Der Sohn des Schneiders ist sechsundzwanzig Jahre alt. In jener Zeit war ein Sechsundzwanzigjähriger ein reifer Mann, er trug einen Vollbart und eine Uhrkette, hatte eine Frau, Kinder, eine Existenz. Der Sohn des Schneiders saß mittellos in Aurdal bei Valdres: „Das ist der Ort, an den ich fuhr," erzählte er später dem Sohn Tore, „als ich aus Amerika zurückkam und zu Hause sterben wollte. Ich hatte Lungenbluten gehabt. Ein Arzt sagte, ich hätte galoppierende Schwindsucht, er könne nur nicht genau sagen, wie lange es noch mit mir dauern würde. Ich fuhr nach Valdres und starb nicht." Später schickte er seine Kinder an den Ort zur Erholung, kehrte auch selbst oft an ihn zurück. Jetzt arbeitete er zeitweise als Postkutscher, versuchte, sein Lungenleiden loszuwerden, blieb anderthalb Jahre und machte sich schließlich abermals nach Kristiania auf, um einen neuen Versuch zu unternehmen, sich als Journalist durchzusetzen. Die eine oder andere Arbeit wird im „Dagbladet" gedruckt, aber eine Existenz kommt nicht zusammen. Es ist ein hungerndes, entbehrungsvolles Leben, die große Stadt ist ihm noch immer feind, er ist ihrem tückisch-komplizierten Mechanismus nicht gewachsen. Um seinen siebenundzwanzigsten Geburtstag wirft er abermals alles hin und kehrt der Heimat zum zweitenmal den Rücken.
Hamsuns zweiter amerikanischer Aufenthalt dauerte nur etwa zwei Jahre. Wieder war es ein verzweifelter Versuch, sich mit Kopf und Verstand durchzusetzen, der immer wieder in der manuellen Arbeit als letztem Auskunftsmittel endete. Er nahm einen Posten als Fischerei-Arbeiter auf den Neufundland-Bänken an, zu Weihnachten 1887 war er Straßenbahnschaffner in Chicago. Sechzig Jahre später steht ihm diese Zeit noch leibhaftig vor Augen: als man dem Greis in Oslo beim Aussteigen aus der Tram helfen will, vermerkt er lediglich, „aber ich war in Chicago Straßenbahnschaffner gewesen und kam allein zurecht." Im Sommer darauf ist er Ernte-Arbeiter in North Dakota, dazwischen Schlafwagenschaffner, Austräger, Zeitungsverkäufer. Im Herbst 1887 ist er in Minneapolis, wo er vor kleinen Gruppen von dreißig und vierzig Zuhörern Vorträge über skandinavische und moderne Literatur hält. Zwischenhin liest er unersättlich und schreibt unablässig weiter — erfolglos.

Der Neunundzwanzigjährige gibt es auf. Der Weg geht nicht weiter, er kehrt um. Die Neue Welt ist nicht seine Welt, es ist überhaupt die falsche Welt, es ist mit ihr nichts anzufangen. Sie will ihn nicht, und da sie ihn nicht will, will er sie auch nicht. Zum zweitenmal kehrt er heim, diesmal für immer. Er hat Amerika, wo er sechs abenteuerlich-entbehrungsvolle Jünglingsjahre zugebracht, in den folgenden sechzig Jahren seines Lebens nicht wiedergesehen, und er hat in diesen sechzig Jahren auch kaum ein gutes Wort für die „moralisch bessere Welt“ mehr übrig gehabt. Ja, er hat sie zu Zeiten über jedes Maß geschmäht, gehöhnt und gegen sie gehetzt mit einer Vehemenz, wie sie nur aus einem tiefen, unheilbar verletzten Herzensgefühl kommen kann.
Warum war er überhaupt nach Amerika gegangen, warum nach dem ersten Fehlschlag nochmals zurückgekehrt? Es ist wahrscheinlich, daß er um diese Zeit noch keine sehr klare und eindeutige Vorstellung davon hatte, was er vom Leben wollte und wohin sein Weg ihn führen sollte. Es gab um 1880 für einen jungen, mittel- und erwerbslosen Handwerkerssohn in Norwegen viele Gründe, um das Vaterland zu verlassen und in der Neuen Welt sein Glück zu versuchen. Hamsun hat die Beweggründe und Konflikte dieser Menschen, zu denen er gehörte und denen er sich damals wohl auch zugehörig fühlte, mehrfach geschildert, am genauesten in den „August“-Romanen, vor allem in „Landstreicher“. Er ging nicht nach Amerika als Einzelner oder gar als störrischer Einzelgänger, der seine eigenen Vorstellungen von der Welt im eigenen Kopf trug. Er ging, weil alle gingen, in großen Scharen, Jahr um Jahr. Er war einer von ihnen, ein proletarisierter Kleinbauernsohn. Er erlebte das Schicksal einer Schicht, einer Klasse im Zuge des wirtschaftlichen Umformungsprozesses seines Vaterlandes, und er reagierte mit ihnen und wie sie.
Dennoch — was suchte er in Amerika? Die meisten seiner Schicksalsgenossen wanderten zweifellos in der Absicht aus, in der neuen Heimat zu bleiben und in ihr Wurzel zu fassen. Sie dachten nicht an Rückkehr, hofften aber wohl, ihre zurückgebliebenen, verarmten Familien aus der Ferne unterstützen zu können. Mancher wanderte aus, um es im neuen Land so rasch wie möglich zu Wohlstand zu bringen und

dann in besseren Verhältnissen in die Heimat zurückkehren zu können. Manche aber kehrten auch, wie Lovise Magrete Doppen, trotz ursprünglichen Vorsatzes wieder zurück, weil sie das Heimweh trieb, und heimgekehrt, zog sie das Weh nach der neuen Heimat wieder von der alten fort. Sie sind jene Unseligen, die „ihre Wurzeln allüberall hinter sich herschleppen". Zu welchen gehörte der junge Hamsun, der zweimal auszog und zweimal heimkehrte?
Er hatte offensichtlich, trotz des ersten, bitter enttäuschenden Versuches, weder den Entschluß noch die Hoffnung begraben, sich als Schriftsteller durchzusetzen. Er sah sich nicht als proletarisierten Kleinbauern- und Handwerkerssohn, der auf seiner Hände Arbeit angewiesen war. Er ließ auch in Amerika vom Schreiben nicht ab, las emsig, bildete sich weiter, hielt Vorträge, versuchte sich als Journalist. Hoffte er, so zu etwas Erfolg und Wohlstand gelangen und in besserer Verfassung in die Heimat zurückkehren zu können, und wie stellte er es sich vor? Er machte ja keinen Versuch, in der neuen Sprache zu schreiben. Er blieb auch im festgefügten Clan seiner Landsleute stecken. Reiste er heim, weil die Wurzeln hinter ihm herschleppten? Warum dann fuhr er zum zweitenmal, wenn er sich davon für sein Fortkommen und seinen Seelenfrieden nichts versprach?
Die Antwort fällt schwer. Man findet sich in ihm in dieser Zeit nicht zurecht, und vermutlich fand er sich selbst auch nicht in ihr zurecht. Man kann sich durchaus vorstellen, daß der kräftige Arbeiter Knut Pedersen sich im Amerika der achtziger Jahre hochgearbeitet und es zu Wohlstand gebracht hätte. Man kann sich auch vorstellen, daß er, der jung genug hinüber kam, die neue Sprache ergriffen und sich früher oder später gleich Dreiser in der Literatur durchgekämpft hätte. Man kann sich vorstellen, daß der amerikanische Schriftsteller Knut Hamsun mit einem Stoff wie Steinbecks „Grapes of Wrath" so berühmt geworden wäre wie der norwegische mit dem „Segen der Erde". Es ist keine müßige Überlegung. Im Auswandererleben ist es immer Kopf oder Schrift. Es ist immer alles drin, alle Glücksfälle und alle Unglücksfälle.
Aber es scheint, daß der junge Auswanderer schon damals ein Zerrissener war. Er scheute vor der Hände Arbeit nicht

zurück, er war sich nie zu gut für sie, bis in sein hohes Alter nicht, aber der in ihm rumorende Dichter vertrat ihm wohl immer wieder den Weg, auf dem andere, bescheidene Auswanderer es zu etwas brachten. Und umgekehrt war's das gleiche: die Hände hinderten den Kopf immer wieder daran, sich wirklich auf die Wand zu konzentrieren und die Stelle zu finden, wo er sie durchstoßen konnte. Die „moralisch bessere Welt“ war dennoch wohl keine nachträglich aufgepappte Interpretation und Rechtfertigung. Schon der „predigende“ Wegarbeiter war, wenn auch kein Moralist, so doch ein Moralisierer gewesen. Was der Auswanderer sich unter der „moralisch besseren Welt“ vorstellte, ist freilich nicht klar; möglicherweise nur einfach Weltweite, Platz, ungehinderte Entfaltungsmöglichkeiten, weniger Vorurteil. Als er sie nicht fand — vermutlich, weil er sie nicht dort suchte, wo er sie hätte finden können — verkehrte er die Vorzeichen und verdonnerte die Neue Welt als moralisch minderwertig. Dennoch zog es ihn zum zweitenmal hin — warum nur?

Weil Amerika es ihm trotz allem angetan hatte. Weil er es liebte.

4

Hamsun hat in seinem langen Leben viel Häßliches über Amerika gesagt und geschrieben — von dem bald nach seiner Rückkehr erschienenen Buch „Aus dem Geistesleben des modernen Amerika“, in dem der Dreißigjährige voller Bitternis über seine amerikanischen Erlebnisse spricht und seine Landsleute warnen will, auf Amerika „hereinzufallen“, bis zu seinen giftsprühenden Tiraden gegen das Amerika Roosevelts während des zweiten Weltkrieges. Er hat sich immer darauf berufen, daß er wisse, wovon er rede und einen Anspruch erhoben, als Sachverständiger gehört zu werden. Denn er kenne es; er habe es erkannt.

Daß er im tiefinnersten Herzen Amerika geliebt hat — das hat er erst in seinen allerletzten Lebensjahren zugestanden. Er hat es sein ganzes Leben lang geliebt; verzehrten, verstörten, eifersüchtigen, schließlich wütenden, zornigen, mörderischen Herzens; so wie Nagel Dagny liebte, so wie alle seine Männer mit den zerrissenen Herzen im Augenblick der Verzweiflung die geliebten Frauen und Mädchen mit Tränen in den Augen lästern und schmähen und ihnen, die am Aufruhr ihrer Seelen achtlos vorübergehen, alles Schlechte wünschen. Hamsun ist an Amerika verhungert wie Johan Nagel an Dagny, wie Johannes an Victoria, wie Glahn an Edvarda verhungert sind. Aber er hat es geliebt. Er hätte es anders nicht so unmäßig, so tollhäuslerisch-unzurechnungsfähig hassen können.

Sein Sohn Tore, (ein naiver und nicht sehr intelligenter Interpret), erzählt in seinen Erinnerungen an den Vater, wie der Siebenundsiebzigjährige im Winter 1936 nach dem Erscheinen von „Der Ring schließt sich“ von einer hartnäckigen Grippe aufs Krankenbett geworfen wurde. Nach der Genesung schien eine Erholungsreise in wärmere Gegenden angezeigt, auf die der Sohn den Vater begleiten sollte. Man schlug Südfrankreich, auch Italien vor. Aber der alte Mann wollte nicht. Schließlich rückte er mit der Sprache heraus: „Nein, rund heraus gesagt, ich hatte an Amerika gedacht, an Nordamerika —“. Man erklärt ihm, dort sei es aber nicht warm. „Nein, aber ich hätte Amerika gern wiedergesehen. Es ist doch ein kolossales Land, ein Land der Arbeit. Des Buches wegen wäre es mir lieb gewesen hinzufahren. Die Fortsetzung soll in Amerika spielen —.“ Man fragt, ob er Abel, die Hauptfigur des „Ring“ rehabilitieren wolle. „Das ist noch nicht sicher. Ich bin den Kerl eigentlich leid. Aber es kam ein Mord vor . . . ja, ich möchte doch gern nach Amerika.“

Es wurde nichts daraus, weder aus der Reise noch aus dem Buch. Er reiste nach Jugoslawien und führte sich in Ragusas Weinhäusern höchst lebenslustig auf, bis in die tiefe Nacht. Aber fünfzehn Jahre später, als das schier endlose Leben nun doch allmählich zu Ende geht, taucht Amerika noch einmal machtvoll vor dem inneren Auge, dem inneren Ohr des nahezu erblindeten, schwerhörigen Greises auf. Arm, verlassen, verstoßen und gemieden, setzt sich der Uralte hin und schreibt sein letztes Buch — „Auf überwachsenen Pfaden.“

Das ist kein Roman, natürlich nicht. Dazu reichen Spannkraft und Konzentrationsvermögen nicht mehr. Es ist ein kurzes Buch, das von seinen privaten Angelegenheiten handelt, seinen widrigen Nachkriegserlebnissen, seinem Prozeß, der Inhaftierung in der psychiatrischen Klinik, dem armselig-friedlichen Dasein im Altersheim. Er findet sich in allem nicht mehr zurecht; er versteht nicht, wie er dahin gelangen konnte, wo er jetzt sitzt. Die Pfade in sein früheres Leben sind alle von der Zeit und der wuchernden Natur überwachsen, es ist schwer, noch zusammenhängende Spuren zurück zu finden. Aber hier und dort leuchtet, völlig unvermittelt und ganz und gar zusammenhanglos die Erinnerung plötzlich in blendender Helligkeit auf. Die Nebel zerreißen, in hellen, kraftvollen Farben steht ein Bild vor dem Auge auf. Formen, Farben, Figuren, Menschen, Landschaft, Luft, Düfte und Bewegung sind wieder da, plastisch und herzzerbrechend frisch wie am ersten Tag. Und was ist's? Amerika.

Dieses Bild hat der Mann siebzig Jahre lang in seiner Seele aufbewahrt und jetzt holt er es hervor. „Eine Erinnerung aus der Zeit meiner ersten Auswanderung lebt in mir auf. Nein, nichts Großes, keine Raritäten, nur eine Reihe einfacher Erlebnisse von einem Tag zum anderen in einer fremden Landschaft und einer dürren kleinen Präriestadt. Es war nicht einmal ein Fluß dort, und kein Wald, nur ein wenig Buschwerk. Es ging mir ganz gut, ich arbeitete in einer Ackerwirtschaft, bei ordentlichen kleinen Leuten, aber das Heimweh quälte mich, und ich weinte sehr oft. Die Hausmutter lächelte nachsichtig, sie lehrte mich das Wort homesick."

Warum holt er just dieses Bild hervor? Weil es sein altes Herz erfreut.

Der uralte Mann erinnert sich nur an sehr weniges. Wenn er sich auf eine Sache konzentrieren will, läuft sie ihm erst recht davon. Er wandert und schweift ab, mit unwiderstehlicher Gewalt angezogen von den wenigen Bildern seines Lebens, die ihm noch voll gegenwärtig sind, zu denen die Pfade der Erinnerung noch nicht überwachsen sind. Das sind der unfreundliche Onkel in Hamaröy, die beiden Russen im Laden zu Helsingfors, die auf ihre Fragen absolut keine Antwort bekommen können, der Bettelmönch in Prag — und die Erlebnisse mit dem Mädchen Bridget, dem Iren Patrick und dem österreichischen Bäcker Kleist in Amerika. Das sind die überlebenden Bilder, und sie kommen fast ausnahmslos von sehr weit her, aus fernen Ländern. Eingestreut in zusammenhanglose Meditationen und störrisches Greisengebrumm, sind sie bestenfalls Fragmente, gelungene kleine Anekdoten. Aber die zwanzig Seiten aus Amerika sind eine runde Meisternovelle.

Neunzig ist der Uralte. Alles zerfällt ihm unter der Feder. Aber beim Klang des Wortes Amerika, tief drinnen im inneren Ohr, sind siebzig Jahre wie weggefegt. Das erblindete Auge leuchtet und blickt hellwach in eine weite, jugendlich-überschwängliche Ferne. Und auf einmal hört auch die alte Hand auf zu zittern. Er ist wieder vollkommen Herr und Meister seiner selbst und schreibt wie noch nie: eine kurze Geschichte von einer Knappheit und Sparsamkeit der Mittel, Witz und Verschmitztheit, einer pfiffigen, perfekten Hurtigkeit der Darstellung, wie kaum eine Erzählung aus seiner Reifezeit sie besitzt. Das ist nun doch ein großes, bedeutsames Wunder. Wie leibhaftig die amerikanische Welt ihm gegenwärtig ist, wie dringend sie sich meldet in dieser Stunde, da er vielleicht Anderes, Dringenderes zu sinnen hätte! Aber er muß ihr ja nachgeben, er ist zu schwach, der Uralte, um seiner Phantasie noch Befehle und Richtungsweiser zu erteilen, sein Unterbewußtsein treibt mit ihm jetzt, was es für richtig hält und läßt sich nicht mehr dreinreden.

Wie ohne jedes Ressentiment er, liebevoll sich erinnernd, diese Welt betrachtet! Ach, er weiß noch alles ganz genau: daß das Mädchen Bridget scherzend seinen Namen englisch aussprach, ihn „Nut“ nannte, was nicht nur Nuß, sondern auch Spinner, Verrückter heißt — „ach, ich Grünschnabel aus meiner fernen Heimat! Nie mehr in diesem Leben werde ich dem Wort einer Frau vertrauen —“; daß er kaum englisch konnte und es nie richtig lernte; vor allem aber, daß die Menschen, Engländer, Iren, Österreicher, allesamt und ausnahmslos freundliche, warmherzige, arglose und hilfsbereite Leute waren, selbst der aufbrausende, querulantige Bäcker Kleist mit seiner albernen Wäscheleine. Seht, es kommen sogar gutartige Engländer vor und sind sogar Ladenbesitzer!

Diese zwanzig Seiten Amerika, am Lebensabend, kurz vor Sonnenuntergang niedergelegt, sind die pure und geläuterte Summe des Erlebnisses, und in ihnen ist kein hartes Wort und kein einziger unangenehmer Mensch. Der sprunghafte, phantasievolle, abenteuernde irische Kamerad Pat mit seinen märchenhaft aufschneiderischen Schwafeleien aus dem Land Erin ist das wirkliche Urbild des „August", nur ungleich liebenswerter, ohne die pathologische Lügnerei des amoralischen Leichenfledderers und Teufelskerls mit dem Mund voller Goldzähne. Bäcker Kleist, der Eigensinnige, kommt in allen Hamsunschen Geschichten vor, auch er ist ein Archetyp, und die herzlos-schnippische Bridget tänzelt unter hundert verschiedenen Namen von den „Mysterien" bis „Der Ring schließt sich" durch fünfundvierzig Jahre und ebenso viele Geschichten. Er hat sie samt und sonders seiner Welt einverleibt. Sie sind ihm unverlierbar geworden.

Aber die Grundmelodie, das Leitmotiv dieses Lebewohls auf das „kolossale Land", das er so gern wiedergesehen hätte, ist nicht mehr Ressentiment, nicht Zorn, Verachtung, Hohn und bittere Kritik. „Wir verstehen die Menschen hier nicht," sagt Pat. „Das ist es, was es uns hier so unbehaglich macht." Und er antwortet: „Nein, Pat, wir verstehen die Menschen hier nicht" — Menschen, die nicht an der Erde hängen, die Knall und Fall eine Farm in Wyoming verkaufen und nach Florida ziehen, die heute dies treiben, morgen das, und dabei glücklich sind. „Wir wollen fort von hier." Die Grundmelodie ist ganz einfach Heimweh. Jetzt, in letzter Stunde, fällt die ganze verhärtete Polemik, die ganze niederträchtig-verschrobene Eiferei in sich zusammen, und in geradezu kindlicher Ehrlichkeit tritt das echte Sentiment hervor.

„Es waren junge und tastende Tage voller Arbeit, aber wir vergaßen nie, daß wir fort aus diesem Land, daß wir heim wollten; wenn wir allein waren, weinten wir auch und hatten großes Mitleid mit uns." Das ist der Grundton. Er ist bereits da, noch ehe „Hunger", noch ehe ein einziges der großen Bücher geschrieben war, und er geht nicht mehr verloren. Alle Liebesgeschichten Hamsuns sind im Grunde Heimweh-Geschichten. Alle seine enttäuschten Liebenden schwören, nie wieder in diesem Leben dem Wort einer Frau zu vertrauen. Alle haben sie „großes Mitleid" mit sich selbst. Auf der Schwelle des Todes gesteht der Uralte es mit lächelndem Freimut ein. Er hat Heimweh nach dem Heimweh.

5

Der Neunundzwanzigjährige kehrte nach Skandinavien zurück, aber nicht in die norwegische Heimat, sondern nach Dänemark. Im letzten Jahrzehnt des alten Jahrhunderts übte das „Paris des Nordens“ eine große Anziehungskraft aus. Kopenhagen war eine bedeutende, geistig lebendige, den ganzen europäischen Kontinent befruchtende Metropole. Hier ließ Hamsun sich nieder, kein „unreifer“ junger Mensch mehr, sondern an der Schwelle der Dreißig, diesmal entschlossen, sich mit Kopf und Feder durchzusetzen. Und diesmal gelingt es — nicht sofort und nicht mit einem Schlag, es geht langsam, auf mühsamen, entbehrungsvollen Umwegen, aber es geht.

Die Erzählung „Hunger“, 1888, im Jahr der zweiten Rückkehr aus Amerika geschrieben, entstand in ihrer ersten, ursprünglichen Fassung in Kopenhagen und nicht, wie es oft heißt, unter den Brücken von Paris. Sie erschien noch im gleichen Jahr in der gleichen Stadt, und zwar als Fragment und anonym. In dieser ersten, unkenntlichen Fassung verhalf sie dem Dichter zu seinem ersten durchschlagenden literarischen Erfolg. Im Jahr darauf erschien „Aus dem Geistesleben des modernen Amerika“ unter Hamsuns vollem Namen, ein aggressives, erbittertes, ungerechtes Buch, das eine große Kontroverse in der skandinavischen Presse entfesselte und ihm auch allerlei Drohbriefe aus Amerika einbrachte. Doch trug es das seine dazu bei, seinen Namen bekannt zu machen. Der Dreißigjährige entwickelte eine lebhafte journalistische Tätigkeit, warf sich in die Theater- und Literaturkritik, versuchte sich mit politischer Zeitungsarbeit in der linken Parteipresse, griff alle und jede Möglichkeit auf, um sich Namen, Ruf und Existenzmittel zu erarbeiten. Er war wahrhaftig auf dem besten Weg, ein regelrechter „Asphalt-Literat“ zu werden.

Aber es war noch immer ein schweres, schwankendes, entbehrungsvolles Leben. Auch als „Hunger“ 1890 als vollständiges Buch unter seinem Namen erschien und im selben Jahr in deutscher Übersetzung bei S. Fischer in Berlin herauskam, blieb die materielle Lage prekär. Sie verbesserte sich nicht, als der stürmische Mann 1891 in Kristiania einen Vortrag hielt, in dem er die gesamte lebende skandinavische Literatur mit dröhnender Vehemenz vom Tische fegte und mit wütenden Hammerschlägen insbesondere auf Ibsen herumtrommelte, dessen Werk er, wie auch später noch, „eine dramatisierte Holzmasse“ nannte. Man hörte es nicht gern von einem Anfänger, dessen erstes Werk so tief an Dostojewskij verschuldet schien. „Hamsun-Dostojewskij: Ein literarisches Mysterium“, so hieß ein Aufsatz Felix Holländers, der 1892 in S. Fischers „Freier Bühne“ erschien und nachzuweisen suchte, daß Hamsuns Novelle „Hazard“, kurz vorher in der gleichen Monatsschrift erschienen, ein grobes Plagiat an Dostojewskijs „Spieler“ sei. Hamsun wehrte sich heftig: „Im übrigen muß die Zukunft erweisen, ob ich ein Mann des Plagiats bin.“

Die Zukunft war schon da. Sie hieß „Mysterien“, im gleichen Jahr 1892 erschienen, und war kein Plagiat. Sie lieferte wohl Holländer die Wortwitz-Anspielung in der Überschrift seines polemischen Aufsatzes, aber auch nicht mehr. Die Geschichte Johan Nagels ließ Dostojewskij, ließ die skandinavischen Naturalisten weit hinter sich zurück und drang in dichterisches Neuland, in unbesiedelte, wüste Urlandschaften der menschlichen Seele vor, die noch keiner betreten hatte. In diesem „Zerrissenen“ sind Expressionismus und Futurismus, Dadaismus und Surrealismus, Nihilismus und Existenzialismus samt und sonders vorgeahnt: die Zerspaltung und Zerfiederung der modernen Menschenseele, von der Felix Holländer keine Ahnung hatte und die wohl auch der Verleger Fischer bei all seinem feinen Spürsinn nicht begriff. Oder hatte ihn das „Dostojewskij-Plagiat“ verstimmt und kopfscheu gemacht? Er lehnte eine deutsche Ausgabe von „Mysterien“ ab.

Begriff Hamsun selbst, was er da gemacht hatte? Man zweifelt. „Das Schlimmste war gewesen, den Ort zu finden, einen Ort, der niemand gehörte, der sein war; jetzt kamen die Tage der Arbeit.“ So heißt es im „Segen der Erde“ vom Ödlandbauer Isak, und es ist ein ungeheuer treffendes Bild. Hamsun hatte den Ort in der dichterischen Landschaft gefunden, der sein war, der niemand gehörte. Aber er setzte sich nicht an ihm fest. „Der Mann nickt, hier will er sich niederlassen, ja, hier sich niederlassen, das will er.“ Das schreibt er erst fünfzehn Jahre später; da ist es dann zu spät. Er will es, und er will es auch wieder nicht. Die eine Hälfte des Zerrissenen mahnt ihn zur Seßhaftigkeit in der dichterischen Landschaft, die andere drängt ihn zum Weiterziehen, zur Landstreicherei in anderen Gegenden der Schreiberei. Im Grunde ist er an „den Ort" überhaupt nicht wieder zurückgekehrt. Andere haben viel, viel später die Tonfolge weiterentwickelt, die er in „Mysterien" zum erstenmal angeschlagen hat, aber sie waren keine Nordländer — die Reihe führt über Kafka und Céline ins innerste Dickicht der mitteleuropäischen Schizophrenie, eine Landschaft, die Hamsun unbekannt war und blieb.

Oft sah es in späteren Jahren so aus, als sei er dicht daran, den „Ort wiederzufinden, aber etwas hielt ihn immer wieder davon ab, an der Wegekreuzung richtig einzubiegen und den Pfad einzuschlagen, der ihn an seinen „Ort" zurückbringen würde, diesen einzigartigen und unverwechselbaren Ort, an dem er ein einziges, kurzes Buch lang die Hand wirklich am Puls seiner Zeit, die Sonde wirklich am entblößten Nerv hatte. Aber der Ort lag in einer Gegend, der sich Hamsun immer wieder entfremdete — inmitten der Zivilisation; er wanderte immer wieder vorbei und konnte ihn später überhaupt nicht wiederfinden. Schließlich hat er ihn wohl überhaupt vergessen, und als die „Überwachsenen Pfade" den Uralten endlich noch einmal zum Abschiednehmen zu ihm zurückführen, erkennt er ihn wie hinter einem Nebelschleier wieder, nickt ihm zu und setzt sich willig nieder, um auf den Tod zu warten.

1893 reist der Vierunddreißigjährige mit seinem Freund Sven Lange nach Paris und bleibt dort drei Jahre. Was tut er in der französischen Hauptstadt? Er interessiert sich nicht für ihren Geist und ihre Tradition, nicht für ihre Museen, nicht für ihre um jene Zeit ungemein lebendige Literatur. Er ist gegen die „lateinische Lauge" völlig imprägniert, sie ist weder damals noch später in ihn eingedrungen. Es fesseln ihn die Cafés und Bistros, die Menschen auf der Straße. Aber was er um diese Zeit schreibt, nämlich seine beiden einzigen Großstadt- und Zivilisationsromane „Redakteur Lynge" und „Neue Erde", hat weder mit dem einen noch mit dem anderen etwas zu tun. Es sind Nachhängsel aus der Zeit, in der

der junge, wenige erfolgreiche Journalist und Kritiker in Kristiania und Kopenhagen im politischen und literarischen Getriebe der Metropolen Fuß zu fassen und sich hoch zu kämpfen versuchte, Dokumente des verletzten Stolzes, der verwundeten Selbstachtung, heftige zeitkritische Polemiken, die ihr Problem nirgends richtig zu fassen bekommen und sich schlecht gerüstet mit ihm herumschlagen.

Zu keiner Zeit seines Schaffens war Hamsun weiter von seinem „Ort" entfernt als in diesen beiden Büchern. Mit ihrem Erscheinen im Jahr 1893 war der „Fall Großstadt-Zivilisation" für ihn zwar keineswegs ausgestanden und erledigt, aber er räumte ihm nie wieder einen ganzen Roman ein, höchstens das eine oder andere Theaterstück. Vielmehr knurrte er den Moloch hinfort aus Hunderten und Tausenden von Zeitungsartikeln an. Im Jahr darauf schon erschien „Pan" und machte ihn weltberühmt. Der „Zerrissene" schien „seinen Ort" wiedergefunden zu haben: Johan Nagel war in primitiverer, verkitschterer, aber einprägsamerer Gestalt im Leutnant Thomas Glahn wieder erstanden. Der Dichter setzte alle Segel. „Hoho, aufs Meer hinaus, aufs öde Meer!" Steuermann war ab nun „des Herzens rätselvoller Gott". Eine Menge blinder Passagiere fuhren mit. Einige hießen Bernhard Kellermann. Des Herzens rätselvoller Gott aber steuerte den Dichter mit unheimlicher Genauigkeit durch ein halbes Jahrhundert geradeswegs auf die mörderischen Klippen zu, an denen er elend zerschellen sollte. Die meisten blinden Passagiere, die sich inzwischen auf Manfred Hausmann umgenannt hatten, waren vorher ausgestiegen.

In Paris lernte Hamsun den deutschen Literaten Albert Langen kennen. Dies war vermutlich die entscheidende Begegnung seines ganzen Lebens. Langen erkannte Hamsuns wildes Genie, von dem Fischer sich wohl hatte ins Bockshorn jagen lassen. Er gründete 1895 in München seinen Verlag mit dem ausdrücklichen Zweck, die von Fischer abgelehnten „Mysterien" in deutscher Sprache herauszubringen. Er wurde Hamsuns lebenslänglicher deutscher Verleger, der ihm zu ungeahntem Ruhm und märchenhaften Erfolgen im deutschen Sprachbereich verhalf. Aus Hamsuns persönlicher Verbundenheit zu Langen wuchs in späteren Jahren des

Dichters tiefe Verbundenheit mit Deutschland und endlich seine unrettbare Versklavung an das deutsche Schicksal, die ihn in unheilbaren Gegensatz zu seinem eigenen Land und Volk brachte. 1896 folgte Hamsun Langen nach München und nahm an der Gründung des „Simplizissimus" teil. Im Jahr darauf fand der Achtunddreißigjährige schließlich wieder heim.

Hat er gewußt, daß er ein so langes Leben vor sich hatte, daß er mit noch über fünfzig Jahren tatkräftigen Daseins rechnen konnte? Alles scheint langsam, umständlich vor sich zu gehen, als wisse er, daß er unendlich viel Zeit zur Verfügung habe. Die entscheidenden Ereignisse des Lebens stellen sich spät und auf Umwegen ein, und sie erweisen sich auch dann noch zuweilen als Irrtümer. Er ist fast vierzig, als er Bergliot Bech heiratet, die Gattin eines österreichischen Kaufmanns namens Göpfert, die ihren Mann um des Dichters willen verläßt. Die Ehe währt acht Jahre, eine Zeit, in der er mit seiner Frau ausgedehnte Reisen durch Rußland, den Kaukasus, Persien, die Türkei und den Balkan macht. Aber außer dem Drama „Munken Vendt" und den beiden Reisebüchern „Im Märchenland" und „Unter dem Halbmond" bringen sie nichts hervor. Ist ihm sein „Ort" schon wieder verloren gegangen? „Victoria" steht am Anfang seiner Ehe. 1906, im Jahr, da „Unter Herbststernen" erscheint, wird die ungeeignete Verbindung schließlich gelöst.

Jetzt geht es an die Fünfzig. Fast zwanzig Jahre sind seit dem Erscheinen des ersten „Hunger"-Fragmentes verstrichen. Noch immer umfaßt das Werk nur eine mäßige Anzahl von Bänden, noch immer ragen „Mysterien" aus ihm als ein großer, einsamer Wegweiser hervor. Aber Ruhm und äußerer Erfolg sind längst da. Hamsun hungert schon lange nicht mehr. Zwei seiner gelungensten, rundesten Werke, „Benoni" und „Rosa", erscheinen im gleichen Jahr 1908, gefolgt im Jahr darauf vom „Gedämpften Saitenspiel" und der zweiten Ehe. Der Fünfzigjährige heiratet eine Achtundzwanzigjährige, Anne Marie Andersen, aus bäuerlichem Geschlecht, mit einem guten Schuß Abenteurerblut und eigenem Erzählertalent begabt. Sie war Erzieherin gewesen, und als Hamsun sie kennenlernte, war sie Schauspielerin in einer Wandertruppe. „Stammt ihr Schauspieler von Menschen ab, die verjagt wurden und sich verirrt haben?“ So grübelt in der „Stadt Segelfoß“ der Telegraphenamtsvorsteher Baardsen über die Wandertruppe, Frau Lydia, Fräulein Sybille, die schöne Klara und den Künstler Max, die ihn in so große und so ungeheuer tiefsinnig-komische Seelenverwirrung stürzen. Marie Hamsun überlebt den Dichter, schreibt ihre Erinnerungen an ihn, reist als Siebzigjährige durchs zweite Nachkriegsdeutschland, das eine bemerkenswerte Hamsun-Renaissance erlebt, und hält Vorträge über ihn. „Euer Handwerk ... ist Kunst und Verirrung. Pharao und Großmogul, sie waren Tyrannen aus Überzeugung. Der Theaterpöbel ist Tyrann aus Naivität ... Ich entschuldige dich, schöne Klara.“

Nach zwei Jahren des Aufenthaltes in der ländlichen Heimat seiner zweiten Frau kauft Hamsun den Hof Skogsheim bei Hamaröy in der eigenen Kindheits-Heimat des Nordlandes. Hier wirft er sich auf die Landwirtschaft, pflügt, sät, erntet, arbeitet unermüdlich mit beiden Händen an einem „richtigen Beruf“. Nun kommen die Kinder, spät im Leben des Vaters auch sie, die Söhne Tore und Arild, die Töchter Ellinor und Caecilie, und zugleich die größten, einflußreichsten, charakteristischsten Bücher, „Die letzte Freude“, „Kinder ihrer Zeit“ und „Die Stadt Segelfoß“, die ungeahnten Erfolg bringen. 1917 erscheint „Segen der Erde“, und der Hof Skogsheim wird wieder verkauft.

Der „richtige“ Beruf steht dem „falschen“ im Weg. Man hat zu sehr abseits gelebt, die Entlegenheit des Wohnsitzes hat „die Verbindung mit Verlegern und Druckern verzögert“. Es wird nach dem Städtchen Larvik im Süden des Landes übersiedelt, aber schon im Jahr darauf wird das Stadtleben wieder aufgegeben. Jetzt kauft Hamsun das große Gut Noerholmen bei Grimstad, an dem er bis zu seinem Lebensende festhält. Der erste Weltkrieg ist zu Ende. Der Dichter ist in dreiundzwanzig Sprachen übersetzt. Es geht auf die Sechzig. Der Einundsechzigjährige veröffentlicht „Die Weiber am Brunnen“ und empfängt in Stockholm den Nobelpreis. Er besteht darauf, zum Frack gewöhnliche Schnürstiefel zu tragen und verstimmt Selma Lagerlöf, indem er sie in gehobener Feststimmung in unziemlicher Weise kneift. Er ist ein wunderlicher Mann geworden.

Und immer noch liegen dreißig Jahre vor ihm. Zwischen dem sechzigsten und siebzigsten schreibt er die drei großen „August“-

Romane, von denen der letzte in die Welt der „Stadt Segelfoß“ zurückführt; zwischen dem siebzigsten und achtzigsten das einzige Werk „Der Ring schließt sich“, das seine zitternden alten Hände nur noch mit äußerster körperlicher Anstrengung zu Papier bringen; zwischen achtzig und neunzig eine Unzahl von Zeitungsartikeln und Aufrufen, die ihn zum einzigen berühmten europäischen Dichter im Lager Hitlers machen. Mit sechsundachtzig wird er verhaftet, interniert, des Landesverrats angeklagt, mit neunzig seines „geschwächten Geisteszustandes“ halber mit einer Geldbuße entlassen. Er setzt sich hin und schreibt sein letztes Buch, das in vieler Hinsicht sein klarsichtigstes ist. In ihm steht der Satz:

„Ich bin kein Irgendwer.“ Und gleich darauf: „Ich bin ein Produkt.“

6

Er war kein Irgendwer. Aber war er ein Produkt? Und wenn er es war — wovon? Was war der Sohn des Schneiders für ein Mann geworden?

In den Jahren seiner Reife, als er in Noerholmen seinen landschaftlichen „Ort“ gefunden hatte und seine Kinder um ihn aufwuchsen, war dieser hochgewachsene, ein wenig steife, sorgfältig, fast dandyhaft gekleidete Herr, dem mit seinem Zwicker und dem kurz gestutzten Schnurrbart unzweifelhaft etwas ausgesprochen Englisches anhaftete, ein skurriler, wunderlicher Mann, aus dem nicht ohne weiteres klug zu werden war. Er war gutherzig und nachgiebig, vor allem zu den Kindern, deren mittelmäßige Gaben ihn bekümmerten, und zugleich brüsk, hochfahrend und von grober Arroganz. Er war verschlossen, zurückhaltend, in sich gekehrt und zugleich übermütig, heiter, lachlustig und trink- und spielfreudig in ihm zusagender Gesellschaft. Ernst, nachdenklich und nervös, konnte er auch mit dröhnender Stimme poltern und donnern. Wenn er erzählte, war seine Stimme tief und melodisch, und er sprach mit der nornenhaften Orakel-Einfachheit seiner Mutter.

Sein gesamtes Werk der Reifezeit ist eine einzige Philippika gegen die verderblichen Einflüsse der modernen Stadt-Zivilisation. Er selbst hingegen war ein leidenschaftlicher Poker-Spieler, las Nächte hindurch einen Detektiv-Roman nach dem anderen, fuhr gern Auto und ging bis ins hohe Alter leidenschaftlich gern ins Kino. Doch mußte es „ein Film sein, in dem geschossen und geritten wird, keine Tragödie — Tragödien sind das Langweiligste, was es gibt, ich habe immer meine liebe Not, mich wachzuhalten, wenn ich so etwas sehe." Von Opern hält er gar nichts, seine Lieblings-Melodie ist der Schlager „La Paloma", und er haßt, ja verachtet den Sport. „Alles, was Schlägerei heißt, ist und bleibt eine Roheit, und zum Vergnügen des Zuschauerpöbels öffentlich darin aufzutreten, muß jedem vornehm gesinnten Menschen zuwider sein. Außerdem hat kein Mensch einen so idiotischen Gesichtsausdruck wie die Sportsleute."

Dabei ist er geizig, knauserig, von geradezu manischer Sparsamkeit. Er macht dem malenden Sohn ernstlich Vorwürfe, er habe bei einem Portrait „zuviel Bleistift" verbraucht, sammelt Bindfaden-Enden, die noch zu brauchen sind und reißt von erhaltenen Briefen die noch leeren Blätter ab und verwendet sie als Schreibmaterial. Auch kauft er ungern Toilettenpapier und läßt mit geradezu diebischem Vergnügen bei Gelegenheit eine Rolle aus einer öffentlichen Bedürfnisanstalt mitgehen.

Im Gutshaus, im Kreis der Familie vermag er nicht zu arbeiten. Er baut sich abseits von den Hofgebäuden ein kleines Arbeitshaus nach eigenem Entwurf, wo er seine Bücher und Papiere unterbringen, wo er ungestört schreiben kann. Das Haus besteht aus einer kleinen Vorhalle und einem einzigen großen Raum mit drei nach Süden blickenden Fenstern. Die Wände sind mit Bücherbrettern bedeckt, vor dem Fenster am Ende des Raums steht sein Arbeitstisch — zwei Böcke und darüber eine Bretterplatte. Die Platte ist mit grauem Packpapier überzogen, und über die Rückenlehne des Holzstuhls, auf dem er sitzt, hat er einen alten, abgetragenen Mantel gehängt. Dieses Zimmer ist wie alle Räume, die er bewohnt, so ordentlich, daß er alle seine Sachen mit geschlossenen Augen finden kann. Alles muß senkrecht oder waagerecht stehen oder liegen.

Das ist die Atmosphäre, in der er gern und gut arbeitet. Ihre Kargheit ist künstlich, sie ist ein Krampf und ein Zwang; weder für sie noch für die Pedanterie, in der sie sich ausdrückt, besteht eine äußere Notwendigkeit. Er könnte sich leicht einen praktischen Arbeitstisch und einen bequemen Sessel beschaffen. Aber es besteht wohl eine innere Notwendigkeit, gerade das nicht zu tun. „In Paris saß ich in einer Dachkammer. Einen Tisch hatte ich nicht. Eine kalte Marmorplatte über den Knien ... saß ich da und schrieb. Oh Gott, ich weiß noch, wie jämmerlich ich fror. Aber auch das ging. Ich war nichts anderes mehr gewöhnt." So trägt er mit pedantischer Alters-Störrischkeit einen tief eingefressenen seelischen Konflikt des „Zerrissenen" aus. Der große Dichter ist längst etwas „anderes" gewöhnt. Aber er kann sich dennoch von der kalten Marmorplatte über seinen Knien nicht trennen. Er schleppt sie sein ganzes Leben lang mit sich, rekonstruiert sie aus grauem Packpapier. Es ist, als spüre er, daß sein schöpferisches Genie ans Hungern und Frieren unlöslich gefesselt sei. Hunger und Kälte haben ihn längst verlassen, aber er kann ohne sie nicht sein und beschwört wenigstens ihre Sinnbilder herauf, damit sie ihm zur Seite stehen.

Das ist die „Mache" an Hamsun, die vor allem in seinen späten Werken oft durch das natürlich scheinende Wachstum seiner Prosa hindurchscheint. Der Spaten gräbt tief ins lockere Erdreich dieser Prosa, und plötzlich, ab und zu, stößt er auf etwas Hartes: es ist die Holzplatte mit dem Packpapier. Man spürt den „Krampf" und ist betrübt. Dem Dichter selbst ist natürlich dabei auch nicht völlig wohl zumute. Es ist an der künstlichen Kargheit etwas Heimliches, Verstohlenes, Verschämtes: er hat es ja ungern, daß jemand in sein Arbeitshaus kommt oder auch nur zum Fenster hineinblickt, wenn er nicht da ist. Es ist ihm ausgesprochen peinlich, daß Fremde erfahren, wie ärmlich es in seiner geheimsten Welt aussieht, wo er ganz allein mit seinen Komplexen und Zwangsvorstellungen, mit seiner Zerrissenheit, mit seiner Schizophrenie haust und mit ihr Zwiesprache hält. Oft fühlt er sich selbst im abgelegenen Arbeitshaus gestört und zu sehr beobachtet und reist dann in entlegene kleine Orte, wo er sich zum Arbeiten in primitiven und ungemütlichen Gasthöfen einmietet. Aus den schöpferischen Klemmen aber retten ihn nicht selten die „Segnungen der Zivilisation". Ist er in der Arbeit festgefahren, so legt er stundenlang Patiencen. Sein Tisch daheim hat ein streng behütetes, verschlossenes Fach: es enthält zahllose Whisky-Flaschen. Überdies ist er ein gieriger, leidenschaftlicher Zeitungsleser, sein Leben lang.

„Was ich geschrieben habe, ist gut, nur bedauerlich wenig", meint der Siebenundsiebzigjährige. Er habe wohl an die fünfzig Bände geschrieben, genau wisse er es selbst nicht. Vom Wert und Gewicht dieser großen schöpferischen Leistung, diesen „dicken Büchern mit vielen Menschen darin", war er überzeugt. Aber es saß dennoch in ihnen der Wurm, ein tief eingewurzeltes Unbehagen gegenüber dem dichterischen Beruf, geradezu eine Art schlechten Gewissens gegenüber dem, was er da machte. War es am Ende doch keine „richtige Arbeit" und verdiente deshalb keinen äußeren Aufwand? Er versteckte den Beruf im Gartenhaus und camouflierte ihn mit äußerer Ärmlichkeit und Unansehnlichkeit. In ihrer geistigen Hilflosigkeit hat diese Ausflucht geradezu etwas Rührendes.

7

Um sein fünfzigstes Jahr, auf der Höhe seiner schöpferischen Kraft und der Höhe seines Ruhms, wird dieses Unbehagen übermächtig. Die Zerrissenheit der eigenen schöpferischen Seele, der eigenen menschlichen Existenz wird beredt. Man sieht den Mann förmlich in seinem Gartenschuppen aufgeregt gestikulieren und hört ihn mit sich selbst reden, eifern, schließlich zetern.

Gewiß heißt es, äußerste Behutsamkeit üben beim Versuch, gültige autobiographische Züge aus diesem immensen Werk herauszulesen und zu einem Bild seines Schöpfers zusammenzutragen. Einer, der so viele Menschen geschaffen hat, ist selbst in keinem seiner Geschöpfe vollkommen abgebildet, aber kaum eines ist auch gänzlich ohne einen Zug von ihm. Er spricht aus keiner seiner Gestalten mit voller Eindeutigkeit, aus vielen hingegen mit großer Doppel- und Mehrdeutigkeit. Die Geisteshaltung und Seelenverfassung eines schöpferischen Menschen läßt sich zu keinem Zeitpunkt mit völliger Gewißheit aus seinem Werk ablesen. Dennoch ist die Gewißheit an manchen Stellen größer und unzweifelhafter als an anderen, und so darf man vermuten, daß Hamsun in der erzählenden Ich-Gestalt in

„Die lezte Freude“ und zehn Jahre später in „Unter Herbststernen“ recht ausdrücklich von sich selbst spricht.

Ja, es kann kaum einen Zweifel geben: in der „Letzten Freude“ spricht er mit sich selbst über sich selbst. Dieses Buch ist 1912 erschienen, als der Dichter gerade die Fünfzig überschritten hatte. Die Erzählung ist ein Monolog, der stellenweise unversehens in einen Dialog mit einem unsichtbaren Partner umschlägt. Der Partner bleibt ungenannt, wenngleich er ganz direkt angesprochen, apostrophiert und mit zunehmender Heftigkeit schließlich regelrecht zurechtgewiesen und beschimpft wird. Im Lichte des herannahenden Alters wird die Frage nach der Gültigkeit der eigenen Leistung, nach der Richtigkeit des eingeschlagenen Weges mit Trotz und Versessenheit debattiert.

„Nun bin ich in die Wälder gegangen ... wenn die Wälder nicht zu mir kommen, muß ich zu ihnen gehen. Diesmal bin ich nicht als Knecht und Vagabund ausgezogen. Ich bin reich an Geld und überernährt, schlaff von Erfolg, von Glück, verstehst du?“

„Du“ versteht natürlich nicht. Das ist die ihm in diesem Gespräch zugewiesene Rolle.

„Ich könnte vielleicht auch etwas mehr Wesens davon machen“, eifert „Ich“ weiter. „Denn ich werde hier umherwandern und denken und große Eisen zum Glühen bringen. Nietzsche hätte sicher so gesprochen: das letzte Wort, das ich zu den Menschen sagte, fand ihre Zustimmung, die Menschen nickten. Das aber war mein letztes Wort, ich ging in die Wälder. Denn da begriff ich, daß ich entweder etwas Unehrliches oder etwas Dummes gesagt hatte ... ich sprach mich nicht in diesem Sinne aus, sondern ging nur in die Wälder.“

Ist der unsichtbare Partner mit dieser Antwort zufrieden? Wohl nicht. Sie ist absichtlich nornenhaft-kryptisch gehalten, kann alles mögliche, aber auch gar nichts bedeuten. Wir hören nicht, was der Partner entgegnet, aber wir vernehmen die Antwort des „Ich“, das zehn Jahre später noch immer mit dem gleichen Nachdruck erklärt: „Jetzt aber habe ich den Vorsatz, um jeden Preis Frieden zu erlangen!“ Das war in „Unter Herbststernen“. In der „Letzten Freude“ wird weiter argumentiert: „Ich habe den Frieden. Behalte du deine geistigen Güter und die Bücher und Kunst und Zeitungen, behalte auch deine Caféhäuser und deinen Whisky ... hier durchstreife ich die Wälder, und es geht mir gut. Stellst du mir geistige Fragen und willst mich in die Enge treiben, so antworte ich etwa nur, daß Gott der Ursprung ist und daß die Menschen wahrlich nur Pünktchen und Fasern im Universum sind. Weiter bist du auch nicht gekommen."

Das soll das „Du" sich nur hinter die Ohren schreiben: weiter ist es auch nicht gekommen. Im Gegenteil. Das „Ich", das wehmütig-höhnisch ruft: „Ach, ich war ein Emporkömmling, der in den Caféhäusern gelernt hatte, fein zu sein" — es besteht darauf, daß es dem „Du" nicht nur ebenbürtig ist, sondern es gar überholt und übertroffen hat.

„In der großen Stille, die mich umgibt, bin ich der einzige erwachsene, wandernde Mensch, ich werde dadurch größer und bedeutungsvoller, Gottes Nächster. Mit den glühenden Eisen in mir geht es, glaube ich, gut, denn Gott tut große Dinge um seines Nächsten willen ... und du, hast du deine zwei Zeitungen verglichen und weißt nun, welches jetzt die öffentliche Meinung in Norwegen über die Altersversicherung ist?"

Was erwidert der Partner? Bestätigt er die Leistung, bekräftigt er die Richtigkeit des eingeschlagenen Weges? Oder gibt er zu bedenken, daß die Altersversicherung eine Sache ist, die wohl lohnt, daß ein erwachsener Mensch sich mit ihr beschäftige? Die furiose Debatte geht weiter.

„Nun verhält es sich so, daß ich eine eigenartige Schreibarbeit betrieben habe und eine bessere als die Mehrzahl, das weiß ich sehr wohl. Aber das ist nicht eigentlich so sehr mein Verdienst, denn ich wurde mit den Fähigkeiten dazu geboren. So ist es. Ich habe die Gegenprobe darauf gemacht und weiß also, daß es stichhält. Ich habe bei mir selbst gedacht: das sollte nur ein anderer gesagt haben! Na, andere haben das mitunter wohl auch gesagt, ohne daß es mir etwas gemacht hat. Aber ich bin weiter gegangen, ich habe mich absichtlich geradezu einer literarischen Verkleinerung vor anderen ausgesetzt, ohne daß es mir geschadet hat. Ich bin also meiner Sache sicher. Dagegen hat meine Lebensführung einen bedeutenden Inhalt in mir abgesetzt, und für diesen Inhalt kann ich allerdings Achtung fordern, daran habe ich selbst einiges Verdienst. Nicht ohne Fälschung macht man mich zu einem geringen Menschen. Aber selbst diese Fälschung kann man ertragen, wenn man Inhalt hat."

Jetzt anscheinend geht der hochtrabende Ton dem Partner doch ein wenig zu weit, und er meldet Bedenken an, vielleicht in spöttischem Ton. Sogleich geht das aggressive „Ich" in die Defensive über:
„Moralisiere ich? Ich erkläre! Nein, ich moralisiere nicht, ich erkläre. Aber wenn moralisieren bedeutet, daß ich das Rechte sehe und es dir sage, dann moralisiere ich. Läßt sich das vermeiden? Ich sehe intuitiv in die Ferne, das tust du nicht, das lernt sich nicht aus den kleinen Schulbüchern, das kann nicht gelernt werden."
Endlich aber hat der innere Querulant und Streithansl es satt, Geduld und Langmut mit sich selbst zu üben. Will die zweite Seele denn absolut nicht schweigen? Jetzt muß doch „um jeden Preis Frieden" erlangt werden. Hoho, das wäre nicht zu bewerkstelligen? Man ist doch nicht „Irgendwer"! Man kann sich doch, wenn gar nichts anderes hilft, selbst grob über den Mund fahren.
„Aber warum habe ich gerade an dich geschrieben? Ja, was glaubst du? Du willst ja von der redlichen Wahrheit in meinen Schlüssen nicht überzeugt werden. Aber ich werde dich sogar zwingen zu verstehen, daß ich der Wahrheit nahe bin. Da sehe ich von dem Idioten in dir ab."
Schluß. Basta. Ende des Zwiegesprächs. Tief drinnen aber raunt eine Stimme: wer schimpft, hat Unrecht.

8

Der „Idiot in dir" gab dem Träumer und Waldgänger, dem Gesichte schauenden Titanen aus der Vorzeit, der „intuitiv in die Ferne sieht", dem Beschwörer der Panswelt, der „der Wahrheit ganz nahe" ist, sein ganzes Leben lang keine Ruhe. Er schaffte und rumorte, mit seinem Whisky und seinen Zeitungen, seinen Büchern und seinem Caféhaus, seiner Altersversicherung und seiner öffentlichen Meinung, drängte sich überall dazwischen, mischte sich überall hinein und trieb den „Großen Pan" immer im ungeeignetsten Augenblick „mit geistigen Fragen in die Enge". Zuletzt war es wahrhaftig „der Idiot in dir", der intellektuelle Wichtigmacher und öffentliche

Gschaftlhuber, der den rechten Arm hob und mit dröhnender Stimme „Heil Hitler" rief.

Das war weder ein Zufall noch ein Unfall. Es war auch kein Umfall, und es geschah nicht von ungefähr. Hamsuns Neigung, in öffentliche Angelegenheiten einzugreifen, sein Bedürfnis, „mitzumachen" bei den Geschäften der Welt, sich Stimme und Einfluß zu verschaffen, gar Kontroversen zu entfachen, ist kein Phänomen seiner Altersjahre. Das alles saß in ihm von Jugend an, wie es in jedem schöpferisch begabten Menschen sitzt. In jedem Dichter wohnt ein Journalist, und wenn er noch so schlecht beschlagen ist; zuweilen, wie bei Rilke, wie bei Hesse, äußert er sich als salbaderischer Briefeschreiber. In jedem Zeitungsschreiber fristet ein Lyriker sein Dasein, wofür es keiner Beispiele bedarf; jeder Darsteller und Beschreiber hat irgendwann einmal auch einen Polemiker behaust, der sich wirksamerer Mittel besonnen, jeder Schöpfer einen Kritiker, der herausgefunden, daß er es selbst genau so gut oder besser zu machen vermag, jeder Prediger einer Weltauffassung einen Politiker, einen erbärmlichen Hund, der am hohen Roß der Unverbindlichkeit hinaufbellt und sich in seinen Schweif verbeißt. Zumeist freilich wird der in Untermiete wohnende Halbbruder zu guter Zeit an die Luft gesetzt oder nimmt es hin, daß er nur reden darf, wenn er gefragt wird. Zuweilen aber auch kommt die Einigung nie zustande. Dann sitzt der Poet sein ganzes Leben lang beleidigt und zurückgesetzt im erfolgreichen Parlaments-Abgeordneten, und der Zeitungsredakteur zankt und streitet im Nobelpreisträger und läßt ihm keine Ruhe, bis er ihm ein Bein gestellt und ihn blamiert hat. Meistens gelingt ihm das.

Auf Hamsun, den stürmischen Gestalter der „natürlichen Welt", die keinem Gesetz untertan ist außer jenem, welches bestimmt, daß „das Leben weiter geht", hat die Zeitung im weitesten Sinn des Begriffs von jeher große Anziehung ausgeübt. Er hat sich in seinen Jünglings- und jungen Mannesjahren immer wieder als Journalist versucht und über alles und jedes geschrieben, das ihm über den Weg lief und über das er eine Meinung hatte. Er war schon längst, ehe sein Ruhm als Dichter sich gefestigt hatte, ein heftiger und rechthaberischer Polemiker, der um so heftiger und rechthaberischer war, je abseitiger und verworrener seine Ansichten, je schärfer sie im Gegensatz zur vorwiegenden Auffassung standen und ihren Widerspruch herausforderten.

Als sein dichterisches Werk ihm Namen, Ruf und Autorität eingetragen hatte, nützte er sie aus, um während des ersten Weltkrieges in großem Stil in die öffentlichen Angelegenheiten seiner norwegischen Heimat einzugreifen. Was man von dem jungen und unbekannten Journalisten nicht hatte hören wollen, das mußte man vom weltberühmten Dichter nun doch wohl zur Kenntnis nehmen. In zahllosen Zeitungsartikeln wetterte er gegen den Mangel an Anbaufläche, die Landflucht der Bauerntöchter, die Industrialisierung, den Fremdenverkehr und die zunehmende „Verschweizerung" seiner Heimat, an der hauptsächlich die unerträglichen englischen Bergsteiger schuld waren, die übertriebenen Bedürfnisse der Zeit, das amerikanische Tempo. Er warnte vor der Überschätzung des Lesens und Schreibens, erklärte den Krieg für notwendig und Abrüstung der Wehrlosmachung des Heims gleich. Im nächsten Augenblick trat er für die Monarchie und den König ein als eines Symbols, das „ein wenig Glanz übers graue Land wirft" und befaßt sich im gleichen Atemzug mit einer Kindesmörderin.

Dies alles, ob billig oder unbillig, hat wohlgemerkt nichts mit der „Sozialität" des Dichters zu tun, von der Thomas Mann in der „Forderung des Tages" spricht, nichts mit jener Erkenntnis im Dichter, daß „Kunst, dichterisches Schrifttum wirklich und nicht nur offiziell-redensartlich ein Organ des nationalen Lebens" ist. Das ist in jedem Fall die Ausgangsstellung, von der eine geistige Existenz wie die Hamsuns aus betrachtet sein will, und Hamsun selbst hat sich dieser grundsätzlichen Erkenntnis ja keineswegs entzogen. Viele der Fragen und Probleme, die er in Zeitungsaufsätzen aufgreift, sind ja in mehr oder minder direkter Form in seine großen Romane eingeflossen und in unzähligen Varianten abgehandelt. Die „August"-Romane sind neben manchem anderen eine einzige Dissertation über die Verstädterung des Landes; die „Stadt Segelfoß" eine einzige Polemik gegen die „übertriebenen Bedürfnisse der Zeit" und den verhängnisvollen „Drang nach Süden", aus der Kargheit und moralischen Unanfechtbarkeit des Ödlandes in das weniger aufreibende und korrumpierende Dasein in der städtischen Zivilisation; das „Letzte Kapitel"

eine einzige Anklage gegen die „Verschweizerung“, die Hotels und Sanatorien baut und vom Fremdenverkehr zu leben hofft, anstatt sich dem Land zu widmen.
Das Charakteristische an Hamsun ist, daß er damit nicht zufrieden war, und er steht mit dieser Unzufriedenheit wahrhaftig nicht allein. Es drängte ihn immer und zu allen Zeiten, über sein dichterisches Werk hinaus auch noch durch direktes polemisches Eingreifen Einfluß zu nehmen. Diesen Drang haben andere große Erzähler auch verspürt und ihm nachgegeben; die Reihe der Beispiele und Parallelen ist endlos, von Tolstoj über Zola zu Jakob Wassermann und Thomas Mann, deren Zeitungsaufsätze und in neuerer Zeit Rundfunkansprachen sich keineswegs ausschließlich mit literarischen Gegenständen befaßten, sondern tiefe Vorstöße auf politisches, soziales, religiöses Gebiet waren. Der Unterschied zwischen ihnen und Hamsun besteht jedoch darin, daß sie höchst selten von etwas sprechen, wovon sie wirklich nachweislich gar nichts verstehen, daß sie ihren Beitrag zum Allgemeinen in gebührender Bescheidenheit und mit ziemlichen Vorbehalten leisten, daß sie sich in ihrem geistigen und moralischen Erfahrungsbereich verhalten und aus diesem heraus eine Kritik oder einen Kommentar, zuweilen zu ungeistigen und unmoralischen Gegenständen, liefern, der Anspruch hat, gehört zu werden, weil er Teil des gesamten Erfahrungsbereichs der Gesellschaft ist und es jedem Glied und Zweig der Gesellschaft ansteht, seiner Sache vor der Gesamtheit Gehör zu verschaffen. Es ist nicht unbedingt Besserwisserei, wenn sich ein Romancier neben einen Industrie-Arbeiter oder gar einen Herrenreiter stellt, um sich zu einer öffentlichen Frage zu äußern. Es ist nur Auch-Wisserei. Hamsun jedoch war ein ausgesprochener Besserwisser. Er war ein Querulant, der mit Bank- und Zollbeamten die absurdesten Streitereien über ihre Dienstvorschriften anzettelte. Es saß in ihm zeitlebens ein drängender, geltungsbedürftiger Revolver-Journalist, ein echter und unverfälschter „Redakteur Lynge“. Betrachtet man diese Figur aus einem seiner frühesten, Ressentiment-geladensten Bücher im Rückblick und transponiert sie, vor dem geistigen Auge, in die zwei letzten Lebensjahrzehnte des Dichters, so erkennt man unschwer einen zeitgenössischen Typ, der ohne weiteres fähig ist, über Ossietzky herzuziehen und Telegramme an Goebbels zu richten.

Doch für wen polemisierte der Journalist Hamsun? An wen wandte er sich, von wem wollte er gehört werden? Von den Leuten, die seine Bücher nicht lasen, wohl aber Zeitungen? Sein ganzes Werk ist aber eine einzige Aufforderung, den Zeitungen nicht zu glauben und sie am besten gar nicht zu lesen. „Es war nicht sehr gemütlich auf diesem Hof, obwohl sicher großer Wohlstand herrschte", heißt es in „Unter Herbststernen", der Geschichte der wandernden Straßenarbeiter. „Der Mann selbst war erster Stortings-Ersatzmann und hatte sich angewöhnt, abends die Zeitungen zu lesen. Ach, das viele Lesen, das ganze Haus litt darunter, und die Töchter langweilten sich zu Tode." Ohne Zweifel ist das Zeitungslesen eine ausgesprochen schlechte, gar verderbliche Angewohnheit. Doch was las denn der Stortings-Ersatzmann da? Doch nicht etwa die Artikel des Dichters Hamsun? Sollte er das nicht lieber bleiben lassen?

Überall in Hamsuns dichterischem Werk werden die Zeitungsleser verhöhnt und als gefährliche Wichtigmacher hingestellt, die sich besser um Haus und Hof, Frau und Kinder kümmern sollten. Der „Zerrissene" aber ist nicht nur selbst ein leidenschaftlicher Zeitungsleser, sondern auch ein beharrlicher Zeitungsschreiber, bis ihm die schlechte Angewohnheit endlich zur Verderbnis wird, die Flut der Nazi- und Quislingpresse über ihm zusammenschlägt, er nicht mehr unterscheiden kann, was er eigentlich liest und sich nicht zu erinnern vermag, was er selbst geschrieben hat. „Was mich fällen, zu Boden werfen soll, sind einzig und allein meine Artikel in den Zeitungen. Etwas anderes kann mir nicht nachgewiesen werden." So plädiert der Neunzigjährige vor dem Staatsanwalt. Etwas anderes will man ihm auch gar nicht nachweisen. Es genügt.

9

Für den Zwiespalt des „Zerrissenen" ist der Fall der Kindesmörderin besonders aufschlußreich.

Als eine solche Unglückliche während des ersten Weltkrieges von den norwegischen Gerichten zu der milden Strafe von acht Monaten Gefängnis verurteilt wurde, erhob Hamsun mit weithin hörbarer Stimme Einspruch. In einem eigenen Zeitungsaufsatz „Das Kind" trat er dafür ein, daß man Kindesmörderinnen grundsätzlich und ganz allgemein hängen solle. Eines seiner Argumente lautete wörtlich: „Und dann ist es außerdem schön, hier im Leben ein Kind zu haben. Es spielt mit kleinen Händen, und zuweilen sieht es auf." Sätze wie diese sind durchaus charakteristisch für Hamsuns polemische Eingriffe in die Gesellschaftsordnung. In ihrer bewußt naiven Primitivität gehören sie in seine Erzählungen, in den Mund einer seiner naiv-primitiven Gestalten, die einer plötzlichen Regung folgend mit dem Herzen denken und auch das nicht sehr folgerichtig. In einer sachlichen Kontroverse über das Strafgesetz wirken sie kindisch.

Doch das Merkwürdige ist, daß auch hier der Gestalten- und Seelenschöpfer Hamsun mit dem Publizisten und Polemiker gar nicht eines Sinnes ist. Den zitierten Satz aus dem Aufsatz „Das Kind" scheint der Romancier Hamsun geschrieben zu haben. Aber als der Romancier sich tatsächlich an das gleiche Problem macht, das ihn sehr gefesselt haben muß, sieht die Antwort ganz anders aus. Die Kindesmord-Kontroverse dauerte Jahre, und Hamsun hat ihr in einem seiner größten und geschlossensten Werke, dem Roman „Segen der Erde", im Grunde ein ganzes Buch gewidmet. Hamsuns Biograph Walter A. Berendson meint, die Kontroverse sei „kennzeichnend für Hamsuns subjektive Art, soziale Fragen zu sehen und anzupacken. Er betrachtet jede Tat nur als freie Willensäußerung des einzelnen. Soziologische Betrachtungen, die ihn abhängig zeigen von den moralischen Zuständen der Gesamtheit, weist er ab. Er umfaßt zwar soziale Fragen in seiner Innenwelt und Werkstätte, aber seine Denkarbeit bleibt im Kern individualistisch." Das ist eine bestechende Interpretation, und wenn die Dinge so wären, wären sie einfach. Der „Zerrissene" wäre dann gar nicht sonderlich zerrissen, sondern vielmehr — wenngleich nicht „individualistisch", wie sein Biograph meint — ein bis in die letzte psychologische Konsequenz durchkonstruierter, fehlerlos funktionierender egozentrischer Monomane.

Aber er ist es nicht. So einfach ist er nicht. Und merkwürdigerweise ist es gerade der Dichter und Menschengestalter, der die „moralischen Zustände der Gesamtheit", von denen der journalistische Polemiker nichts wissen will, sehr genau kennt und korrekt in Rechnung stellt. Seine Denkarbeit ist der klaren und systematischen soziologischen Analyse durchaus fähig und sperrt sich keineswegs gegen sie. Ja, er entwickelt in ihrem Dienst eine erstaunliche Beredsamkeit. In „Segen der Erde“ kommen gleich zwei Kindesmörderinnen vor, Inger und Barbro. Das moralische Problem wird mit großem Geschick in zwei Varianten abgehandelt, der erste Fall im zweiten gespiegelt und abgewandelt, und zwar in einem genau definierten soziologischen Rahmen. Die Kindesmörderin Inger, über der eine lebenslängliche Zuchthausstrafe schwebt, kommt mit acht Jahren Gefängnis davon, die Kindesmörderin Barbro wird freigesprochen.

Beide Frauen sind in den Augen ihres Schöpfers weit weniger schuldig als die Gesellschaft, die sie hat schuldig werden lassen. Wenn der Dichter Hamsun wirklich der Ansicht ist, daß ein solches Vergehen mit der Todesstrafe geahndet werden sollte, so gibt er dies nicht in einer einzigen Andeutung zu verstehen. Im Gegenteil, er betont die Strenge des bestehenden Gesetzes und erwähnt hoffnungsvoll, daß humane Reformer in der Hauptstadt versuchen, es zu mildern. Die Argumente, die er zur moralischen Entlastung Barbros, wenn nicht gar zu ihrer völligen Reinwaschung anführt, sind umsichtig, genau und von liberalem Geist diktiert. Die Zeugenaussage der Frau Lensmann Heyerdahl wird in ein großes, dialektisch glänzend angelegtes sozialpolitisches Plädoyer ausgeweitet, das auch nicht eine einzige Antwort schuldig bleibt.

„Natürlich wünschen wir alle, daß die Kinder am Leben bleiben, und es ist sehr zu beklagen, daß das Leben von einigen ausgelöscht wird. Aber das ist einzig und allein die Schuld der menschlichen Gesellschaft, dieser hoffnungslosen, unbarmherzigen, verleumderischen, verfolgungswütigen, boshaften Gesellschaft, die allzeit auf der Wacht steht, um die ledige Mutter mit allen Mitteln zu erdrosseln ... Wir Frauen erlauben uns, gerade entgegengesetzt zu denken und zu fühlen wie die Männer mit ihren Anklagen und Verfolgungen, wir erlauben uns, eine Ansicht über die Dinge zu haben ...“ So plädiert Frau Lensmann Heyerdahl über viele Seiten. Der Staatsanwalt ist ihrer Ansicht. „Als Mensch und Privatmann würde ich sogar noch weitergehen: ich würde keine einzige ledige Mutter, die ihr Kind umbringt, zur Strafe verurteilen.“

Wessen Ansichten sind dies? Des Dichters Hamsun oder des Publizisten Hamsun?

Im Fall der ledigen Mutter Barbro im „Segen der Erde" werden die Dinge sogar noch zusätzlich moralisch kompliziert. Der Leser wird vom Dichter keinen Augenblick lang im Zweifel darüber gelassen, daß Barbro tatsächlich ihr Kind vorsätzlich umgebracht hat. Aber Staatsanwalt, Verteidiger und Zeugen sind offensichtlich stillschweigend miteinander im Bunde, um die Geschworenen zugunsten der Angeklagten zu beeinflussen und das Recht zu ihren Gunsten zu beugen: der Tod des neugeborenen Kindes im Bach ist ein reiner Unglücksfall, von vorsätzlicher Tötung kann keine Rede sein. Sie ignorieren bewußt und vorsätzlich das gesamte gegenteilige Beweismaterial, weil sie aus Kenntnis der sozialen Gegebenheiten moralisch auf seiten der Mörderin stehen müssen und wissen, daß das Recht, würde es angewandt, in diesem Fall Unrecht wäre.

Der Dichter ist durchwegs auf ihrer Seite. Er absolviert sie nicht nur, er billigt ihre Haltung. Warum? Weil die dichterische Logik und Folgerichtigkeit, weil die poetische Wahrheit seines Werkes es verlangt. Großer Menschenschilderer, der er ist, kann und will er sich ihr nicht entziehen. Sie ist ihm oberstes Gesetz, dem er sich beugt. Die Auffassungen des Publizisten Hamsun würden die Erzählung des Dichters Hamsun glattweg ruinieren. Also ignoriert er sie. Es geht darum, seine „erfundenen" Menschen „richtig" zu gestalten, und so leiht er ihnen alle jene Einsicht, alle Kenntnis, allen klaren Verstand, die wir in seiner Polemik mit den „wirklichen" Menschen seiner Umwelt umsonst suchen und deren Fehlen diese Polemik so „falsch" macht.

Solcher Widersprüche und Ungereimtheiten zwischen der dichterischen Vision und der tagtäglichen Anschauung sind Werk und Leben Hamsuns voll. Es ließe sich noch manch anderes Beispiel anführen. Man darf annehmen, daß Hamsun sich darüber völlig im klaren war. Aber er verbrachte darüber keine schlaflosen Nächte. Es war ihm im Grunde gleichgültig. Er fand sogar ein gewisses koboldartiges Vergnügen darin, sich in Widersprüche zu verwickeln, absurde Behauptungen aufzustellen, sie bald darauf zurückzunehmen oder durch das Gegenteil zu ersetzen und mit hochfahrender Wurstigkeit seine Umwelt zum Narren zu halten. Man irrt sich wohl, wenn man meint, er habe in seiner „dumpfen Erdhaftigkeit“ diese Diskrepanz nicht erfaßt. So simpel war der Mann nicht. Er war kein Wahrheitsfanatiker um der Wahrheit willen. Als man ihn einmal fragte, warum er soviel Zeitung lese, da doch so viele Lügen in ihnen stünden, antwortete er vergnügt: „Aber das ist ja gerade Leben!“ Er vermochte sehr wohl, klar und folgerichtig zu denken. Aber es war ihm nicht wichtig, wie die unmittelbaren Denkergebnisse ausfielen: in den „größeren Zusammenhängen“, in denen die Menschen ohnedies nur „Pünktchen im Universum“ waren, spielten kleine irdische Rechenfehler keine Rolle. Die „Natur“ würde dafür sorgen, daß die Rechnung zum Schluß aufging, und wenn sie nicht dafür sorgte, so war es nicht an den Menschen, sich darüber zu beklagen. Inzwischen „handle ich nach meinem eigenen Willen, das ist das Höchste.“

Der Schatten der Resignation legt sich jedoch schon früh über alle diese Versuche, mit Publizistik und Polemik in die tatsächliche Gestaltung der irdischen Verhältnisse einzugreifen. Es ist ein Traum, der ihm aus seinen kämpfenden, erfolglos um Geltung ringenden Jünglingsjahren nachhängt und den er nicht loswerden kann. In „Unter Herbststernen“ gesteht er sich selbst seine Einflußlosigkeit bereits ein: „Ich kann keine Renaissance machen, nicht jetzt, ich bin zu spät dazu gekommen. Damals, als ich viel vermochte und noch mehr wollte, war die Mittelmäßigkeit zu allmächtig. Ich wurde die Macht auf dem Holzfuß — das Los so vieler Jungen.“ Er ist damals erst um die Fünfzig, aber er hat im Grunde bereits abgedankt. „Ich habe geliebt und gelitten und war töricht und stürmisch, wie mich meine Natur dazu trieb, mehr habe ich nicht getan, ich bin ein altmodischer Mensch. Und jetzt sitze ich hier im Schatten des Abends, im Abend des Fünfzigjährigen. Fertig damit!“ Und an anderer Stelle, ebenfalls in der „Letzten Freude“: „Du wirst dich vielleicht auch für mich interessieren und nach meinen Eisen fragen. Jawohl, ich soll dich von ihnen grüßen. Es sind die Eisen eines Fünfzigjährigen, andere hat er nicht. Aber der Unterschied zwischen mir und meinesgleichen ist der, daß ich bekenne: ich habe keine anderen. Sie sind so groß und so glühend gedacht; aber es sind kleine Eisen und sie glühen nur schwach.“

Die Wende der Fünfzig war für ihn, der noch fast sein halbes Leben vor sich hatte — er war überzeugt, daß er wenigstens neunzig Jahre alt werden würde — ein tiefer und schmerzhafter Einschnitt. Er empfand sich als einen alternden Mann, der in seiner Jugend, als er es in sich hatte, Großes hätte vollbringen müssen. Aber die Mittelmäßigkeit trat ihm auf die Flügel, ehe er sich in die Höhe schwingen konnte. Jetzt plädiert er bei jeder Gelegenheit mit der Jugend und für die Jugend, in dem aufsehenerregenden Vortrag „Ehret die Jungen“ vor den Studenten im Jahr 1907, und fünfzehn Jahre später mit fast den gleichen Worten in seiner Festrede anläßlich der Verleihung des Nobelpreises.

Jetzt warnt er die Jugend davor, dem Alter Autorität zuzubilligen, die es nicht besitze. Es wolle ja nur Macht. Sie solle sich die Mittelmäßigkeit nicht gefallen lassen. „Ich bin jetzt dumm und verblüht. Aber ich habe nicht den perversen Glauben der Greise, daß ich weiser geworden sei als ich war. Und ich hoffe auch, daß ich niemals weise werde. Das ist das Zeichen des Verfalls. Das Alter schenkt keine Reife, das Alter schenkt nichts als Alter.“

Er selbst hat seine Blütenträume begraben. „Es schickt sich, daß wir Älteren zurücktreten.“ Ausnahmsweise stimmt das Bild des Publizisten und Mannes der Öffentlichkeit mit dem des Dichters überein. Die alten Coldevins in der „Stadt Segelfoß“ waren „jetzt kleine weiße Sehenswürdigkeiten geworden und hatten keine Stimme mehr.“ Auch der Leutnant in „Kinder ihrer Zeit“ ist erst um die Fünfzig, aber „er konnte das einzige tun, was ein alter Mann zu tun hatte, um sich selbst und anderen nicht widerlich zu werden: er konnte steif und steil dastehen.“ Ein Mann von fünfzig stellt in der Welt nichts mehr vor, außer seinen Erinnerungen. „Noch entgeht mir nichts, aber alles geht an meiner Nase vorbei. Ich sitze auf einer Galerie und schaue zu.“

Die moralisch bessere Welt, die der zweimalige Amerikafahrer auszog zu finden und deren Renaissance der junge Mensch herbeiwünschte, ist als eine geschlossene Konzeption weder aus dem polemisch-publizistischen noch aus dem dichterischen Werk Hamsuns ablesbar. Es ist zu vermuten, daß sie als geschlossene Konzeption in seiner Vorstellungswelt überhaupt nicht bestand. Es liegt in der Natur des „Zerrissenen", daß er eine deutlichere Vorstellung von dem hat, was ihm zuwider ist, als von dem, was ihm wirklich entspricht und wünschenswert erscheint. Entspräche irgend eine Lebensform ihm wirklich völlig, so wäre er ja kein „Zerrissener". Er jagt bald diesem, bald jenem nach und erhascht, wie Johan Nagel, immer nur das Unvereinbare.

Und das paßt ihm ausgezeichnet. Denn das, was ihm an dieser Jagd wirklich wichtig ist, was ihm Impuls und Atem gibt, das ist nicht das Ziel, das sind die Hindernisse. Die Unbegreiflichkeiten, über die er stolpert, die Einrichtungen, die er haßt, die Menschen, die ihm Beine stellen, die Ansichten, die ihn empören, die Ereignisse, die ihn verletzen — sie sind recht eigentlich der Quell seiner übermütig-zornigen Lebenslust. Ihnen ruft er jenes trotzig-vertraute „Oho!" zu, mit dem der verirrte Wanderer die Gewerkschaft der Felsen, die gepflanzten Flüche begrüßt. So vermag auch Hamsuns „moralisch bessere Welt" nur gleichsam im photographischen Negativ sichtbar zu werden, in den Erscheinungsformen der „moralisch schlechteren Welt", in dem, was sie nicht ist weit eher als in dem, was sie ist. Dies aber ist natürlich immer bruchstückhaft, es hängt nirgends zusammen, es verändert unablässig seine Konstellationen, und vergebens sucht man organische Geschlossenheit oder gar ein gedankliches System in ihm.

„Gott segne die alte Zeit, da etwas selten war!" Dieser von Heimweh erfüllte Ruf aus „Unter Herbststernen" ist im Grunde bereits die Summe der Renaissance-Sehnsucht des Dichters. Es lassen sich alle bruchstückhaften Hinweise von ihm ableiten oder auf ihn zurückführen. „Sie lebten im Zeitalter des Holzlöffels und hatten es gut." Sehr viel präziser als in diesen Stellen hat Hamsun diese Sehnsuchtswelt nirgends formuliert. Gut sind die Zeiten, da der Mensch sich um sein Gut und sein

Glück mühen muß, da es selten ist und infolgedessen in seinem Wert recht geschätzt wird. Ein seltenes, geschätztes Ding ist die Weste, die der Hungernde hergeben muß. Seltene und schwer zu erringende Dinge sind neue Schnürbänder für die Schuhe. Der Nobelpreisträger reist nach Stockholm in Stiefeln, deren Bänder bereits mehrfach geknotet, also wertvoll sind. Der Schuhmacher Nils in der „Stadt Segelfoß" geht elendiglich zugrunde, weil Schuhe plötzlich nichts Seltenes mehr sind. Die Leute kaufen billige Massenware in Theodors Laden, und ihm selbst bleibt — tragische Ironie — zum Schluß nichts anderes übrig, als ein ebensolches Paar zu tragen und darin zu verhungern.
Alles, was in Massen auftaucht und das Seltene, Wertvolle verdrängt, führt in eine moralisch schlechtere Welt — alles außer den Heringen. Heringe kann es nicht genug geben, sie werden nicht besser oder schlechter dadurch, daß das Meer sie in Millionen heranträgt, sie sind ein Geschenk der Natur. Aber Schuhe, Zeitungen, Uhren, die der nicht durchaus unliebenswerte alte Trödeljude Papst auf den Märkten verkauft und die selten länger gehen als einen Tag, nicht unbedingt erforderliche Möbel- und Kleiderstücke, alles massenfabrizierte Zeug, das aus den Großstädten in die bäuerlichen Läden strömt, alles, was „Umsatz, Geschäft, Handel, Betrieb" macht, wie August es nennt, Fabriken, Banken, Grundstücksspekulationen, die Großstadt schlechthin, — es vermindert den Wert der Arbeit und damit das Lebensglück. Es schafft nicht echten Wohlstand, es schafft am Ende immer Hunger. „Eine Stadt ist nichts Eßbares, in einer Stadt können nur die leben oder sterben, die von anderen ernährt werden." Von allen Dämonen, Teufeln, Kobolden und Widersachern, von denen Hamsuns Welt wimmelt und die seinen Geschöpfen nachstellen, ist der Hunger unzweifelhaft der größte und fürchterlichste. Ihn hat er mehr als alles andere in der Welt gefürchtet und gehaßt.
Die Welt, die Hunger, schlechte Schuhe, nicht gehende Uhren und Zeitungen produziert, schafft keine Individuen, sondern Massenhaftigkeit. Und Massenhaftigkeit ist Mittelmäßigkeit, welche die Träume der Jungen zertritt. Und so stehen denn auch — ungleich den Heringsschwärmen — massenhaft auftretende Menschen in großen, amorphen Gruppen der Renais-

sance entgegen. Sie gleichen den Schuhen, Zeitungen und Uhren, die sie tragen. Sie gehen vierundzwanzig Stunden, machen eine Menge „Umsatz und Betrieb“, dann bleiben sie stehen. Was übrig bleibt, ist ein Haufen Bruch ohne Zifferblatt, ohne Zeiger, ohne Gesicht: Proletarier, Pöbel, wertloses, anmaßendes, hinterhältig-schwindelhaftes Gesindel, und das ärgste Gesindel von allen sind die armseligen Lappen — „diese Menschengrütze, diese Hochgebirgsheringe — und da bin ich! Was habe ich mit all diesem Getöse zu schaffen?“

Und da bin ich!

Der „Einzelne“ ist selten. Er ist der überragende Einfluß, die Autorität, der vorbestimmte Herrscher. Der psychopathische Leutnant in „Kinder ihrer Zeit“, dem ersten Teil der Segelfoß-Saga, dieser verkrampfte, verstiegene „Zerrissene“ mit seiner Reitpeitsche, diese ungewollte Karikatur eines preußischen Offiziers, er ist eine von Hamsuns abscheulichsten Figuren, aber es ist kein Zweifel, daß er trefflich gelungen und daß er ein „Einzelner“ von der Art ist, wie der Dichter sie gutheißt. „Er war beim Volk durchaus nicht eigentlich beliebt, aber er erzwang sich einen ungeheuren Respekt; man nannte ihn nur den Leutnant, weil er eben nicht mehr war; doch man grüßte ihn wie einen General ... Im übrigen kam er nicht auf die Knie. Ein Mann von seiner Starrheit bleibt stehen ... Ein Schlag durch die Luft mit der Reitpeitsche — fort! Er sprach nur wenig, zwei Worte, vier Worte, seine Augen waren wie zwei Kugeln. Wenn er die Faust um die Reitpeitsche ballte, traten die Knöchel weiß hervor, aber wenn er die Hand aufmachte und jemand freundlich begegnete, dann wurde der Augenblick reich und erinnerungswert. Man fühlte sich wohl bei ihm, weil er zu denen gehörte, die befehlen konnten, Anführer war er, Herr war er ... Es wäre gut unter ihm zu leben, denn er war einer von jenen, die befehlen können, er war ein Meister, ein Führer.“

Aber der Herrenmensch tritt in doppelter Gestalt auf. Er ist nicht nur der Führer mit der Peitsche, der die Kanaillen von Arbeitern zusammenschlägt. Auch der Ödlandbauer Isak ist ein Einzelner und ein Herrenmensch, dem Leutnant geradeswegs entgegengesetzt, groß, still, stark, dem nie eine verletzende Geste, nie ein hartes Wort entfährt. Er ist ein Mann, der mit dem ungeheuren Gewicht seiner aus der Natur bezogenen moralischen Rechtlichkeit seiner Umwelt seine schweigende Autorität aufzwingt und schließlich gegenüber aller eitlen Geschäftigkeit Recht behält. „Daß die Fäuste eines Mannes so Großes ausrichten konnten!“ heißt es von ihm. „Er war wie ein Baumstumpf mit Händen, aber innerlich war er wie ein Kind. So ein Herrscher war er!“

Doch auch der Wanderer und Landstreicher ist ein Einzelner und kein Massenfabrikat, und nur wo er in Gruppen auftritt wie die Amerikafahrer, wird er bemitleidenswert und schließlich verächtlich. Die Amerikafahrer, die „ihre Wurzeln hinter sich herschleppen“, sind die Rache der Natur an der Zivilisation und das Opfer ihrer Rache. Ihnen geschieht nur Recht. Doch der wurzellose „Einzelne“ ist ein Kind der Natur, er ist von ihr gewollt und lebt nach ihrem Gesetz, ob er nun Johan Nagel oder August Weltumsegler heißt. Nagel und August, von denen der eine kopfüber im Hafenwasser ertrinkt und der andere von einem „Meer von Schafen“ in den Abgrund hinabgespült wird, diese Wanderer und Landstreicher sind die größten „Einzelnen“, die Hamsun geschaffen hat, und sie sind im Gegensatz zu ihrem Schöpfer nicht Egozenter und Monomanen, sondern wirkliche Individualisten. Für sie gilt merkwürdigerweise genau das, was der Dichter im „Redakteur Lynge“ sagt, um, wie er meint, den modernen Zivilisationstyp zu definieren: „Die moderne Seele läßt sich so schwer in einer ganzen Zahlengröße ausdenken, sie besteht aus Nuancen, aus Widersprüchen, aus Hunderten von Bruchteilen, und je moderner eine Seele ist, desto mehr ist sie aus Nuancen zusammengesetzt. Aber eine derartig zusammengesetzte Seele kann schwer eine bleibende Stätte finden.“

Der „Einzelne“ ohne bleibende Stätte aber genießt auch Achtung. Er flößt auf seine Art Bewunderung und Autorität ein. Er läßt Anregung, Wachheit, Liebe, eine schmerzlich-freudige Erinnerung bei allen zurück, denen er begegnet. Er ist der Stachel und das Gegengift gegen die Dumpfheit und Stumpfheit der Massenhaftigkeit, er ist durchaus naturgewollt, denn ihn umstrahlt in all seiner Zwiespältigkeit der Glanz des echten Abenteuers. „Alles hat sich geändert, ich habe mich geändert. Das Abenteuer steckt im Abenteuer.“ Der „Einzelne“ ohne „bleibende Stätte“ ist das Ferment. Er ist niemals anonym, und er berechnet nicht.

11

Die Mittelmäßigkeit aber hat keinen Namen, und sie zerrechnet und verspekuliert das Leben. Wird eine Sparbank in der Bucht gegründet, so ist's die Idee des „Einzelnen“ August; aber eine andere „Einzelne“, die eigensinnig-rechtliche Pauline nimmt sie in ihre Hände. Pauline ist im Grunde dumm, sie versteht gar nicht, wozu eine Bank da ist, aber ihre Dummheit ist Ausdruck ihres gesunden Instinktes, der die kurzsichtig alles vergeudende Gemeinschaft vor dem Ruin bewahrt. Nur der Einzelne hat Verstand, gesunden Menschenverstand, und bringt etwas zuwege. Die Masse hat einen kranken Maschinenverstand und zerstört alles. Stehen aber zwei Einzelne einander bei, Männer wie Isak und Axel, wie August und Edevart, um je ein seßhaftes und ein wanderndes Paar zu nennen, arbeiten sie mit vereinten Kräften, so können sie allerlei Wunder wirken und kommen gut durchs Leben.

Dabei ist es keineswegs ein unerläßliches Charakteristikum des Einzelnen, daß er körperlich stark und von herrischer Seele sein muß. Auch Schwache, Geschundene, Benachteiligte, auch Menschen, die es zu gar nichts bringen, können hervorragende Einzelne sein, deren Bild sich der Gemeinschaft einprägt, die einen Funken zünden, einen kleinen Schmerz in der stumpfen Massenseele hinterlassen, die man nicht so leicht wieder vergißt. Der armselige Minute in den „Mysterien“ ist ein solcher Geschundener, der mit Mut, Humor und einer vertrackten, nicht zu fassenden Schicksals-Sicherheit seinen verrohten Quälern und ihren bestialischen Späßen die Stirn bietet. Der verhungernde Schuster Nils — immer wieder muß man ihn nennen — ist ein solcher unverwechselbarer Einzelner, gänzlich unheroisch, aber noch in der äußersten Zertretenheit mit einem eigenen, bescheidenen Gesicht. Und Baardsen gar, dieser seltsame Bruder Johan Nagels in der „Stadt Segelfoß“, eine komisch-rührend-achtungsgebietende Figur von einer inneren Geschlossenheit und Unverwechselbarkeit, wie sie Hamsun nach den „Mysterien“ nur noch dieses eine Mal gelungen ist. Ihm vermag die Massenhaftigkeit ganz und gar nichts anzuhaben. Er ist ein verschuldeter, musizierender Telegraphenamtsvorsteher, er stellt absolut nichts vor, aber ohne ihn wär's nicht dasselbe Leben.

Greise und Kranke haben in dieser Welt nicht viel zu hoffen, schon gar nicht, wenn sie in Massen auftreten. In dieser wild wuchernden Welt ist der Tod kein nennenswertes Ereignis. Es kommt ihm keinerlei geistige Bedeutung zu, es ist buchstäblich mit ihm „nichts anzufangen". Am besten ist es, man ignoriert ihn. Es gibt im ganzen Werk Hamsuns kaum eine Schilderung eines Begräbnisses. Wenn eines vorkommt, dient es zu kaum mehr, als den Geistlichen verächtlich zu machen — „Die ganze Leiche war ihm gleichgültig" — und sich, wie in der „Stadt Segelfoß", über den plötzlich ausgebrochenen Grabstein-Snobismus der Bürger zu belustigen. Der Dichter sieht sich nicht veranlaßt, dieses bedeutsame Ereignis im menschlichen Leben zu durchleuchten. Nicht einmal seine Ironie, sein großer Sinn fürs Komische und Groteske und auch nicht die zuweilen sehr tränenselige Sentimentalität, deren er vor allem in „Victoria" fähig ist und der er bis an die Grenze des Erträglichen nachgibt, wie in der Wehklage um die erschlagene Eva, fühlen sich von ihm angezogen.
So wie Minute, Nils und Baardsen den Dämonen Hunger, Kälte, Armut und Rücksichtslosigkeit der Umwelt die Stirn bieten und ihnen im besiegelten Untergang noch ein trotziges Hohnlachen entgegenschleudern, so behandelt der Dichter auch den Kobold Tod. Niemand verspottet der einstmals selbst Schwindsüchtige mit beißenderem Hohn als die Lungenkranken, diese nichtsnutzigen Dummköpfe aus der Stadt. Es geschieht ihnen recht und soll nur als Warnung dienen, wenn ihnen ihr ganzes albernes Sanatorium, dieser seltsam vorgeahnte Zauberberg im „Letzten Kapitel", dieses abscheuliche Symptom der Verschweizerung abbrennt. Und völlig mitleidlos schildert er die Alten, Gebrechlichen, Sterbenden, so wie er dereinst am Rande des eigenen Grabes sich selbst schildern wird. Es gibt keine groteskeren und zugleich widerwärtigeren Gestalten als die lebenden Leichname Mons und Mensa in „Benoni", die absolut nicht „zurücktreten" wollen, wo doch die Kammer dringend für die „Jungen", die heiraten wollen, gebraucht wird. Es ist überaus charakteristisch für die dämonisch-koboldhafte Meisterschaft des großen Erzählers, daß man sich über die kindische Senilität dieser beiden trostlosen Figuren und den Hohn, mit dem sie gezeichnet sind, vor Lachen ausschütten möchte. Und der im Moor versunkene Schiffer

Skaaro — seine Seele flößt keinerlei Scheu ein. Man verwendet sie zu einem praktisch-nützlichen Spaß, und an der Beraubung des Leichnams ist moralisch nichts auszusetzen. Er stellt ja ganz und gar nichts dar.

Alles, was liest und schreibt, wird verspottet. Alles, was organisiert, mechanisiert, auf Expansion drängt, Geistliche, Arbeiter, Kaufleute, Rechtsanwälte, Ärzte, Journalisten, Unternehmer jeder Art sind vom Übel, und der „natürliche Gang der Dinge" sorgt dafür, daß sie ein schlechtes Ende nehmen. Sie sind das „Pack", gegen das Hamsun schon in den frühen „Mysterien" wettert: „Man kann das Pack so zahlreich machen, daß es ein Stück Herrschaft an sich reißen könnte; man kann ihm ein Schlächtermesser in die Hände geben und ihm gebieten, daß es sticht und schlägt, und man kann es antreiben, daß es bei einer Abstimmung die Oberhand gewinnt; aber einen Sieg gewinnen, gewinnen an geistigem Grundwert, die Welt auch nur eines Fußes Breite an Ertrag weiter bringen, nein, das kann es nicht, das Pack". In den beiden „Segelfoß"-Romanen, mehr als zwanzig Jahre später, wird diese Grundstimmung, speziell auf die Arbeiter gerichtet, noch ungleich aggressiver formuliert:

„Hier waren die modernen Arbeitsmenschen, die mit Fahrrädern und Windjacken und baumelnden Uhrketten daherkamen, die auf dem bestanden, was sie wollten und die zur Zeitung gingen. Alle hatten Ansichten, sie kannten ihren eigenen Wert, ja eigentlich waren es gerade sie selbst, die etwas wert waren, denn ihrer waren viele ... Die ganze Erbärmlichkeit ist da: sie kommen auf dem Rad angefahren, sie gehen in Schnallenschuhen und in dem Modestaat, den der Theodor in seinem Laden feilhält, sie haben sich das Äußere und Wertlose des heraufgekommenen Ortes angeeignet, aber der Charakter bei ihnen ist unverändert. Ja, die ganze Erbärmlichkeit ist noch da."

Hingegen kann „aus diesen zwei Eigenschaften, dem Willen und dem Hochmut, wenn Geld da ist, wohl ein Oberklassengeschlecht hervorgehen."

Zwischen den „Einzelnen" und dem „Pack" stehen die „Verpfuschten". Edevart in den beiden ersten „August"-Romanen ist ein typischer „Verpfuschter": ein kraftvoller, jugendlicher, einfallsreicher „Einzelner", den die Liebe zur entwurzelten Amerika-Fahrerin Lovise Magrete Doppen und endlich Amerika selbst innerlich und äußerlich ruinieren. Er sackt schrittweise ab, degeneriert in eine geradezu tierische Blödheit und Teilnahmslosigkeit, ein lebloser, formloser Klumpen Mensch zum Schluß, aus dem kein Funken mehr schlägt, liebenswert, arglos noch immer, geradezu erbarmungswürdig, aber ein Wesen, das die Zivilisation zugrunde gerichtet hat und das nichts mehr vorstellt. Als er schließlich auf seiner stur-unsinnigen Suche nach dem verschollenen Kameraden ertrinkt und nicht wiederkommt, bemerkt man im Grunde keine Lücke. Welcher Gegensatz zu seinem ersten Erscheinen, als seine volle, runde Persönlichkeit die ganze Szene füllt! Die unbarmherzigen Naturgesetze haben ihn schrittweise blasser radiert und endlich ganz ausgelöscht. Das „Leben" aber „geht weiter".

Auch Gordon Tidemand im dritten „August"-Roman „Nach Jahr und Tag" ist ein „Verpfuschter", aber mit diesem Sohn des Ladentheodor hat der Dichter wenig Mitgefühl. Seine blödsinnige Auto-Zivilisations-Straße im Verein mit dem üblichen geistesschwachen Engländer bereitet zu guter Letzt dem größten „Einzelnen", August, seinen tragisch-grotesken Untergang. Hier, wie auch bei den mit unsäglicher Verachtung behandelten Lappen, diesen Klatschmäulern, Gerüchte-Zuträgern und hinterhältigen Unglücks-Stiftern, treten die ansonsten nicht besonders betonten Rassen-Vorstellungen Hamsuns in Erscheinung. Sie spielen in seiner „erfundenen" Welt keine sehr große Rolle und sind oft übertrieben worden. Aber sie sind da.

Gordon Tidemand ist der uneheliche Sohn einer Norwegerin und eines Zigeuners. „Er besaß viele Kenntnisse, im Grunde aber wenig Verstand und eine mangelhafte Auffassung. Er war das, was er äußerlich darstellte, Mischrasse, ohne starkes Gepräge, ohne Vollblütigkeit, nur eine Mischung, unecht, von allem ein bißchen, ganz tüchtig im Lernen, aber zu nichts Großem fähig. Er hatte die notwendigsten Eigenschaften und Interessen, und er hatte Lust, ein Gentleman zu sein." Damit

ist das Urteil über ihn gesprochen. Lappen und Zigeuner sind durchaus minderwertig. Man sieht, was bei einer Vermischung mit ihnen herauskommt, nämlich ein „Verpfuschter". Aber die Ehe des Leutnants mit der deutschen Aristokraten-Tochter aus dem Hannoverschen in der „Stadt Segelfoß" bringt auch einen Schwachen und Verpfuschten hervor, den Musiker Willatz Holmsen, dem alles unter den Händen zerrinnt. Und die Engländer gar sind völlig degenerierte Untermenschen. Wer sich mit ihnen einläßt, ist unheilbar vergiftet und verpfuscht. Diese Angler, Sodomiten und Päderasten meidet der echte „Einzelne" wie die Pest. Die Hamsunschen Rassenvorstellungen sind durchaus auf seinem eigenen Mist gewachsen; sie fügen sich den geläufigen faschistischen Systemen nicht ein.
Und schließlich Eleseus, der Verpfuschte aus dem „Segen der Erde", der mißratene Sohn des Titanen Isak: während der Dichter mit dem liebenswerten Edevart zum Schluß nicht einmal mehr Mitleid hat und ihn einfach wegwischt, betrübt und sorgt ihn diese Gestalt bis zum Ende, und er verwendet viel Liebe auf ihre eingehende Darstellung. „Armer Eleseus, er ist zerfahren und verpfuscht. Er hätte Ödlandbauer bleiben sollen, jetzt ist er ein Mensch, der Buchstaben zu schreiben gelernt hat, er hat keinen Unternehmungsgeist, keine Tiefe. Aber ein kohlschwarzer Teufelskerl ist er auch nicht, er ist nicht verliebt und nicht ehrgeizig, er ist eigentlich gar nichts, nicht einmal ein großer Übeltäter. Der junge Mann hatte etwas Unglückliches, etwas Verurteiltes an sich, wie wenn er in seinem Innern Schaden genommen hätte — da wurden dem Kinde die Wurzeln ausgerissen und es fuhr schlecht dabei."
Nur die Lensmänner kommen immer halbwegs gut weg. Sie taugen zwar nie sehr viel, sind schwach, nachlässig, lassen sich gar alles mögliche zuschulden kommen, aber sie werden nicht verspottet, der Lensmann von Ura in der „Stadt Segelfoß" nicht, und der Lensmann Geißler in „Segen der Erde" schon gar nicht. Sie sind die letzten Wahrzeichen der „guten alten Zeit", was immer sie gewesen sein mag. Aber sie sind noch mehr. Sie sind der Übergang von der „erfundenen" in die „wirkliche" Welt. Sie sind die Sendboten und Interpreten des Hamsunschen Kosmos, den er sich erbaute, als die „wirkliche" Welt ihn nicht wollte, und den er an ihre Stelle gesetzt hat, damit er die „wirkliche Wirklichkeit" werde.

13

Wie viele Einzelheiten man also auch zusammenträgt und zusammenzufügen versucht, Hamsuns „moralisch bessere Welt“ bleibt ein Stückwerk, das sich nirgends ganz harmonisch und homogen zusammenschließt. Eine geschlossene, soziale Vorstellungswelt ist sie nicht, die man mit des Dichters Vorstellungen und Äußerungen auf der realistisch-polemischen Ebene der eigenen Umwelt seines Jahrhunderts in direkte und schlüssige Beziehung setzen könnte.

Hamsun selbst hat diese Inkongruenz, diesen Mangel an Schlüssigkeit zuweilen gespürt und trotz aller Selbstherrlichkeit als eine Abträglichkeit empfunden. Seinem Sohn Tore gegenüber äußerte er einmal in „Die letzte Freude“, „Kinder ihrer Zeit“ und „Die Stadt Segelfoß“, die häufig als Schlüssel zu seinem politisch-sozialen Glaubensbekenntnis genommen werden, habe er vor allem den Verfall zeigen wollen. Im „Segen der Erde“ hingegen „wollte ich den Weg aufweisen, der aus dem Verfall heraus- und vorwärtsführt ...“ Aber ein gültiges Abbild der verrotteten Demokratie, als das man sie zuweilen bezeichnete, ist „Die Stadt Segelfoß“ nicht, und auch „Kinder ihrer Zeit“ enthält mehr als nur die, freilich sehr dick aufgetragenen Grundfarben einer Hamsunschen Sozialtheorie, als da sind Rasse, Mythos, Blut und Boden, Disziplin und Abenteuer. Die Konstruktion selbst hält nicht zusammen.

Der Erzähler Hamsun hat das instinktiv erkannt, und es hat ihn im hohen Alter zweimal veranlaßt, selbst einen theoretischen Schlüssel zu der Vorstellungswelt seiner Erzählungen zu liefern. Sowohl „Landstreicher“ als auch „August Weltumsegler“ enthalten gegen Schluß eine Art meditativen Resumés, in dem die einfältigen Gestalten dieser Erzählungen versuchen, die moralische Lehre aus ihren Erlebnissen zu ziehen. Diese „Moral der Geschichte“ ist natürlich nicht für die Erlebenden selbst, sondern ganz offensichtlich für den Leser bestimmt, der sich möglicherweise fragen könnte: und was soll mit all dem bewiesen werden? Es ist völlig klar, daß die Romangestalten sich selbst für die Antwort niemals interessieren können, da sie nie darauf kommen, überhaupt die Frage zu stellen. Aber der Schöpfer dieser Gestalten ist sich einer dumpfen Notwendigkeit bewußt, noch ein übriges zu tun. Die dichterische Wahrheit und Gültigkeit seiner Schöpfung genügen ihm nicht. So fügt er tausend Seiten vollen, runden Lebens noch zwanzig Seiten reinen, raschelnden Papiers an.

Niemals und nirgends hat eine Hamsunsche Figur so geredet wie Joakim auf den Bruder Edevart am Schluß der „Landstreicher" einredet:

„Hier war es früher friedlich, der Vater war arm, das tat nichts, er trug es still und klagte nicht, ebenso die Mutter ... was meinst du, wenn wir, du und ich, nun keine Eltern und kein Heim gehabt hätten? Dann würde es uns auch nicht besser gehen als dem August! Ich glaube ja nicht, daß es jemand gut tut, heimatlos zu werden und herumzuwandern, wir sollen dort bleiben, wo wir hingehören ... und sollen wir etwa nicht dort hingehören, wo wir hingestellt worden sind? Denn sonst wären wir wohl nicht dort hingestellt worden? ... Gehören wir am richtigsten dorthin, wo wir mehr Essen, bessere Kleider und mehr Geld bekommen? Dann hätten unser Vater und unsere Mutter nicht ihr Leben lang hier in der Bucht zufrieden und dankbar sein dürfen, nein, dann hätten sie nicht viel glücklicher sein dürfen als vielleicht der August ... dazu kommt, daß wir unsere eigene Erde bebauen sollten, Norwegens Erde, auf die Weise können wir vermeiden, einen so großen Teil unserer Lebensmittel aus dem Ausland zu kaufen, und wir brauchten dann auch nicht so viel unter Steuern und anderen Lasten zu seufzen. Aber das ist noch nicht alles. Das Allerwichtigste ist, daß wir auf die Weise dem Los entgehen, das August als Kind gehabt hat: mit der Wurzel aus der eigenen mageren Erde herausgerissen und in eine fettere verpflanzt zu werden — und trotzdem sich nach der mageren zurückzusehnen. Ich habe gelesen, daß es nicht immer das Fett ist, was den Ausschlag gibt, nein, daß es niemals das Fett ist, was die Sache ausmacht ... wir werden innerlich nicht glücklicher davon, daß wir mehr Speck essen können."

Niemals und nirgends haben Hamsunsche Menschen so gesprochen wie Joakim und Ezra am Schluß von „August Weltumsegler":

„Er sagte von August, ihm erscheine er als eine Art Agent, ein Sendbote der Zeit, der Welt. Er sagte, August sei ein Symbol — ‚das ein Sinnbild oder eine Parole bedeutet' ... er war ein Ausdruck des Zeitgeistes, gab mit der einen Hand und nahm mit der anderen — wo war dann der Gewinn? Er schuf Veränderung, aber bei jedem einzelnen Fall wurde das Gute, das er bezweckt hatte, von dem darauf folgenden Bösen aufgewogen. August gab manchmal zur Antwort, jawohl, das sei der Charakter der Entwicklung: Kampf und Konkurrenz. Aber war das eine Antwort? Er kam von der Welt draußen und wollte uns moderne und ausländische Dinge lehren, aber weshalb? Ja, wir müßten bei dem Kampf und bei der Konkurrenz mittun. Warum denn? Ja, weil wir sonst nicht unbeschränkt Geld in London leihen könnten ... ja, das sei Geld und Verdienst und Fortschritt und alles miteinander. Nein, sage ich, das ist der Untergang, wir essen und essen nichts als seine feine gekaufte Nahrung und wollen immer nur mehr davon haben, das ist ja nichts als Luft, was wir da essen, das sättigt uns nicht ... nein, und dann alle die großen und törichten Ansprüche ans Leben, die August uns beibringen wollte, all diese Forderungen nach teuren und süßen Sachen! Jetzt ist es so weit gekommen: wenn die Leute nicht jeden Tag ihr Fleisch und ihre Sonntagsmahlzeit kriegen, sind sie unzufrieden und glauben, sie leiden Not. Unzufriedenheit und immer größeres und größeres Bedürfnis nach mehr bei allen Menschen ... August war ja nicht so ganz ohne weiteres zu verstehen. Er war ein Werkzeug des Zeitgeistes, er hatte also einen Grund, auf dem erstand, er war Missionar ... er war unvergleichlich, sowohl an Unverantwortlichkeit als auch, was guten Glauben anbelangt ... er war ein Spaßmacher und ein Lügner, es war moderne Zeit und Mechanik und Amerikanismus in ihm, es war Gutes und Böses in ihm — alles mit einander."

Das Resumé ist ungeschickt, zusammengeklittert und unzureichend, wie es auch nicht anders sein kann. Denn nicht nur August, die ganze Hamsunsche Welt ist „ja nicht so ganz ohne weiteres zu verstehen". Der Versuch, sie innerhalb der politischen, ökonomischen, sozialen und moralischen Terminologie der „wirklichen", das heißt, der um den Dichter herum tatsächlich vorhandenen Welt zu analysieren, ist fruchtlos und unbefriedigend. Er nötigt den Dichter selbst dazu, die Grenzen seiner Schöpfungswelt enger zu ziehen als sie es in der Tat sind. Er muß künstliche Beschneidungen und Verkleinerungen des Maßstabes vornehmen und sie auch in manchem

Punkt vereinfachen, um sie auf den Nenner der Welt zu bringen, mit der er in den Zeitungen polemisiert. Die Gestalt des August stellt diesem Unterfangen, dem dichterischen Werk eine kohärente theoretische sozialkritische Grundlage zu geben, sie solid zu untermauern und eine gültige Lehre oder Moral aus ihr zu abstrahieren, ein Bein nach dem anderen. August ist so wenig auf eine Formel zu bringen wie die Welt, in der er sich bewegt, und weder mit ihm noch mit ihr wird im Grunde etwas bewiesen, womit ein Sozialreformer und Politiker etwas anfangen könnte.

Das hat seinen Grund darin, daß die solcherart künstlich abstrahierte und resumierte Welt ja längst nicht Hamsuns ganze Welt ist. Diese ganze Welt ist unvergleichlich viel größer. Sie existiert auf einer ganz anderen Ebene als jene, mit welcher der Publizist herumeifert und -zankt, und sie ist völlig anderen Gesetzmäßigkeiten untertan als jenen, die sich in Begriffen wie Landflucht, Amerikanismus, Zeitgeist, Verstädterung und dergleichen ausdrücken lassen. In diese viel größere Welt sind die „Stadt Segelfoß" und die „Bucht" der „August"-Romane mit ihrem sozialen Gefüge und ihren sozialen Spannungen nur als Teile eingesprengt, die der Dichter selbst, in Verkennung dieses schöpferischen Zusammenhangs, für viel größer und bedeutsamer gehalten hat als sie es tatsächlich sind.

Sie sind Teile eines größeren, umfassenderen Ganzen, und dies ist in der Tat „nicht so ganz ohne weiteres zu verstehen", denn es ist total unwirklich. Es ist ein imaginärer, völlig aus der Einbildungskraft geborener Kosmos. So weit dieser Kosmos Elemente der „Wirklichkeit" enthält wie „die Bucht" oder „Segelfoß", sind sie in ihrem Gehaben, in ihrem Tun und Lassen, nur in seinem Zusammenhang bedeutsam und zu begreifen und nicht in einem Beziehungs-System zur „wirklichen Wirklichkeit". Es ist charakteristisch für Hamsun, daß er selbst — Zerrissener, der er war — diesen Zusammenhang nie festzustellen oder zu definieren vermocht hat, daß er aber in einer seiner Gestalten eine Art Schlüssel ohne weiteres zu geben vermag.

14

Der Lensmann Geißler in „Segen der Erde“ ist eine der eindrucksvollsten Figuren, die Hamsun geschaffen hat, und er ist es vornehmlich deshalb, weil er mehr als eine Figur ist. Unter den Tausenden von Menschen, die durch diese Welt wimmeln, stellt er als beinahe einziger den Übergang, die Brücke von Hamsuns wirklicher Umwelt in seine erfundene Umwelt dar. Geißler ist die Überleitung von der Welt der publizistischen Sozialpolemik und ihren schrankenlosen politischen Ausweitungen, die sie im hohen Alter des Dichters erfahren sollten, zum Hamsunschen Kosmos. Geißler hat seine Füße in beiden. Er ist ein kleiner Kerl, aber von unheimlicher Spannweite. Er ist wirklich und unwirklich zugleich. Er ist ein Mensch, ein verzwickter und vertrackter, und er ist ein Geist, ein Luftzug, eine Idee. Von ihm erfahren wir mehr über Hamsuns Vorstellungswelt, die wirkliche und die unwirkliche und ihre Grenzgebiete, als aus allen Büchern und allen Zeitungsartikeln und Reden zusammen.

„Aber warum konnten denn die Menschen jetzt nicht mehr ebenso gut und ebenso schlecht leben wie damals, bevor der Versuchsbetrieb in Angriff genommen wurde? Nein, das konnten die Menschen nicht. Sie hatten sich jetzt an weiße Grütze gewöhnt und an weißes Brot, an gekaufte Kleiderstoffe, hohe Löhne, ein flottes Leben, ja, die Menschen hatten sich daran gewöhnt, viel Geld zu haben. Doch nun war der Geldstrom versiegt, wie ein Heringszug war er wieder im Meer verschwunden, lieber Gott, was war das für eine Not, was ließ sich da machen?“

Wer hat das Unheil angerichtet? Es ist der Lensmann Geißler. Er ist der Geist, der die Menschen, häufig durch undurchschaubare Tricks und Schliche, zwingt, bei der Erde zu bleiben. Er kauft einen erzhaltigen Berg oberhalb des Ödlandes und „macht Betrieb und Umsatz“, er wird „Bergkönig aus Gleichgültigkeit“, und stellt ebenso plötzlich den ganzen Bergwerksrummel wieder ein. „Vorläufig lege ich den Betrieb dort oben lahm ... es schadet dem Bezirk hier oben gar nichts, wenn ich den Betrieb lahmlege, im Gegenteil, es wird die Leute veranlassen, ihr Land zu bebauen. Aber drunten im Dorf, da wird man’s merken.“

Wer aber übersteht das Unheil sicher und wohlbehalten? Der Ödlandbauer, über den Geißler die schützende Hand hält.
„Nein, der Ödlandbauer verlor den Kopf nicht. Er fand die Luft nicht ungesund ... er vermißte die Diamanten nicht, und Wein kannte er nur von der Hochzeit zu Kanaan. Der Ödlandbauer quälte sich nicht wegen der Herrlichkeiten, auf die er verzichten mußte: Kunst, Zeitungen, Luxus, Politik waren gerade so viel wert als die Menschen dafür bezahlen wollten, nicht mehr. Der Erntesegen aber mußte erarbeitet werden um jeden Preis, das war der Ursprung, die Quelle von allem und jedem. Was, das Leben des Ödlandbewohners sei öde und traurig? Hoho, nichts dergleichen! Er hatte seine höheren Mächte, seine Träume, sein Liebesleben, seinen reichen Aberglauben."
Geißler ist der Abgesandte und Vertreter dieser „höheren Mächte", so wie August „eine Art Agent, ein Sendbote der Zeit", ein „Missionar des Zeitgeistes" ist. Geißler ist die Ausgeburt der Träume des Ödlandbauern, die in Fleisch und Blut im hellen Tageslicht vor den Mann Isak hintritt, und er ist vor allem die Ausstrahlung seines „reichen Aberglaubens". Geißler ist die personifizierte immanente Vernunft der Erde, das auch. Er ist der Kobold der „höheren Mächte", der die hochfahrenden Zivilisationspläne der Menschen ad absurdum führt und zunichte macht.
„Sieh dir doch einmal an, wo wir jetzt sitzen, lieber Sievert. Auf der Ruine einer Stadt. Die haben nun die Menschen ihrem eigenen Vorteil gerade entgegen gebaut."
Geißler kommt und geht, niemand weiß, woher und wohin, aber er taucht immer im rechten Augenblick auf, um Dinge und Menschen wieder ins Geleis zu rücken, um sie in die Ordnung des Hamsunschen Kosmos zurückzuführen, um sie an die „höheren Mächte", an die Träume und den reichen Aberglauben zu gemahnen, die ihr unverlierbarer Besitz sind. Er ist der Teufel aus der Kiste und der Gott aus der Maschine in einem. Andere regierende kosmische Mächte kennt diese Welt nicht, weder im Guten noch im Bösen. Der Rest ist Naturgewalt, ist „das Leben".
Geißler sagt von sich, er sei „der Nebel". Er hat aber auch einen Sohn. Der ist „der Blitz". Diesen Sohn bezeichnet er selbst als den Typus des Menschen unserer Zeit. „Mein Sohn

ist der Blitz, der eigentlich nichts ist, ein nutzloses Aufleuchten, er kann Handel treiben. Er glaubt aufrichtig an das, was der Jude und der Yankee ihn gelehrt haben; ich schüttle nur den Kopf dazu. Aber ich bin nichts Geheimnisvolles, nur in meiner eigenen Familie bin ich der Nebel, da sitze ich und schüttle den Kopf. Die Sache ist die, mir fehlt die Gabe zu einem reuelosen Handeln. Hätte ich die Gabe, dann könnte ich selbst der Blitz sein. So bin ich der Nebel." Wer aber nicht reuelos handeln kann, beweist damit, daß er ein Gewissen besitzt. Geißler besitzt ein solches Gewissen; ja, er ist das Gewissen der Hamsunschen Welt. Im übrigen muß man sich wohl hüten, aus absichtlich kryptisch gehaltenen Absätzen wie diesen mehr Sinn herauszulesen, als in ihnen enthalten ist. Auch der große Hamsun gerät zuweilen regelrecht ins Schwafeln.

Nicht ohne Sinn aber nennt Geißler sich den Nebel. Er ist der Nebel, der den ganzen Hamsunschen Kosmos einhüllt, der Nebel der Vorgeschichte, der Nebel, welcher Himmel und Erde zu einem gewaltigen, unfaßlichen Ganzen zusammenschließt. „So geht ihr zusammen mit Himmel und Erde", rät er Sievert, Isaks Sohn, „seid eins mit ihnen, seid eins mit der Weite und seid bodenständig. Ihr braucht kein Schwert in der Faust, ihr geht unbewehrten Hauptes und mit unbewehrter Faust durchs Leben, umgeben von großer Freundlichkeit. Der Mensch und die Natur bekämpfen einander nicht. Sie gehen Hand in Hand." Der Menschen Fehler aber ist, immer und immer wieder, „daß sie nicht im Takt mit dem Leben schreiten wollen, sie wollen rascher gehen als das Leben." Den Takt aber gibt das Leben an durch seinen Dirigenten Geißler.

An Geißler wird klar, daß Hamsuns Welt ein selbstgeschaffener Kosmos ist, welcher nur in gelegentlicher und zufälliger Beziehung zur wirklichen Welt steht und sich ihrer Sprache und ihrer Begriffe bedient, ohne ihre Sprach- und Begriffsinhalte zu übernehmen. Sie reicht nicht von gestern bis morgen und vom Keller bis zum Dach, sondern von der grauen mythischen Vorzeit bis in die graue mythische Zukunft und von den Steinen tief im Erdinnern bis hinauf in die Wolken. Sie ist bevölkert von Fabelwesen, die mit Menschen eine täuschende Ähnlichkeit haben, mit Engländern, Amerikanern, Juden, Rechtsanwälten und Kaufleuten, die als solche zwar bezeichnet sind, sich aber in der Welt, mit der Hamsun eifernd polemisiert, niemals zurechtfinden würden, weil sie gar nicht aus ihr stammen. Diese Welt läßt sich nicht erklären, resümieren und interpretieren wie die Welt der Stadt Kristiania im Jahr 1880. Sie hat keinen geographischen und keinen zeitlichen Ort, auf den sie — trotz mancher konkreter Hinweise — zu fixieren wäre. Diese Hinweise auf tatsächliche norwegische Landschaften, auf gewisse historische Daten muten an wie Wegweiser an der Straßenkreuzung, die die Richtung nach der „Liebe", dem „Hunger" oder der „Morgensonne" angeben, wie Bojen auf dem öden Meer, die einen nach der Eifersucht, dem Altern und den Sternen weisen.

Diese Welt ist nicht so sehr erfahren als vielmehr erspürt. Die große Gabe ihres Schöpfers ist durchaus medialer Art. Sein ungewöhnlich feines Sinnen-Gespinst fängt Dinge und Schwingungen auf, die niemand außer ihm zu spüren scheint und von denen er selbst nicht angeben könnte, woher er sie hat. Es raunt und raschelt, rumort und poltert, singt und gackert, jubiliert und flucht, weint und lacht in dieser Welt aus allen Ecken und Himmelsgegenden, nicht nur aus den Menschen, die diesen Kosmos — unter anderem — bevölkern. Unter anderem. Sie spielen keine sehr große Rolle, sind nicht viel mehr als unerhebliche „Pünktchen" in einem All, das kein Jenseits kennt. Passen sie sich dem „Takt des Lebens" an, so fahren sie halbwegs gut; tun sie's nicht, so verderben sie, und es hat auch weiter nichts zu bedeuten. „Sie versuchten mit kleinen Schritten vorwärts zu kommen. Was sollten sie sonst tun? Sie waren Menschen, und sie krabbelten, brachten sich mit ihren Kräften vorwärts und sie lebten, bis sie starben ..." Ihr Treiben ist armselig-rührend bis zur Lächerlichkeit.

Es ist eine Welt ohne sittliche Grundlage. Ihr Naturgesetz ist gottlos und daher unkennbar und auch nicht besonders kennenswert. Es ist eine bindungslose Welt, in der infolgedessen auch alle Ereignisse einschließlich dessen, was in den Menschen vorgeht und was ihnen zustößt, letzten Endes belanglos sind. Dieser Kosmos hat keinen Gott, gewißlich keinen christlichen, wiewohl der Dichter ihn zuweilen anruft. Der christliche Gott ist ein skeptischer, abwägender Gott; die Welt Hamsuns jedoch ist jeglicher Skepsis bar. Der Einzelne, ihr Schöpfer, schwebt auch nur wie eine Art hohnlachenden Kobolds über ihr. Sie ist ihm im Grunde gleichgültig, und er sagt es oft genug gerade heraus. Diese Gleichgültigkeit, die ihn auf nichts verpflichtet, ist ein entscheidendes Charakteristikum ihres Schöpfers, und sie ist nicht etwa die müde, resignierte Gleichgültigkeit des Alters. Sie ist von Anfang an da. Schon in „Mysterien" und „Pan" taucht mit geradezu leitmotivischer Regelmäßigkeit, wann immer es knifflige psychologische Situationen gibt, der Satz auf: „Es ist mir übrigens auch gleichgültig". Er ist der unfehlbare Ausweg aus dem Dilemma, das dem „Zerrissenen" in der bindungs- und verpflichtungslosen Welt auf Schritt und Tritt begegnet: „Hier sitze ich nun ganz allein auf meinem Stein, sagte ich zu mir selbst, und der einzige Mensch, der mich hier wegbringen könnte, läßt mich sitzen. Es ist mir übrigens auch gleichgültig."

Wann immer der Schöpfer für seine Geschöpfe keine rechte Anteilnahme aufbringen kann — und es ist zuweilen sehr offenkundig, daß ihm seine Gestalten zum Überdruß langweilig sind — entringt sich ihm ein wurstig-seufzendes „Gott weiß — —", und es ist klar, daß „Gott" gar nicht Gott ist und auch gar nicht weiß, daß der Schöpfer am Ende seiner Weisheit ist und sich über seine absurde Lage gar noch heimlich ins Fäustchen lacht. Ach, er könnte ja manches tun, aber er tut es nicht, weil es sich ihm nicht lohnt, weil ihm nicht danach zumute ist. „Ich könnte vielsagende Geschichten von hier senden, aber ich tue es nicht." Es schwingt Schadenfreude in dieser Gleichgültigkeit mit, eine gewisse höhnische Befriedigung, etwas nun gerade nicht zu tun, was man von ihm erwartet, und die Erwartung zu enttäuschen. So bekräftigt er sein eigenes Selbstbewußtsein, seinen autokratischen Herrscher-Anspruch — durch Willkür. Seht, ich bin mir nur selbst Gesetz, es hat niemand einen Anspruch auf mich. „Aber ich sende diese Briefe nicht ab, und sie werden jeden Tag älter und älter. Es ist ja gleich." So ein souveräner Geist ist er.

Im Bereich des selbstgeschaffenen Kosmos ist es gewißlich einerlei. Im Bereich des „äußeren Lebens" aber wird daraus ein hämisches Katze- und Maus-Spiel mit den moralischen Grundlagen der menschlichen Beziehungen: die nicht abgesandten Briefe sind eine Kränkung für den Empfänger, der gar nicht weiß, daß ihm etwas Gutes zugedacht war und so auch die Kränkung gar nicht erfährt. Die Beziehung zur Umwelt spielt sich in einem luftleeren Raum ab. Auf der rein künstlerischen, auf der regelrecht artistischen Ebene freilich verhilft diese Grunddisposition dem Dichter zu seinen gelungensten und heitersten Kopfsprüngen in die echte romantische Ironie: „Dann kam ich zu meiner Gamme vom Winter her, wo ich viele Monate hindurch mein einsames Dasein geführt hatte. Ich ging nicht hinein. Doch, ich ging hinein, und ich mußte dort übernachten, aber das überspringe ich, deshalb sage ich der Kürze halber, ich sei nicht hineingegangen."

Mit einer göttergleichen Handbewegung wird die Wirklichkeit hinweggefegt und unwirklich gemacht. Der selbstgeschaffene Kosmos ist im Grunde nur ein kolossaler Kobold-Witz; man kann mit ihm schalten und walten wie man will. Besitzt denn auch dieser Kosmos keine innere Wahrheit, der es folgen und sich fügen heißt? Es mag für den Gang der inneren und äußeren Ereignisse in der Erzählung „Die letzte Freude" in der Tat unerheblich sein, ob der Held in die Hütte ging und die Nacht dort verbrachte oder nicht. Es würde sich am Gesamtbild nicht viel ändern, erführe man nur, daß er nicht hineinging. So sieht sich die Sache auf der literarisch-künstlerischen Oberfläche an. Selbstverständlich müssen und dürfen unerhebliche Episoden „der Kürze halber" weggelassen werden. Aber es ist nur die Oberfläche.

Unter dieser Oberfläche waltet ein anderer Instinkt, der mit künstlerischen Formfragen und Darstellungsproblemen nichts zu tun hat. Es ist das unausgesetzte Bedürfnis dieses Schöpfers, seine Geschöpfe und den Beschauer zu narren, zum besten zu halten, ihnen seinen souveränen Willen, der sich über alles hinwegzusetzen vermag, unter die Nase zu reiben. Es ist auch ein Bedürfnis mit Hilfe des Schabernacks eine Kränkung zuzufügen, mittels der boshaften Verletzung des anderen die eigene Überlegenheit festzustellen. Tief drinnen im Schöpfer sitzt ein gewaltiger Minderwertigkeits-Komplex, der auf diese seltsame Weise eine gewaltige Überkompensation erfährt. Denn im Grunde ist es natürlich doch wichtig, ob der Held die Nacht in der Hütte verbrachte oder nicht. Prüft man die innere Wahrhaftigkeit dieser Welt, so hängt sogar alles davon ab. Aber der Schöpfer gibt sogar diese innere Wahrhaftigkeit seiner Welt preis, wenn man ihm dafür attestiert, daß er doch ein toller Bursche, ein Teufelskerl ist! So unbehaglich ist ihm, in entscheidenden Augenblicken, in seiner Welt zumute.

15

Diese fundamentale Indifferenz gegenüber dem, was ist und was nicht ist, was sein könnte und was sein müßte, die den Lensmann Geißler zum „Bergkönig aus Gleichgültigkeit“ werden läßt, schafft unweigerlich eine monotone Welt, einen Kosmos, der buchstäblich auf einen Ton gestimmt ist.

Dies ist keine neue Entdeckung. Frühere Betrachter des Hamsunschen Werkes haben es bereits festgestellt und die Monotonie auf das vom Dichter oft selbst ausgesprochene Bedürfnis nach äußerster Knappheit, nach Weglassung alles Entbehrlichen, nach Verzicht auf alle konventionellen literarischen Stil- und Wirkungsmittel zurückgeführt. Daran ist viel richtiges. Die Aufteilung dieser großen Erzählungen in unförmige blockartige Kapitel, die oftmals geradezu unbehauen sind, die Willkür, mit der Zäsuren eingefügt werden — was nicht hindert, daß es oftmals brillante „Aktschlüsse“ und höchst effektvolle „Abgänge“ gibt — das Fehlen von Unterteilungen und detaillierter Gliederung sprechen für des Dichters Wunsch, die Dichtung als eine Art „Urschöpfung“, als ein Gebirge erratischer Blöcke verstanden zu wissen, das mit den von der Zivilisation hervorgebrachten Kunstwerken nur zufällige Äußerlichkeiten gemeinsam hat. Die äußerste Sparsamkeit in der Verwendung von Satzzeichen und der völlige Verzicht auf Anführungszeichen in der direkten Rede, gehen auf den selben Wunsch zurück, Menschen und Natur, Denken, Handeln und Sprechen auf einer einzigen durchgängigen Ebene festzuhalten und sie so innig miteinander zu vermählen, daß sie wie eine völlig kompakte Einheit wirken. Es sind technische Tricks, gewiß, „Mache“, wenn man will. Aber sie entspringen einem tiefinneren Bedürfnis nach Homogenität, innerer Ausgeglichenheit und Ausgewogenheit, nach Ein-Tönigkeit und Ein-Förmigkeit, nach Ganzheit und Geschlossenheit. Sie sind die Flucht vor der Zerrissenheit.

In ihrer Formlosigkeit, ihrem Verzicht auf Struktur sind Hamsuns Erzählungen einzig in ihrer Art in der modernen Literatur. Sie besitzen keinerlei formale Zwangsläufigkeit, will sagen: sie beginnen nicht an einem notwendigen Punkt und hören nicht an einem anderen notwendigen Punkt auf. Sie könnten sich gerade so gut zwischen zwei Punkten erstrecken, die um einen Zentimeter Platz, um eine Woche Zeit nach rechts oder links verschoben sind. Wenn diese stofflichen Vorwürfe überhaupt ein ihnen innewohnendes Formgesetz haben, nach dem sie behandelt sein wollen, so macht sich der Dichter nicht die Mühe, es zu erspüren und ihm sodann zu folgen. Die Natur hat ja auch keine Gesetze, und man formt sie auch nicht. Man läßt sie laufen wie sie läuft und kann nur froh sein, wenn sie einen nicht über den Haufen rennt.

Zur Entwicklung des Romans als eines künstlerischen Formproblems hat Hamsun nichts beigetragen. Im Gegenteil, er hat die von seinen Vorläufern erarbeiteten Form-Erkenntnisse und Form-Gesetzmäßigkeiten ignoriert. Und er verzichtet auch, im Darstellerischen, bewußt auf Charakterisierung und Nuancierung. So wie sich thematisch in seinen Erzählungen dieselben Situationen immer wiederholen, häufig nur ganz unwesentlich abgewandelt werden, bis zur unbekümmerten Verwendung von regelrechten Schablonen und Klischees, so sind auch die wenigen Attribute, die er seinen Figuren zur Kenntlichmachung beigibt, von der allergröbsten und sinnfälligsten Art, vor allem bei seinen Frauengestalten. Die oft zitierte, weil außerordentlich charakteristische Beschreibung Victorias fällt einem unweigerlich ein: „Sie trug ein gelbes Kleid und einen roten Hut und war seltsam und schön; der Hals war bloß ... Da stand sie und drehte auf ihrer Schulter einen roten Sonnenschirm mit goldenem Knopf am Stock, und nichts ging ihr nahe." So sind seine Figuren in all ihrer unendlichen Vielfalt erstaunlich typisiert und gehen nahezu samt und sonders auf gewisse Archetypen zurück, die in „Mysterien" bereits vollgültig enthalten sind.

„Mysterien" ist eigentlich Hamsuns erstes und einziges komplettes Meisterwerk. Man kann, einer extrem-anschaulichen Formulierung zuliebe, beinahe sagen, daß das ganze folgende Werk im Grunde eine Wiederholung von „Mysterien", eine unendliche Reihe von Variationen seines Themas ist. In „Hunger" schrieb Hamsun sich frei, schüttelte die Konvention ab und fand seine Form und seine Sprache. In „Mysterien" entwickelte er beide zu höchster, originaler Meisterschaft, die er — auch das läßt sich behaupten — nie wieder erreicht hat. Alle Elemente seines späteren Werkes sind in diesem Buch bereits enthalten.

Johan Nagels Liebe zu Dagny ist die Grundliebe aller Hamsunschen Männer zu ihren Frauen, seine „Umarmung“ der Bäume ist die Grundhaltung aller Hamsunschen Menschen zu Natur und Schöpfung. In der Idiosynkrasie Nagels ist der Leutnant Glahn, ist aber auch der andere Leutnant mit der Reitgerte vorgeahnt und vorweggenommen. In Minute stecken bereits Baardsen und seinesgleichen, die überall im Hamsunschen Werk auftauchen, und in Dagny sind Hamsuns sämtliche jungen Frauen enthalten — Victoria und Edvarda, Fräulein Elisabet und wie die reizend-grausam-teilnahmslosen Geschöpfe alle heißen. Das Meer, der Wald, die Stadt, der Gasthof, die Bürger, es ist alles bereits da, zumindest im Keim, es braucht nur noch in allen seinen unendlich vielfältigen Möglichkeiten entwickelt zu werden. Aber an Erlebnis-Inhalt, an Welt- und Menschenerfahrung, an Darstellungsvermögen kommt im Grunde nichts Entscheidendes mehr hinzu, das dem Dichter neue Tore öffnen und ihn auf neue Wege führen würde. In „Mysterien“ ist ein für allemal die Tonart angeschlagen, in der das ganze Riesenwerk komponiert werden soll.

Hamsuns erzählerisches Werk läßt sich dem Lebensschaffen eines Komponisten vergleichen, der alles in A-Dur schreibt, von der ersten bis zur letzten Notenzeile — wobei A-Dur natürlich mit einer gewissen Willkür gewählt ist; es wäre amüsant zu diskutieren, welches Hamsuns tatsächliche musikalische Tonart ist. Innerhalb dieses Werkes gibt es selbstverständlich eine große Vielfalt verschiedener Kompositionsformen. Es gibt neben den großen Symphonien der „Segelfoß“-Romane und des „August“, die tatsächlich den großen Altersschöpfungen Sibelius’ nicht unähnlich sind, die Streichquartette des „Pan“ und der „Victoria“, die Lieder der Novellen, symphonische Gemälde wie „Benoni“ und „Rosa“, es gibt das Klavierkonzert „Unter Herbststernen“, das Violinkonzert „Die letzte Freude“, es gibt das Oratorium „Segen der Erde“, die gewaltige Doppelfuge der „Mysterien“ und vieles mehr. Aber es ist alles in A-Dur. Es ist nicht gleichförmig, aber es ist eintönig.

Mit der Formlosigkeit der Form ist es eine andere Sache. Nicht umsonst nennt sich Geißler, der Deus ex machina dieses Kosmos, den „Nebel“. Es ist eine ungeheuer treffende, mit sicherem Spürsinn erfaßte Bezeichnung der Hamsunschen Welt und des Hamsunschen Werkes. Diese Bücher haben in der Tat die Gestalt des Nebels. Sie wälzen sich, breit dahin fließende Erzählungen — die kürzeren Werke gehören charakteristischerweise in Hamsuns frühe Periode, und je älter er wird, desto länger werden seine Bücher — gleich ungeheuren Nebelschwaden dahin. Ohne Anfang, ohne Ende, verdicken sie sich unversehens, zerfließen wieder, türmen sich auf zu massiven titanischen Gebirgen, zu ungeheuren prähistorischen Bauwerken aus den Anfängen der Menschheit, aus den Anfängen der Erde, zerteilen sich, treiben hierhin und dorthin, liegen wie eine mannshohe Schicht über der Erde, und darüber strahlt der klare „wirkliche" nächtliche Sternenhimmel. Nächstens gliedern sie sich in Zackiges und Rundes, in Spitzes und Flaches, Breites und Schmales. Ein Windstoß treibt von ungefähr im nächsten Augenblick das vielfältige Geschwader in alle Himmelsrichtungen, dann ballt es sich wieder zusammen zu zäher Konsistenz, wie das Meer rollt und schiebt und treibt es weiter, umrißlos, gestaltlos, grau und auf einen Ton gestimmt. Es ist ein dramatischer Anblick, ein spannungsreiches Erlebnis, wer möchte es bestreiten? Aber Spannung und Dramatik fließen nicht aus den Gesetzmäßigkeiten der Steigerung, sondern aus der Unvorhersehbarkeit, aus der ständigen, motivlosen Überraschungs-Taktik des natürlichen Waltens.

Doch seht, auf einmal zerteilt sich die dickflüssige, zähe Masse, zerrinnt, wird ganz hauchdünn. Brechen nicht die Strahlen der Sonne durch die letzten, verwehenden Nebelschleier hindurch, wird nicht in überirdischem Glanz dahinter die ferne Welt sichtbar? Endlich — „Victoria! Victoria!" ruft das befreite Herz, das Dasein ist den Fängen und Klauen der Nornen entrissen, es nimmt Menschengestalt, Menschenstimmen an. Doch schon bricht ersterbend das Aug', es hat ein Trugbild gesehen und ist daran erblindet. Aus dem wallenden Grau der urzeitlichen Schwaden tönt höhnisch meckernd die Nebelflöte. In den Fluten dieses Ozeans schwimmen die Menschen wie Millionen Heringe. Keine zwei, blickt man genau hin, sind einander gleich, natürlich nicht; auch Fische haben Gesichter. Aber Heringe sind sie doch, gleichgültige Pünktchen mit gleichgültigen Seelen in einer erbarmungslos gleichgültigen Schöpfung. Wie vermögen sie überhaupt, sich dem Schöpfer bemerkbar zu machen?

„Du bist so bleich. Fehlt dir etwas, Liebster? Ich friere nicht,

antwortete er. Oder ist dir etwas zugestoßen? Dein Gesicht ist so seltsam verzerrt. Der Mann antwortet: Nein, ich lächle. Das soll meine Art zu lächeln vorstellen. Ich will, daß diese Grimasse eine Eigenart von mir vorstellen soll."
Dies steht in der sentimentalen Liebesgeschichte „Victoria". Man kann es als ein Stück raffinierten, herzzerreißenden psychologischen Einfühlungsvermögens in die Seele des modernen „Zerrissenen" lesen. Das ist es. Aber auch als einen kosmischen Hohn, der nicht von dieser Erde ist. Das ist es auch. Der „Zerrissene" ist in beiden Fällen leibhaftig. Er ist Seßhafter und Landstreicher zugleich. Seine Landstreicherei spielt sich in der äußeren Welt ab, in ihrer Politik, in ihren Moralvorstellungen, ihrem allgemeinen gesellschaftlichen Gefüge. Hier stolpert er, seine Wurzeln hinter sich herschleifend, ohne Bindung und deshalb auch ohne Orientierung umher. Seßhaft aber ist er im Nebel seines selbstgeschaffenen Kosmos, dessen kompakte, strukturlose Geschlossenheit die Zerrissenheit umhüllt und dem Blick entzieht.
Der Dualismus von Dichter und Denker in Hamsuns Natur, auf den man versucht ist sich zu berufen, mit dem erklärenden Hinweis, daß der Denker dem Dichter an Statur und Vermögen halt unterlegen und nicht gewachsen war, verliert, in diesem Licht besehen, einiges von seiner Gültigkeit. Vielmehr ist man versucht zu sagen, daß er Dichter und Denker, Schöpfer und Polemiker in seinen beiden Welten war. Seine rundesten dichterischen Schöpfungen in der selbstgeschaffenen Welt sind gedanklich durchaus einwandfrei, seine kühnsten gedanklichen Unternehmungen in der äußeren Welt hingegen poetische Schlamperei.

16

Was trieb ihn aber, diese immense, gigantische Nebelwelt zu schaffen, zwei Menschenalter lang unablässig, ohne den Blick zu wenden, an ihr zu bauen und sie in unermeßlicher Vielfalt aufzutürmen?
Es war zum einen gewiß die nordische Welt, die in ihm braute

und ihn trieb, dieses Ahnen unendlicher Zusammenhänge, diese instinktive, naturgeisthafte Vertrautheit mit den widerspruchsvollen Bocksprüngen der Schöpfung, die ihn auf die Schliche der Nornen brachte. Sie saß in ihm, woher er sie nahm, vermag man nicht zu sagen. Es war aber zum anderen auch das Ressentiment. Und das Ressentiment, die sorgfältige Aufspeicherung alten Zornes, die pflegliche Bewahrung offener Wunden, denen nicht zu heilen erlaubt wird, gewährt, täuschen wir uns nicht, zuweilen außerordentliche schöpferische Kraft. Das Ressentiment mag eine vergiftete Quelle sein. Aber es ist eine Quelle.

„Der Ressentiment-Charakter hat ein zähes Gedächtnis, das die Zeit nicht beeinträchtigt ... stets liegt zwischen Kränkung und Rache eine lange Austragsperiode ... Gewöhnlich verbindet sich das Ressentiment mit ausgesprochener Intelligenz. Nahezu alle bedeutenden Fälle von Ressentiment betreffen gut begabte Menschen ... Es hat zahlreiche Fälle gegeben, wo Menschen von außerordentlicher Intelligenz, ja sogar Genies dem Ressentiment anheim fielen ... Das Ressentiment ist ein Leiden, in das viel Unpersönliches, Soziales mit einfließt. Die Ursache braucht nicht dieser oder jener Mensch, es kann das Leben oder ‚das Geschick' sein ... das verschafft ihm ein gewisses Maß von Größe. Das Ressentiment durchzieht das gesamte Seelenleben und verrät sich in jeder Haltung ... wenn wir häufig Menschen begegnen, die, von Ressentiment befallen, in ländlich-einsamer Zurückgezogenheit leben oder auf zwecklosen Reisen begriffen sind, so haben wir es stets mit Emigranten aus der Stadt zu tun, und dort in der Stadt hat ihre Krankheit begonnen ..."

„Der Ursprung dieses Leidens ist bei entsprechend veranlagten Naturen gewöhnlich beim Eintritt ins Jugendalter zu suchen ... es ist ein ausgesprochen männliches Leiden ... die falsche Tugend des Ressentiments ist gewöhnlich affektiert und pedantisch; gelegentlich schraubt sie sich zur starren Größe des Puritanismus hinauf ... in vielen Fällen sind es Astheniker von hohem Wuchs und schwächlicher Konstitution, die zu Eingezogenheit und jener Gemütskälte neigen, die den Schizophrenen kennzeichnet ... Humor kann angeborenes Talent von Individuen und Rassen sein, in anderen Fällen jedoch, wo er nur als gelegentliche Reaktion auftritt, ist er typisch für das

Ressentiment. Und zwar als Freibrief, die Dinge, Personen oder Symbole, die uns tatsächlich oder eingebildetermaßen Leid zugefügt haben, mit einem Lachen ans Kreuz zu schlagen ... der Triumph ist dem Ressentiment-Kranken so etwas wie eine feierliche Bestätigung, daß sein Ressentiment gerechtfertigt war, und diese Rechtfertigung macht seine vorherige Bitterkeit nur noch bitterer."

„Der Ressentiment-Charakter ist ohne Generosität. Die tiefste Wurzel der Generosität ist das Verständnis. Einzig und allein fähig, alles zu begreifen, ist aber nur der, welcher fähig ist, alles zu lieben. Im ganzen ist der Ressentiment-Charakter, auf die tiefere Ursächlichkeit hin gesehen, ein Wesen, das zur Liebe schlecht begabt ist, und damit ein Wesen von mittelmäßiger moralischer Qualität. Ich wähle den Ausdruck mittelmäßig, weil die zur Ausbildung des Ressentiments erforderliche Menge an Bosheit nie übermäßig ist. Der Ressentiment-Charakter ist nicht notwendig ein schlechter Mensch ..."

Diese Sätze voll bewundernswert scharfsinniger Beobachtungen stammen nicht von Hamsun, obwohl der große Norweger solcher tiefblickender Erforschung der verqueren und verdrehten Menschenseele durchaus fähig war, wie er oft bewiesen hat. Sie sind auch keine Charakterisierung seiner Persönlichkeit. Sie stammen von dem spanischen Historiker und Soziologen Gregorio Maranon und sind aus einer Studie des römischen Kaisers Tiberius zitiert. Aber eine umsichtigere, einsichtigere und vollständigere Zusammenstellung aller jener Elemente, aus denen der Zerrissene Knut Hamsun sich zusammensetzt, läßt sich kaum finden.

Hier ist alles auf eine fast atemraubend schlüssige Weise vereint: das unerhört zähe Gedächtnis, das den Neunzigjährigen in seinen bereits zerfließenden und zerfallenden Erinnerungen noch an den widerwärtigen Onkel in Hamaröy denken läßt, an die Demütigungen in Amerika und in den heimatlichen Zeitungsredaktionen; die lange Austragsperiode, die zwischen der Jünglingszeit und ihren tatsächlichen oder eingebildeten Kränkungen und der „Rache" des reifen Mannesalters liegt; die merkwürdige Anonymität jener, die ihm dieses frühe Leid zufügen — nicht Einzelpersonen oder Einzelereignisse, nicht „dieser oder jener Mensch", sondern das „Leben", das „Geschick" als Ganzes, das ihm im Wege steht und ihn nicht weiterkommen lassen will; die ländlich-einsame Zurückgezogenheit, die den „Emigranten aus der Stadt" charakterisiert, aus der Stadt, aus welcher er freilich nicht stammt, aber auf die er seine jugendliche Hoffnung gesetzt hatte, in der er sein Glück machen wollte und die ihn zurückstieß, aus dieser Stadt, in der, wie wir aus „Hunger" wissen, tatsächlich „sein Leiden begonnen".

Da sind die oft bis an die Grenze erträglicher Arroganz gehende „falsche Tugend", die Pedanterie und der starre Puritanismus seines privaten täglichen Lebens, die ihn, als es längst nicht mehr nötig ist, an der Armut, Kargheit und Bedürfnislosigkeit seiner Jünglingsjahre als seiner wahren Lebensform festhalten lassen, die ihn so tun lassen, als sei er es, wie er es oft recht affektiert ausdrückt, „nicht anders gewöhnt". Da ist der koboldhafte, geradezu diabolische Humor, der oft von einer grimassenhaften Bitterkeit, selten aber von versöhnlicher Güte, immer aber von unfehlbarer Zielsicherheit ist; der Triumph gegenüber der Welt, der Ruhm, die Autorität, die geistige Macht, die die vorige Bitterkeit nur noch bitterer machen und ihn im hohen Alter seine jugendlichen albernen Ungereimtheiten gegen England, Amerika, die Schweizer, Juden und Journalisten mit hundertfachem Nachdruck wiederholen lassen; und endlich seine offensichtliche, nicht wegzuleugnende Gemütskälte, sein Mangel an Generosität, an Freigebigkeit des Herzens, seine schlechte Begabung für die Liebe, die in seinem vorletzten und am wenigsten geglückten Buch „Der Ring schließt sich" so eklatant zum Ausdruck kommen. Hier, in der Geschichte des Nichtsnutzes und Tunichtguts Abel ist er wirklich völlig lieblos und ohne Anteilnahme, ein übellauniger und aggressiv unliebenswürdiger alter Mann. Das Bild ist von beklemmender Vollständigkeit und Eindringlichkeit.

Aber weder die in ihm brauende nordische Urwelt noch das so tief eingewurzelte Ressentiment gegen die Welt, in der er sich befindet und in der er als Einzelner nur sich selbst Wille und Gesetz sein zu können glaubt, erklären hinreichend Hamsuns Kniefall vor dem Hause Hitler, seine absurde Verherrlichung der deutschen totalitären Welt. (An die russische hat er sich, der Dostojewskij tief verpflichtet war und aus dem Zarenreich manche Inspiration bezog, nie auch nur von fern angenähert. Die „Bolschewiken" waren für ihn vom ersten Tag an

„Pack". Freilich, in seiner letzten Rechenschaft vor dem Gericht verwirrt sich ihm in dieser Hinsicht die Sicht. „Ich hatte einen Stern beim deutschen Volk", erklärt er da, „wie ich einen Stern beim russischen hatte, diese beiden mächtigen Nationen hielten ihre Hand über mich und würden meine Bitten nicht immer abschlagen." Es ist nicht klar, was er meint.) In jedem Fall war es nicht der Totalitarismus als solcher, es war seine deutsche Variante, der er unterlag.

Selbstverständlich spielten sein Heidentum, seine „Gottlosigkeit", seine mangelnde Verbindung mit allen Vorstellungen des Christentums hierbei eine Rolle. Blut und Boden, Rasse-Ideen, Haß auf die verfeinerte Städte-Zivilisation der westlichen Welt, seine durchgängige finstere und gereizte Aversion gegen die Gesittung, seine aggressive Schwärmerei für die Primitivität, seine aus der jugendlichen Nietzsche-Verehrung stammende Vorstellung vom Herrenmenschen, vom „großen Terroristen" — dies alles sind Elemente der deutschen Barbarei, die auch in ihm lebten und die sich in ihm wieder erkannten, einschließlich der „Gleichgültigkeit" gegenüber dem einzelnen Menschenwesen, der Unerheblichkeit der kriechenden und krabbelnden Menschheit, die kein großes Aufheben lohnt, wenn sie in einer kosmischen Gaskammer verschwindet.

Es ist klar und muß nicht im einzelnen belegt werden, daß Hamsun in der heraufkommenden Hitler-Welt viele seiner eigenen Ressentiment-Vorstellungen und manches aus seiner selbstgeschaffenen Nebelwelt wieder erkannte oder wieder zu erkennen glaubte. Es ist ebenso selbstverständlich, daß die Hitler-Welt sich diese Affinität, wenn wir sie so nennen wollen — denn von einer Identität kann ohne gröbste Vereinfachung und damit Verfälschung nicht die Rede sein — nicht entgehen ließ, sie für sich in Anspruch nahm und den alten, in seiner Vorstellungswelt längst völlig verhärteten und eingekapselten, durchaus unbeweglich gewordenen Mann vor ihren Wagen spannte. Dumm wäre sie gewesen, hätte sie es unterlassen. Aber es Hamsuns Dummheit allein zuzuschreiben, daß er sich auf sie einließ, wäre allzu summarisch-oberflächlich. So primitiv war dieser große Primitive nicht.

Denn es war da auch vieles in Hamsun, das zu dieser Hitler-Welt in geradezu rabiatem Gegensatz stand. Wenn er in den „Überwachsenen Pfaden" knurrend beteuert, er sei nie ein

Nazi gewesen, habe keiner Nazi-Organisation angehört, nicht gewußt, was Nationalsozialismus sei und es nie verstanden — so hat es damit in gewissen Grenzen seine Richtigkeit. In den bereits angeführten Sätzen über das „Pack“ aus „Mysterien“ sind die faschistischen Mörderbanden mit unheimlicher Genauigkeit vorausgeahnt und nicht minder die skrupellose Wahlmechanik des totalitären Staates, wiewohl Hamsun gerade mit diesen Sätzen auf die „gleichmacherische Demokratie“ abzielte, in der „wir alle gleich groß und daher gleich klein“ sind. Aber auch Minutes betrunkene Quäler sind eine alpdruckhafte Vorahnung der bestialisch randalierenden SA, die an den Schwachen und Benachteiligten ihren Mut kühlt.
Man kann weiter gehen und ruhig behaupten, daß eine Erscheinung wie Hitler ein typischer Hamsunscher „Verpfuschter“ ist und weder ein August noch ein Leutnant. Er wäre in jedem Hamsunschen Buch nur mit Spott und Hohn bedacht worden, und Goebbels gar ist eine veritable Figur aus Hamsuns groteskem Schreckenskabinett der Asphalt-Zivilisation. Hier befand sich der Dichter in der Gesellschaft von „Verpfuschten“ par excellence. Doch als beispielsweise im Fall Ossietzky diese Parallele dem Verblendeten die Augen hätte öffnen können, war sie offenbar bereits verloren gegangen. Er kannte seine eigenen Geschöpfe nicht wieder, als er ihnen in der „wirklichen Welt“ begegnete, und sie schmeichelten sich mit Redensarten bei ihm ein, die sie sich bei seinen eigenen Geschöpfen ausgeborgt hatten.
„Hast du meinen Artikel über Ossietzky gelesen?“ schreibt der Alte an seinen Sohn Tore, der sich in Deutschland aufhält. Die von Ossietzky geleitete „Weltbühne“ hatte dem Dichter Hamsun immer gebührende Ehrfurcht gezollt. Als der tapfere Herausgeber, von Hitler ins Konzentrationslager geworfen, den Friedens-Nobelpreis erhielt, kochte Hamsun in einer berühmt und berüchtigt gewordenen Epistel vor Empörung über. „Die Bolschewisten schäumen vor Wut. Ich bekomme eine Menge Briefe. Du könntest vielleicht Dr. Goebbels einmal fragen, was er von den naseweisen Adressen und Telegrammen hält, die ihm mit der Forderung, politische Gefangene aus den Konzentrationslagern freizugeben, aus Norwegen geschickt werden.“
Das „Pack“ sitzt nicht im Konzentrationslager, sondern es be-

wacht es. Hamsun kommt nicht auf den Gedanken, daß es in seinen Büchern anders herum gewesen wäre, daß Minute, Baardsen, Johan Nagel und vor allem August Weltumsegler selbst samt und sonders in Dachau säßen, daß kein „Einzelner“ diesem Schicksal entginge, wenn es ihm einfiele, sich leibhaftig in der Hitler-Welt zu zeigen und den Mund aufzumachen, wie es seine Art ist. Sie sind ja genau jene „Naseweisen“, denen in seinem Werk alle seine Zuneigung gilt. In der Welt haben sie sich unversehens in vor Wut schäumende Bolschewisten verwandelt. Der freundliche Benoni hätte nie im Leben einen zuverlässigen Blockwart abgegeben, aber der Ladentheodor wäre ein guter Gauleiter, Herr Holmengraa ein vorschriftsmäßiger Wehrwirtschaftsführer geworden, und der abscheuliche Rechtsanwalt und Gatte der unseligen Rosa hatte das Zeug zu einem Quislingschen Volksgerichtshof-Präsidenten.

Hier, wie auch im Fall der Kindesmörderin, fahren Dichter und Denker auf zweierlei Gleis; die Weichen sind eingerostet und rühren sich nicht mehr, und die Züge kollidieren unausgesetzt. Der Gestalter „erfundener“ Menschen und Gesellschafts-Verhältnisse läßt sich selten etwas weismachen und sich weder von der menschlichen noch von der allgemein-soziologischen Wahrheit seiner erfundenen Welt etwas abhandeln. Seine Darstellung stimmt. Und sie würde auch stimmen, wenn der Dichter sie auf die wirkliche, gegebene Umwelt übertrüge, mit der der Polemiker sich herumschlägt. Aber er überträgt sie nicht. Er bemerkt möglicherweise den intimen Zusammenhang gar nicht. Statt dessen überläßt er es dem Denker und Polemiker, die gegebene Umwelt umzudichten. Das Ergebnis sieht dann aus wie der Nachruf, den Hamsun auf Hitler am 7. Mai 1945 in der Zeitung „Aftenposten“ kurz vor der Befreiung Norwegens veröffentlichte:

„— — ich bin nicht wert, von Adolf Hitler laut zu sprechen. Sein Leben und sein Werk eignen sich nicht zu Sentimentalitäten. Er war ein Kämpfer, ein Kämpfer für die Menschlichkeit, und es war seine Mission, das Evangelium der Rechte eines jeden Volkes zu verkünden. Er war ein Reformator höchsten Ranges. Es war sein Schicksal, in einer Zeit noch nicht dagewesener Brutalität zu leben, der er schließlich unterlag. Das ist die Auffassung, die alle gewöhnlichen Westeuropäer

von Adolf Hitler hegen dürfen. Und wir, seine vertrautesten Jünger beugen angesichts seines Todes unser Haupt — —"
Wahrhaftig, der Polemiker hatte seinen Mann bis zur Unkenntlichkeit umgedichtet. Kaum zehn Monate später quittierte seine befreite norwegische Heimat diese phantastische Dichtung mit einem Kommentar in der Zeitung „Dagbladet" vom 1. März 1946: „Es kann keine Meinungsverschiedenheit über die Tatsache geben, daß Knut Hamsun einer der größten Vaterlandsverräter war. Er hat während des ganzen Krieges in der Presse eine schädliche Propaganda zugunsten der Quislings und Nazis und gegen die rechtmäßige norwegische Regierung betrieben. Noch kaum ein Jahr ist vergangen, seit Hamsun Hitlers Lob gesungen hat."
Zu diesem Zeitpunkt war er bereits im Altersheim zu Larvik interniert und wartete auf seinen Prozeß.

17

Man kann sagen, daß Hamsun sich sein ganzes erwachsenes Leben lang Schritt für Schritt stetig auf Hitler zu bewegte, und daß er unweigerlich bei ihm landen mußte. Das heißt aber nur, daß er Schritt für Schritt mit Deutschland ging und schließlich dort landete, wo Deutschland landete. Sein ganzes Geschick als Dichter und geistige Persönlichkeit war von Anfang an aufs engste mit Deutschland verknüpft, und Deutschland, das ihn auf die höchsten Höhen des Ruhms gehoben hatte, stürzte ihn denn auch in den tiefsten Abgrund der Unrühmlichkeit. Diese schicksalhaft-verhängnisvolle Verkettung ist um so unentwirrbarer, als sie im Grunde auf einem Mißverständnis zwischen Deutschland und Hamsun beruhte.
Knut Hamsuns Ruhm und Erfolg als Erzähler begann in Deutschland und strahlte von dort in seine norwegische Heimat zurück und in die übrige Welt hinaus. Die Erzählung „Hunger" verdankt ihren Weltruhm dem Spürsinn des deutschen Verlegers S. Fischer. Die Aufmerksamkeit der ganzen gebildeten deutschsprachigen Welt wurde auf ihn gelenkt durch den aufrüttelnden Appell Peter Altenbergs „Knut Hamsun hungert", der in der Fischerschen „Neuen Rundschau" erschien.

Der Roman „Mysterien“ und das gesamte nachfolgende Werk verdanken ihre Geltung der Hingabe und der Unternehmungslust des deutschen Verlegers Albert Langen. Bei Langen, im Kreis des „Simplizissimus“, fühlte der Dichter sich endlich unter kongenialen, gleichgestimmten Geistern. Hier wußte man ihn zu schätzen, hier war er auch endlich fröhlich. Noch Jahrzehnte später schwärmte er dem Sohn Tore von den lustigen, bierseligen Zeiten vor, die er in München erlebt.
Ohne Deutschland wäre Hamsun schwerlich das geworden, was er war. Die Riesenauflagen seiner Werke wurden in Deutschland und nicht im kleinen Norwegen verschlungen. „Segen der Erde“, das Buch, welches ihm den Nobelpreis eintrug, war in Deutschland, als Hitler auf dem Plan erschien, bereits in über zweihunderttausend Exemplaren verbreitet und ist seither auf 330 000 geklettert. Die Liebesgeschichte „Victoria“ hat es in ihrer deutschen Übersetzung sogar auf 440 000 Exemplare gebracht. Das ist eine Breite der Wirkung in einer, zwei oder gar drei Generationen umfassenden Leserschaft, wie sie kein anderer übersetzter Autor und kaum ein deutscher Dichter jener Zeit erlebt hat. Man braucht nicht anzunehmen, daß Hamsun dies zu Kopf gestiegen sei. Doch ist es verständlich, daß er der Tatsache seines enormen Widerhalls in Deutschland mehr und mehr Rechnung trug, daß er sich seiner Millionen-Leserschaft buchstäblich und im besten Sinne verpflichtet fühlte: sie hatte Vorrang vor allen anderen und besaß einen Anspruch. Hamsun hat diesen Anspruch anerkannt. „Eine ganze Woche lang“, so erklärt er, bereits in hohem Alter, dem Sohn, „habe ich keinen Tag, keine Stunde an meinem Buch arbeiten können, und es wird nun wohl nicht bis zum Herbst fertig werden, wenigstens nicht für Deutschland, was das Wichtigste ist.“
Deutschland war ihm „das Wichtigste“. Und in Deutschland selbst schloß man aus seinem ungeheuren, anhaltenden Echo, daß er eine Weltberühmtheit deutschen Ausmaßes sei, daß er ein dichterisches Genie vorstelle, welches über alle nationalen Grenzen hinaus und außerhalb ihrer wirke, daß er ein Dichter sei, der „der Welt gehöre“. Mit dieser Phrase wird in Deutschland, nicht nur im Fall Hamsun, sondern wann immer es sich darum handelt, die moralische Stellung eines großen Künstlers in seiner Nation und der ihn umgebenden Gesell-

schaft zu bestimmen, viel loser Unfug getrieben. Man berief und beruft sich auf sie, wenn man sich bemüht, die Gestalt Hamsuns aus dem tragischen Mißgeschick herauszulösen, in das sie durch die unselige Kettung an das deutsche Geschick geraten war. Man versucht, den „wahren" Menschen und Dichter aus seiner Haut herauszuschälen, aus der er doch nicht zu springen vermochte, und ihn gleichsam nackt neben sie zu stellen. Auf diese Weise soll er für die Ewigkeit gesichert werden. Das politische Mißgeschick mußte doch unerheblich und von vorübergehender Wichtigkeit sein bei einem Genie, das der Welt gehörte und in der ganzen Welt beheimatet war. Es mußte erlaubt sein, es aus seinem Zusammenhang herauszunehmen, es über die Grenzen zu tragen und in die Wolken zu stellen.

Tatsächlich nähren sich alle diese Neigungen aus einem deutschen Irrtum. Hamsun war ein Genie. Aber er gehörte der Welt nur sehr in Grenzen, und er war in ihr keineswegs beheimatet. Die Welt, in der er beheimatet war, war die deutsch-skandinavische, und seine engere norwegische Heimat im besonderen vermochte der deutschen Logik nicht zu folgen. Sie ließ sich von der „Weltgeltung" ihres genialen Sohnes nicht daran hindern, ihm eine moralische Rechnung aufzumachen und ihm nach Kriegsende eine schweigende Mauer der Verachtung aus seinen eigenen Büchern vor dem Haus aufzubauen. Hitler und Goebbels verfielen dem gleichen Irrtum: daß Hamsun auf ihrer und auf Quislings Seite war, würde nicht nur dem deutschen und dem norwegischen Volk, sondern vor allem der „Welt", insonders der angelsächsischen, einen kräftigen Eindruck machen. Dem war nicht so. Norwegen trauerte um Hamsun nicht als er starb, sondern als er seinen Namen dem „Pack" überließ. In den angelsächsischen Ländern zuckte man die Achseln und zog den Hut vor Sigrid Undset.

An all dem ist nichts Verwunderliches. Hamsuns Werk ist zwar in einige zwanzig Kultursprachen übersetzt, jedoch keineswegs vollständig, und es hat nirgends außerhalb der deutsch-skandinavischen Welt dauernd Fuß gefaßt und weiter gewirkt. Hamsun selbst wußte das ganz genau; er gab sich in dieser Hinsicht keinen Illusionen hin. „In Frankreich habe ich nie viele Leser gehabt —", gestand er einmal dem Sohn. Es konnte nicht anders sein: hier standen in erster Linie die Formlosig-

keit, der Mangel an Struktur, das zutiefst Unkünstlerische in seinem Werk einer breiten Wirkung entgegen. Ein ihm in so vielem verwandter und ähnlicher Erzähler wie Jean Giono, auch er ein „Heide“ und dabei nicht einmal ein zynischer, setzte sich mit seiner lateinischen Pans-Welt durch, weil er sie nicht wie einen Nebel, sondern als ein bis ins letzte durchgeformtes Kunstwerk präsentierte.
Die Millionen-Leserschaft der angelsächsischen Welt schließlich erreichte Hamsun erst mit großen Verzögerungen. Die Auflagen blieben, an den deutschen gemessen, äußerst bescheiden, und der Ruhm war nicht anhaltend. Auch dies konnte schwerlich anders sein: eine außerhalb der christlichen Moralvorstellungen — im weitesten Sinn des Begriffs — angesiedelte Kunst, die sich noch dazu ausgesprochen zivilisationsfeindlich gebärdet, hat im angelsächsischen Gebiet nie Wurzel gefaßt. Die großen Spätwerke Hamsuns, die „August“-Romane, drangen weniger durch als das gleichzeitig übersetzte Werk Sigrid Undsets. Heute kennt man in den angelsächsischen Ländern seinen Namen kaum, und sein so überaus aufschlußreiches Alterswerk „Auf überwachsenen Pfaden“ ist unübersetzt geblieben. Auch das hat seinen Grund. Seine Bedeutung kann nur schätzen, wer mit dem Lebenswerk des Dichters innig vertraut ist. Diese Kenntnis ist eine unerläßliche Voraussetzung, und diese Voraussetzung fehlt.
Hamsun hat das wohl gewußt. Er hat sich deshalb aus gutem Grund an Deutschland gehalten und in steigendem Maß am äußeren und inneren Geschick des Landes, dem er so viel verdankte, Anteil genommen, bis er sich am Schluß geradezu mit ihm identifizierte. Schon im ersten Weltkrieg war er, der damals Fünfzigjährige, mit dem Herzen und auch mit Wort und Schrift auf der Seite Deutschlands. Sein Haß auf England ließ schon damals an Schärfe nichts zu wünschen übrig. „Ich bin überzeugt“, so schrieb er bereits 1914, „daß Deutschland einmal England besiegen wird. Das ist eine Naturnotwendigkeit. England ist ein Land, das sich in reißendem Rückgang befindet. Es hat nur lange zähe Wurzeln, aber kein Blühen, keine Wipfel, keine Krone. Deutschland aber zuckt vor Kraft und Jugend.“ Zwanzig Jahre später sagte Hitler ziemlich wörtlich das gleiche.
„Ein Volk von 46 Millionen“, so schrieb Hamsun im Januar

1915, „soll ausschließlich berechtigt sein, auf Jahrhunderte hinaus, bis in alle Ewigkeit auf der Erdoberfläche zu sitzen und von derselben für sich selbst auszuteilen, worauf es, mit fortgesetzter Beobachtung seines eigenen Vorteils, den Rest der übrigen Menschheit parzelliert? 46 Millionen sollen in alle Ewigkeit dazu selbstverständlich bestimmt sein?" Bis in die korrupte Syntax hinein gleicht dies aufs Haar dem, was man dreißig Jahre später von Hitler hörte.

Hamsun bewunderte Deutschland aus vielen Gründen, aus guten und weniger guten, und einer der Gründe war, daß Deutschland ihn bewunderte. In dem in seiner verhärteten Ressentiment-Schale eingekapselten Zänker und Eiferer saß aber ein empfindlicher, sentimentaler Schwärmer, ein idealisierendes, romantisch-überschwängliches Herz, und es schmerzte dieses Herz, daß das bewunderte Land, an das es sich gehängt hatte, eine große Demütigung erlitt und den Krieg verlor. Es war charakteristisch für den „Neurastheniker", als den Hamsun sich selbst oft bezeichnet hat, daß er überzeugt war, das Deutschland Wilhelms II. sei „auf die Knie gezwungen" worden, weil die alliierte Blockade Deutschlands Frauen und Kinder aushungerte. Diese rein sentimentale Regung, dieser regelrecht körperliche Schmerz gaben für ihn, der zeitlebens vom Schreckgespenst des Hungers verfolgt wurde, den das Wort „Hunger" in geradezu pathologische Angstvorstellungen stürzte, in dieser Sache den Ausschlag.

Nun liegt gewiß einige Ironie darin, daß der große „Einzelne" von just jener angeblich so verrotteten liberalen Demokratie, vornehmlich im Deutschland der Jahrhundertwende, in so überschwänglicher Bewunderung auf die Höhen des Ruhms getragen wurde, der in seinem Werk sein ganzer ätzender Spott galt. Aber Hamsun hat sich über diesen Widerspruch ebensowenig Gedanken gemacht wie die verrottete liberale Demokratie selbst, und vielleicht ist der Widerspruch nicht erheblich. Die deutsche Zivilisation hat immer die Gabe besessen, Dinge kurzerhand zu ignorieren, die ihr in ein Idealbild nicht hineinpaßten. Sie hat es immer verstanden, im Gegenstand ihrer überschwänglichen Bewunderung das „Nichtzutreffende" kurzerhand „durchzustreichen". Sie ist darin übrigens nicht allein. Andere Völker verstehen sich ebenfalls auf diesen Kniff. Liebe und Zuneigung machen blind, oder doch zumindest einäugig. Die englische Intelligentsia beispielsweise hat sich von Frankreich und der französischen Zivilisation eine Vorstellung geschaffen, aus der das Original kaum noch zu erkennen ist, und hat sich nicht einmal durch die Erfahrungen des letzten Krieges von ihr abbringen lassen. Spezifisch deutsch aber ist die Neigung, übertriebene, kränkende Kritik mit geradezu masochistischem Wohlgefühl zu akzeptieren, bei der leisesten berechtigten Mahnung jedoch über alles Maß aufzubrausen.

Bei Hamsun gab es nichts aufzubrausen, sondern lediglich das Nichtzutreffende durchzustreichen. Der Dichter und Menschengestalter, der Lauscher des Unhörbaren und Rauner des Unsagbaren, der in „Victoria" überschwänglich bekannte, es sei so „herrlich, ungewöhnlich viel zu glauben", er war ja wohl wesentlich größer als der höhnende Spötter, der in ihm saß. Diesen absurden kleinen Schreihals und Querulanten, der irgendwo in den Frühnebeln der Pans-Welt herumgeisterte und einem die Leviten las, konnte man gern ignorieren. Und schließlich, wozu war man eine verrottete liberale Demokratie, wenn die Verrottetheit einen nicht wenigstens großherzig genug machte, den Spott und das Rüpelspiel nicht allzu wichtig zu nehmen? Man konnte, so meinte man, sich das leisten. Mitten im ersten Weltkrieg, im Jahr 1917, schrieb Walter von Molo in seiner Vorrede zu Hamsuns Novellen: „Hamsun versteht Gute und Böse, er lächelt über jede ethische Pose, über jede Schurkerei .. er ‚weiß' nichts, er will nichts wissen, doch das Gefühl weiß alles; dieses Gefühl ist in ihm ... das Verruchteste wird unter seinen furchtlos und unbekümmert formenden Seelenhänden adelig schön."

Wußte Molo, was er da schrieb? Vermutlich nicht. Aber seine Äußerung war aufschlußreich für das, was Deutschland damals und spater in Hamsun suchte und fand: das Gestrüpp des unverständlichen deutschen Schicksals wurde mit einem übersichtlich und wegbar, wenn die Moral zur Pose erklärt werden konnte und es richtig und statthaft war, über jede Schurkerei zu lächeln. So gelangte man, zwanzig Jahre später und ohne sich noch auf Nietzsche berufen zu müssen, zur adeligen Schönheit des Verruchten, und der Verpfuschte par excellence wurde „Adolf Hitler, dieser hervorragende Mann", als den Hamsun ihn in Wien 1943 feierte.

Konnte die Zivilisation es sich wirklich erlauben, Hamsuns moralische Phantasie-Begriffe unrevidiert und aus ihrem Nornen-Nebel-Zusammenhang gerissen für sich zu übernehmen? Denn das tat sie mit Molos Worten ja wohl. Konnte sie es sich wirklich leisten, seinen selbstgeschaffenen Kosmos für die tatsächliche Welt zu nehmen und die eigene Erlebniswelt auf seine Kobolds-Maßstäbe umzuschneidern? Auch das tat sie, wenn sie bekannte, daß der Dichter ihr aus tiefster Seele sprach; wenn sie sich Trost und Heilung in ihrer Zerrissenheit von einem versprach, der weniger als irgend jemand imstande war, ihr zu helfen, weil er gar nicht in ihrer Begriffswelt lebte und in einer Geheimsprache redete, die mit der ihren nur die Worte, nicht aber den Sinn gemeinsam hatte.
Sie konnte, so meinte die verrottete liberale Demokratie, sich das leisten. Hamsun erzählte ihr ja, vor allem in den Jahren zwischen den beiden Weltkriegen, in Sachen Zivilisation nicht viel Neues. Er war nicht der einzige, der ein verdächtiges Knistern im Gebälk vernommen hatte. Die Zivilisation hatte — darin unterschätzte er sie immer gewaltig — es längst selbst bemerkt, sie besaß eine feine Nase für ihren eigenen, leicht fauligen Geruch. Aber das verleitete sie nicht — oder noch nicht — zum Haß gegen sich selbst. Thomas Mann, in jener Zeit ein großer Bewunderer Hamsuns, erkannte alsbald den Neurastheniker in ihm und sah die Quelle seines Genies im Widerstreit zwischen Krankheit und Gesundheit, der ihm immer so fruchtbar erschienen ist. Aber die vertrackte Struktur dieses besonderen „Zerrissenen" entging ihm wohl: daß nämlich im Dichter ein guter Denker, im Denker aber ein schlechter Dichter saß, und daß der Widerstreit zwischen ihnen stattfand.
So schrieb Thomas Mann 1922 über die „Weiber am Brunnen", die Erzählungskunst Hamsuns sei „demokratisch in ihrer Modernität, Internationalität, entwickelten Fortgeschrittenheit. Die geistige Haltung des Künstlers ist es nicht, war es nie. Das scheint ein Widerspruch. Aber es ist ein Widerspruch der Ehrlichkeit, des Lebens, der Persönlichkeit, man soll ihn ehren ... Gewisse geistige Tendenzen Hamsuns, das Anti-Literarische, Anti-Rhetorische, Anti-Demokratische, man könnte

fast sagen, das Anti-Humanistische seiner Natur schlagen humoristisch durch bei dieser Gelegenheit, während sie sich vermittelst einer anderen Gestalt des Romans direkten dialektischen Ausdruck verschaffen. Da ist der Postmeister — eine jener problematischen, zum Untergang bestimmten Existenzen, denen Hamsun seine Ideen unterzuschieben pflegt ... "
Der Postmeister, man erinnert sich, ergeht sich in einer wüsten, Hals über Kopf dahinschießenden Tirade gegen die Zivilisation, vor allem über die Verderblichkeit des Lesens und Schreibens, des Wissens und der Wissenschaft. „Wohlgemerkt", fährt Thomas Mann fort, „Hamsun sagt das nicht selbst, er nimmt es nicht auf die eigene Kappe, wie Tolstoj, der ähnliches gesagt hat. Er ist kein Barbar und Reaktionär, er predigt nicht Analphabetentum und Finsternis, sondern er legt dergleichen nur einem halbverdrehten, an Seelenwanderung glaubenden Postmeister in den Mund und würde höchstens zugeben, daß seiner Meinung nach ‚etwas daran' ist. Wollen wir es auch zugeben, daß irgend etwas, und zwar Zeitwichtiges, ‚daran ist?'"
Thomas Manns Reaktion ist hier wiedergegeben, weil sie charakteristisch ist für die Wirkung, die Hamsuns Welt auf die „Gescheiten" des liberalen Nachkriegsdeutschland hatte. („Gescheitheit", sagte er selbst einige Jahre später in der Münchner Rede anläßlich seines fünfzigsten Geburtstages, „Gescheitheit, was die Irrationalisten und Mystiker auch sagen mögen, ist heute ein Lebenswert ersten Ranges ...", aber „leider ist es beinahe an dem, daß, wer in Deutschland Spuren von Gescheitheit an den Tag legt, sogleich für einen Juden gehalten wird und damit erledigt ist.") Die Reaktion ist bedeutsam für die liberale Zivilisation, die glaubte, es sich leisten zu können, das Nichtzutreffende durchzustreichen. Für sie ist Hamsun natürlich kein Barbar und Reaktionär. Sie fällt ihm auf seinen teuflisch humoristischen Trick glatt herein, seine Zivilisationsfeindlichkeit nicht „auf die eigene Kappe zu nehmen", sondern sie einer halbverdrehten Romanfigur in den Mund zu legen. Sie vermutet nirgends, daß Hamsuns gesamte Romanwelt ausschließlich aus „halbverdrehten" Figuren besteht, Figuren nämlich, die in einem abgedrehten Winkel zur wirklichen Wirklichkeit stehen und unausgesetzt die glühenden Kohlen der „poetischen Wahrheit" auf Hamsuns Kappe häufen. Es ist nicht „etwas dran". Vielmehr ist „alles drin".

Die Distanz zwischen dem Schöpfer und seinen Geschöpfen, zwischen ihrer Meinung und seiner Meinung, ihrer Wahrheit und seiner Wahrheit, ist eine deutsche Erfindung und Einbildung. Was wäre denn der Zerrissene, wenn er nicht überall zerrissen und daher in seiner Zerrissenheit ein formidables Ganzes wäre? Gleich vielen seiner gescheiten Zeitgenossen jener Epoche des Knisterns im Gebälk meint Thomas Mann offenbar, man sei bei Hamsun in der guten Lage, seine Ansichten nicht aus seinen Romanfiguren ableiten zu müssen — abgesehen von gelegentlichen Hinweisen, daß „etwas daran ist" — da er uns diese Ansichten ja separat gegeben hat, in seiner publizistischen und polemischen Tätigkeit. Dies ist ein liberaler Irrtum, und man soll ihn ehren.
Einige Jahre später, anläßlich Hamsuns siebzigstem Geburtstag, äußerte sich Thomas Mann ein zweites Mal über ihn ausführlich, und wieder ist seine Reaktion charakteristisch und repräsentativ für die Gescheiten seiner Zeit. Noch immer ist die Zivilisation der Meinung, sie könne es sich erlauben, das Nichtzutreffende durchzustreichen. Aber es ist inzwischen das Jahr 1929, und der bohrende Zweifel meldet sich.
Thomas Mann spricht hier von dem „organisch versöhnten Zwiespalt zwischen der Spätheit, Köstlichkeit, Ausgepichtheit seiner Mittel und dem bäuerlichen Konservatismus seiner Gesinnungen, zwischen der demokratischen Modernität und Internationalität, der hochentwickelten Fortgeschrittenheit seines Künstlertums und dem Aristokratismus seiner Erd- und Naturverbundenheit, aus welchem sich alles ergibt, was die Welt sich an antigesellschaftlichen, antipolitischen, antiliterarischen, antidemokratischen und antihumanen Vorstößen und Willenskundgebungen von ihm hat gefallen lassen müssen ..." Er stellt fest: „Das gesellschaftliche Element fehlt seiner Geistigkeit — das läßt ihn heute, wo selbst Widerstrebende sich gewöhnt haben, im Politisch-Sozialen das beherrschende Element der Epoche anzuerkennen, nicht gerade als ‚Führer' erscheinen ..." Und er summiert: „Soll der Krieg, in dem Hamsun (nie sei es ihm vergessen!) auf deutscher Seite stand, nicht nur ein blutiger Idiotismus gewesen sein, soll er überhaupt einen Sinn gehabt haben, so war es der einer europäischen Gesamtaktion, die leider notwendig war, um Europa auf eine neue Stufe seiner sozialen Bildung zu bringen. Hieraus ergäbe sich

eine geistige Lage, in der Nordindividualismus und antigesellschaftliche Unbändigkeit wirklich nicht zur Führerschaft berufen wären. Sei es drum! Wir, denen die Liebe zu diesem großen Dichter ein Hinauskommen über geistige Gegensätze, ein Freiwerden zur Anschauung des Lebens bedeutet, haben ihm nichts zu verzeihen. Wenn aber die politische Reaktion ihn lobt und ausspielt, so sei er auf seiner Hut. Sie verzeiht ihm seine Kunst, um sich mit seinen Gesinnungen zu brüsten."

Das war das Jahr 1929. Man nahm sich noch immer die Freiheit, „Sei es drum!" zu rufen. Das war die verrottete liberale Demokratie. Sie zog einen, wie sie meinte, deutlichen, endgültigen und unverwischbaren Trennungsstrich zwischen „Kunst" und „Gesinnung" und hatte dem so gespaltenen schöpferischen Geistigen nichts zu verzeihen. Selbst die „Widerstrebenden", von denen Thomas Mann wohl der bedeutendste, aber keineswegs der einzige war, hatten sich gewöhnt, im Politisch-Sozialen das beherrschende Element der Epoche anzuerkennen. Auf seine Art hatte Hamsun das längst getan; ja, er war seit Jahrzehnten grimmig damit beschäftigt, es zu entthronen und seiner verhaßten Herrschaft, die dem Geist Verpflichtungen auferlegte, ein Ende zu machen. Doch sei's drum! Drei Jahre später war die verrottete liberale Demokratie am Ende, und das „Pack" hatte die Trennungslinie zwischen Kunst und Gesinnung ausgelöscht. Dafür konnte man dem „Pack" beinahe erkenntlich sein, wiewohl man das Auslöschen besser selbst besorgt hätte. Drei Jahre später war man mitten drin in der Kalamität, die dem Geistigen immerdar im Angesicht des Tyrannen entsteht.

War die Kunst wichtiger als die Gesinnung oder die Gesinnung wichtiger als die Kunst? War eine Kunst lebensberechtigt, die sich aus der geopferten Gesinnung nährte? Durfte die Kunst geopfert werden, wenn sich nur so die Gesinnung am Leben erhalten ließ? Das war das Dilemma.

Für Hamsun bestand es nicht. Ihm war die Scheidungslinie, die man in Deutschland durch seine Persönlichkeit gezogen hatte, völlig unbekannt. Er war jetzt in seiner Zerrissenheit geschlossener denn je. War es unmöglich, das zu erkennen? Es war gänzlich fehl am Platz gewesen, ihn vor dem Lob der Reaktion zu warnen, ihn zu ermahnen, er solle auf seiner Hut sein, wenn sie ihn ausspiele. Die Reaktion kam gar nicht auf

den Gedanken, daß es in seiner Kunst für sie etwas zu verzeihen gebe. Wohl aber wußte sie von vielem, das innerhalb der grobschlächtigen Normen, die man verwandte, sich mit seiner Gesinnung recht mühelos deckte. Und was sich nicht deckte — es war, wie wir gesehen haben, eine ganze Menge — das ließ sich abermals als nicht zutreffend kurzerhand durchstreichen. Und so geschah es.
Auf der Hut hätten die Gescheiten sein müssen, die ihm seine Gesinnungen verziehen, um seine Kunst lieben zu können. Doch ist es unschicklich, nachträglich Weisheit zu paradieren. Die verrottete Demokratie war nicht so ahnungslos, nicht so hoffnungslos hinterdrein, wie es aussah. Und außerdem war dieser Konflikt wirklich einigermaßen ohne Präzedenz. So etwas war, im Bereich des Geistigen, wirklich noch nicht dagewesen. Jetzt jedoch war es da.

19

Für Hamsun bestand das Dilemma des Geistes in der Despotie nicht, und zwar aus einer Vielfalt von Gründen, offenen und verdeckten, die wir im Vorangegangenen aufzuspüren versucht haben. Für ihn war seine zerrissene Welt eine Einheit, und das zerrissene Deutschland war es auch. Seine Verkettung an dieses Land war so eng und so verschlungen, daß es ihm nicht schwerfallen konnte, seinerseits im Antlitz des neuen Deutschland durchzustreichen, was auf seine Vorstellung von Deutschland, was auf das Deutschland, welches seine Vorstellung brauchte, nicht zutraf. Zudem befand er sich vorerst in räumlicher Entfernung und hielt den tapferen, zerprügelten Minute, den man nach Oranienburg zerrte, von seinem Thron im Nebelheim ausblickend, für einen dreisten Bolschewisten und den Verpfuschten aus Braunau für eine Erscheinung, in der Leutnant Willatz Holmsen, der Ødlandbauer Isak und August Weltumsegler sich auf magische Weise zu einer höchst erstaunlichen neuen Persönlichkeit verschmolzen hatten.
„Adolf Hitler, dieser hervorragende Mann, hat Schritt um Schritt die ganze Welt auf seine Seite gebracht und sie völlig neu gestaltet. Er ist es, der das alles zuwege gebracht hat."

Ist es nicht August, von dem er da spricht, auf der „Europäischen Journalisten-Tagung" in Wien im Jahr 1943, August Weltumsegler, der Teufelskerl, der Schritt um Schritt die ganze Bucht auf seine Seite bringt, der das Moor entwässert, die Bank gründet, die Heringsmannschaften organisiert und allen Widerwärtigkeiten zum Trotz mit reicher Beute heimkehrt, der die Fabrik baut, die Tannen pflanzt, die ganze Welt — Hamsuns Welt — neu gestaltet? Er ist es, und wenn die Leute ihn zehnmal Hitler nennen, der Alte im Norden läßt sich dadurch nicht dumm machen.
Er, der nach eigenem Willen handelt, hat schon Tausende und Abertausende von Menschen gemacht, er hat die ganze Schöpfung umgezaubert und bis zur Unkenntlichkeit umgekoboldet. Er wird sich doch wohl auch diesen Landstreicher nach seinem eigenen Bilde formen dürfen, hoho! Was geht ihn Hitlers Welt an und ob er in sie hineinpaßt? Er hat keine Ahnung, was der „Geist des Nationalsozialismus" ist, und im tiefsten Herzen ist es ihm auch gleichgültig, so gleichgültig wie ihm im Grunde seine eigenen Geschöpfe, sein eigener Kosmos sind. Auf seine eigene, nach „eigenem Willen" geschaffene Welt kommt es an, und in sie paßt dieser neuartige August hinein. Seinen enttäuschten und entsetzten Freunden und Bewunderern von einst, die ihn auf ihren Schultern zum Ruhm trugen und die sich jetzt von ihm abkehren müssen, kann er in Umkehrung von Philinens berühmtem Wort selbstherrlich-höhnisch zurufen: und wenn ihr mich liebtet, was geht es mich an? Er hatte seinen Bewunderern gegenüber keine moralische Verpflichtung. Wenn sie ihn für etwas genommen hatten, was er nicht war, beispielsweise für eine moralische Autorität, so mußten sie sehen, wie sie mit diesem Irrtum fertig wurden, nicht er. Das Dilemma war ihres, nicht das seine.
So, darf man sich vorstellen, mag es etwa in ihm zugegangen sein, und es ist des weiteren über Hamsun im Hitlerreich nicht viel zu sagen. Er „streichelte den NS-Wolf", wie Arnold Bauer von ihm sagte, ja, er gab ihm ausgiebig Futter. Man erinnert sich an den Wust von ungereimtem, haßverzerrtem, lobhudelndem, niederträchtig-lächerlichem und hundsgemein-trübseligem Zeug, das nunmehr jahrelang aus seiner Feder floß. Welchen Fleiß, welche Energie, ja, welche leidenschaftliche Hingabe der alte Mann, schwerhörig, getrübten Auges und mit

zitternder Hand auf diese Welt verwandte, von der er nichts wußte und nichts verstand, in der er sich nicht zurechtfand und auch gar nicht zurechtfinden wollte — der Welt der realen Tatsachen! Das ist ein Schwall von Verdrehungen, Entstellungen, totaler Unkenntnis, Ahnungslosigkeit, Gemeinplätzen und Vorurteilen, die so uralt sind, daß man ihre Quellen selbst in Hamsuns eigenem Leben zuweilen nicht mehr aufzuspüren vermag. Es ist ein Nebelgeschwader, ein veritables Meer von Tolldreistem, Absurdem, Verrücktem und gänzlich Sinn- und Verstandlosem, untermischt mit Gewitztem, Schlauem, Raffiniertem und Durchtriebenem, das er über seine unglücklichen Landsleute ausgießt, Tag um Tag, Jahr um Jahr, mit einer manischen Versessenheit, deren nur ein ganz alter verstockter und versteinter Faun und Waldschrat noch fähig ist. Zuweilen hat dieser Wortschwall die echte und unverkennbare Hamsunsche Diktion. Dann hört man seine eigenen Figuren reden, auf ihre verschlagen-primitive Art, die sie sich von der nornenhaften Schneidersfrau angewöhnt haben müssen und die bei ihnen zur oft durchaus bewußten Manier geworden ist. Zuweilen aber ist's ganz einfach Zusammengelesenes und Abgeschriebenes, rasch und irgendwie Zurechtgeschustertes, und auch diese fremde, entliehene, witzlose Diktion ist unverkennbar.

Es wundert, ja, es erschreckt einen heute rückblickend viel weniger als es zu jener Zeit tat, wenn Hamsun schon 1937 gelegentlich der norwegischen Wahlen, bei denen Quisling eine große Propaganda entfaltete, schrieb: „Wenn ich zehn Stimmen hätte, würde ich alle zehn für Quisling abgeben.“ Vier Jahre später, im Oktober 1941, erklärt er im „Hamburger Fremdenblatt“, er sei viele Jahre lang mit Quisling durch dick und dünn gegangen. „Quisling ist nach meinem Sinn. Er ist eine große Persönlichkeit; ein Mann mit Wissen, aufrecht und ein Administrator von Rang.“ Wenn man sich überlege, was Quisling in der letzten Zeit geleistet habe, dann brauche man um das neue Norwegen unter seiner Führung keine Sorgen zu haben. Es sei die Aufgabe Norwegens, in den Verband der europäischen Staaten unter deutscher Führung einzugehen.

„Wir kehren uns von England ab. Wir erkennen unsere eigene Leistung und verzichten darauf, uns von den Briten künftig ausnützen und ausbeuten zu lassen. Wir haben das Geleis ge-

wechselt und sind auf der Reise in eine neue Zeit und in eine neue Welt. Es ist so viel über unsere Zukunft geschrieben worden, aber vor allem hat mir Hitler ins Herz gesprochen."
Jetzt geht der alte, tief in ihm sitzende, zeitlebens genährte England-Haß des alten Mannes zu voller und toller Blüte auf. Jetzt endlich ist vollends und unwiderruflich klar, daß der Ur- und Erzwidersacher an allem schuld ist. Rußland und Amerika, die beiden anderen Übeltäter und Menschheitsverderber, spielen selbst auf der Höhe des zweiten Weltkrieges für ihn noch eine untergeordnete Rolle. Auf England konzentriert sich seine ganze Animosität.
Man fragt sich, woher er sie eigentlich hat, wo die erste Verletzung, das Ur-Trauma in ihm sitzt, das ihm England zugefügt, und man vermag es in den bekannten Phasen seines Lebens eigentlich nicht zu finden. In Amerika war er gewesen, er kannte es aus eigener Anschauung, wir wissen von der Wunde, die es ihm zufügte. Auch in Rußland war er gewesen und hatte eine leibhaftige, plastische Vorstellung von dem, wogegen er zeterte und eiferte. Aber England? Kannte er das Land überhaupt, wußte er, wie seine Menschen daheim leben? Es scheint nicht so. Von einer Reise nach England findet sich keine Spur. Seine Vorstellungen von der Londoner City, von englischen Schulen und anderen Einrichtungen des Landes, aus denen die „verpfuschten" Söhne des Landes wie Gordon Tidemand, wie der Sohn des Leutnants zurückkehren, sind albern bis zur Verzerrung und offenbar nicht aus eigener Anschauung gewonnen. Vom britischen Weltreich, das er als einen Räuberstaat verfluchte, wußte er offensichtlich nichts, und hatte er je die britische Flotte gesehen, der seine berserkerhafte Wut galt?
Wer oder was hatte ihm diesen englischen Virus eingepflanzt? Es ist nicht ersichtlich. Die Engländer, die seinen so tiefen Widerwillen erregen, sind jene, denen er in seiner eigenen, schmählich verschweizerten Heimat begegnet, jene „reisenden englischen Narren", von denen er in der „Letzten Freude" erzählt: „Nichts war an ihnen anders als man es von früher her gewöhnt war, sie reisten dumm und ernsthaft den Berggipfeln nach, sie hatten ein Ziel, sie hatten Eile, es war als reisten sie zum Arzt." Sie sind es, die ihn im gleichen Buch zu einer kurios-inspirierten „politischen" Überlegung anregen:

„Die Laster gehen im Kreislauf, genau so gut wie die Tugend, fange ich plötzlich zu denken an, nichts ist neu, es kehrt nur alles immer wieder zurück und wiederholt sich. Die Römer herrschten über die Welt. Oh, sie waren mächtige Römer, so unüberwindliche, sie gestatteten sich ein oder zwei Laster, sie konnten sich allerhand leisten, sie bereiteten sich Freude mit Jünglingen und Tieren. Dann begann eines Tages die Vergeltung auf sie herabzukommen, ihre Kindeskinder verloren da eine Schlacht und dort eine Schlacht, deren Kindeskinder wiederum saßen nur da und blickten zurück. Der Ring war geschlossen, niemand herrschte weniger über die Welt als die Römer. Mich scheuten sie nicht, die beiden Engländer im Ziegenstall, ich war nur ein Eingeborener, ein Norweger, ich hatte den mächtigen Reisenden gegenüber zu schweigen."
Ist es doch nur nichts anderes als ein ganz einfacher Minderwertigkeits-Komplex des einen seefahrenden Volkes gegenüber dem anderen, der aus diesen Sätzen wie auch aus der Feststellung „Wir erkennen unsere eigene Leistung" spricht? Die enge Affinität zwischen Norwegen und England, auf dem gemeinsamen Erlebnis des Meeres und der Seefahrt begründet und aus mancher gemeinsamen Charaktereigenschaft ablesbar, die in kritischen Zeiten die beiden Völker immer wieder instinktiv zusammenführt, sie muß Hamsun zutiefst gewurmt haben. Vielleicht muß man wirklich in die mythische Vorzeit, zumindest aber zu Normannen und Wikingern zurückgehen, um an die Quelle dieses Grolls gegenüber England zu gelangen, das jenes weltumspannende Reich aufrichtete, welches den Nordmännern wieder unter den Händen zerfiel? Warum hatte das eine Seefahrervolk sich durchgesetzt und behauptet, warum war das andere, aus gleichem Holz geschnitzt und in jeder Faser ebenso gut, nicht über den Start hinausgekommen? Jetzt schloß sich bereits der Ring, schon ging das englische Reich, dem römischen gleich, seinem Sonnenuntergang entgegen, und das Volk der Norweger wartete noch immer, daß ihm die Sonne aufgehe! Man hatte ja sogar eine Engländerin zur Königin bekommen. Kein Zweifel, England nützte und beutete das von seiner wahren Mission abtreibende, hilflos in die Verschweizerung absackende Norwegen aus. Und noch immer wollten diese degenerierten Päderasten, Sodomiten, Bergsteiger, Angler und Kriegsschiff-Besitzer tatsächlich

nicht von ihrer „Terrorgewalt zur See“ lassen und suchten abermals „Deutschlands Frauen und Kinder auszuhungern, indem sie den deutschen Zufuhren den Weg versperrten.“ Vielleicht sah es ungefähr so im Kopf des Alten aus.

20

„Treibe auch ich jetzt Propaganda?“
So fragt der Einundachtzigjährige in dem rabiaten Aufruf „Ein Wort an uns“ vom April 1940, der als vierseitiger Sonderdruck allen deutschen Ausgaben der Hamsunschen Bücher beigelegt wurde und der einem auch heute noch zuweilen aus einem antiquarischen Exemplar entgegenfällt. „Jetzt belagert man nicht mehr; jetzt greift man zu. So machen es die Deutschen.“ In der Tat, so machen sie es. Sie besetzen Norwegen, und Freund Quisling kommt endlich an die Macht. Der Alte findet es in Ordnung. Er betet, es möge nicht zum offenen Kriegszustand zwischen Deutschland und Norwegen kommen; er hofft, der König werde zurückkehren. „Der Widerstand, dem die Deutschen bei uns begegnen, ist wahrscheinlich nur ein Aufbegehren gegen die Macht ... Wir sind neutral ... So liegen die Dinge.“
Treibt er vielleicht etwa doch Propaganda? Die Frage quält ihn zuweilen. Doch nein: „Ich halte meine Augen und Ohren offen. Ich begnüge mich nicht mit dem, was kurzsichtige Reeder und Storthings-Politiker schwätzen. Eben deshalb lese ich so viele Zeitungen; um zu hören, was der andere Teil meint. Ich habe das Für und Wider abgewogen. Das norwegische Volk ist meiner Ansicht nach ohne Berechtigung gegen Deutschland eingenommen, weil man es aufgehetzt hat. Die Seeleute halten sich nur daran, daß sie torpediert werden und sehen nicht, daß England die Schuld daran trägt.“
Es geht wahrhaftig zu wie bei „August Weltumsegler“ in diesem Krieg. Die Reeder und Politiker sind selbstverständlich die Dummköpfe, die naiven und unwissenden Seeleute wie immer die Hereingefallenen. Der alte Mann selbst aber liest unablässig Zeitungen, wie Joakim, der auch immer das „Für und Wider“ abwägt, um dann einige nornenhafte Platitüden

von sich zu geben. Er hat ihn gut beobachtet, diesen Joakim, über den er noch zehn Jahre vorher halb ärgerlich, halb mitleidig spottete. Nur hatte Joakim natürlich vor seinem Schöpfer einen ungeheuren Vorteil: in seinen Zeitungen stand nicht überall dasselbe, zu seiner Zeit kam der „andere Teil" ja noch zu Wort. Der alte Mann hingegen vergleicht gewissenhaft das Vertauschbare und geradezu Identische und ist höchst befriedigt, als sich keine Differenz ergibt. Und plötzlich rutscht ihm die ganze Argumentation aus. Die Regierung Nygaardsvold ist an dem Blutvergießen schuld, nicht die Regierung Hitler. „Sie wußte", so eifert er im April 1940 in der Zeitschrift „Nationen" in einem offenen Brief, „sie wußte, daß wir nichts hatten, womit wir einem Feind entgegentreten konnten, aber sie gab Befehl zur Mobilisierung und floh." Einem Feind? Der alte Mann muß aus Versehen eine ganz falsche Zeitung erwischt haben.

Nein, er besteht darauf: er treibt keine Propaganda. Er protestiert bereits im Herbst 1939 gegen die Unterstellung, er sei ein „bezahlter Nazi-Agent" mit einem charakteristischen Ausfall: „Ich bin Knut Hamsun, das soll sich jeder merken. Deutschland hat mir niemals Bezahlung für meine Politik angeboten. Aber ich habe meinen Namen in der deutschen Leserwelt. Ich wurde einmal ausgezeichnet mit dem Goethe-Preis von zehntausend Mark. Ich lehnte ihn ab, weil ich nicht Vorteil daraus ziehen wollte, daß ich Deutschlands bescheidener Freund in Norwegen bin." Der König freilich ist nicht zurückgekehrt, er hat sich ins verhaßte England begeben. Dafür ist man unter Quisling in einen Bürgerkrieg und in einen Riesenkrieg mit der Sowjetunion geraten. Doch „Norwegen kann sich unter Quislings Führung sicher fühlen", heißt es in einer Erklärung Hamsuns aus dem Jahr 1941, die durch die gesamte norwegische gleichgeschaltete Presse ging. „Ein geeintes norwegisches Volk sollte für das Neue Europa unter deutscher Führung arbeiten ..."

Inzwischen aber muß die norwegische Legion nach Rußland. „Man sagt", so schreibt er am 15. Dezember 1941, „daß wir den Deutschen helfen. Ich wollte, wir könnten es. Aber unglücklicherweise sind wir nur ein Tropfen im Ozean." Und im März 1942 zieht er, in einem viel zitierten Zeitungsartikel, über den „Yankee Roosevelt" her, dieses „würdige Mitglied der Verschwörung" gegen Deutschland und Europa, nennt ihn einen öffentlich überführten Lügner, einen nachgewiesenen Dokumente-Fälscher, der einen Teil der amerikanischen Presse mit Staatsgeldern bestochen habe, damit sie für seine Kriegspolitik eintrete und nimmt, als ihm gar nichts mehr einfällt, zum Antisemitismus seine Zuflucht.

„Steif und stur geht er seinen Weg, ein Jude in jüdischem Solde, der führende Geist in Amerikas Krieg für das Gold und die Judenmacht." Der alte Papst, der reisende Uhrenjude aus den Landstreicher-Romanen, der, als er starb, „nicht einen einzigen wirklichen Feind hinterließ", dieser „ehrwürdige Patriarch", der „oft ganz unmittelbar von einem guten Gesicht gerührt wurde und dann vollkommen auf seinen eigenen Gewinn verzichten konnte", der alte Papst, der noch auf dem Sterbebett seinem verlorenen jungen Freund etwas Gutes tat, er hätte sich vor Gram und Zorn über seinen Schöpfer im Grabe umgedreht, und dabei war er noch keine fünfzehn Jahre unter der Erde.

Im September 1943 dient Hamsuns zweiter Sohn Arild als Freiwilliger der Waffen-SS an der deutschen Ostfront, und Hitlers Privatflugzeug holt den Vierundachtzigjährigen zur „Europäischen Journalisten-Tagung" nach Wien, wo der „Journalist" Hamsun seine oft zitierte Rede hält:

„England wollte den Krieg. England hat einem Land nach dem anderen Versprechungen gemacht und Garantien gegeben. Und ein Land nach dem anderen hat sich bis zum letzten Mann für England verblutet. England muß bezwungen werden. Früher gibt es keinen Frieden auf der Welt. Es ist nicht genug, die Bolschewiken und Yankees zu unterwerfen. Vor allem muß England geschlagen werden. Das ist nicht etwas, was ich mir aus den Fingern gesogen habe — ich habe mit eigenen Augen Albions Untaten gesehen. Mein Land hat es zu spüren bekommen, wie England seine Macht mißbraucht, wir hatten seine Daumenschrauben an unserem Handel. Jawohl, und seinen Secret Service in unseren eigenen Häusern. Jawohl, wir haben genug davon zu spüren bekommen. Nein, das ist nicht etwas, das ich mir aus den Fingern gesogen habe."

So liegen die Dinge. Und in einem Punkt hatte es mit ihnen anscheinend sogar auf verquere Art seine Richtigkeit. Der alte Mann wurde in seinem eigenen Haus bespitzelt, aber nicht vom

Secret Service, sondern von seiner Frau, seinen Söhnen, seinen Töchtern, die an seinen letzten, absurden politischen Harlekinaden beträchtliche Schuld getragen haben sollen. Sie gaben ihm immer wieder zu verstehen, daß er nicht genug für die deutsche, die Quislingsche Sache tue, daß man mit seinem „Einsatz" nicht zufrieden sei. Vor Gericht erklärte er später mehrmals, er wolle nie wieder nach Hause zurückkehren und nie wieder mit seiner Familie etwas zu tun haben; er habe seine zahllosen Aufrufe und Artikel nur geschrieben, um die norwegische Jugend vor nutzlosem Widerstand und sinnlosen Opfern zu bewahren; er habe Hitler und Terboven mit Telegrammen bestürmt, um Begnadigungen für die zum Tode verurteilten Widerstandskämpfer zu erlangen; er habe schließlich Hitler persönlich in Verzweiflung und Erbitterung Vorhaltungen über seine Schandtaten gemacht und sei von ihm vor die Tür gesetzt worden.

Als das Hitlerreich zusammenbrach, erlitt der Sechsundachtzigjährige einen Nervenzusammenbruch. Und der Neunzigjährige, der im Altersheim seinen geborstenen alten Gummischuh vergeblich zu flicken versucht, bemerkt nachdenklich: „So ist auch hierzu nichts weiter zu sagen, aber es waren gute Gummischuhe, ich bin mit dem Riß in vielen Ländern gegangen, sie begleiteten mich nach Wien und ein ruhmvolles Mal zu Hitler."

21

Die Welt, die er sich aus den Fingern gesogen hatte, existierte nicht mehr. Hatte sie je existiert? „Niemand sagte mir, daß es falsch war. Und es war auch nicht falsch, was ich schrieb. Es war nicht falsch, als ich es schrieb". So lautet der entscheidende Satz in den „Überwachsenen Pfaden". Die Gesinnung war vollends zur poetischen Wahrheit geworden.

Hamsun wurde bei der Befreiung Norwegens, am 26. Mai 1945, verhaftet, der Kollaboration mit dem Naziregime beschuldigt und mit seiner Frau auf dreißig Tage in Hausarrest verwiesen. Am 14. Juni 1945 wurde er jedoch vom Gute Noerholmen nach dem Krankenhaus in Grimstadt gebracht, während seine Frau einige Tage vorher in das Frauengefängnis in

Arendal verbracht wurde. Vom Krankenhaus wurde Hamsun zur Voruntersuchung geführt und danach ins Altersheim in Landvik, in der Nähe seines Gutes verwiesen, wo er die Behandlung seines Falles durch die Behörden abwartete. Der Aufenthalt im Altersheim war durch eine längere psychiatrische Untersuchung im Krankenhaus von Grimstad unterbrochen.

Die 1946 gegen Hamsun formulierte Anklage wegen Landesverrat wurde nach mehrfacher Aussetzung des Verfahrens vom norwegischen Generalstaatsanwalt auf Grund seines hohen Alters und des psychiatrischen Befundes, der auf „dauernd geschwächten Geisteszustand“ lautete, niedergeschlagen. Eine niedere Gerichtsinstanz verurteilte ihn schließlich als „Nutznießer des Naziregimes“, dem er hohe Einkünfte zu verdanken gehabt habe, zu einer Geldstrafe von 425 000 Kronen, die vom Obersten Gerichtshof auf 325 000 Kronen ermäßigt wurde. Seine Mittel erlaubten ihm anscheinend, diese Buße zu entrichten, denn er war nicht genötigt, den Hof Noerholm zu verkaufen. Er konnte nach dem Urteilsspruch, zu Mittsommer 1948, drei Jahre nach seiner Verhaftung, in sein Haus zurückkehren. Dort schrieb er sein letztes Buch „Auf überwachsenen Pfaden“, das größtenteils auf Aufzeichnungen im Altersheim zurückgeht, und starb am 19. Februar 1952.

Seine norwegische Heimat hatte es in stillschweigender Übereinkunft vermieden, den uralten Mann zum Märtyrer zu machen. Sie zog es vor, seinen „Fall“ auf sich beruhen zu lassen, ihn zu vergessen. Man trug ihn unter dem eisigen Schweigen seiner Landsleute zur Einäscherung. „Auf überwachsenen Pfaden“, dessen Veröffentlichung 1950 nichts in den Weg gestellt wurde, hatte bei weitem seinen größten Widerhall in Deutschland, wo das schmale Buch inzwischen mehrere Auflagen erlebt hat. Eine Münchener Zeitung schrieb darüber: „Dies ist ja der alte, der frühere Hamsun! Nun lebt Knut Hamsun wieder ganz unter uns. Er ist derselbe wie früher.“ Diese Worte sind bei all ihrer naiven Verkennung des Sachverhaltes in einem echt Hamsunschen, vertrackt-koboldhaften Sinn außerordentlich treffend. Da war er in der Tat wieder, der alte, der frühere Hamsun. Nur war er nie weg gewesen. Er war wahrhaftig derselbe wie früher. Nur war er nie anders gewesen. Er war sich, wie sich zeigte, bis zum letzten

Wort und Atemzug treu geblieben. Was „anders", was „weg" gewesen war, waren die Zeiten gewesen, in denen Deutschland ihm mit gutem Gewissen die Treue halten konnte. Waren sie jetzt wieder da? Der Uralte hätte über diese Frage gelacht: er hat die Deutschen ebensowenig verstanden wie sie ihn.

„Auf überwachsenen Pfaden" freilich ist ein bedeutendes, ja ein ganz und gar einzigartiges Buch. Es hat als Selbstzeugnis überhaupt nicht seinesgleichen. Es ist natürlich kein Roman, obwohl es viele romanhaft-erzählerische Elemente enthält, und es ist auch kein Tagebuch, wenngleich es in loser Folge Erlebnisse und Eindrücke während des Hausarrests im Altersheim, in der psychiatrischen Klinik und vor Gericht notiert. Es ist auch kein Rechenschaftsbericht oder gar eine Verteidigungsschrift. Es sind, wie der Alte selbst sagt, „Aufzeichnungen", deren Summe eine „Erklärung" ist. „Nein, ich moralisiere nicht, ich erkläre", hatte er schon vor einem Menschenalter geschrieben, „aber wenn moralisieren bedeutet, daß ich das Rechte sehe und es dir sage, dann moralisiere ich. Läßt sich das vermeiden?" Es läßt sich nicht vermeiden, und auch der Uralte vermeidet es nicht. Er ist derselbe wie früher.

Der Neunzigjährige erklärt wiederholt, er nehme zwar nichts von dem zurück, was er getan, gesagt, geschrieben habe, aber er gedenke auch nicht, sich zu verteidigen, sondern lediglich zu „erklären". Er beklagt sich kaum und nur obenhin über die Behandlung, die ihm von den norwegischen Behörden widerfahren ist. „Es soll so sein, ich habe es verdient", bemerkt er; aber es ist nicht klar, ob sich die Bemerkung auf sein Schicksal oder eine Kanne verschütteten Kaffees bezieht. Er gestattet sich einige ironische Hinweise auf die ewigen Verzögerungen in der Behandlung seines Falles und erzählt voll Zorn und Verachtung den läppisch-tölpelhaften Hergang seiner psychiatrischen Untersuchung. Aber selbst seine beißendste Ironie ist nicht wirklich bitter, und er versichert mehr als einmal, daß man es ihm so behaglich gemacht habe als die Verhältnisse es gestatteten. Ist das Schlauheit, Durchtriebenheit oder die Milde des hohen Alters?

Er erzählt mit derselben Genauigkeit und Liebe zum Detail, mit derselben humorig-scharfen Beobachtungsgabe, die wir aus seinem ganzen Werk kennen, die kleinen Sorgen, Widerwärtigkeiten und Erfreulichkeiten seines einigermaßen beschwerlichen Lebens im Altersheim und in der Klinik: wie er seine Hemden wäscht, seine Strümpfe stopft, sich kleine Tricks ausdenkt, um seine Briefe zu befördern oder sich die vorenthaltenen Zeitungen zu beschaffen; den Ärger, den er mit dem Augenarzt, dem Optiker, der Brille hat; die Mißlichkeiten, die ihm ein neues Paar Gummischuhe bereitet, das er schließlich nicht zu tragen beschließt, obwohl das alte in Fetzen ist; wie er hin und wieder etwas schreibt, einfach weil er das Schreiben nicht lassen kann — „aber davon will ich nicht sprechen, um niemand zu ärgern." Dazwischen stehen völlig zusammenhanglos, nicht einmal durch eine Assoziation heraufbeschworen, längere erzählerische Stücke, die Begegnung mit einem Mann aus dem Nordland, die amerikanischen und finnischen Erinnerungen, die sich unter der Hand zu runden Novellen gestalten, eine Anekdote, die er in der Zeitung liest und die sich ihm sofort zu einer dramatischen Skizze formt, kleine eingesprengte Dialogstücke mit diesem und jenem von meisterlicher Knappheit und Prägnanz, Fragmente von Bildern, Augenblicksaufnahmen wie das flüchtige Porträt eines jungen Mädchens im Altersheim — „und die ganze Treppe hinunter stand ein rotes Lächeln": Dagny, Edvarda, Victoria, Fräulein Elisabet. Er ist derselbe wie früher.

Ist dieser Mann geistesgeschwächt?

Es ist eine einigermaßen schaurige Frage. Die Psychiater, das Gericht, sein Volk und seine Nation nehmen an, daß er es sei. Die Annahme erlaubt es ihnen, glimpflich mit ihm zu verfahren, die Akten über ihn zu schließen. Sie ist ein Akt der politischen Einsicht und der menschlichen Milde. Nähmen Sie es nicht an: welchen Prozeß müßten sie ihm machen! Doch stimmt die Annahme auch? Er selbst — was hält er von seinem Geisteszustand? Er scheut die Frage nicht. Zwar versetzt er den Psychiatern einen raschen Seitenhieb — „Ich komme aus einer Heilanstalt und bin sehr herunter. Ich war gesund, als ich hineinkam" — aber im nächsten Augenblick stellt er mit großer Seelenruhe und Selbstverständlichkeit fest: ja, ich bin alt und nicht mehr ganz beieinander, seht her, lest nur dieses Buch, da steht drin, wie es in einem aussieht, der alt, taub, blind und im Kopf ganz durcheinander ist, der weiß, daß er ein alter Trottel ist und genau beschreibt, wie einem alten Trottel zumute ist. Jawohl, ich, der alte Trottel Hamsun habe es selbst geschrieben, ich weiß, was ich sage, ihr könnt es mir glauben. So ist es. Genau so ist das Buch.

Und dennoch: stimmt es? Bei diesem durchtriebenen alten Kobold weiß man bis zum Schluß nicht, ob er einen nicht narrt. Kann denn ein Trottel wirklich einen Trottel beschreiben? Es scheint kaum glaublich. Ist nicht die „Geistesschwäche" — bis zu einem gewissen Grad — vielleicht doch gespielt, kunstreich unterstrichen und untermalt, eine clownische „Mache", über die er sich ins Fäustchen lacht? Nun gut, wenn sie ihn unbedingt geistesgeschwächt haben wollen, so wird er es ihnen zu Gefallen sein. Aber tief innen drin weiß er genau, wie hellwach einer sein muß, um den Trick erfolgreich anzuwenden. Natürlich ist das letzte Buch nicht im vollen Besitz seiner geistigen Kräfte geschrieben. Es ist, echt oder gespielt, das Buch eines uralten Mannes. Aber es ist möglich, daß er geisteskräftig genug war, um die Geistesschwäche mit schlauer Durchtriebenheit zu seinem Vorteil ins rechte Licht zu rücken. Es ist nicht nur möglich, es ist sogar wahrscheinlich. Und möglicherweise gar nicht einmal, um damit ein bestimmtes Ziel zu erreichen, sondern hauptsächlich um des artistischen Juxes willen.

Es ist auch in diesen letzten Darstellungen der Situation, der er nicht mehr gewachsen ist oder nicht mehr gewachsen zu sein vorgibt, viel bewußte und effektsichere Artistik. „Ich konnte damals nicht besonders klar denken und blieb stehen, wo ich stand. Ich fragte nicht. Eine Sache mehr, die ich nicht schaffte ... Was soll ich nur tun? Ich bin ganz durcheinander gebracht, das ist die Sache, ich bin meiner selbst überdrüssig, ich habe keine Wünsche, keine Interessen, keine Freunde. Vier oder fünf gute Sinne im Dämmerzustand, und der sechste ist mir vertauscht ... eins, zwei, drei, vier — so sitze ich da und notiere und schreibe mir kleine Fetzen auf. Es wird nicht viel daraus, es ist nur eine alte Gewohnheit. Ich tropfe behutsam Worte. Ich bin ein Wasserhahn, der offen steht und tröpfelt, eins, zwei, drei, vier ... Was geht mir das jetzt durch den Sinn? Ich kann es zu nichts gebrauchen, und es ist keine Weisheit drin ... Ich sollte längst tot sein. Worauf warte ich noch? Ist das nur Geschwätz, mit dem ich da um mich werfe?"

Es ist doch wohl kein loses Geschwätz. Die vier oder fünf guten Sinne im Dämmerzustand haben eine unheimliche Hellsichtigkeit bewahrt: die nahezu erblindeten Augen, die fast völlig ertaubten Ohren, sie erfassen mit einzigartiger Genauigkeit und Vollständigkeit die ungeheuren leeren, hallenden Räume des hohen Alters. Und selbst in dieser äußersten Erfahrung verläßt ihn sein Schalk, sein Kobold nicht, so wie er den uralten Shaw auf dem Sterbebett nicht verließ. Es belustigt ihn, sich vorzustellen, daß er im Grunde gar nicht mehr unter den Lebenden weilt. Oder ist er schon gestorben und man hat nur vergessen, es ihm zu sagen? „Ich sehe eine Flagge auf Halbmast. Jemand ist tot. Aber ich bin es nicht.“ Zufällig gerät er an ein altes Buch, und der Name des vergessenen Autors, eines Nobelpreisträgers gleich ihm, schlägt einen fernen Klang an: „Verner von Heidenstam — wir waren gleich alt, im selben Jahr geboren, und beide sind wir jetzt tot —“ Und er verzeichnet gewitzt schmunzelnd: „Ich spreche jetzt nicht mit mir selbst, aus Mangel an schlechter Gewohnheit.“

Jetzt, da der Abend wirklich sinkt und nicht wie vor vierzig Jahren, als er glaubte, an der Schwelle der Fünfzig sei das Dasein im Grunde zu Ende und der Rest nur noch Eitelkeit und Nutzlosigkeit — jetzt tritt die alles hinwegtragende Zeit, tritt die „Große Gleichgültigkeit“ gegenüber der Schöpfung wirklich ihre unbestrittene Herrschaft an. Alle Erinnerung, selbst die an den abscheulichen Onkel und die „schamlos strenge Zucht“, in die er den achtjährigen Buben nahm — „alles das ist gleichgültig“. Alles, was man hätte tun können und doch nicht tat — „alles das ist so töricht“. Die Zeit, deren wahrer Name die „Große Gleichgültigkeit“ ist, denn sie macht alles gleich gültig (oder ungültig), er spürt sie auf seiner Seite. „Ich habe die Zeit für mich, ich kann warten, lebendig oder tot, das ist gleichgültig.“ Es ist gleichgültig im wahren Sinn des Wortes: es gilt ihm gleich.

„Es sind heute gewiß drei Jahre her, daß ich arretiert wurde. Und hier sitze ich. Es hat mir nichts getan, ging mich nichts an. Es ist mir passiert, wie etwas Zufälliges, und ich beabsichtige nicht, mehr darüber zu sagen ... unser Leben und unsere Zeit können meinetwegen ihren Gang gehen, alles kann meinetwegen seinen Gang gehen. Hier sitze ich.“ Dem hohen Gericht empfiehlt er, sich nicht allzu wichtig zu nehmen. In hundert Jahren werde sich niemand daran erinnern, wer er gewesen sei, und auch an den Namen des Richters und Staatsanwalts werde sich niemand erinnern. Er ist derselbe wie

früher. Nur ist er nicht mehr der Schöpfer. Er ist zu einem seiner eigenen Geschöpfe geworden: „Die Zeit frißt alles und alle. Ich verliere ein Stückchen meines Namens in der Welt, ein Bild, eine Büste, es wäre wohl kaum ein Reiterstandbild geworden ... mag es auch damit sein, wie es will ..."
Er ist derselbe wie früher. Er hat seinen alten Trotz noch, seine Halsstarrigkeit, sein ungeheures Selbstbewußtsein — „Ich bin kein Irgendwer" — die diebische Freude daran, die Menschen zu verwirren, indem er plötzlich „nicht mitspielt". Sollen sie sehen, wie sie mit ihrem Menschenkram zurecht kommen. „Ich hätte ihm leicht eine vollständige Erklärung geben können, aber ich wollte es nicht." Sie verhören ihn, fragen ihn aus: „Ich spürte ein freundliches Rauschen um mich, obwohl ich taub war und es nicht mehr hörte." Oder hörte er es doch? „Ich antwortete nicht. Mochte nicht." Er lebt noch immer in seinem eigenen Weltall, seinem ureigenen, selbstgeschaffenen Kosmos, der mit der wirklichen Welt nur den Namen und einige trügerische Äußerlichkeiten gemein hat:
„Gibt es nicht einen Stern, der Mira heißt? Ich hätte nachsehen können, aber ich habe nichts, um darin nachzusehen. Es ist auch gleich, Mira ist ein Stern, der kommt, ein wenig leuchtet und verschwindet. Das ist der ganze Lebenslauf. Und Mensch, hier denke ich an dich. Von allem Lebenden auf der Welt bist du zu beinahe nichts geboren. Du bist weder gut noch böse, du bist geworden ohne ein bestimmtes Ziel. Du kommst aus dem Nebel und gehst wieder in den Nebel zurück, so herzlich unvollkommen bist du ... wandernde Lichter alle miteinander, sie kommen, leuchten ein wenig und verschwinden, kommen und gehen, wie ich kam und ging."
Ist dieser Mann geistesgeschwächt?

22

Die Psychiater, die Gerichte nehmen an, daß er es sei. Er selbst tut alles, um ihnen diese Annahme zu erleichtern, liefert ihnen die Hinweise und glaubt es wohl zeitweise selbst. Aber sein letztes Buch, darum ist nicht herumzukommen, straft das alles Lügen. Es ist alles andere als die Arbeit eines Geistesschwachen.

Es ist von einer Klarheit der Sicht, einer Deutlichkeit der Linienführung, einer höchsten Brillanz der künstlerischen Gestaltung, von einer Umsicht, Schlauheit, Pfiffigkeit der Argumentation, einer Gewitztheit und überlegenen Scharfzüngigkeit, wie sie ein getrübter Geist niemals hervorzubringen wüßte. Ein alter Trottel soll das geschrieben haben? Das glaube, wer mag. Diese letzte Arbeit des alten Nebelkönigs ist von einer glasklaren Rationalität, daß es einem auf jeder Seite kalt den Rücken hinabläuft. Welch diebischen Spaß der alte Kobold daran gehabt haben muß, es zu schreiben! Jetzt finde sich jemand in ihm zurecht! Es ist ein schaurig-wundervolles Rätsel.

Jetzt, da es um die „Erklärung" des Landesverräters, Nutznießers, Geisterverwirrers und Hitler-Propagandisten Knut Hamsun geht, dem Goebbels zum achtzigsten Geburtstag seine Photographie mit Rahmen und Widmung übersandte, jetzt wird noch einmal, ein letztes Mal, großmächtig gezaubert. „Und es war auch nicht falsch, was ich schrieb. Es war nicht falsch, als ich es schrieb. Es war richtig. Was ich schrieb, war richtig. Ich will das erklären."

„Auf überwachsenen Pfaden" enthält nur wenige direkte Hinweise auf seinen „Rechtsfall" — den Wortlaut seines Briefes an den Generalstaatsanwalt vom 23. Juli 1946 und das Protokoll der Erklärung, die er vor Gericht abgab. Das ist nicht viel. Aber in seiner Gesamtwirkung ist dieses Buch eine Verteidigungsschrift ungleich subtilerer Art. In seiner Erklärung vor Gericht gibt Hamsun ein Bildnis von sich selbst als eines alten, halb erblindeten, fast völlig ertaubten Mannes, der gänzlich von der Außenwelt abgeschnitten in seinem Hause lebt — „zu Hause sprechen sie nicht mit mir, weil ich so taub und lästig bin" — und der mit seiner Umwelt keinen normalen Umgang mehr hat.

„Und niemand sagte mir, daß es falsch war, was ich schrieb. Niemand im ganzen Land. Ich saß allein in meinem Zimmer, ausschließlich auf mich selbst verwiesen. Ich hörte nicht, ich war taub, man konnte sich nicht mit mir abgeben ... Monatelang, jahrelang, alle diese Jahre hindurch war das so. Und niemals bekam ich einen kleinen Wink ... einen guten Rat aus der Umwelt. Nein, davon hielt die Umwelt sich sehr sorgfältig fern. Und in meinem Haushalt und meiner Familie ergab es sich selten oder nie, daß ich etwas Aufklärung oder Hilfe bekam. Alle Verständigung mit mir mußte ja schriftlich vor sich gehen, das war zu lästig. Ich blieb sitzen, wo ich saß. Unter diesen Umständen konnte ich mich nur an meine beiden Zeitungen „Aftenposten“ und „Fritt Folk“ halten, und in diesen Blättern stand ja nicht, daß es falsch war, was ich schrieb. Im Gegenteil.“

Natürlich: im Gegenteil. Es waren ja Nazi-Zeitungen. Und doch unterscheidet sich das Plädoyer des Neunzigjährigen in einem wesentlichen Punkt von dem üblichen, das man von so manchem jüngeren Mann in so manchem ähnlichen Prozeß vernommen hat: daß er in gutem Glauben gehandelt und von den schauerlichen Ausschreitungen des Regimes, mit dem er sympathisierte, nichts gewußt habe. Man hat sogar vermutet, Hamsuns Fall sei möglicherweise gerade deswegen einzigartig, weil hier ausnahmsweise einmal einer mit diesem geläufigen Plädoyer die Wahrheit sage. Doch ist diese Vermutung abwegig, denn Hamsun nimmt diese landläufige „Erklärung“ der Nutznießer und Mitläufer ja gar nicht für sich in Anspruch. Er führt seine Verteidigung auf ungleich gewitztere Art.

Gewiß, er verwendet jedes ihm zur Verfügung stehende künstlerische Mittel, jeden brauchbaren Trick und Kniff des meisterlichen Handwerkers, um seine Position zu untermauern. Auf hunderterlei Weise, mit versteckten Andeutungen, indirekten Hinweisen, zufällig und doch höchst zweckhaft hingeworfenen kleinen Bemerkungen vermittelt er den Eindruck vollkommener Abgeschlossenheit, spielt er eine Reihe von Variationen über das Thema der Taubheit, die ihn aus der Welt ausschloß, ihn auf sich selbst verwies, ihn hilflos seiner Unkenntnis des wahren Sachverhaltes überließ und schließlich ein Betragen gegenüber der Despotie im eigenen Land entschuldigte, das der Außenwelt wie die Exzentritäten senilen Verfalls vorkommen mußte und nichts sonst. Nicht einmal die Gerichtsverhandlung, so wie er sie erzählt, macht einen wirklichen Eindruck auf ihn. Er betont mehrmals, daß er sie gar nicht voll zu erfassen vermochte:

„Da ich nicht höre und mein Augenlicht im letzten Jahr stark geschwächt ist, bin ich etwas verwirrt, ich komme in einen dunklen Gerichtssaal, ich muß mich zurechtweisen lassen, ich erkenne nur hier und da etwas ... ich habe weder gesehen noch gehört, was vor sich gegangen ist, aber ich bin ruhig und nehme ringsum immer mehr wahr. Nach einer Pause bekomme ich das Wort zu einer Darstellung meiner Sache. Das ist etwas schwierig für mich in diesem schlechten Licht, ich bekomme eine Lampe, aber damit kann ich nichts sehen, ich halte ein paar Notizen in der Hand, aber ich versuche nicht mehr herauszufinden, was da steht. Es ist gleichgültig ... Nach meiner Rede kam der Anklagevertreter, nach ihm meine Verteidigerin. Ich saß wieder stundenlang da und wußte nicht, was vor sich ging. Zuletzt bekam ich ein paar schriftliche Fragen vom Gericht überreicht, und ich antwortete. So ging der Tag. Es wurde dunkler Abend. Es war zu Ende."

Die Atmosphäre der Verwirrung, Unkenntnis und mangelnden Orientierung ist in diesen und anderen Absätzen aufs meisterhafteste beschworen. Aber ist sie denn eine Ausflucht? Ganz und gar nicht. In sie hinein stellt der Uralte mit unmäßigem Trotz, der nichts von seiner halsstarrigen Verbohrtheit, seiner knurrenden Rechthaberei, seiner Selbstsicherheit und Arroganz verloren hat, eine selbstherrliche Darstellung seiner Motive, von der er sich nicht einen Deut abhandeln läßt. Er hatte ja in all seiner Taubheit und Blindheit außerdem noch recht! Was er tat, sagte und schrieb war richtig! Und er tat, sagte und schrieb es nicht in Unkenntnis der Greueltaten und Exzesse, sondern in voller Kenntnis ihrer Fürchterlichkeit. Er nimmt keine mildernden Umstände für sich in Anspruch. Im Gegenteil, die abscheulichen Umstände waren seine Rechtfertigung. Hätte man ihm Winke und Fingerzeige gegeben, von seiner Tätigkeit abzulassen, und hätte er auf sie gehört, so wär's ja geradezu schlecht, unpatriotisch, gegen sein besseres Wissen gewesen. Schlechte Winke wären es in der Tat gewesen, und ein Segen war es geradezu, daß er sich in seiner Hilflosigkeit auf seinen Instinkt verlassen mußte. So tat er das Rechte.

Jawohl — das Rechte. Was er schrieb, war richtig, als er es schrieb. Auf das Wörtchen „als" kommt es an. Es war richtig zu versuchen, die norwegische Jugend daran zu hindern, „töricht und herausfordernd gegen die Besatzungsmacht aufzutreten, ohne den geringsten Nutzen, nur zu Untergang und Tod für sie selbst". Es war richtig, sich für die Verhafteten und zum Tode Verurteilten, deren Söhne, Väter, Brüder weinend zu ihm kamen, mit Telegrammen an Hitler und Terboven einzusetzen. „Ich telegrafierte Tag und Nacht, wenn die Zeit knapp war und es Leben und Tod meiner Landsleute galt ... und diese Telegramme waren es dann, die mich den Deutschen etwas verdächtig machten. Sie hielten mich für eine Art Vermittler, einen etwas unzuverlässigen Vermittler, auf den man am besten ein wenig achtgab. Hitler selbst verbat sich zuletzt meine Zuschriften. Er wurde sie leid ..." Der NS-Wolf begann, so scheint es, die Zähne zu zeigen, als man ihn gegen den Strich streichelte.

War das Landesverrat?

Die Entscheidung wäre dem Gericht nicht leicht gefallen, wenn es sich ihr gestellt und nicht sich ihr entzogen hätte. Denn eine solche Entscheidung wäre, so scheint es, doch wohl weitgehend irrelevant gewesen, weil die Fragestellung selbst irrelevant war. „Als ich so dasaß und nach bestem Vermögen schrieb und Tag und Nacht telegrafierte, verriet ich also mein Land, heißt es. Ich war ein Landesverräter, heißt es ... aber ich fühlte mich nicht so, ich erkannte es nicht so, und ich erkenne es auch heute nicht so. Ich habe Frieden mit mir selbst, ich habe das allerbeste Gewissen." Was sollte ein Gericht hierzu sagen, was konnte es damit anfangen? Natürlich hatte er das allerbeste Gewissen, der sein eigenes Privatgewissen hatte und sich um das Weltgewissen nie gekümmert hatte, nie auf den Gedanken gekommen war, daß sein Privatgewissen ein Teil des Weltgewissens war, ob er es nun wußte oder nicht, ob er es nun wollte oder nicht.

Es ist gewiß nicht Sache eines Gerichtes, einen Angeklagten von der Stichhaltigkeit der Anklage, von seiner Schuld zu überzeugen. Es hat lediglich die Schuld einwandfrei festzustellen. Wenn die Behörde außerdem und gleichzeitig den Schuldigen noch von seiner Schuld überzeugen kann, um so besser. Wenn nicht, so ändert sich dadurch an der moralischen Konstellation nichts. Aber wo lag hier die gemeinsame Ebene, auf der Gericht und Angeklagter, Privatgewissen und Gemeinschafts- und Weltgewissen einander hätten begegnen oder gar überzeugen können? Wo war denn das Land, das der Dichter hätte verraten können? Er sagt es selbst in seinem Schlußwort: er habe „immer und ewig in meinem Innern mein Heimatland bewahrt und behauptet. Ich habe die Absicht, mein Heimatland dort auch weiterhin zu bewahren." Dieses Heimatland, so mochte das Gericht wohl spüren, hatte er in der Tat nicht verraten. Aber war es vielleicht wirklich das Heimatland eines altersgeschwächten Geistes? Wo immer es lag, es war ungreifbar, im fernen, brauenden Nornen-Nebel. In der Gegend, deren Verrat das Gericht ihm vorwarf, war der Dichter nie beheimatet gewesen. Statt mit dem Dichter Knut Hamsun verhandelte das Gericht mit dem Lensmann Geißler; und der war ein Teufelskerl, ein verschlagener Hund.

Der Rest der Hamsunschen Erklärung wird neben diesem vergleichsweise unerheblich und trägt nichts Neues zu dem Bilde bei, das wir uns im Lauf seines langen Lebens von ihm machen konnten. Seine durchaus nebelhaften Vorstellungen, daß Norwegen unter deutscher Führung „nun einen so hohen Rang unter den germanischen Ländern Europas einnehmen sollte", war um vieles älter als alles, was Hitler, Rosenberg, Goebbels und Quisling über dieses Thema zusammengefaselt haben. Er hatte dieser Helfer nicht bedurft, um dieses verworrene Garn zu spinnen. Seine Feststellung, er habe zu verstehen versucht, was der Geist des Nationalsozialismus war, er habe sich bemüht, sich damit vertraut zu machen, aber es sei nichts daraus geworden, kann man für bare Münze nehmen oder auch nicht — es macht keinen großen Unterschied. Vermutlich hatte er durchaus recht, wenn er sagte, es sei „wohl möglich, daß ich hin und wieder im Geiste des Nationalsozialismus geschrieben habe". Da er nicht gewußt habe, was der Geist des Nationalsozialismus sei, könne er auch nicht wissen, ob er in seinem Geist geschrieben habe. Aber aus den Zeitungen, die er las, möge wohl etwas davon in ihn „eingesickert" sein.

Dieses Argument entbehrt nicht der Plausibilität. Der Vorgang ist bekannt. Wer weiß, vielleicht war es wirklich so? Die Frage, ob dies alles echte oder gespielte Ignoranz ist, drängt sich auf und erheischt eine Antwort. Aber die Antwort läßt sich nicht in gültiger Form erteilen. Dieser große Dichter war bis zu seinem letzten Atemzug auch ein ganz großer Hanswurst, Clown und bedenkenloser Köpfe- und Geisterverwirrer. Seine Ignoranz wie auch sein Wissen um die Dinge der Welt waren immer echt und gespielt zugleich. Er war immer erleuchtet und verblendet in einem.

23

So bleibt die Frage, ob dieser erleuchtete Verblendete und verblendete Erleuchtete mit dem, was er sagte und tat, der Welt, die ihm gestattet hatte, in ihr sein Wesen zu treiben und sie damit zu rühren und zu belustigen, zu erschüttern und zu unterhalten, ein schweres Leid und gar einen unheilbaren Schaden zugefügt hat, im körperlichen wie im geistigen Bezug. Das wäre ein moralisches Kriterium, dessen Anerkennung in dieser Fassung ein Gerichtshof von ihm wohl hätte verlangen können, und vielleicht hätte er es sogar in einem erleuchteten Augenblick anerkannt, wenn ihm die Frage so gestellt worden wäre. Freilich hätte er sie sodann entschieden verneint.

Er gesteht, es sei „schlecht ausgegangen mit dem, was ich tat"; er sei „nicht zum Ziel gekommen"; es kam „im Gegenteil dazu, daß ich in den Augen und Herzen aller das Norwegen im Stich ließ, das ich erhöhen wollte". Doch er beharrt: „Es ist *mein* Verlust, den ich zu tragen habe." Noch immer, bis zum letzten Augenblick, ist er selbst für sich die oberste und letzte Instanz. Er ist kein Irgendwer, er ist Knut Hamsun, der Nebelkönig, das soll sich jeder merken. „Ich schätze das Urteil meiner Mitmenschen ziemlich hoch ein. Ich schätze unser norwegisches Rechtswesen noch höher ein. Aber ich schätze es nicht so hoch ein wie mein eigenes Bewußtsein dessen, was gut und böse, was recht und unrecht ist. Ich bin alt genug, um meine eigenen Richtlinien zu haben, und dies ist nun meine Richtlinie." Man möchte ihn an das erinnern, was er selbst um die Fünfzig von der Weisheit des Alters hielt. Man ist an den Leutnant gemahnt, dem nichts anderes übrig bleibt, als „steif und steil" dazustehen. Aber man erkennt sofort, daß alles dies keine Argumente sind.

Gewiß, er ist alt genug. Er ist fast hundert, nein, er ist tausend Jahre alt, und die Richtlinie ist ebenso alt. Daß die Welt und die menschliche Gesellschaft sie inzwischen auf Grund bitterer Erfahrung außer Kraft gesetzt haben und immer und immer wieder durch die Jahrhunderte mit Feuer und Schwert gegen jene zu Felde ziehen, die sich anmaßen, sie wieder einzuführen, besitzt für ihn keine bindende Gültigkeit. Sein Geist gerät angesichts der Despotie in kein Dilemma, denn in seiner Welt, der einzigen, die für ihn wirklich existiert und die sein

Geist selbst geschaffen hat, führt dieser Geist seit eh und je eine despotische Herrschaft, die sich selbst Gesetz ist. Die Gesellschaft verwarf seine „Richtlinie" um der Zivilisation willen, deren moralischen Grundfesten sie mörderisch zuwider lief. Er selbst kannte diese Zivilisation nicht und auch nicht das moralische Übereinkommen, auf das sie sich gründete. Er war bestenfalls an ihrem äußersten Rande angesiedelt, an welchem man zwar nehmen und empfangen kann, was die Zivilisation, die „es sich leisten kann", für einen übrig hat, aber nichts zu geben, nichts zu ihrem Bestand beizutragen vermag. Kommen knappe, desperate Zeiten, in denen die Zivilisation es sich nicht leisten kann, so kippt man allerdings unversehens über den Rand und fällt ins Nichts.

Gewiß, man kann sagen, Hamsun habe den Glauben an Deutschland mit bitterer Entfremdung vom eigenen Volk bezahlt. Aber man kann auch fragen: glaubte er denn an Deutschland? Er glaubte an ein Deutschland, das nur in seiner Einbildung bestand, jenes Deutschland, das bis zum Ende aller Tage „Sei es drum!" rufen würde. Das tat es nicht, das tat die Welt nicht, das tat auch das eigene Volk nicht. Das war nun wirklich *sein* Verlust.

Welche Rechnung kann die Welt, kann seine norwegische Heimat im besonderen ihm aufmachen? Es steht uns nicht an, nicht jetzt und nicht heute, die Schlußsumme nachzurechnen, mit der sein eigenes Land das Konto abrundete und schloß. Wir dürfen vielleicht annehmen, daß sie einigermaßen stimmt. Wie viele jugendliche norwegische Köpfe hat das Geschwätz Knut Hamsuns verwirrt und ins Lager Quislings getrieben? Wie viele Menschenleben hat es in mörderischer Verwirrung in die norwegische Legion geschickt und an der russischen Front verbluten lassen? Wie viele Menschenleben andererseits haben seine Artikel am nutzlosen Verbluten bewahrt, wie viele Leben haben seine Telegramme vor der Hinrichtung gerettet? Um wie vieles, weiterhin, hat er damit die Widerstandskraft seines Landes gegen die Despotie geschwächt, wieviel indirekten Dienst hat er dem Despoten damit geleistet, um wie viele Tage, Monate, Jahre sein Dasein und ruchloses Walten verlängert? So könnte man noch lange weiter rechnen. Doch läßt sich die Rechnung nicht aufstellen. Die einzelnen Posten entziehen sich der Erfassung. Es gibt kein Hohlmaß, mit dem das Blut und

die Tränen, die um Hamsuns willen in Norwegen vergossen wurden, aufgefangen und gemessen werden könnten.
Auch ist die Überlegung erlaubt, daß der Alte seinen Einfluß auf den Gang der Dinge ebenso stark überschätzte wie die Welt das tatsächliche Unheil, welches er stiftete. Hitler wäre auch ohne ihn ausgekommen. Er wäre ohne ihn weder grausamer noch nachsichtiger gewesen. Und die Welt, die Hamsun seit langem kannte, kam von dem Augenblick an ohne ihn aus, da sie erkannte, daß sie sich das „Sei es drum!" nicht mehr erlauben konnte. Eine Erscheinung wie Hamsun war ein Luxus, der im Kampf um den Bestand der Freiheit entbehrlich wurde. Die Welt trauerte nicht um ihn, wie Deutschland um ihn trauerte, denn sie hatte ihn in Wahrheit nie aus tiefem Herzen geliebt. Er hatte sich der Welt, die mit Despoten nichts zu tun haben will, nie verpflichtet gefühlt, und so fühlte auch sie ihm gegenüber keine Verpflichtung. Sie konnte in ihm keinen Verräter erblicken, denn er verriet nichts, worauf sie Wert legte. Das, worauf sie Wert legte, war für ihn kein Wert, und er konnte es nicht verraten. Er verriet die menschliche Gesellschaft nicht, denn er gehörte ihr nicht an, seit er sich seinen eigenen Kosmos geschaffen. Er verriet ihre moralischen Prinzipien nicht, denn er hatte sie nie anerkannt und hatte nie zu ihren Verteidigern gehört. Er lieferte auch den Geist nicht an die Despotie aus, sondern nur an sein Nebelkönigreich. Was der Despot damit anstellte, betraf die Welt, die nicht um Nebelkönigreiche, sondern um die Integrität des Geistes im Angesicht der Tyrannis stritt, recht wenig.
Deutschland allein, nicht die Welt, nicht einmal die eigene norwegische Heimat, konnte rufen: Was hast du uns angetan! Er hätte diesen Ruf, so er ihn vernommen, unbeachtet gelassen. Er hätte wahrhaftig erwidern können: und wenn ihr mich liebtet, was ging es mich an? Er hätte diesen wehleidigen Klageruf wahrhaftig als eine Kränkung und Beleidigung empfinden können. Wußten sie denn nicht, wer er war? Nun gut, so mußten sie es jetzt erfahren. Was ging es ihn an? Er hatte immer mit offenen Karten gespielt. Hatten sie seine Welt für wirklich genommen und ihr eigenes Bild nach ihr geformt? Nun gut, es war ihr Irrtum, nicht der seine. War es ihnen damit „schlecht ausgegangen?" Eine schöne Welt, die sich von einem Dichter auf den Kopf stellen ließ!

Nein, daß er sie verführt habe, das sollten sie lieber nicht sagen, das war ein trübseliges Argument. Aber „ist es nicht herrlich, ungewöhnlich viel zu glauben?" Gewiß. „Doch ist berauscht zu sein, nicht ein großer Fehler?" Auch das. Und von einem Zerrissenen, einem Nebelkönig, einem Kobold, einem Landstreicher des Geistes muß man sich das sagen lassen? Man muß. Denn es ist wahr, alles beides.

3

DIE GEHORSAMSVERWEIGERUNG DES HERZENS

Versuch über Jean Giono

„Je suis un cruel defenseur de la paix."
JEAN GIONO: *Précisions*

I

Der Krieg löst vielerlei Zungen; manche zu Gesang, manche zu Verwünschungen.

Als Jean Giono am Ende des ersten Weltkrieges aus dem blutgetränkten Schlamm der flandrischen Hölle hervortauchte und in das sonnige Hochland seiner provençalischen Heimat zurückstolperte, war er dreiundzwanzig Jahre alt. Sein Herz war zum Überfließen voll vom jubelnden Lob der Erde und ihrer gesegneten Geschöpfe, sein Geist zerrissen von Fluch und Verwünschungen für jene, in denen er dunkel die Herrscher der Welt vermutete. Sollte er singen? Sollte er schreien?

Es dauerte noch zehn Jahre, ehe er im Ernst zu schreiben begann. In diesen zehn Jahren des Schweigens, so scheint es, kämpfte er den Konflikt mit sich aus. Er wußte, daß er eine mächtige Zunge besaß. Als sie in Worte ausbrach, sang sie eine zornerfüllte Segnung von schönster Närrischkeit. Es war ein eigentümlicher Frieden, den ein Dichter hier mit sich selbst geschlossen hatte. Doch Giono hielt ihn, brach ihn nicht, ungeachtet, wohin er ihn am Ende führen werde. Aus dem Trauma des ersten großen Krieges unserer Zeit ist seither eine der seltsamsten und schönsten Blumen Frankreichs erblüht.

Gionos Beitrag zur französischen Dichtung während der Zeit zwischen den beiden Weltkriegen ist unbestreitbar. Der Eindruck seiner wuchtigen und unerschöpflichen Phantasie wird noch lange in den Arbeiten seiner Zeitgenossen und der nachfolgenden Generation spürbar bleiben. Er hat ihnen zu viele neue Worte und Bilder, zu viele neue Melodien geschenkt, er hat ihnen zu viele vergessene Täler neu erschlossen, zu viele ungesehene Himmel geöffnet, als daß sie an ihm vorübergehen könnten. Dessen mag man gewiß sein.

Als geistige Erscheinung jedoch ist er noch aus einem anderen Grund bedeutsam. Als einziger unter Europas schöpferischen Geistigen von Namen und Rang brachte er es fertig, ein offen bekennender, niemals schwankender, beständiger, hartnäckiger Pazifist und Kriegsdienstverweigerer zu sein, zu bleiben und ungeschoren davonzukommen. Infolgedessen hat man ihn mit allerlei Namen bedacht. Man hat ihn einen Kommunisten, Verräter, Nazi, Collaborateur, Anarchisten oder ganz einfach in Bausch und Bogen einen korrupten Intellektuellen, einen Feigling genannt. Tatsächlich geht im Bereich des Schöpferischen die Rechnung selten in so klarer und einfacher Weise auf. Giono fügt sich in keines dieser geläufigen, vorgezeichneten Muster.

Feige und korrupte Intellektuelle sind keine Seltenheit. Sie sind eine Häufigkeit, und man wendet sich im Zeitalter der Despotie kaum mehr nach ihnen um. Giono ist eine Seltenheit. Er ist alles andere als ein Feigling; er ist ein mutiger Mann. Er ist alles andere als korrupt. Er ist ein in jeder Faser integrer und aufrichtiger Mann. Außerdem ist er kein Intellektueller. Weit eher, zumindest in jenen Jahren zwischen den Kriegen, ein anmaßender Narr, jedoch mit genialisch begabter Zunge, ein störender Sonderling von unbezweifelbarem Genie. Trotz ihres Übermaßes an absurden Erscheinungen besitzt unsere Welt nicht viele von seiner Art. Der Sohn des Schneiders aus Hamaröy ist ein anderer; er ist dem Sohn des Schusters aus Manosque verwandt. Doch das Herz Hamsuns, verglichen mit dem des stürmischen Barden von der Durance, war eng, vertrocknet und unfreigebig. Gionos militante Narrheit hat das größere Format, denn sie kommt aus einem größeren, reicheren Herzen.

2

Dieser zweite Weltkrieg, wenn er überhaupt einen Sinn gehabt haben soll, muß ein Krieg der Ideen gewesen sein, der von Ideen um der Ideen willen gekämpft wurde. Seine einzige Rechtfertigung war eine moralische. Eine andere besaß er nicht; eine andere ihm zu unterschieben, wird auch der Nachwelt nicht gelingen. Als eine moralische Auseinandersetzung akzeptierten ihn alle jene, denen es in jenen Jahren um die Zukunft des Geistes und des Herzens zu tun war und denen auch jetzt wieder um sie, in einer neuen Konstellation, zu tun ist. Die Geistigen nahmen mit wenigen, wenngleich beachtenswerten Ausnahmen, ihre Stellung in diesem Kampf ein — sei es, im Falle Frankreichs, auf der Seite Mauriacs und Maritains, Gides und Montherlants, oder gar Drieu la Rochelles und Jacques Chardonnes. Sie akzeptierten die Notwendigkeit einer moralischen Auseinandersetzung mit der Tyrannis, auch jene, die auf die Seite der Tyrannis hinüberwechselten. Giono ist eine Ausnahme.

Es gibt, so erklärt er, keine Idee in der Welt, die wert ist, daß man sein Leben für sie lasse, keine Seite, auf die sich zu schlagen wert wäre, außer der des Lebens. Die Teilnahme am Konflikt ist an sich bereits unmoralisch, denn sie setzt ein Einverständnis mit der Zerstörung des Lebens voraus, um dessentwillen die Moral existiert.

„Ich ziehe es vor zu leben“, sagt er. „Ich ziehe es vor zu leben und den Krieg, den kapitalistischen Staat zu töten. Ich weigere mich, mich zu opfern. Niemand braucht sich für mich zu opfern, und ich lehne es ab, mich für irgend jemand zu opfern, gleichgültig, wer es sei. Ich bin nur bereit, mich für mein eigenes Glück und das Glück der anderen zu opfern. Die Ratschläge der Herren des kapitalistischen Staates, der Professoren, Dichter und Philosophen des kapitalistischen Staates weise ich zurück. Man mache sich keine unnötige Mühe. Ich weiß, woran ich bin. Mein Vater und meine Mutter haben mir Arme, Beine und einen Kopf gegeben, damit ich sie verwende. Diesmal werde ich sie verwenden.“

Giono schrieb diese Zeilen im November 1934, in der Pariser Zeitschrift „Europe“, und vereinigte sie 1937 mit einigen alpdrückenden, unveröffentlichten Fragmenten aus seinem Kriegsroman in einem kleinen Buch unter dem Titel „Refus d’Obéissance“ — Gehorsamsverweigerung. In dieser Schrift wird das Leben als das kostbarste Gut auf Erden verkündet, vor dem alles, einschließlich Ideen und Ideale, seine Ansprüche aufgeben muß. Giono hat diese Schrift nie zurückgenommen. Im Gegenteil, er hat sich immer und immer wieder auf sie berufen und ihre These in zahlreichen Episteln und Aufrufen neu bekräftigt.

Doch tat er, wie er verhieß? Verwendete er seinen Kopf? Der weise und sorgenvolle Georges Duhamel hatte seine Zweifel. Als er diese und ähnliche Äußerungen des „jungen Patriarchen des Contadour“ sah, krampften sie ihm das Herz zusammen. War nicht dies die intellektuelle Abdankung eines von Frankreichs größten und phantasiebegabtesten Dichtern? Es war sie, und es war sie auch wieder nicht.

Duhamel war sich über Gionos überragende Gaben nicht im Zweifel. Er anerkannte seine dichterische Leistung. Wer hätte sie zu leugnen vermocht? Die Berge und Flüsse, die Täler und Wälder, die Erde selbst und der Himmel der französischen Mittelmeerlandschaft waren in ein tausendstimmiges Lied ausgebrochen, wie man es seit Mistral nicht mehr gehört hatte. Pan selbst war in den Feldern und Weinbergen an den Ufern der Durance wieder erschienen, und der Klang seiner Blockflöte schickte sein Echo zurück aus Attika. Hellenisches Lachen stieg wieder auf von den Lippen der Bauern und Weingärtner des Landes Rébeillard. Die Odyssee ward auf dem Boden Frankreichs neu geboren. Es gab keinen Zweifel und deshalb schwerwiegenden Grund, sich Sorge zu machen.

Der tumulthafte Charakter des Gionoschen Konfliktes war Duhamel gewiß klar. Er erkannte den Kampf zwischen einem reichen, freigebigen, alles umschließenden Herzen und einem schlecht gerüsteten, wirren, hilflosen und steuerlosen Intellekt. Er erkannte auch, daß die Hilflosigkeit sich in eine Rüstung sonderbarster geistiger Arroganz gekleidet hatte. Das Ergebnis des Kampfes erfüllte ihn mit düsteren Vorahnungen. Vernunft und Argument wurden hoffnungslos besiegt von Sturzbächen reißenden, unkontrollierten Gefühls. Hier, unter seinen eigenen Augen — den Augen eines Arztes wie eines Schriftstellers — begannen in der Stunde höchster Krise die Samen der völkerverschlingenden Pflanze zu keimen. Irrationalismus, Mystik, Metaphysik, antikes Heidentum, Naturrausch und Zivilisationsfeindlichkeit und noch manches andere mehr hatten sich zusammengetan in einer Stunde, da es jedem, der imstande war, Worte zusammenzufügen, aufgetragen war, höchste Umsicht walten zu lassen und den Kopf der Nation klar zu halten. Giono, so schien es, tat sein Äußerstes, um ihn zu vernebeln. Wenn aber die Männer des Wortes aufhörten zu denken, wenn die Meister des Satzes sich weigerten, ihre Vernunft zu verwenden, wenn das Herz dem Geist Gehorsam und Gefolgschaft aufsagte, dann näherte sich für Frankreich allemal die größte geistige Kalamität der Nation mit Riesenschritten.

3

Es ist unmöglich, Gionos dichterische Leistung außerhalb des Zusammenhanges seiner politischen Moralvorstellungen zu betrachten. Es ist ebenso unmöglich, seine geistige Haltung gegenüber dem Staat und der Gesellschaft ohne ständige Bezugnahme auf sein dichterisches Werk nachzuzeichnen. Und es ist schließlich ganz und gar unmöglich, beides vom Erlebnis des ersten Weltkrieges abzulösen. Giono selbst verweist immer wieder auf diesen Zusammenhang, besteht auf seiner Gültigkeit und deutet sogar an, daß er ohne dieses erschütternde Erlebnis möglicherweise nie zu schreiben begonnen hätte. Man ist geneigt, diese Versicherung zu bezweifeln. Es ist ein nachträglicher Gedanke, aber er ist für Giono charakteristisch. Er war bereits ein Dichter, noch ehe er es selbst wußte. Er hätte mit Ausnahme von einem oder zwei Büchern, darunter dem Kriegsroman „Die große Herde“, vermutlich genau die gleichen Romane und Erzählungen geschrieben, wäre es nie zu einem Krieg gekommen. Die Tatsache, daß er sich hierüber nicht im klaren ist, macht es nicht weniger wahr.

Gleich vielen großen Visionären weiß er wenig von sich selbst. Seine zornigen Versuche, die Welt in Ordnung zu bringen, sind im Grunde nichts anderes als Teil seines eigenen rührenden Suchens nach seiner eigenen Stellung in dieser Welt. Er will nicht einsehen, daß er diese Stellung, seinen „Ort“ in ihr, längst gefunden hat und fest an ihm angesiedelt, gut in ihm eingerichtet sein könnte, wenn er nicht unablässig seine eigene Plattform — oder soll man sagen: sein eigenes Piedestal? —

umwerfen wollte. Er sucht nach sich selbst auf einer Ebene, auf der er sich niemals finden wird. In dem Sinne, daß der erste Weltkrieg ihn geistig entwurzelte, während er ihn gefühlsmäßig fixierte, hat er vermutlich recht, wenn er sagt, daß alles, was er seither getan, gedacht und geschrieben hat, seine Wurzeln in jenem Krieg hat.

Jean Giono wurde am 30. März 1895 in der kleinen Stadt Manosque im Departement Basses-Alpes als Sohn eines Schuhmachers geboren, jenes „cordonnier à l'âme simple et pure qui avait maconné et construit mon coeur", dessen Abbild er mit großer Zärtlichkeit und Sohnesliebe in dem autobiographischen Roman „Jean le Bleu" — Der Träumer — gezeichnet hat. Mit sechzehn Jahren gab man ihn in die Lehre in eine Bank, mit zwanzig wurde er eingezogen und mit einem Regiment von „Montagnards" an die Front geschickt. Er bekennt, daß er auszog „sans croire à la patrie", und „Jean le Bleu" endet mit diesen Worten: „Es wurde mir leicht gemacht, ohne große Gefühlsbewegung in den Krieg zu ziehen, ganz einfach, weil ich jung war und weil man über alle jungen Männer einen Wind hinblasen ließ, der nach Meer, Segelschiffen und Piraten roch."

Er verbrachte vier Jahre in der vordersten Linie als einfacher Soldat, erlitt keine Verwundung, erhielt keine Auszeichnung außer einer durch die Engländer „für eine Tat, die das Gegenteil einer kriegerischen Leistung war." Man wüßte gern, worin sie bestand. Er ist sicher, keinen einzigen Menschen getötet zu haben, da er sein Gewehr unbrauchbar gemacht hatte. Aber er hatte Angst.

„Was mir im Krieg den Magen umdreht, das ist sein Schwachsinn. Ich liebe das Leben. Ich liebe nur das Leben, sonst nichts. Das ist viel, aber ich begreife, daß man es um einer gerechten und schönen Sache willen opfert. Ich selbst habe Menschen mit ansteckenden und tödlichen Krankheiten gepflegt, ohne auch nur einen Augenblick an mich selbst zu denken. Aber im Krieg habe ich Angst, habe ich unablässig Angst. Ich zittere, ich mache mir in die Hosen. Weil er dumm ist, weil er sinn- und nutzlos ist. Nutzlos für mich, nutzlos für den Kameraden neben mir, nutzlos für den Kameraden gegenüber."

So heißt es in „Refus d'Obéissance". Und an anderer Stelle in der gleichen Schrift:

„Ich kann den Krieg nicht vergessen. Ich möchte es gern. Zuweilen gelingt es mir, zwei oder drei Tage lang nicht an ihn zu denken, dann plötzlich sehe ich ihn, spüre ich ihn, höre ich ihn wieder und muß ihn von neuem erleiden. Und ich habe Angst. Dieser Abend heute ist das Ende eines schönen Julitages. Die Ebene drunten hat sich ganz rostrot gefärbt. Bald werden die Schnitter ausziehen. Die Luft, der Himmel, die Erde sind unbeweglich und still. Zwanzig Jahre sind vergangen. Und in diesen ganzen zwanzig Jahren habe ich trotz des Lebens, trotz aller Schmerzen und Segnungen den Krieg nicht von mir abwaschen können. Der Schrecken dieser vier Jahre lebt noch immer in mir. Ich trage sein Zeichen. Alle Überlebenden tragen sein Zeichen."

Er kehrt aus dem Krieg zurück und arbeitet weiter in der Bank, noch ganze zehn Jahre, um Mutter, Frau und Tochter zu erhalten. Er macht aus seinen pazifistischen Anschauungen kein Hehl, man intrigiert gegen ihn, versucht, ihn seiner Stellung zu entheben, bezichtigt ihn, Kommunist zu sein, was gleichbedeutend damit ist, daß man „das Recht hat, ihm seinen Lebensunterhalt wegzunehmen und ihn umzubringen, ihn und alles, was er auf seinen Schultern trägt: seine Mutter, seine Frau, seine Tochter. Ich war kein Kommunist. Ich bin es auch jetzt nicht." In der Tat, weitere zehn Jahre später zeigt sich, wie ganz und gar nicht er es ist. Es ist ein einsamer Kampf. Er beginnt im Kreis der Familie. Oft, so sagt er, muß man hier beginnen, wo es am schwierigsten ist, und zumeist wird man auch hier besiegt. „Ich habe nicht gewonnen, aber ich bin heil und ganz geblieben. Zwei oder drei meiner Freunde sind mir gefolgt und folgen mir noch immer. Dann begann ich zu schreiben —"

Anlaß und Zweck des Schreibens sind ihm völlig klar. Er hegt keinerlei Zweifel an seiner Berufung, und in der Tat hat er eine große, dahinstürmende, von Frohsinn überquellende Botschaft zu verkünden: „Sofort habe ich für das Leben geschrieben. Ich habe das Leben geschrieben. Ich wollte alle Welt vom Leben betrunken machen. Ich wollte das Leben wie einen schäumenden Sturzbach dahinbrausen und tosen lassen, damit er sich über alle diese trockenen und verzweifelten Menschen stürze, sie mit den kalten, grünen Wellenschlägen des Lebens peitsche, ihnen das Blut unter die Haut treibe, sie mit Frische, Gesundheit und Freude überwältige, sie mitsamt ihren beschuhten Füßen entwurzele und mit sich fortschwemme. Denn was das wirre Rauschen und Tosen des Lebens einmal hinweggetragen hat, das kann nie und nimmer mehr den Krieg und die soziale Ungerechtigkeit verstehen. Die soziale Ungerechtigkeit war es aber, die mich vier Jahre lang auf einem Weg der Eitelkeit zur Verzweiflung brachte."

Dies schreibt er im Rückblick, im Jahr 1934, als Neununddreißigjähriger, der bereits mit einem guten halben Dutzend bedeutender und höchst neuartiger Bücher Aufsehen erregt und viele Bewunderer gefunden hat. Wie gelangte er an diesen Standort?

Diese Frage, die für seine ganze geistige Existenz von entscheidender Wichtigkeit ist, läßt sich beantworten. Giono ist in diesen Dingen immer aufrichtig und freimütig; er blickt, wenn es um seine moralische Stellung in der Gesellschaft geht, nicht vorsichtig über die Schulter, er kalkuliert nicht, er drückt sich nicht, er hüllt sich nicht in bedeutungsschweres Schweigen, das später je nach Umständen so oder so auch gar nicht ausgelegt werden kann. Fragt man ihn, so gibt er Antwort. Die Antwort mag närrisch, ungereimt, widerspruchsvoll, ganz und gar poetisch ausfallen, aber sie ist immerhin eine Antwort, und man kann sich an jedes Wort von ihr halten.

Wie sah die Welt des Zwanzigjährigen aus, die ihn in den Krieg schickte? Er schildert sie in den Schluß-Absätzen des autobiographischen Romans „Jean le Bleu":

„... wir traten in das Jahr Vierzehn ein, ohne es eigentlich zu bemerken. Mählich und behutsam trieb es sein Spiel mit dem Schnee, den Schwalben, den blühenden Mandelbäumen ... alles ging friedlich seinen Gang ... das Rad der Welt drehte sich lautlos in seinem geschmeidigen Öl. Die Menschen waren unruhig. Es ging alles zu leicht und zu gut. Es ließ ihnen zu viel Zeit für ihre Menschensorgen. Die Erde spendete so freigebig wie eine schöne, wohlgenährte Brust, daß man sie molk, ohne daran zu denken, sie auch zu liebkosen und daraus seine Freude zu ziehen. Man hielt nur noch das Spiel der Köpfe für wichtig und blickte allmorgendlich, in jeder Sippe, mit Wollust auf die alten Männer, die behende mit dem Wort waren, behende beim Regieren, behende in der Vertuschung ihres Hungers nach Reichtum und die sich die Köpfe aufblähten wie Seifenblasen. Man war stolz darauf, die größten Seifenblasen zu haben. Die Dichter gingen nicht mehr in die Felder hinaus, sie stießen geifernd ins Horn. Während all dieser Zeit strömte die Milch der Erde durch jegliches Gewächs, und der Glorienschein der Tiere und Bäume stieg höher und höher. Die allzu wohl genährten Menschen hatten ihr Geschlecht vergessen; sie trieben ihr Liebesspiel mit dem Petroleum und den Phosphaten, mit Dingen ohne Hüften; und das machte ihnen Lust auf Blut."

So ging es in den Krieg, „ohne große Gefühlsbewegung", „sans croire beaucoup à la patrie". In „Refus d'Obéissance" wird die Schilderung fortgeführt:

„Ich schäme mich nicht, aber wenn ich recht bedenke, was ich tat, so war es doch eine Feigheit. Ich gab den Anschein, als akzeptierte ich alles. Ich hatte nicht den Mut zu sagen: ‚Ich gehe nicht zum Sturmangriff hinaus.' Ich hatte nicht den Mut zu desertieren. Dafür habe ich nur eine einzige Entschuldigung: ich war zu jung. Ich bin kein Feigling. Ich habe mich von meiner Jugend täuschen lassen, und ich bin außerdem von jenen getäuscht worden, die wußten, daß ich jung war. Sie waren ganz genau im Bilde. Sie wußten, daß ich zwanzig Jahre alt war. Sie waren gerissene alte Männer, die das Leben und seine Tricks und Kniffe kannten und die genau wußten, was man den jungen Männern von zwanzig Jahren sagen mußte, damit sie das Blutbad auf sich nahmen ... zwanzig Jahre ... zwanzig Jahre, und ich habe es nicht vergessen können."

Diesen gerissenen alten Männern, den Schullehrern, den Richtern der Republik, den Ministern, dem Präsidenten, „der die Plakate unterzeichnet", kurzum „allen jenen, die irgend ein Interesse daran hatten, sich des Blutes der zwanzigjährigen Kinder zu bedienen" — ihnen gilt der Zorn, die Verachtung, die Feindschaft und der Kampf des heil aus dem Blutbad Zurückgekehrten. Nicht zu vergessen die Schriftsteller. „Ich vergaß sie damals, aber sie sind sehr wichtig — die Schriftsteller, die das Heldentum priesen, den Egoismus, den Stolz, die Härte, die Ehre, den Sport und die Ruhmredigkeit, diese Schriftsteller, die gar nicht alle alt waren, sondern auch jung, aber vom Ehrgeiz gealtert, und die die Jugend verrieten, weil sie in die Akademie gewählt werden wollten."

Der Kampf gegen den Krieg erweist sich alsbald als ein Kampf gegen die bestehende Gesellschaftsordnung. Der aus dem Krieg Zurückgekehrte erfährt es in Kürze an den einfachsten Dingen des Lebens, er macht sich keine Illusionen darüber. „Sobald man in den Kampf gegen den Krieg eintritt, kämpft man gegen die Regierung. Wer gegen den Krieg ist, befindet sich schon aus diesem Grund allein in der Illegalität. Der kapitalistische Staat betrachtet das menschliche Leben als den ursprünglichsten Rohstoff zur Kapitalerzeugung ... wir wissen also ganz klipp und klar, worum es sich handelt. Der kapitalistische Staat braucht den Krieg. Er ist einer seiner Werkzeuge. Man kann den Krieg nur umbringen, wenn man den kapitalistischen Staat umbringt. Ich spreche in völliger Objektivität. Der kapitalistische Staat ist ein organisiertes Wesen, das funktioniert. Er nennt sich kapitalistischer Staat wie andere Wesen sich Hund, Katze oder Raupe nennen. Mein Opfer wäre zu nichts anderem gut, als den kapitalistischen Staat am Leben zu erhalten. Aber verdient er mein Opfer? Ist er sanft, geduldig, liebenswert, menschlich, anständig? Bemüht er sich um unser aller Glück? Ich stelle hier keine Fragen, um sie mir selbst zu beantworten. Ich stelle sie, damit jeder sie für sich selbst beantworte."

Und er schließt seinen Schwur, gegen den Krieg zu kämpfen, mit einer Anrufung seiner toten, umsonst gefallenen Kameraden:

„Ich erkenne euch alle wieder, ich sehe euch wieder, ich höre euch. Ihr seid da, im Nebel, der sich vorwärts schiebt. Ihr seid in meiner Erde. Ihr habt von der ganzen riesigen Erde Besitz ergriffen. Ihr habt mich eingekreist. Ihr sprecht zu mir. Ihr seid die Welt, und ihr seid ich. Ich kann nicht vergessen, daß ihr lebendige Menschen waret und daß ihr tot seid, daß man euch getötet hat im Augenblick, da ihr die Hand nach dem Glück ausstrecktet, und daß man euch für nichts und wieder nichts getötet hat, daß man euch mit Gewalt und Lügen in Händel gezerrt hat, an denen euch nichts lag ... Und ihr habt gewonnen. Denn eure Gesichter sind in allen Nebeln, eure Stimmen in allen Jahreszeiten, euer Seufzen und Stöhnen in allen Nächten, eure Körper blähen die Erde auf wie die Leiber der Ungeheuer das Meer aufschwellen lassen. Ich kann nicht vergessen. Ich kann nicht verzeihen.

Eure wilde Gegenwart verbietet mir das Mitleid. Selbst für unsere Freunde, wenn sie vergessen sollten."

Zwei Jahre vorher, am 25. Juli 1935, hatte Giono in Henri Barbusses „Monde" geschrieben:

„Ich bin kein unbeweglicher Verteidiger des Friedens. Ich bin ein grausamer Verteidiger des Friedens."

4

Das einzige Auskunftsmittel gegen den Alpdruck des Krieges ist das Leben, dieses Leben, das zu schreiben er sich anschickt, um die Menschheit damit so betrunken zu machen, daß sie nie wieder an den Krieg zu denken vermag, um sie so von ihm zu erfüllen, daß sie nie wieder dem Staat in den Krieg Gefolgschaft leistet. Der Kampf wird von der sterilen, agitatorischen Ebene in die fruchtbare, schöpferische verlegt.

Am Anfang dieses schöpferischen Daseins steht Homer. Und das ist nicht verwunderlich. „Naissance de l'Odyssée" — Die Geburt der Odyssee — ist Jean Gionos erstes vollgültiges Buch (er hatte vorher nur einige kürzere Skizzen und Gedichte veröffentlicht), obwohl es erst als drittes erschienen ist. In einem Vorwort aus dem Jahr 1930 erzählt der Fünfunddreißigjährige über seine Entstehung und wie er überhaupt zum Schreiben gekommen sei. Die „Geburt der Odyssee" dürfe als nicht mehr denn ein Versuch, eine Spielerei angesehen werden. Als er 1920 aus dem Krieg heimkehrte, habe er nur eine Bibel und eine Odyssee besessen. In dieser Odyssee, „die blaugrün und von Wasserspritzern ganz verfärbt war, las ich, wenn ich über die Hügel ging, um Frieden zu finden; in ihren Seiten fand ich die erfrischende Bitterkeit, deren ich bedurfte."

Die überwältigende Ähnlichkeit, die innige Verwandtschaft zwischen Gionos engerer Heimat, Manosque, dem Tal der Durance, dem Lure-Gebirge und der Landschaft Homers wird jedem unverzüglich offenbar, der auch nur einen Tag in ihr verbringt, und je tiefer man sich in ihr verliert, desto eindringlicher offenbart sie ihr antikisches Gesicht. Der junge Heimkehrer aus dem Krieg gewahrte dies rasch: „Ich hatte bald begriffen, daß die Landschaft, die mich umgab, die wolligen Wacholdersträucher, mit denen der Hügel bedeckt war, die kleinen Landhäuser, mit den schattigen Buchten unter leise rauschenden Zypressen, das Lied der Obstgärten, die Frauen mit den Wasserkrügen, die sich über das Bassin beugten, die Hände voller Waschblau, daß dies alles die Odyssee war ..."

So nimmt er, unter diesem Eindruck, zum „erstenmal eine Feder in die Hand, um zu schreiben. Ich wollte es versuchen ... vieles ist linkisch und ungeschickt, sowohl im Stil wie im Aufbau. Es ist das erste, was aus mir hervorgegangen ist."

Es ist das erste, aber linkisch und ungeschickt ist nichts daran. Im Gegenteil, es ist offenbar, daß er an seine Arbeit mit völliger Selbstsicherheit herantritt. Er verläßt sich vollkommen auf sich selbst und sieht sich weder nach Lehrmeister noch Modell um. Sohn eines Dorfhandwerkers, versteht er es, einfaches Handwerkszeug zu handhaben. Er bedarf keiner komplizierten Vorrichtungen und verwendet sie auch nie. Es überrascht über alle Maßen zu sehen, wie selbst seinen ersten, frühesten Arbeiten nichts Suchendes und Versuchendes anhaftet, kein Herumtappen, kein Experimentieren mit Thema oder Form, kein entmutigendes Suchen nach dem rechten Ansatzpunkt. Es ist, als seien Generationen von Geschichten-Erzählern in ihm plötzlich zum Leben erwacht. Seine Hand hat den sicheren Griff. Worte, Sätze, Kapitel rücken gemessenen Schrittes und ohne Hast an ihren rechten Platz und bleiben dort, nach Maß geschnitten und modelliert und fehlerlos zusammengefügt, während das wachsame, liebevolle Auge unablässig über das Ganze wandert.

Die ersten Früchte dieses Ansturms auf das Leben, welche die Welt zu sehen bekommt, sind nicht die „Geburt der Odyssee", sondern die drei kurzen Romane „Colline", „Un de Baumugnes" und „Regain" — „Der Hügel", „Der Berg der Stummen" und „Ernte" — die in rascher Folge 1929 und 1930 erscheinen. Es sind Erzählungen aus dem Leben der Bauern in der unmittelbaren Nachbarschaft des heimatlichen Manosque, den Lure-Bergen, der Hochebene von Contadour, dem Tal der Durance: ein kleiner, eng umgrenzter Flecken Erde, auf dem der Dichter seit Kindheitstagen jeden Stein und Strauch, jedes Dach, jedes Tier und jedes menschliche Gesicht kennt.

Sie sind vollendete Meisterwerke. Ihre Kürze und äußerste Knappheit gemahnen zuweilen an Silones „Fontamara". Ihre überschäumende Fülle an Farbe und Klang scheint auf eine flüchtige Verwandtschaft mit Vergas sizilianischen Novellen hinzudeuten. Sicher hätte D. H. Lawrence, der Verga bewunderte, sofort Gionos Genie erkannt und gepriesen, hätte er ihn noch erlebt. Aber die Verbindung bleibt oberflächlich. Silones Kunst ist eine zutiefst christliche Kunst, weil seine Welt eine christliche ist. Gionos ist eine heidnische. Man hört von der Bibel, welche der Heimkehrer besaß, nachmals nicht mehr viel. Vergas Kunst ist eine gewalttätige Kunst, die ihre Kraft aus einer gewalttätigen Welt bezieht. Gionos Welt ist, zumindest in diesen frühen Büchern, alles andere als gewalttätig. Sie ist mild. Der Versuch, diese Bücher in Beziehung zu setzen zu der literarischen Umgebung der Zeit, in der sie erschienen, bleibt völlig unergiebig. Sie haben im Grunde keine literarischen Vorfahren, es sei denn Homer, sondern scheinen unvermittelt aus dem Boden hervorgeschossen zu sein, auf dem sie stehen.

Sie sind Erzählungen des Bodens, der Erde und enthalten bereits den ganzen wesentlichen Giono und alle Elemente, aus denen sich sein späteres, ungleich breiteres und ehrgeizigeres Werk entwickeln soll. Dem ersten Lesen öffnen sie sich nicht leicht, nicht einmal Franzosen, die mit der Gegend und ihrem folkloristischen Sprachgebrauch nicht vertraut sind. Die Landschaft ist mit kühnen Strichen lebhafter, oftmals schreiender, sonndurchtränkter Farbe hingesetzt. Diese seltsame Erde, dieser seltsame Himmel, die noch seltsameren Menschen und Tiere werden nicht eingeführt. Die direkte, umweglose Art des Dichters, mitten in seinen Stoff hineinzuschreiten, die Natürlichkeit und Plötzlichkeit, mit der er alles als selbstverständlich voraussetzt, verwirren anfänglich, blenden und lassen einen ein wenig atemlos und überwältigt zurück. Als Fremden in dieser Welt wird es einem notwendig, innezuhalten und einen Augenblick lang still zu lauschen, um die Melodie seiner Prosa einzufangen, die so viel mehr antikem Griechisch nachzuklingen scheint als modernem Französisch. Es ist gut, einen oder zwei Sätze laut zu lesen, um den Rhythmus zu entdecken, dann nochmals zu verweilen und zu lauschen.

Plötzlich kommt das Echo zurück. Das Buch öffnet sich vor

einem wie ein Tal, das in der Mittagssonne schimmert. Gras und Bäume beginnen zu singen. Häuser und Feldwege nehmen vertraute Gesichter an. Die Zunge der Männer und Frauen ist längst nicht mehr fremd und seltsam. Der Lesende fällt geradezu körperlich in den gleichen Schritt wie das Buch. Man kann es geradezu im Gehen lesen, wie der junge Heimkehrer einst die „Odyssee" las, während er über die heimatlichen Hügel wanderte und am Ende der Seite nur umblätterte, wenn ein Blick auf die Landschaft ihn überzeugte, daß er sich in der richtigen Gegend befand. Diese Erzählungen sind geradezu im Gehen geschrieben, sie haben den Schritt des Wanderers, und der Lesende wird zum Wanderer mit ihnen, beseligten Gefühls zieht er hinfort durch ein gesegnetes Land, in dem, so deucht ihm, sein Herz seit Tausenden von Jahren beheimatet ist. Auch wandert er mit einem Lächeln dahin und oft lachenden Mundes. Denn Giono ist in all seiner Schwere und Ernsthaftigkeit ein zutiefst heiterer Mensch. Seine Heiterkeit ist naiv und ohne Hinterhalt, sie hat nichts Forciertes und Krampfhaftes wie die Hamsuns, sie kommt aus einem völlig ursprünglichen Sinn für das Komische, einem überquellenden launigen Humor, der das Erbe seiner schelmischen und kaustischen Vorfahren ist.

„Ich werde", so hatte er sich zugerufen, „die ganze Welt mit Leben betrunken machen!" Und wahrhaftig, er tut es. Sein Reichtum an Bildern ist in diesen drei Büchern so groß wie sein Reichtum an Worten. Ohne das geringste Zögern schöpft er aus dem Schatz der provençalischen Mundart, den Generationen von Bauern, Weingärtnern und kleinen Handwerkern in diesen abgeschlossenen Tälern angesammelt haben. So wie er aus dem tiefen Brunnen der primitiven Sprache der Menschheit schöpft, so gräbt er auch tief in die Jahrhunderte ihres Kollektiv-Gedächtnisses. Griechenland ist allzeit gegenwärtig in den Tälern und Dörfern seiner Provence. Seine Männer und Frauen sind nicht ihren phönizischen und phokäischen Vorfahren ähnlich, sie sind vielmehr Phönizier und Phokäer. Und das gleiche gilt für ihre Esel, wie Symonds ein dreiviertel Jahrhundert früher bereits entdeckte. Seit Mistrals „Mireille" ist die Provence nicht mehr mit solchem Jubel zu neuem Leben erwacht. Und Mistral verblaßt neben Giono. Der literarische Staub mehrerer Jahrzehnte hat sich auf seiner Anrufung der Herrlichkeiten von Les Baux niedergelassen, während Gionos Prosa eine zeitlose Frische umweht und man sich nicht vorstellen kann, daß sie jemals erblinden werde.

Diese drei Bücher sind, wie fast alle Arbeiten Gionos, Land-Erzählungen. Doch in der „Geburt der Odyssee", schließlich ebenfalls 1930 erschienen, erweitert sich der Horizont, und das Meer tritt ins Blickfeld. Wenn Homer Gionos Lehrmeister ist, dann ist der Schüler ihm in diesem Buch am nächsten. Die Geschichte ist wiederum — man müßte sagen: noch immer, denn es ist ja sein erstes Buch — kurz, knapp, sparsam, wundervoll modelliert und ausgespart. Sie umfaßt die Wanderung des Odysseus über seine heimatliche Insel vom Augenblick, da er am Strand erwacht bis zu seiner Rückkehr zu Penelope: die Nächte bei den Hirten, die Tage des Wanderns über das einsame Hochland, verfolgt von Kobolden und gejagt vom Großen Pan, vom geborstenen Tempel zum verlassenen Bauernhof, bis er schließlich heimkommt, wo Penelope „plus très jeune, mais belle de sa beauté", ihn erwartet.

„Je le voyais! Il avait les mains pleines d'archipels et d'iles; la houle divine des mers inconnues coulait entre ses doigts! Les yeux contenaient le visage bleu de cent ports. Ils jetaient d'onduleuses nefs sur la mer impalpable de l'air. Des javelots sifflaient autor de lui, des javelots, et ce bruit aussi que font les lèvres de femmes appuyées sur les lèvres d'hommes!"

Diese kurze Vision der Penelope, die das Nahen des verschollenen Gatten ahnt, fürchtet und ersehnt, enthält in geradezu exemplarischer Weise alle Elemente der Gionoschen Meisterschaft: die Bewegung und die Farbe, den Rhythmus des Windes und der Wurfgeschosse in einem Griff zusammengefaßt, herangeführt, mit einem einzigen kurzen Schwung hochgepeitscht und dann in der Ruhe und Dunkelheit der letzten zehn Worte mählich ausatmend. Einen größeren Bilderreichtum können vier oder fünf kurze Sätze nicht fassen; es ist eine Welt in diesen Zeilen und Zeit, die durch die glasklare Luft bis in antikische Frühe blicken läßt. Hier ist die Landschaft wahrhaftig völlig homerisch, und doch ist es die Provence, vom Busch und Stein bis zur Pinie und Mauer und einsamen Bauernhof. Die Zeitlosigkeit des Mittelmeermenschen hebt sich in diesem Buch in unvergeßlicher Weise ab vom mählich dunkelnden Horizont.

Jetzt segelt Gionos Phantasie auf großen, weitgespreiteten Schwingen dahin in brausendem, ungefesseltem Aufschwung. Das Leben, wie er es liebt, ist überall um ihn, und er teilt es mit beiden Händen aus. Ist er endlich der schreckensvollen Erinnerung Herr geworden? Hat er die große Angst begraben? Hat sein Herz den Krieg besiegt?

Keineswegs. Im folgenden Jahr, 1931, veröffentlicht er „Le Grand Troupeau" — Die Große Herde — seinen ersten und einzigen Kriegsroman, und alles, was vorher war, scheint jetzt nicht mehr als ein süßes, idyllisches Vorspiel zu diesem Gewitter, diesem Wolkenbruch an Blut und Tränen, Elend, Schrekken, Qual und Todespein. „Die Große Herde" ist ein fürchterliches Buch. Aber es ist auch ein unsäglich schönes Buch. In ihm bringt Giono etwas zuwege, das kein anderer Kriegsroman bis jetzt bewerkstelligt hat — die völlige Verschmelzung der zwei Ebenen, auf denen sich jedes Kriegsbuch abspielen muß, der Front und der Heimat. Der blutgetränkte Nebel und Schlamm von Verdun, Cassel, Kemmel und Steenvorde geht unmerklich über in die herzzerbrechende Süße des Sommertags in dem kleinen provencalischen Städtchen Valensole und den umliegenden Dörfern und Tälern, und die Einheit des Leidens unter Mann, Frau, Kind und Tier ist vollständig. Das Leitmotiv der Großen Herde — der Schafe, die vom Berge herabkommen und der Menschen, die zur Schlachtbank des Krieges geführt werden — wird in zwei verschiedenen Tonarten durchgeführt. Die Themen verschränken sich, laufen übereinander, untereinander, nebeneinander mit der organischen Simplizität einer Doppelfuge, die endlich in einen großen Choral zum Preise des Lebens und seiner Geschöpfe sich zusammenschließt und ausklingt. Es ist qualvoll, dieses Buch zu lesen, und es muß eine qualvolle Anstrengung gewesen sein, es zu schreiben. Doch gelingt es Giono hier wie nirgends sonst in seinem Werk, nirgends vorher, nirgends nachher, mit reiner, klarer Stimme deutlich und unmißverständlich das zu sagen, was ihm auf dem Herzen liegt: „Ich kann, ich kann, ich kann den Krieg nicht vergessen!" Er zieht aus dieser blutenden Wunde unermeßliche schöpferische Energien und schafft eines der ganz großen Prosa-Meisterwerke unserer Zeit.

Danach wandert er auf seinem alten Weg weiter, inmitten der

lebenquellenden Schönheit und Verzauberung seiner engeren Heimat. Mit „Jean le Bleu“ — Der Träumer — und „Le Chant du Monde“ — Das Lied der Welt — 1932 und 1934 erschienen, erreicht er das Ende dessen, was er selbst als seine „panische Lehrzeit“ bezeichnet hat. Beide Bücher, volle, ausgewachsene romanhafte Erzählungen, insbesondere aber „Das Lied der Welt“ sind reine Dichtung, klare, ungetrübte Schöpfungen einer Meisterhand, die jetzt auf großer Fläche arbeitet und sich der Fülle und des Reichtums an Material, das sie auf allen Seiten umgibt, voll bewußt ist.

„Das Leben begrub mich so tief darin“, schreibt er bald darauf in „Des Vraies Richesses“, einem Buch, von dem sogleich ausführlich die Rede sein wird, „— ohne Tod und ohne Erbarmen — daß ich zuweilen, gleich einem Gott, spürte, wie mein Kopf, meine Haare und meine Augen voller Vögel waren, wie meine Arme schwere Äste trugen, wie meine Brust erfüllt war von Ziegen, Pferden und Stieren, wie meine Füße Wurzeln hinter sich herschleppten und wie der Schrecken der ersten Menschen mich durchbohrte wie Sonnenpfeile. Eines Morgens begriff ich, daß nun die panische Lehrzeit zu Ende sei: ich fürchtete das Leben nicht mehr. Pan hüllte mich von nun an in die Glücksschauer, so wie der Wind das Meer streichelt. Vor mir stieg die kahle Erde empor bis zu einem Gipfel, der mir die Freude zu sein schien. In jenem Augenblick seid ihr mit euren Fragen zu mir gekommen.“

5

Der Augenblick ist wichtig.

Er bezeichnet eine scharfe Biegung des Weges. Jean Giono war vierzig Jahre alt. Er hatte 1935, nach dem „Lied der Welt“, sein erstes mißratenes Buch veröffentlicht. Es hieß „Que ma Joie Demeure“ — „Bleibe meine Freude“ — und war nicht ohne Grund mißraten. Es ist ein superb entworfener und prachtvoll geschriebener Roman aus dem Bauernleben am Rande der großen Wälder, unterhalb der Hochebene des Contadour. Bobi, ein Landfahrer, erscheint in einer primitiven ländlichen Gemeinschaft mit einer „Freudenbotschaft“. Ein nie ganz greifbarer zahmer Hirsch symbolisiert, man weiß nicht recht, was, und das „Experiment mit dem Glück" endet einigermaßen in Unklarheit. Ein großer Reichtum an faszinierendem Bildwerk der Phantasie und bedeutende Charakterzeichnung werden von einem erzwungenen, lehrhaften Ton des Vortrags durchsetzt, versäuert und endlich verdorben, der unablässig vom reichen epischen Fluß der Erzählung ablenkt, ohne „Sinn" oder „Bedeutung" beizutragen. Es ist ein unbehagliches, unglückliches Buch, das seinen Titel nicht wahr macht. Einige mutige Striche hätten den Roman, der in ihm enthalten ist, vielleicht retten können. Doch wäre er damit für den Dichter verloren gewesen. Denn hier kommt es ihm auf den Roman in zweiter Linie an. An erster Stelle steht etwas anderes: die Glücksbotschaft des Lebens. Sie macht sich in diesem Buch zum erstenmal selbständig. Es gelingt ihr nicht ganz; sie bemüht sich, über die Dichtung die beherrschende Oberhand zu gewinnen, sie sich unterzuordnen; sie zerrt und zupft an ihr herum, fährt ihr zwischen die Beine, läßt sie stolpern, ohne sie freilich zu bezwingen. Aber der Kampf hat begonnen; der Schöpfer ist mit dem Geschaffenen allein nicht mehr zufrieden. Er hat außerdem noch „etwas zu sagen". Die indirekte Form der Mitteilung — nämlich die Menschen mit Leben betrunken zu machen — erscheint ihm wohl als unzureichend. Er beginnt zu unterstreichen, Randbemerkungen zu machen, gar Kommentare und Interpretationen in den Text einzufügen, damit man ihn nur ja verstehe.

Aus dem überwältigenden Erlebnis des kreatürlichen Elends im Krieg, das ihn zur bedingungslosen Lobpreisung und Erhöhung des kreatürlichen Glücks führte — eine einfache, spontane, echte emotionelle Reaktion — ist eine „Philosophie" geworden.

Wie stets von vollkommenem Freimut, erläutert Giono im Vorwort zum 1936 erschienenen „Des Vraies Richesses" die Stadien dieses Übergangs. Nach dem Erscheinen von „Que ma Joie Demeure" habe man ihn unablässig mit Fragen bestürmt. Sein Versuch, die Freude auf Erden heimisch zu machen, habe Männer und Frauen, die weit entfernt von ihm lebten, stark ergriffen, und sie hätten ihm geschrieben. „Im Laufe des Sommers 1935 war auch ich von diesen Anfragen, die von überallher zu mir kamen, und auch von der Sorge um mein eigenes Glück so stark ergriffen, daß ich einige dieser Kameraden in Manosque um mich versammelt habe."

So brach er an der Spitze von einigen vierzig Gleichgesinnten am 1. September 1935 von Manosque nach dem Lure-Gebirge auf, und am dritten Tag erreichten sie das Hochland von Contadour. Hier wollte er „mit ihnen so leben, wie die Menschen auf dem Plateau Grémone". Hier verbrachte man die Tage in Besinnung und Gespräch, man fragte ihn „nach der Freude". Doch — „was sollte ich antworten"? Das Buch von den „Wahren Reichtümern" ist die Antwort. Er sagt es selbst. Man kann sich daran halten. Giono hat ihm später, 1939 und 1942, noch zwei Fortsetzungen gegeben, „Le Poids du Ciel" und „Triomphe de la Vie", die jedoch der Argumentation nichts Wesentliches hinzufügen.

Diese Argumentation ist nicht nur in eine reiche dichterische Sprache gekleidet. Sie ist auch, und vor allem, dichterisch gedacht. So heißt es, ihr mit Vorsicht und Umsicht begegnen, nichts in ihr suchen, was sie nicht enthalten kann, nichts in ihr finden, was nicht in ihr ist. Sie kennt keine Denkregeln, greift ihre Voraussetzungen auf, wo sie sie findet und läßt sie auch wieder fallen, sie ist un-intellektuell bis zur Anti-Intellektualität, will sagen, sie verweist den Verstand in Fragen des Lebens und der gesellschaftlichen Ordnung in eine untergeordnete Stellung, in welcher er dem Herzen dienstbar ist und ihm nur antwortet, wenn es ihn fragt. Es fragt ihn nicht oft. Das Herz und alles, was es wahrzunehmen vermag, sind die Quelle der Freude. Daß der Geist Freude zu empfinden und zu verbreiten vermöge, ist nicht vorgesehen.

In der Tat, der Geist ist der große Verderber des Glücks und der Freude. Es habe ihm oft scheinen wollen, so meint der Dichter zu seinen Kameraden, die er auf der Hochebene des Contadour um das offene Herdfeuer versammelt hat, daß sie zu großes Vertrauen zu ihrer Wissenschaft hätten, als wüßten sie nicht, daß die „neuen Zeiten nicht nur das Problem der Zertrümmerung der Atome gelöst, sondern auch die Zertrümmerung des Geistes herbeigeführt" und so zu Unrecht geistige Kräfte losgelöst haben, die unerläßlich waren, um ein menschliches Leben zu führen. „Die rein verstandesmäßigen Betrachtungen entkleiden das All seines heiligen Mantels ... Der Geist hat aus der Erde diese kahle Einöde gemacht."

Vom Geist ist für die freudlose, die Glücksgüter des Lebens entbehrende Menschheit nichts zu erwarten. Und auch von der Religion nicht. Die Bibel ist seit jenen frühen Heimkehrertagen nicht wieder aufgetaucht, wiewohl der Dichter sich der christlichen Lehre gegenüber, insonders ihren Symbolen, respektvoll verhält. Immerhin, er kann in ihnen, vornehmlich in der christlichen Morallehre, für sich und die moderne Gesellschaft keinen Ausweg erblicken. Er übernimmt für den Titel seines verunglückten Romans den Anfang eines Bachschen Chorals — Bach und Mozart sind ihm von Jugend auf ständige Gefährten und Quellen der Freude — aber er läßt von „Jésus, que ma joie demeure", das erste Wort, das Wichtigste des ganzen Anrufs, wie er selbst erklärt, den Namen dessen, der angerufen wird, „des einzigen, der bisher bei der Suche nach der Freude etwas galt", einfach fort. „Denn er bedeutet Verzicht".
Man solle aber auf nichts verzichten. Es sei leicht, innere Freude zu gewinnen, wenn man seinem Körper entsage. Doch glaube er, es sei ehrlicher, eine „vollkommene Freude" zu suchen, indem man diesen Körper einbeziehe, da er da sei, wir ihn haben, „da auf ihm unser Leben beruht, von der Geburt bis zum Tode". Die spirituelle Freude, das geistige Glücksgefühl, welches der christliche Glauben zu vermitteln vermag, sind also „unvollkommen" und daher leider nicht zu brauchen. Er geht aber auf die Vollkommenheit und Vollständigkeit des Glücks aus. „Die Intelligenz zu befriedigen, ist nicht schwer, unseren Geist zu befriedigen, ist auch nicht schwer. Man sagt, unseren Körper zu befriedigen, sei demütigend; er allein jedoch lehrt uns eine strahlende Weisheit."
Er leugnet nicht, daß Christus ein Bringer der Freude zu sein vermöge. Aber es sei eine persönliche Freude. Sie könne „der Reichtum eines einzelnen sein, und er ist gerettet." Er habe seinen Frieden; für jetzt und alle Zeit sei er im Zustand der Freude; jedoch nur er allein. Diese Einsamkeit der Freude beunruhige ihn nicht, im Gegenteil, er sei der Erwählte. „In seiner Glückseligkeit schreitet er durch den Kampf, eine Rose in der Hand. Die panische Freude jedoch vermag man nicht für sich allein zu behalten. Sie ist uns gegeben, um alles Leben damit zu durchdringen. Wer sie besitzt und sie nicht teilt, berührt sie nur, um sie wieder zu verlieren."

Die Quelle der Freudlosigkeit ist, so meint Giono, das „körperliche Unglück“, und an diesem Unglück sind vornehmlich die modernen Gesellschaftsformen schuld, die eine Teilung und Verteilung der „wahren Reichtümer“, also vornehmlich der Segnungen der Erde, verhindern und unmöglich machen. „Die Menschen haben einen neuen Planeten geschaffen, den Planeten des Elends und des körperlichen Unglücks. Sie haben die Erde verlassen. Sie wollen weder Früchte noch Korn, noch Freiheit, noch Freude.“ Was wollen sie? Sie wollen die Dinge, die sie selbst erfinden und herstellen. Sie wollen Geld. Um des Geldes willen vernichten sie Ernte-Überschüsse, schaffen Mangel, rufen die „Menschengesetze“ zu Hilfe, um sich des Übermaßes an „wahrem Reichtum“ zu erwehren. „Die Gesellschaft, die sich auf dem Geld aufbaut, vernichtet die Ernte, vernichtet die Tiere, vernichtet die Menschen, sie vernichtet die Freude, die Welt und den Frieden, sie vernichtet den wahren Reichtum.“ Die Menschen aber haben ein Recht auf die Ernte, auf die Freude, auf die wirkliche Welt. Sie haben ein Recht auf die wahren Reichtümer, „hier und jetzt, auf dieser Erde, in diesem Leben. Aber ihr müßt aufhören, dem Wahnsinn des Geldes zu gehorchen.“

Alles dies ist natürlich nicht neu. Es ist auch nicht alles wahr. Es ist so alt und so halbwahr wie die menschliche Zivilisation, und es bestände keine Notwendigkeit, es hier zu erörtern — gewiß nicht um seiner Neuartigkeit oder Wahrheit willen — wenn es nicht die Grundlage abgäbe für einen symptomatischen Konflikt zwischen einem bedeutenden schöpferischen Geist unserer Zeit und den moralischen Waffen, mit denen dieser Künstler die Gesellschaft, in der er steht, angreift und sich einen Platz in ihr erkämpft. Es wäre nicht notwendig, diese Heilslehren zu erörtern, wenn nicht dieser Dichter der Auffassung wäre, daß sie tatsächlich neuartig sind und absolute moralische Wahrheiten enthalten. Daß er dieser Auffassung ist — darüber läßt er keinen Zweifel. Er selbst steht überragend im Mittelpunkt seiner zivilisations-feindlichen Vision. Das kreatürliche Leben ist Gott, und Jean Giono ist sein Prophet.

Als seine Kameraden zu ihm kamen, in jenem September 1935, und sie jenen symbolischen Auszug auf die Hochebene des Contadour antraten, hatte er selbst, wie er sagt, „nach langem beschwerlichem Weg ein Ziel erreicht ... Ich bestand aus allem, was vorhergegangen war, ihr ebenfalls; und ich bestand bis zu einem gewissen Grade aus dem Kommenden; denn meine Straße ist mir seit langem vorgezeichnet ... ich bin im voraus der Mann jenes Hügels oder der Mann jenes Tals. Und jetzt muß ich euch sagen, ich selbst bin die Antwort, die ihr erwartet. Ihr habt wohl begriffen, daß es genügt, mich zu kennen, um viele Dinge verstehen zu können. Die vielfache Landschaft um uns beleuchtete plötzlich meine dunkelsten Umwege ... wir alle sind kosmischer Stoff. Ich bin ganz einfach nackter und weniger verschüttet als ihr."

Man sieht, seine Äußerungen haben einen biblischen Ton angenommen.

6

Die Verherrlichung des kreatürlichen Glücks ist ein direkter Ausfluß jenes bedingungslosen Pazifismus, der seine Quelle in dem nicht zu verwindenden Schreckenserlebnis des Krieges hat, und sie führt ihrerseits in logischer Konsequenz zur bedingungslosen Zivilisationsfeindlichkeit. Sie führt außerdem aber zu einer bedenkenlosen und daher höchst bedenklichen persönlichen Überhöhung. Anmaßung und Hochfahrenheit, unablässig genährt und auf vielerlei Wegen und Umwegen gespeist aus dem Kriegserlebnis des Zwanzigjährigen, sind an der Grenze des Erträglichen angelangt. Die tiefe echte Bescheidenheit der frühen Bücher, die aus einer tiefen und echten Demut kam, hat einer als Bescheidenheit und Demut maskierten Unbescheidenheit und Arroganz Platz gemacht.

Noch freilich spielt sich dies alles reinweg und ausschließlich in der dichterischen Vision ab. Es ist das Jahr 1935, da in Frankreich und anderwärts außerhalb der Bereiche der Despoten jedermann sagen und schreiben und sogar tun und lassen darf, was ihm beliebt. Der Zusammenstoß mit der Gesellschaft, in die die Tyrannis den Visionär und Weltverbesserer früher oder später unweigerlich treiben muß, nähert sich zwar, aber er ist noch nicht erfolgt. Vorerst spielt sich die Weltverbesserung noch im reibungslosen, wenngleich keineswegs luftleeren Raum des Contadour ab. Bald kommt es anders.

Das Leben und seine Geschöpfe, so verkündet der Visionär, sind das höchste Gut auf Erden. Der Krieg zerstört das Leben und ist daher der Feind der Schöpfung. Folglich muß der Krieg vernichtet werden. Wer macht den Krieg? Den Krieg machen der Staat, die Regierung, die Autorität in jeder Form und Gestalt. Also müssen sie vernichtet werden. Um den Krieg loszuwerden, müssen wir uns des Staates entledigen, der Regierung, jeglicher Autorität. Wir müssen uns weigern, ihnen zu gehorchen. Doch kann die Autorität sich über diese Gehorsamsverweigerung hinwegsetzen. Die Gehorsamsverweigerung bleibt wirkungslos, so lange wir nicht jenen zu Leibe rücken, die hinter Staat, Regierung und Autorität stecken und sie stützen. Hinter ihnen aber stehen das Geld, der Kapitalismus, die Maschine, die ohne den „wahren Reichtum" auskommen wollen, denen er im Weg ist, die ihn zerstören. Um Regierung und Autorität wirklich und völlig zu beseitigen, heißt es, Geld, Kapitalismus und Maschine beseitigen. Sie müssen vernichtet werden.
Wer sich aber weigert, sich der Autorität zu unterwerfen, und damit, wohlverstanden, jeglicher Form von Disziplin, muß sich auch weigern, Geld zu verwenden; er muß die Maschine zerstören, er muß, wenn er zum primitiven Leben zurückkehren will, das allein ihm Freude zu schenken imstande ist, Hand an die Zivilisation, an die bestehende Gesellschaftsform legen. Wo aber kann er Hand anlegen an Geld, Kapitalismus und Maschine? Wo sind ihre Wurzeln, die er ausreißen muß? Sie sind in den großen Städten. Deshalb — logische Folgerung — müssen die großen Städte vernichtet werden. „Ich habe mich bemüht, die Romantik der großen Städte, ihrer dunklen Gassen und Gaslaternen zu begreifen. Sie sind für mich völlig tot geblieben. Alles, was man über die Poesie der großen Massen sagt, ist für mich nichts anderes als leerer Unsinn. Befreit euch von den großen Städten! Ihr alle müßt die großen Städte verlassen!" Die großen Städte müssen nicht nur verlassen, sie müssen buchstäblich, mit nackter, brutaler Gewalt zerstört werden. „Ich bin ein grausamer Verteidiger des Friedens!" ruft der Visionär. Die großen Städte sind aber doch die Heimstätten der Zivilisation? Es hilft nichts. Dann muß auch die Zivilisation um des Lebens und seiner Geschöpfe willen zerstört werden.

Man glaube nicht, hier handle es sich rein um eine dichterische Vision, deren praktische Anwendbarkeit nicht einen Augenblick lang ernstlich in Betracht gezogen werde. Es ist dem Visionär bitter ernst mit seinen Gesichten. Das zeigt sich bald am tatsächlichen, heraufziehenden Konflikt mit der Gesellschaft. Doch ist der Visionär und Lebenslehrer in jeder Faser zugleich so sehr ein echter und geborener Dichter, ein großer Zauberer der Sprache und ihrer Bilder, daß er gern und willig übers Ziel hinausschießt und die Lehrvision entwertet um der dichterischen Überhöhung ihrer Bildkraft willen. Er würde lachen, nennte man ihn füglich einen Anarchisten. Er kann es sich nicht versagen, seiner ärgerlichen Predigt eine apokalyptische Schlußvision von so überwältigender poetischer Kraft aufzusetzen, daß man willig vergißt, was er ursprünglich zu beweisen auszog, sich um seine ganze Argumentation nicht mehr schert und ihm atemlos folgt. Er selbst ist nun bereits, wie es scheint, außer Atem. Seine Bilderphantasie geht ihm in gestrecktem, fliehendem Lauf durch, während seine Argumente am Wegrand liegenbleiben, Scherben und trauriger, altmodischer anarchistischer Bruch.

Gionos Schlachtgesang gegen die großen Städte, am Ende von „Des Vraies Richesses" stehend, gehört zu den großartigsten Seiten Prosa, die er geschrieben hat. Er hebt mit einer großen mythischen Anrufung an: dem Marsch der großen Wälder gegen die Städte. Es ist ein altes Motiv, und Giono projiziert es auf riesige Himmelsflächen.

„Mein Lebenszweck ist der Lebenszweck aller. Ich glaube, wir sind ein unabsehbarer Wald, im Vordringen begriffen ... wir leben im Einklang mit dem geheimen Geist unserer Felder; sie ernähren uns, wir aber vertreten sie vor dem Geist der Welt. Und jetzt stehen diese Felder auf zum Lebenskampf des Volkes gegen die Gesellschaft der Todbringer. Wir sind ein unübersehbarer Wald im Vormarsch. Mit uns schleppen wir die schwere Last unserer Freuden und unseres Grauens, unseren unerbittlichen Grimm und die Sanftheit unserer Hände, die Blättern gleichen. Jedesmal, wenn in den großen Zeiten der Vergangenheit gegen böse Kräfte gekämpft wurde, hat die bäuerliche Phantasie den Wald im Vormarsch ersonnen; von ihm ist in all unseren Legenden und in unseren Kampfliedern die Rede ... Doch jener Wald war nur erst der

Schatten unserer Wünsche; er war nur erst eine dumpfe Ahnung unseres Zornes; er war nur erst wie der junge Keim des wirklichen Waldes, kaum der Erde entsprossen. Er war es, weil wir es wollten. Die Zeit war noch nicht reif. Jetzt ist sie es. Der Wald ist aufgestanden, marschiert, er ist da!"

Der Wald dringt vor, über Berge, durch Täler und über Flüsse und Ebenen, und überall zwingt er die Geschöpfe des Bösen, Ungeheuer, Vampire, Drachen, Lindwürmer und fürchterliche Nachtgespenster aus ihren Verstecken hervorzukommen.

„Der himmlische Wind bläst in unsere Jagdfanfaren, daß sie in den Gängen unseres Waldgebäudes dröhnen. Wie Schaum auf dem Meer wiegen sich Milliarden von Tauben auf unserem Laub. Wir nehmen Dörfer mit uns, golden leuchtend wie königliche Segler. Von Ost nach West, von Nord nach Süd wälzt sich der Wald vorwärts ... und treibt die Trümmer einer todgeweihten Zivilisation vor sich her."

Und so, alles auf seinem Weg zertretend und vernichtend, erreicht der Wald die große Stadt.

„Und so finde ich dich wieder, Paris!" singt der Dichter überschwänglich. „Wir kommen über alle Hügel, die dich umsäumen, wie vor Zeiten deine Belagerer, die du besiegtest; wir halten inne, um dich zu betrachten ... Du bist die Werkstatt, die unsern Tod bereitet. Nicht um dich zu plündern, um dich zu vernichten, sind wir gekommen! Es gibt keinen Glanz mehr, den du zu verteidigen hättest; wir besitzen allen Glanz der Erde. Wir kommen, um dich mit unserer Schlichtheit und unserer Logik zu vernichten. Wir kommen, um dich mit Getreide zu verschütten. Wir lachen; denn wir wissen, daß du endlich Gutes stiften wirst. Diese Erde der Ile de France, die ebenso fruchtbar war wie irgendeine andere, auf ihr hast du Barbarenpaläste gebaut, aus denen Gesetzmacher kamen und Könige der Kunst ... Aus dieser Erde, die geschaffen ist, um die schwere Last von Bäumen zu tragen, hast du nur künstliche Kräfte herauszuholen gewußt, die ihre Trennung von der natürlichen Welt zwangsläufig bedingten. Du hast das zarte Alter der Kinder mit falscher Mystik betrogen, du ließest die Männer um falsche Reichtümer arbeiten, unter einem herrlichen zartgrauen Himmel, in dem noch der Blick des gemordeten Dichters lebt."

„Wir sind die naturgewollte Zivilisation des Blutes und der

zeugenden Kräfte. Aus allen vier Himmelsrichtungen kommt der Wald auf dich zu; doch kein Kampf ist notwendig ... Deine Paläste, dein Louvre bersten, deine Dome und Kirchen stürzen in sich zusammen, deine Glockentürme schwanken wie die Masten schiffbrüchiger Segler ... Mit dem Gewirr unserer Zweige reißen wir die Hüllen von den Häusern. Mit unseren Wurzeln — stärker als heilige Schlangen — durchpflügen wir die Straßen ... Der Ruf des Waldes tönt vom Echo des Flusses. Der Staub über den Trümmerhaufen verweht; Vögel lassen sich in unserem Laub nieder; dann kommt die Stille, der Glanz."

In Wirklichkeit kommt einer namens Hitler, mit Schwärmen von todbringenden Vögeln.

7

An der scharfen Biegung des Weges hört Giono auf, der reine ungetrübte Dichter, der Sänger des Lebens um des Lebens und des Gesanges willen zu sein, für den man ihn bisher nehmen konnte, ohne sich von seiner Moralphilosophie in der „Freude" stören zu lassen, die er dem empfänglichen Herzen zu bereiten wußte. Jetzt beginnt die Moralphilosophie diese echte und ungetrübte Freude zu stören.

„Ihr kamt zu mir mit euren Fragen." Wer kam? Seine Schüler, seine Bewunderer, die begonnen hatten, sich um ihn in Manosque zu einer primitiven Gemeinschaft von Verehrern der Natur und des einfachen Lebens zu versammeln. In diesen kleinen Kreis echter Enthusiasten, zu dem sich alsbald wie üblich allerlei berufsmäßige Abseitige, Sonderlinge und „Verpfuschte" gesellten, sah sich Giono als ein Meister verehrt, der die geheimen Quellen des Lebens und einer neuen, glücklichen Weltordnung entdeckt hatte, eine Art mittelmeerischen Nigromontans oder Schwarzenbergs, der vor dem Jüngerschen Orakel freilich voraus hat, das seine Aussagen etwas bedeuten und ihren Sinn nicht nur aus der Zufälligkeit geschmackvoll arrangierter Wortbilder beziehen. Wie verführerisch für einen Dichter zu glauben, daß seine poetischen Gesichte sich im körperlichsten, handgreiflichsten Sinn in die Begriffe der

landläufigen Gesellschaft übersetzen lassen! Wie verführerisch, sich als den „jungen Patriarchen“ einsetzen zu lassen!
An diesem Punkt wird eines an diesem außerordentlichen und ungewöhnlichen Mann schmerzlich bemerkbar: die Abwesenheit jeglicher Objektivität gegenüber sich selbst. Er scheint durchaus unfähig, gelegentlich ein paar Schritte von dem Bild zurückzutreten, das er von sich selbst gemalt hat und es kritisch, im Zusammenhang und Zusammenspiel mit dem Hintergrund zu betrachten, gegen den es steht. Es kommt ihm nicht in den Sinn, daß zumindest in einigen, aber wichtigen Punkten seine ganze Persönlichkeit in ihrer Beziehung zur Umwelt gleichsam „verwackelt“, schief eingestellt sein könnte. In einer solchen Lage würde ein anderer vielleicht beginnen, wenigstens für eine Weile seinen Emotionen zu mißtrauen und sich mehr auf seine intellektuellen Gaben zu verlassen; er würde, der Abwechslung, der Erfrischung und der Korrektur halber, den kalten Kopf dem heißen Herzen vorziehen. Aber Giono hat schon seit langem seinen Intellekt in die Wildnis verbannt. Er weigert sich, irgend etwas mit ihm zu tun zu haben. Nicht nur mag er sich nicht auf ihn verlassen; er zieht ihn nicht einmal zu Rat. „Rein intellektuelle Betrachtung entkleidet das Universum seines geheiligten Mantels. Der Verstand hat die Erde in eine Wüstenei verwandelt.“ Er hält daran fest. Es hat sein Richtiges damit. In allen großmächtig dahinfegenden Verallgemeinerungen steckt immer irgendwo auch Wahrheit. Aber es steckt auch ihre Umkehrung darin, die ebenfalls Wahrheit ist. Sie freilich sieht Giono nicht: daß nämlich das Herz allein die verwüstete Erde nicht zurückverwandeln kann; daß der Verstand sein Teil beitragen muß, den von ihm gestifteten Schaden wieder gut zu machen. Was die rein emotionelle Betrachtung überdies mit dem Universum treibt, kann man in Gionos „Poids du Ciel“ nachlesen. Es ist eines seiner abwegigsten und nutzlosesten Bücher und vermittelt gar keine Freude.
Die Versuchung ist groß. Und er gibt ihr rückhaltlos nach. Man erwartet von ihm eine Heilsbotschaft. Er ist aufgerufen, eine neue Lebensform zu lehren. Seine Bücher, so muß ihm scheinen, haben das erreicht, wofür er sie aussandte: einige wenige sind aufgestört worden. Jetzt geht es um die Vielen, und die Welt wird aus den Angeln gehoben. Von diesem Zeit-

punkt an ist sein dichterisches Werk in wachsendem Maß dieser „Heilsbotschaft“ untertan. Es leidet darunter.

Gionos literarischer Ruf und Erfolg in Frankreich, obgleich er nicht sofort einsetzte, war und ist groß. Aber inzwischen, in den dreißiger Jahren, war er auch von den Deutschen entdeckt worden, und es ist zumindest möglich, daß diese Begegnung einiges zu seiner geistigen Wendung beitrug. Er selbst ist niemals viel gereist und kennt das mittlere Europa nicht aus eigenem Augenschein. Die begeisterten Zurufe, die er von jenseits des Rheins empfing, die beträchtlichen Auflagen, die die Übersetzungen seiner Bücher erzielten — Ferdinand Hardekopf und die unvergleichliche Käthe Rosenberg waren seine ersten Interpreten — die Ehrungen, die man ihm entbot, mögen ihn zusätzlich in dem Glauben bestärkt haben, daß er auf dem rechten Wege sei. Auch hier freilich führte ihn seine unkritische Naivität — oder sollten wir sie nicht einfach offenherzige Gutgläubigkeit nennen? — geradeswegs in einen Urteilsfehler. Hätte er nicht vielleicht erkennen können, erkennen müssen, daß sein Werk von Goebbels für eine Sache ausgenutzt wurde, der er sich, hätte er genauer hingeblickt, niemals verschrieben hätte? Nun, er verschrieb sich ihr auch so nicht. Aber so wie die Dinge standen, wurde er von den Nazis zum Narren gehalten.

Er erkannte in jenen Jahren nicht, daß seine dionysische Verehrung des Lebens, seine hingebungsvolle Liebe zur Erde und ihren Kreaturen, zum Weinstock und Olivenhain, zu Esel und Kuh, Mimose, weißblühendem Mandelbaum, zum kläffenden Hofhündchen und dem blauen Gletscherlicht von Manosque — daß alles dies nicht das mindeste gemein hatte mit der massenproduzierten Vulgarität, die man bei Hitler „Blut und Boden“ nannte. Und wenn er es erkannte, so unterließ er es doch, die Erkenntnis unmißverständlich mitzuteilen. Die Nazis übersahen den Unterschied keineswegs. Sie akklamierten den Dichter der Erde, des Bodens und ließen absichtsvoll das Blut unerwähnt. Denn eine Zeitlang schien es, als könne Giono ihren Zwecken dienlich sein. Er machte den Eindruck, als könne man ihn als einen Verbündeten Hitlers bei dem Versuch verwenden, die Struktur der französischen Gesellschaft einsturzbereit zu machen, noch ehe die Armeen angegriffen hatten. Denn es war ja genau diese Gesellschaft, der

Giono in Zorn und Abscheu den Rücken gekehrt hatte und der er seine homerische Invektive entgegenschleuderte.
Aber Jean Giono stellte sich wohl doch, vom Nazi-Standpunkt aus gesehen, zu sehr als ein Abseitiger und Außenseiter heraus, als daß er wirklich hätte nützlich und verwendbar sein können. Es war gewiß kein Zufall, daß „Des Vraies Richesses", das Buch, das seine Moralphilosophie und seine Heilsbotschaft enthält, nicht im nationalsozialistischen Deutschland, sondern bei einem deutschsprachigen Verleger in der Schweiz erschien.

8

Es zeigte sich bald, daß Giono seine eigene Vorstellung von Deutschland und Hitler hatte. Sie stimmte mit Hitlers eigener keineswegs überein. Sie war auch mit den außerdeutschen realen Gegebenheiten, wie Duhamel bald feststellte, nicht auf einen Nenner zu bringen. Sie war ein poetisches Wunschgebilde. Aber sie hinderte den Dichter immerhin, auf seine falschen Ruhmredner hereinzufallen und mit ihnen gemeinsame Sache zu machen. So blieben ihm jene treu, denen er wirkliche und bleibende Freude geschenkt hatte, auch als die Quelle trüb wurde und zu versiegen schien. Es ist das Schicksal dieses Dichters, daß er seine unbeirrbarsten Freunde just unter jenen hat, deren Welt er damals zumindest nicht verstand und auch gar nicht verstehen wollte.
Wenige Tage nach dem Abschluß des Münchner Abkommens, in der Woche vom 7. bis 14. Oktober 1938, drei Jahre nach dem symbolischen Auszug ins Gebirge des Contadour, schreibt Giono eine kurze, kaum sechzig Seiten lange Broschüre, die unter dem Titel „Précisions" am 4. Januar 1939 bei Bernard Grasset in Paris erscheint. In ihr faßt er angesichts des noch einmal abgewendeten bewaffneten Zusammenstoßes zwischen der Tyrannis und der — relativ — freien Welt seine Glaubensartikel in kurzer, bündiger und höchst prägnanter Form zusammen. „Précisions" ist die vehementeste politische Aussage, die der Dichter, damals Mitte der Vierzig und auf der Höhe seines dichterischen Ruhms, je von sich gegeben hat. Sie stellt die praktische Anwendung alles dessen, was er erfah-

folgt S. 152/Zeile 1+2

dieser aggressiven Schärfe ist, die Auffassungen des Dichters ein für allemal unmißverständlich zur Kenntnis der Behörden, der Regierung, des Staates zu bringen. Man hat fast den Eindruck, als fürchte er, auch diesmal überhört, übersehen zu werden. Er greift zu rabiaten Beleidigungen, Schmähungen, schärfsten Anschuldigungen, um die Beachtung durch die Machthaber zu erzwingen. Sie dürfen nicht an ihm vorübergehen. Der Augenblick ist gekommen: er will den Zusammenstoß mit der Gesellschaft, er provoziert ihn. Er heißt Romain Rolland einen ehrlosen Lügner, Daladier einen Lügner und Verbrecher, Kommunisten und Nazis aufgeblasene, ruhmredige Prahlhänse. „Ich vergesse Hitler nicht!“ ruft er. „Ich denke auch an ihn, während ich das schreibe, was ich hier zu schreiben habe.“

„Précisions“ ist eine höchst merkwürdige Dichtung in Form eines politischen Pamphlets, und das merkwürdigste an ihr ist, daß sie neben Dutzenden von Schiefheiten, Irrtümern und Naivitäten einige politische Wahrheiten enthält von der Sorte, wie sie zuweilen den Dichtern, nie aber den Politikern unterlaufen. Giono kann sich nicht vorstellen, daß sie den Politikern nicht unterlaufen; er ist überzeugt, daß sie sie kennen, aber aus guten Gründen verschweigen; deshalb nennt er die Politiker ehrlose Schufte und abgefeimte Lügner. Daß die Politiker und Staatsmänner — die Daladier, Chamberlain, Mussolini und Hitler — tatsächlich noch weniger Ahnung von dem haben, was wirklich im Herzen ihrer Völker vorgeht, als man ihnen gemeinhin zubilligt, das hält er für unvorstellbar.

Daladier, so erklärt der Dichter, habe das französische Volk um seiner Kaltblütigkeit willen beglückwünscht, mit der es am Vorabend von München die Mobilmachungs-Plakate und die unmittelbare Kriegsgefahr zur Kenntnis genommen habe. Tatsächlich sei von Kaltblütigkeit keine Rede gewesen, im ganzen Lande habe ein namenloser Schrecken geherrscht — „une terreur sans nom“. Das wolle der Ministerpräsident nicht gewußt haben? „Es ist die bescheidene Wahrheit, Herr Ministerpräsident. Es herrschte in sämtlichen Dörfern Frankreichs ... ein unüberwindlicher Widerwille dagegen, ins Feld zu ziehen, um Ihren Befehlen zu gehorchen. Wir litten aufs schauerlichste unter der Erkenntnis, daß wir, indem wir Ihnen

folgt S. 152/Zeile 3ff

ren, erlitten, erträumt und gepredigt hat, in Form eines politischen Pamphlets von höchster aggressiver Schärfe dar. Zweck gehorchten, Ihnen Hilfe leisteten, und wir wußten, daß das Werk, zu welchem sie unsere Leiber und unsere Seelen heranzogen, eine beispiellose unehrenhafte Schweinerei war."
Regieren, so erklärt Giono kurz und bündig, ist dasselbe wie Lügen. An jenem Abend des 28. September 1938 habe die Regierung das französische Volk auf das schamloseste belogen: über sich selbst und über die anderen Völker, um die es hier ging. „Wir werden Ihnen nie wieder gehorchen. Sehen Sie sich Ihre eigenen Lügen an. Was mehr brauchen wir noch zu wissen, um uns zu weigern, Ihnen noch einmal zu gehorchen? ... Lügen, mit dem einzigen Zweck zu töten. Eine Lüge, wie man uns Deutschland, wie man uns Italien in jenen Stunden am Rundfunk dargestellt hat. Da hörte man nichts in den weiten Räumen des deutschen Landes von den armen Teufeln wie wir, die inmiten ihrer Einsamkeit vor Angst und Schrekken zitterten und genau so wenig Lust hatten sich zu schlagen wie wir ... Ich spreche als ein alter Soldat zu Ihnen, Herr Ministerpräsident, und dieser schwere Ernst auf den Gesichtern der Soldaten, ich sehe ihn jetzt zum zweitenmal. Das erstemal war es 1917 ... Ich brauche Sie nicht daran zu erinnern, was er bedeutet. Ich hatte meinen bescheidenen Anteil an den Meutereien jener Zeit."
Man weiß, mit welchen Gefühlen Daladier aus München nach Paris zurückkehrte. Er schämte sich. Er hatte Angst vor dem Gefühl für moralische Rechtlichkeit in seinem Volk. Er fürchtete, bei seiner Ankunft mit Johlen und Pfeifen empfangen zu werden, und war überrascht, als es anders kam. Er hätte die Gionosche Anschuldigung, er habe den Krieg vorbereitet und zum Krieg getrieben — „denn die Mobilisation, das ist schon der Krieg" — mit sprachlosem Staunen vernommen, und die Versicherung des Pazifisten, einzig der Druck der Öffentlichkeit habe ihn zur Aufgabe seines ruchlosen Plans gezwungen, muß ihm als eine haarsträubende Verdrehung des tatsächlichen Sachverhaltes vorgekommen sein. Und doch — irgendwo tief drinnen in seinen ahnungslosen, rein aus dem Herzen, aus dem Gefühl abgeleiteten Überlegungen und Schlußfolgerungen hatte der Mann aus der Provence auch recht. Er hatte recht aus den falschen Gründen, aber ein ganz

klein wenig hatte er recht. Freilich — damals, im September 1938, hatten alle recht, jeder auf seine Weise.
Giono freilich erblickt in der Bereitwilligkeit der vier Regierungschefs zum Münchner Kompromiß einen Sieg der Pazifisten. „Unser Ruf der Erleichterung war ein Ruf des Sieges, denn wir hatten Sie gezwungen", ruft er Daladier in „Précisions" zu. „Wir hatten Sie genötigt, nachzugeben. Macht euch keine Illusionen: ihr vier, die ihr in München wart, waret dort nicht aus eigenem freiem Willen, sondern genötigt und gestoßen von euren vier Völkern, die sich nicht schlagen wollten ... Wenn Hitler sofort den Vorschlag Mussolinis aufgriff, so deshalb, weil er von seinem Volk genötigt wurde, welches sich weigerte, in den Krieg zu ziehen ... Ihr habt keinen Anlaß, euch zu rühmen. Wißt ihr, wer uns allen das Leben gerettet hat? Die Angst. Die edelste aller Ängste, die Weigerung, um eurer verlogenen philosophischen Erfindungen, eurer verlogenen Moral, eurer Schlachthof-Befehle willen zu sterben. Zum erstenmal hat das Volk gewonnen. Davon werden sich alle unsere Möchtegern-Revolutionäre nicht erholen. Jetzt sitzen sie da mit ihrer falschen kommunistischen Partei zwischen den Händen."
Die taktische Annäherung der Kommunisten an die bedingungslosen Pazifisten, die in den letzten zwanzig Jahren mehr als einmal erfolgt ist und mehr als einmal wieder ins Gegenteil umgeschlagen ist, hat Giono immer zu schaffen gemacht. Schon dem pazifistischen Heimkehrer aus dem ersten Weltkrieg warf man vor, ein Kommunist zu sein. Doch ist Jean Giono zu keiner Zeit auf die Kommunisten hereingefallen, ebenso wenig wie auf die Nazis. Es ist bemerkenswert für einen Mann seiner politischen Naivität, daß er die tiefinnerste Unmoral beider „Weltanschauungen", wenn auch nicht dialektisch erfaßt, so doch gefühlsmäßig genau und untrüglich erspürt hat und sich nicht von dem gelegentlichen und taktisch wohlberechneten Gleichklang ihrer Parolen hat verwirren lassen. Er erkannte genau, daß die verschiedenen pazifistischen Bewegungen, an denen er beteiligt war, von den Kommunisten durchsetzt wurden; er warnte sie unausgesetzt vor ihnen, und ein jungkommunistisches Blatt schrieb damals über ihn: „Wir werden Frankreich ohne ihn fortführen." Süßer Unsinn — antwortet Giono darauf.

Doch war ihm klar, daß er Gefahr lief, sich in einen Gegensatz zum Stadt- und Industrieproletariat zu manövrieren. Er hatte das Land und die Bauern aufgerufen; in ihnen erblickte er seine Hauptstütze. Er hatte über ihnen die Arbeiter vergessen, die sich von den „Literaten mit Stalin-Stipendien Fallen stellen ließen". Im Juli 1937 hatte er einen verzweifelten „Brief an die Bauern über die Armut und den Frieden" geschrieben, aus dem klar hervorging, wie er es in „Précisions" freimütig eingesteht, daß er nicht mehr auf die Arbeiterschaft glaubte zählen zu können, um „den Krieg zu töten". Er sah den friedlichen Landarbeiter vor sich und zugleich das, „was die Kommunisten aus den Arbeitern machten, und es schien mir, daß die Bauern unser letztes Auskunftsmittel, unsere letzte Hoffnung seien". Ein Jahr später gibt er zu, daß dieser Brief „voller Ungerechtigkeit gegen die Arbeiter" gewesen sei. Aber er habe sie absichtlich heftig verletzen wollen, um ihr Gewissen zu wecken — „denn nichts trifft den Arbeiter zielsicherer als die Ungerechtigkeit".
München belehrt ihn eines Besseren. Die Arbeiter, so erkennt er, haben nicht versagt. Sie haben sich vor allem von den kommunistischen Kriegshetzern nicht einfangen lassen. Er entschuldigt sich bei ihnen; er gleicht sein Weltbild der neuen Erkenntnis an. Was immer man gegen die Naivität seines Herzens anführen mag, eines kann man ihm nicht bestreiten: Generosität, Befähigung zur Liebe. Hinfort ist es für ihn „ein Irrtum zu glauben, daß man zuerst das Proletariat befreien müsse, und daß es dann keinen Krieg mehr geben werde. Die logische Folge der historischen Ereignisse ist umgekehrt: sobald der Krieg unmöglich ist, ist auch das Proletariat frei. Wir dürfen die Arbeiterschaft von der Idee des Friedens nicht abtrennen. Die Friedensidee ist die große Befreiungsidee. Es gibt keine andere." Und mit außerordentlichem Klarblick zieht er hieraus sogleich eine zweite Schlußfolgerung: „Hüten wir uns vor allen Koalitionen, die sich jetzt gegen die kommunistische Partei bilden werden. Wir dürfen unter keinem wie immer gearteten Vorwand in sie eintreten. Wir dürfen uns nicht der einen Partei entledigen, um in eine andere Partei einzutreten. Der Parteigänger ist ein obligatorischer Krieger. Wir müssen uns von allem befreien."
Diese endgültige Absage an die kommunistische Partei, die in

der Absage an alle Parteien und damit auch an die anti-kommunistischen Verbindungen enthalten ist, ist für Giono gleichbedeutend mit einem Bekenntnis zum absoluten und bedingungslosen Individualismus. „Jeder Einzelne muß den Willen zum Frieden bekunden." Diese Freiheitsbekundung des Einzelnen ist die „wahre Revolution", sie ist „in Rußland undenkbar". Denn „die berufsmäßigen Revolutionäre brauchen Menschen, die sich ihrer Revolution unterwerfen und unterordnen. Deshalb können sie sich nichts anderes vorstellen als die Revolution von Massen, die ihnen unausgesetzt untertan sind. Unter ihrer Befehlsführung zu revoltieren, heißt lediglich den einen Herrn gegen einen anderen eintauschen. Unter dem Befehl des eigenen Gewissens zu revoltieren, das hingegen ist die wirkliche Revolution. Der Individualismus ist niemals steril; im Gegenteil, die Masse ist immer steril; einzig der Einzelmensch ist der Aktion fähig, und der Beweis dafür liegt in der Tatsache, daß die Masse sich immer nur unter der Aktion einiger Einzelmenschen regt, so scheint es, die in Wahrheit immer nur ein einzelnes Individuum sind. Alle wirklichen Revolutionen sind individuelle Revolutionen. Wenn sich die Revolution in den Einzelmenschen vollzogen hat, dann ändern sich die Verhältnisse auch um die Einzelmenschen herum ... Die Kommunisten wollen Frankreich ohne uns fortsetzen. Es wird damit enden, daß sie die einzigen sind, die es fortsetzen wollen. Aber es wird nicht mehr Frankreich sein."

9

So sah das Weltbild Jean Gionos unter dem Eindruck der Ereignisse des Herbstes 1938 aus. Man wird, rückblickend vor allem, geneigt sein, die Bedeutung dieser Kampagne eines pazifistischen Dichters inmitten weltbewegender Ereignisse, die er nicht oder nur ungenügend verstand, nicht allzu hoch anzuschlagen. Welche Auswirkung, welchen praktischen Einfluß hatte dieser Mann? Die Frage so zu stellen, heißt sie gegen den Sinn und den Zweck dieser Überlegungen stellen. Wir fragen nach der moralischen Stellung des schöpferischen Menschen in „extremen Verhältnissen". Uns interessiert, wie er sich in ihnen verhält; wie sein schöpferisches Genie seine moralische Orientierung bestimmt; wie seine moralische Orientierung sich auf seine Schöpfungen auswirkt. Ob beides sich auf die Gesellschaft auswirkt und wie weit, ja, ob es von dieser Gesellschaft überhaupt zur Kenntnis genommen wird, ist eine gültige Frage, aber sie ist hier von zweitrangiger Bedeutung.

Die Gesellschaft freilich nahm Gionos Stellungnahme durchaus zur Kenntnis. Davon sogleich. Fürs erste jedoch, in dem Jahr, das nun noch bis zum endgültigen Kriegsausbruch verstreicht, wird die Diskussion auf anderer Ebene, noch nicht mit Polizei und Haft, sondern mit Argumenten weitergeführt.

In seiner großen und schauerlichen Prophetie der kommenden Dinge, dem „Memorial de la Guerre Blanche" — Der Weiße Krieg — die im Januar 1939 erschien, setzte sich Georges Duhamel ernstlich mit Jean Giono auseinander. Seine Anklage gegen den bedingungslosen Pazifismus als eines Verstoßes gegen die Fähigkeit und heilige Pflicht des Menschen zu denken, ist heute so gültig wie damals. Duhamel geht es um nichts anderes und nichts geringeres als diese Gehorsamsverweigerung des Herzens gegenüber dem Verstand, dem Denkvermögen. Wer hat das letzte Wort in den „extremen Verhältnissen", in welchen man sich befindet: der Kopf oder das Herz? Wer hat, wenn sie miteinander nicht übereinzustimmen vermögen, wem zu gehorchen? Das ist die Frage.

Giono, der „junge Patriarch des Contadour", bereits von einer Handvoll ergebener Jünger umgeben, für die er „die Antwort auf ihre Fragen" in seiner Person war, saß weit oben im Lure-Gebirge und hörte nichts. Oder er hörte und antwortete vorsätzlich nicht. Duhamel bezweifelte die Ehrlichkeit dieses Kreises von Menschen nicht. Er nennt sie „junge Leute, die von einem Ideal träumten, das auch uns zu Beginn des Jahrhunderts, in den Tagen der Abtei von Pontigny, befeuerte". Aber er kennt den Unterschied nur zu genau. Giono und seine Freunde veröffentlichten damals eine kleine Zeitschrift, die „Cahiers du Contadour", in der diese „solitaires de Provence", wie Duhamel sie nennt, ihre Diskussionen aufzeichneten. Giono, der Meister, kommt in ihnen als Jean le Bleu vor, ein Name, der seinem gleichnamigen autobiographischen Roman entnommen ist. Duhamel verweist auf den folgenden Absatz:

Jean le Bleu: Ja, der einzige Sieg ist das Leben.

Eine Frau: Aber wenn Deutschland uns angreift? Was sollen wir dann tun?

Jean le Bleu: Euch weigern, dem Krieg zu gehorchen. Was ist das Ärgste, das uns geschehen kann, wenn Deutschland Frankreich überfällt? Daß wir Deutsche werden. Was mich betrifft, so bin ich lieber ein lebender Deutscher als ein toter Franzose. Mussolini und die Passionaria sagen: ‚Lieber einen Tag als Löwe denn hundert Jahre als Lamm'. Ich sage: ‚Lieber hundert Jahre als Lamm denn einen Tag als Löwe.'

Dieser Satz — besser ein lebender Deutscher als ein toter Franzose — hat inzwischen einen gewissen Ruhm erlangt. „Ich kann kaum in Worte fassen, wie sehr diese Zeilen mich entsetzt haben!" ruft Duhamel. „Ich bin erstaunt, daß ein Dichter wie Giono die Veröffentlichung dieser frivolen Äußerungen erlaubt hat, die eines der größten und schmerzhaftesten Probleme des menschlichen Gewissens mit Geringschätzung behandeln und sogar in den Schmutz ziehen."

Niemand ist sich peinlich genauer des entscheidenden Charakters des Problems bewußt als Duhamel, der „verzweifelt über die Fragen des Krieges nachgrübelt". Von niemand können wir mehr Verständnis erwarten. Er gesteht zu, daß er selbst zu gewissen Zeiten der Auffassung war, daß „die Kriegsdienstverweigerung, wenn sie von einem mutigen Mann formuliert wird, Größe und Adel besitzt". Er zögert nicht zuzugestehen, daß, wenn es sich in erster Linie darum handelt, „die Kräfte der Gewalt daran zu hindern, zwei Völker gegeneinander zu hetzen, die keinen Haß füreinander empfinden, der Philosoph in der Tat berechtigt wäre, sich die Wirkung zu vergegenwärtigen, die seine feierliche Weigerung, sich zu fügen, auf die Welt haben könnte". Aber er weiß auch, daß dies im Grunde eine unrealistische Betrachtungsweise ist. Denn „plötzlich ändert das Problem sein Gesicht und sein Gehaben. Die Phänomene des Lebens verlangen von uns eine unablässig korrigierende Beurteilung, und wir können definitive Doktrinen auf sie nicht anwenden."

Die Schüler des Jean le Bleu sagen: „Tut nichts, wir werden halt Deutsche werden, wir werden es vermeiden, Krieg führen zu müssen, wir werden quand même am Leben bleiben, und das ist der einzig wirkliche, wahre Sieg." „Ich bin mir keineswegs sicher", antwortet Duhamel, „daß die Hirten des Contadour so billig wegkommen werden. Der Krieg, den Hitlerdeutschland führen wird, wird notwendigerweise ein Krieg der Enteignung und der Ausrottung sein. Es genügt nicht, um zu leben, daß man um jeden Preis am Leben bleiben will. Man muß einen Ort haben, an dem man leben kann, man muß sich seine Mittel zum Leben erhalten. Ich habe das größte Mitgefühl für den Kriegsdienstverweigerer, der bereit ist, sein Leben hinzugeben, um nicht einen Mord begehen zu müssen. Aber ich glaube, daß diese ernste Debatte sich heute doch in einem etwas weniger simplen Licht darbietet."

Es ist notwendig, sich daran zu erinnern, daß diese Zeilen im Winter 1938 auf 1939 geschrieben wurden, das heißt, vor und nicht nach den Ereignissen, deren Natur sie analysieren. Die Tatsache, daß die hier vorausgesagte Katastrophe sich inzwischen ereignet hat und Giono, Duhamel und Frankreich lebendig aus ihr hervorgegangen sind, schmälert in keiner Weise die einschneidende Wahrheit dieser Bemerkungen.

„Die zeitgenössische Geschichte", so fährt Duhamel fort, „erbringt den grausamen Beweis, daß lediglich Unterwerfung einem noch nicht erlaubt, den Krieg überhaupt zu vermeiden. Sobald die Schüler des Jean le Bleu sich dem deutschen Eroberer unterworfen haben, werden diese Hirten des Contadour sofort mit Stahlhelmen und Gewehren ausgerüstet und auf die Schlachtfelder geschickt werden. Es ist nun einmal so in der Welt, daß die Eroberer-Völker in den besiegten Ländern von jeher Truppen ausgehoben haben. Und da die Franzosen trotz all ihres Zankens und Streitens noch immer im Ruf stehen, annehmbare Soldaten zu sein, wird man sie verwenden. Um jeden Preis leben zu wollen genügt nicht, wenn man in Frieden und nach seiner eigenen Art leben will. Am Morgen nach dem Sieg wird Deutschland von den Völkern, die es unterworfen hat, verlangen, daß sie nicht nur ihre Besitztümer, ihre Schätze, ihren Boden aufgeben, sondern auch, daß sie ihr Blut zum Ruhme Großdeutschlands vergießen. Später werden die Franzosen sich mit Bitterkeit und, so möchte ich gern glauben, mit Scham daran erinnern, daß sie angesichts einer solchen Gefahr nichts Besseres zu tun wußten, als ihre Fabriken zu sabotieren, ihr Werkzeug zu zerbrechen und sich gegenseitig Steine und Eisenstücke an den Kopf zu werfen."

Duhamel ging es hier um die unmittelbar herannahende, physische Gefahr, die er mit unbestechlicher Klarheit erkannte. Sein Argument, bis zu seiner letzten Schlußfolgerung durchgeführt und auf Jean Giono angewandt, würde etwa lauten:
Es gibt zwei Arten von Pazifismus, die intelligente Art und die unintelligente. Gionos Pazifismus ist unintelligent, denn er übersieht oder ignoriert die Tatsache, daß ihm eine Grenze gesetzt ist, jenseits derer er sich selbst aufhebt und zu seinem eigenen Widersinn wird. Er vergißt, daß das Leben, welches er um jeden Preis zu erhalten wünscht, nicht um jeden Preis erhalten werden kann, und daß es der Zerstörung ausgesetzt ist von dem Augenblick an, da der Lebende nicht länger mehr bereit ist, für seine Erhaltung zu kämpfen. Zugegeben — es besteht die Möglichkeit, oder doch zumindest das Risiko, daß man, indem man für seine Erhaltung kämpft, tatsächlich zu seiner Vernichtung beiträgt. Daran jedoch kann der Willens-Entschluß des Einzelnen nichts ändern, es ist ein Risiko, welches er eingehen muß. Wenn er sich weigert zu kämpfen, wird das Leben mit Gewißheit vernichtet werden. Wenn er kämpft, so gibt er dem Leben zumindest eine Chance durchzukommen und zu triumphieren. Auf jeden Fall findet die Art Leben, die einem Mann wie Giono über alles teuer ist, in dem Augenblick sowieso ihr Ende, da er die Deutschen in sein Land hereinläßt. Es wird in dieser extremen Konstellation mit dem Pazifismus mehr preisgegeben und verloren als mit dem Entschluß zu kämpfen unter Umständen gerettet und gewonnen werden kann. Nur in der Freiheit ist es möglich, die Freiheit zu lästern.

Zu diesem Zeitpunkt war Giono sich klar, daß das Leben für ihn gefährlich geworden war. Sein Telefon wurde abgehört, seine Post überwacht. „Alles, was ich tat, war illegal, aber es ging nicht um mich allein", erklärt er in „Précisions". „Man braucht viel Mut, um erklärter Pazifist zu sein, mehr als ein ängstlicher Krieger, wesentlich mehr als ein erklärter Krieger. Deshalb gibt es anscheinend so viel weniger Pazifisten als Krieger ... 'Ein Held ist nicht jener, welcher sich in einen schönen Tod stürzt, sondern jener, welcher sich ein schönes Leben baut. Der Tod ist immer selbstsüchtig. Er baut niemals auf ... Folgt niemandem! Marschiert allein! Eure innere Klarheit möge euch genügen."

Im Oktober 1939, als der Krieg ausgebrochen war, aber noch ehe die Deutschen kamen, unterschrieb Giono das „Paix Immédiate"-Manifest. Daladier, der kleine Bulle und provençalische Landsmann Gionos, anstatt sich um de Brinon, Drieu la Rochelle und andere zu kümmern, ließ ihn verhaften und im Fort Saint-Nicolas bei Marseille internieren. Er war mit einigen „durs", mit regelrechten Schwerverbrechern zusammen eingesperrt, deren Gesellschaft ihm durchaus nicht ungelegen kam. Er hat die kurze Zeit seiner Haft in seinem 1947 erschienenen Buch „Noë", das er eine Chronik nennt, beschrieben, ohne sich jedoch auch nur mit einem Wort über die politische, moralische, weltanschauliche Seite seines „Falls" zu äußern. Er versichert, er habe in der Festung Saint-Nicolas, „in diesem Gefängnis einige der schönsten Stunden meines Lebens verbracht, und ich lüge nicht". Er verbrachte zwanzig Tage in Dunkelarrest und erhielt alle vier Tage einen halben Laib Brot und einen Krug Wasser. Er wurde Ende November 1939 wieder entlassen und kehrte nach Manosque zurück. In Paris veröffentlichte Gallimard seine Übersetzung von Herman Melvilles „Moby Dick".

Was er seither geschrieben und veröffentlicht hat, und es ist viel, enthält kein einziges politisches Wort mehr. Zu Ehren Daladiers läßt sich sagen, daß er, echter Franzose, der er ist, den Einfluß überschätzte, den Frankreichs Dichter auf ihr Volk haben. Er verwechselte sie mit den Journalisten.

Als die Deutschen wirklich kamen und die Ereignisse genau den Verlauf nahmen, den Georges Duhamel vorausgesehen und vorausgesagt hatte, wurde es um beide, um Daladier und um Giono, still.

10

War Giono gefährlich?

Es ist eine interessante Frage. „Ich finde", so schreibt er 1937 im Vorwort zu „Refus d'Obéissance", „daß der Mensch von niemand mehr geachtet wird. Von allen Seiten hört man nur noch die Worte ‚diktieren, nötigen, zwingen, dienstbar machen'. Man wiederholt sogar das widerwärtige Geschwätz, daß die gegenwärtige Generation sich um der kommenden Generation willen opfern müsse. Man sagt es sogar auf unserer Seite, und das macht die Sache ernst. Wenn wir wenigstens sicher sein könnten, daß es stimmt! Aber wir wissen aus Erfahrung, daß es niemals stimmt. Die kommende Generation hat immer Wünsche, Ziele und Neigungen, die die gegenwärtige Generation unmöglich voraussehen kann. Seien wir deshalb auf der Hut vor den Baumeistern der Zukunft, vor allem, wenn sie, um die Zukunft der noch ungeborenen Menschen zu bauen, vom lebenden Menschen verlangen, daß er sterbe. Der Mensch ist Rohmaterial nur für sein eigenes Leben."

Es wäre nicht nur frivol, sondern auch dumm, Worte wie diese als nicht zur Sache gehörig von der Hand zu weisen. Selbst heute — gleichgültig, welch verhärteter Zyniker man geworden sein mag — behalten sie ihren Stachel. Es weht aus ihnen ein kalter, „umstürzlerischer" Hauch. Es ist etwas grausig Wahres an ihnen. In seiner herumtappenden Art hat der Dichter, der erklärt, er „könne sich nicht länger mehr mit einer Intelligenzschicht befassen, die außerhalb der realen Welt lebt", den Finger in eine offene Wunde gelegt.

Die Regierung Daladier machte ihren voreiligen, in selbstgeschaffener Panik ergriffenen Schritt rückgängig und setzte den Dichter nach einigen Wochen auf freien Fuß. Die Bücher Gionos wurden weder von der Regierung Pétain noch von den deutschen Besatzungsbehörden in Paris verboten. Die französische Armee bestätigte, was Giono, der sie kannte, von ihr in „Précisions" gesagt hatte: „Der Franzose zieht nur unter Gewalt und Zwang in den Krieg." Hören Zwang und Gewalt auf, so zieht er aus dem Krieg wieder hinaus. Giono selbst vermied, so weit ersichtlich, jeden Kontakt sowohl mit den Behörden von Vichy wie mit denen von Paris. Er verließ Manosque und seine engste Heimat nicht. Es gibt keine Zeile von ihm, in der er auch nur ein einziges Wort, das er zwischen 1930 und 1939 geschrieben, zurückgenommen, widerrufen, modifiziert hätte. Gallimard freilich, sein umsichtiger Verleger, ließ das unzeitgemäße Pamphlet von der „Gehorsamsverweigerung" stillschweigend von der Liste der Gionoschen Veröffentlichung verschwinden. Nach dem Kriege tauchte es in ihr wieder auf, und das ist nur recht. Es enthält neben der brillanten Polemik des Pazifisten die unveröffentlichten Fragmente aus der „Großen Herde", die man nicht missen mag, denn sie gehören zu den bedeutendsten Schilderungen des Krieges, die es in der Weltliteratur gibt.

Die Deutschen in Frankreich ließen Giono in Ruhe, aus Gründen, die ihnen selbst am besten bekannt sind. Sie versuchten wohl zeitweise, ihn zusammen mit Chardonne, Thérive und Drieu la Rochelle und anderen Ehrenmännern für sich zu gewinnen, doch Giono ging ihnen aus dem Weg und folgte den Einladungen zu ihren Dichterkongressen während des Krieges nicht. Als er aber die Dummheit beging, gegen Ende der Besatzungszeit seinen Namen in Verbindung mit dem des verhaßten Châteaubriant und seinem antisemitischen Blatt erscheinen zu lassen, befaßte die Widerstandsbewegung sich mit ihm. In der Nacht des 12. Januar 1943 explodierte eine Bombe vor seinem Haus in Manosque. Offensichtlich dazu bestimmt, den Schöpfer des Panturle und des Bouche d'Or ums Leben zu bringen, beschädigte sie freilich nur das Haus und verletzte niemand. Seither sind die Befreiungsarmeen durch die kleine Stadt am Fuß des Lure-Gebirges hindurchgezogen, und dieses besondere Problem ist von der Gewalt der Ereignisse ohne Zutun des Dichters mitgelöst worden. Freilich brachte die Befreiung Frankreichs von der deutschen Besetzung Giono ein indirektes Veröffentlichungsverbot — wenn auch kein Schreibverbot — indem er mit Montherlant und anderen auf die Schwarze Liste jener Autoren kam, vor denen die Verleger ausdrücklich gewarnt wurden, andernfalls sie einen Boykott zu gewärtigen hätten. Während der Besatzungszeit hatte Giono wohl vieles geschrieben, aber nur weniges veröffentlicht, vornehmlich den dritten Teil seiner Heilsbotschaft „Triomphe de la Vie", der 1942 erschien und einen Band Erzählungen und kürzerer Arbeiten, die er unter dem Titel „L'Eau Vive" im darauffolgenden Jahr verlegte. Viele Arbeiten, darunter der Roman „La Chute de Constantinople" blieben in der Schreibtisch-Schublade liegen und warteten auf veränderte Zeitläufte. Als erstes Nachkriegswerk kam die Chronik „Noë" im Winter 1947 in einem neugegründeten Pariser Verlag heraus. Seither ist Giono mit einer Reihe von neuen, bedeutenden erzählerischen Werken zu seinen alten Verlegern Gallimard und Grasset zurückgekehrt.

Das größere Problem wurde jedoch in der Nacht vom 12. Januar 1943 nicht gelöst. Es verbleibt bis in unsere Tage.

Es geschieht ja selbst in unseren Zeiten der äußersten Verwirrung der Wertmaßstäbe nicht oft, daß Bomben auf Dichter geworfen werden. Wenn es geschieht, so ist es ein Zeichen dafür, daß in der Ordnung der Dinge etwas auf empörende Weise falsch ist. Hätte diese spezielle Bombe ihr Opfer erreicht, so wäre damit nicht das geringste geregelt worden. Bomben auf Dichter sind in jedem Fall sinnlos und bedeutungslos. Bomben gegen Ideen sind ein Widerspruch in sich — oder nicht? — und können gewiß nicht als legitime Mittel geistiger Auseinandersetzung anerkannt werden. Wir wissen alles dies und noch wesentlich mehr und behaupten, angesichts massiven Beweismaterials für das Gegenteil, daß es stimme.

Trotzdem, als Schriftsteller, Leser und Mit-Intellektuelle — eine Gesellschaft, die Giono aufs herzlichste verabscheut und mit Schwung und Geschick beschimpft — fällt es uns schwer, nicht mit dem Bombenwerfer zu sympathisieren. Die Lehre, die hieraus zu ziehen wäre, besteht wohl darin, daß enttäuschte Bewunderer großer Meister des Wortes gefährliche Menschen sind. Selbstverständlich provozierte Giono seinen Angreifer wie er auch Duhamel provozierte, nur war der Angreifer aus gröberem Holz, und die Vergeltung spielte sich auf einer niederen Ebene ab. Beide spürten aber wohl, daß nicht sein kann, was nicht sein darf. Zu den Dingen, die nicht sein dürfen, gehört das „genie bête", das dumme Genie. Es fordert eine Art von Protest heraus, auf die es keine argumentative Antwort gibt, denn der Protest — gegen den versagenden Verstand gerichtet — kommt aus der Liebe, ist aus dem Herzen geboren. Das macht die Sache verwickelt.

Die Mittelmäßigkeit trägt ihre Engstirnigkeit ungestraft zur Schau. Dem Genie jedoch, wenn es das Recht für sich in Anspruch nimmt, die vernunftgeleitete Überlegung mit Füßen zu treten, wird eine solche Freiheit nicht gewährt — auf keiner Ebene. Es macht sich damit zum Werkzeug der Barbaren; in ihrer Gesellschaft, ob es dies glaubt oder nicht, ist sein Schicksal früher oder später brutale physische Vernichtung. Vom Herzen verraten, übt der Geist Rache. Angesichts der Anmaßung des Herzens greift er zum ungeistigsten aller Auskunftsmittel, der Bombe. Giono der Dichter hatte kein Recht überrascht zu sein. Denn er hatte Giono den Moralisten in ein Dilemma manövriert, aus dem er ihn nicht zu befreien vermochte. Vermutlich begriff er gar nicht, warum jemand auf ihn, den friedlichsten unter den Friedlichen, eine Bombe werfen wollte. Und da liegt der springende Punkt. Hätte er es begriffen — hätte er mit seinem Kopf und nicht mit seinem Herzen die Welt, die Zeit, die Menschheit begriffen, deren Geduld zu Ende war — dann wäre die Bombe ja nicht geworfen worden.

Aber woran liegt es, so muß man doch fragen, daß in diesem letzten Krieg der intellektuelle Pazifist oder der pazifistische Intellektuelle eine so viel weniger akzeptable Erscheinung war als im ersten Weltkrieg? Warum hatte man damals so viel Geduld mit ihm, so viel Verständnis für ihn, und diesmal so wenig? Warum wurde er, wenn er ein Schriftsteller oder Dichter oder beides war, diesmal notwendigerweise zu einer tragischen Figur, während zwanzig Jahre vorher die geistige Integrität seines Standpunktes von seinen Mit-Geistigen selten angezweifelt wurde und ihm oft verdiente Bewunderung eintrug? Die Antwort auf diese Frage ist oft genug gegeben worden: weil der erste Weltkrieg weder von Ideen begonnen, noch für Ideen geführt wurde. Er hatte keinen Bezug auf fundamentale geistige Fragen und ging, intellektuell gesehen, aus wie das Hornberger Schießen. Der zweite Weltkrieg wurde begonnen von Ideen um der Sache von Ideen willen, und er wurde gewonnen und verloren von Ideen, gleichgültig auf welchen getarnten Umwegen sie sich bewegten.

Diesmal hatte der Geistige in der entscheidenden Auseinandersetzung den größten Einsatz unter allen Teilnehmern: siegte die Despotie, so war es um ihn und alles, was er verkörperte und repräsentierte, ein für allemal geschehen. Der Ausgang war endgültig, eine zweite Partie, eine Revanche würde nicht gespielt werden. Der Bankbeamte, der Automobilfabrikant, der Architekt, der Landwirt und der Straßensänger würden, je nach Temperament und Charakter, den Sieg der Despotie begrüßen oder auch nicht; von ihrer Lebensessenz würde er keine unentbehrlichen Abstriche machen. Für den Geistigen galt das nicht. Für ihn war das Spiel aus, seine Existenz war zu Ende. Und er wußte es. Deshalb konnte diesmal niemand, der die Feder zum Papier führte, die Verantwortung zurückweisen, gleichgültig, wo und was er schrieb. Es war Gionos tragischer Irrtum, daß er glaubte, die beiden Kriege seien einer und derselbe, der zweite sei die Fortsetzung des ersten, und bei allen Kriegen gehe es um den gleichen Einsatz. In diesem Glauben war er freilich weniger allein als er vermeinte. Aber der Glaube war trotzdem auf einen Irrtum gegründet, den ihm ein wachsamerer Verstand hätte ersparen können.

War der Mann gefährlich?

Nennen wir ihn nicht einen Verräter, denn er verriet nichts; nicht einen Feigling, denn er hatte Mut. Nennen wir ihn einen Narrenphilosophen und Narrenprediger, und fragen wir, ob Narrenphilosophen und Narrenprediger gefährlich sind. Sie sind es, wenn sie die überwältigende Statur echten Genies besitzen. Gefährlich aber für wen? Nicht für die großen Herren, die zu entthronen sie sich bemühen. Das erreichen sie ohnedies nicht. Aber für die kleinen Leute wie unsereinen, die noch immer an die Macht und die Herrlichkeit und weltbewegende Zauberkraft der Worte und Bilder glauben, denen es noch immer geschehen kann, daß sie von großer Prosa hoffnungslos betrunken werden, die man so leicht verführen kann, den großen Traum zu träumen, wenn sie eigentlich nach Brandbomben Ausschau halten sollten. Für unsereinen, die wir ihn lieben, ist er gefährlich, und um so gefährlicher als er sich naiverweise über das Unheil, das er stiftet, auch noch im klaren ist. Die Frage ist, wieder einmal und wie schon so oft — können wir ihn uns trotzdem leisten?

Hierauf freilich kann es keine zwei Antworten geben. Ja, es darf sie nicht geben. Wenn sie auch nur möglich, auch nur denkbar wären, wäre die Frage auch schon gleichgültig und nicht wert, gestellt zu werden.

II

Der Konflikt, den Jean Giono in jenen Jahren zwischen seiner eigenen Person und der Welt sich abspielen sieht, wird im Grunde auf dieser Ebene gar nicht ausgetragen. Es kommt, außer der geringfügigen Haft und der absurden Bombe, gar nicht zu dem Zusammenstoß dieser beiden Welten. Die von Giono verwünschte Welt befindet, daß sie sich die von Giono gewünschte Welt als eine Art kräftiger Herzensstärkung leisten kann und schleppt sie bereitwilligst auf ihrem breiten Rücken mit. Jene, welche der Dichter am heftigsten schmäht, helfen am kräftigsten tragen.

Dennoch ist es ein sehr wirklicher Konflikt. Nur findet er in dem Mann selbst statt. Und das macht ihn für uns wichtig. Gionos Weigerung zu gehorchen, eine äußere Autorität anzuerkennen, die nicht auf der „Revolution des einzelnen Herzens" gegründet ist, mit der Begründung, daß sie nur darauf aus sei, seinen Leib und seine Seele zu vernichten, ist die Weigerung seines Herzens, dem Intellekt zu gehorchen oder zumindest seine Teilhaberschaft in der Gesamtautorität über den Einzelnen anzuerkennen und die Gesamthaltung des Einzelnen aus einem Übereinkommen zwischen beiden Teilhabern herzuleiten. Das bedeutet Kompromiß, bedeutet Ausgleich und Zugeständnis, und dessen ist er nicht willens. Man könnte sagen, er besäße keine „Einsicht". Indem er den mikrokosmischen Kampf in sich selbst mit dem makrokosmischen Konflikt der modernen Welt gleichsetzt und identifiziert, projiziert er seine eigenen geistigen Bedrängnisse auf die größere Fläche, erklärt seine private Krankheit — wenn wir sie so nennen wollen, oder sein Leiden, denn er leidet offensichtlich — zur Krankheit, an der die ganze Welt leide. Indem er sich zum Chefarzt in der Behandlung einer vorgeblichen Welterkrankung ernennt, befreit er sich, oder glaubt es doch wenigstens, von seinem eigenen Leiden. Damit folgt er bekanntem Muster und Vorbild. Alle falschen Propheten, Hökerer von Patentmedizinen und selbsternannte Welterlöser haben sich auf diese Weise Stellung und Auskommen verschafft. Im Unterschied zu ihnen jedoch könnte der Dichter Giono durchaus ohne diese Methode auskommen, er wäre auch ohne sie denkbar: ein großer, ja ein noch größerer Dichter. Er hätte sie nicht nötig, möchte man glauben. Aber ach, er ist ein Mensch. Und der Mensch hat die unnötigen Dinge nötiger als die nötigen. Für den schöpferischen Menschen gilt das doppelt und dreifach. Trauma, Komplex und Zwangsvorstellung machen ihm das Leben schwer, aber er könnte ohne sie nicht leben. Sie sind seine Kraftquellen.

Freilich ist die Analogie unzureichend und unbefriedigend. Die Autorität des Intellekts, der Mechanismus der Vernunft sind bei Giono schwach und leicht in die Defensive getrieben, denn sie sind ganz einfach unterentwickelt. Sein Kontrollorgan ist nicht stark genug, um seinem rebellischen Herzen Zügel anzulegen und es vor stupider Selbstvernichtung zu bewahren. Die Welt als Ganzes ist etwas besser dran. Gewiß geschieht es zuweilen, daß die Emotion in der Gesamt-Menschheit die Vernunft über den Haufen rennt und niederschlägt. Doch haben Massen-Emotionen selten genügend Schwung und anhaltende Durchschlagskraft, um auf die Dauer vor der Massen-Vernunft zu bestehen, will sagen, vor der kollektiven Intelligenz der Menschheit, in wirklich großen und entscheidenden Fragen. Im allgemeinen verläuft der Vorgang anders herum. Die emotionelle Kurve der Völker vor, während und nach schweren Kollektiv-Erlebnissen wie Kriegen, scheint dies zu bezeugen. Die rein emotionelle Erleichterung nach dem Münchner Kompromiß von 1938 war viel kurzlebiger, wie Giono selbst erfuhr, als die Rationalisierung, die gleich darauf einsetzte. Die Kollektiv-Ratio aber war es, die sich vor das Herz warf und es davor bewahrte, zertrampelt zu werden. Giono, ein Genie, das mit dem Herzen denkt und den Intellekt verachtet, weil es seine rechte Verwendung nicht kennt und falsch einschätzt, sieht dies nicht und kann es nicht sehen, auf Grund eben dieses Defektes in ihm selbst. Wäre er intelligenter, so hätte er es weniger eilig, sich auf die große Fläche zu projizieren. Er würde in sich selbst nach der Ursache seines Konfliktes mit der Welt forschen. Um dies zu tun, müßte er freilich seinem Intellekt das Recht zugestehen, eine solche Untersuchung durchzuführen. Dazu aber ist er nicht in der Lage. Davor hat er eine rein kreatürliche Angst. Also durchsucht sein Herz sein Herz und er kommt nicht von der Stelle.

Zuweilen jedoch, in jenen Zwischenkriegs- und Kriegsjahren, in einzelnen Augenblicken, scheint ihm im Halbdunkel aufzudämmern, was an ihm selbst nicht stimmt, und er späht mutig in das Zwielicht. Zuweilen sagt ihm sein Herz eine große Wahrheit, und couragiert greift der Verstand sie auf und wägt sie. So bekennt er, in einem völlig unerwarteten Augenblick, in seinem kleinen Buch „Pour Saluer Melville" — Melville zum Gruß — einer dichterischen Paraphrase um den Autor von „Moby Dick", die er nach seiner Entlassung aus dem Fort Saint-Nicolas schrieb und die er sein „Gefängnisbuch" nennt:

„Selbst im tiefsten Frieden — und wieviel mehr inmitten des Krieges — gibt es fürchterliche Kämpfe, in denen man allein steht, für deren lautes Getümmel die Welt taub ist. Man braucht keine wirklichen Ozeane, noch gemeinhin gefürchtete Ungeheuer. Man hat seine eigenen Ozeane und seine besonderen Ungeheuer. Grauenhafte innere Wunden werden die Menschen in alle Ewigkeit gegen die Götter aufbegehren lassen, und des Menschen Jagd nach göttlichem Ruhm bedarf immer, was man auch sagen mag, bewaffneter Hände."
Gewiß — er meint wohl etwas ganz anderes. Wie kann er wissen, daß er sich selbst meint? Das Licht ist nur im Dunkeln sichtbar.

12

Der Band Erzählungen und Fragmente, den Giono 1943 unter dem Titel „L'Eau Vive" veröffentlichte, enthält zwei höchst seltsame Prosa-Stücke, die einen, als man sie im Krieg in die Hand bekam, aufmerken lassen mußten. Sie heißen „Spaziergang des Todes" und „Beschreibung von Marseille am 16. Oktober 1939", und sie sind Bruchstücke aus dem noch unveröffentlichten Roman „Der Fall von Konstantinopel". Wie sie zusammenhängen oder im Rahmen des Gesamtwerkes miteinander in Verbindung stehen, läßt sich nicht ersehen. Es sind erzählende Stücke, gänzlich ohne „Philosophie", und sie handeln vom zweiten Weltkrieg.
„Spaziergang des Todes" zeigt die Wirkung der Nachricht vom Kriegsausbruch auf ein kleines Dorf in der Provence: plötzliche Verdunkelung, alles drängt sich um das Radio, Verwirrung und Ungewißheit herrschen unter einer Handvoll friedfertiger Menschen, die keine Vorstellung haben, was eigentlich vorgefallen ist. Die „Beschreibung Marseilles" ist womöglich noch seltsamer und halblichtiger. Zum erstenmal verläßt der Dichter hier das Land, seine engere und engste Heimat, und stürzt sich in das Herz einer großen Stadt, eines jener seelenzerstörenden Ungeheuer, die er so haßt und verabscheut. Seltsame Passagiere entsteigen einem großen Ozeandampfer. Ein französischer Offizier versucht zu desertieren. Ein Taxichauffeur bringt in einem Café einen Spitzel um und ver-

schwindet im Irrgarten der großen Stadt. Die Erzählung ist atemraubend, düster, intensiv, kühn und echt in der Durchführung. Sie enthält, so scheint es, einen ganz neuen Dichter, der endlich das Antlitz der Welt zugewandt hat und sich bemüht — mit dem Herzen und dem Verstand — herauszufinden, was in seinen Zügen vorgeht. Sie enthüllt eine völlig neue Einstellung zur Gesellschaft, eine mutig und durchgreifend revidierte moralische Haltung zu ihren Problemen. Sie wird in „Noë" weitergeführt und befestigt sich in „Mort d'un Personnage" und „Les Ames Fortes", die das Labyrinth der großen Hafenstadt mit unbeirrter Hand ausleuchten.
Es gibt keinen Zweifel: hier ist eine zweite scharfe Biegung des Weges, und der Weg führt schnurgerade in die vollkommene, unbeschränkte schöpferische Freiheit. Der Dichter hat sich von der Tyrannis seines Herzens befreit, und jetzt dient es ihm, wie es soll. Das ist etwas Seltenes. Der Mann ist ja kein Jüngling mehr. Er steht in dem Alter, in dem Knut Hamsun geistig abdankte und in seiner verhärteten Schale und Klause von nun ab zusammenschnurrte. Wie kommt's? Es kommt, so scheint es, durch den Krieg. Die Kriegsgefahr des Herbstes 1938 erweiterte, wir erinnern uns, plötzlich das Blickfeld des ländlichen Dichters. Er erblickte die Arbeiter, er erkannte, daß sie nicht versagt hatten, wie er vermutet hatte, er erkannte — mit dem Herzen, aber dennoch — daß ein siegreicher Pazifismus ohne die Arbeiterschaft, ohne die Menschen, die in großen Städten leben, nicht möglicht ist, und diese Erkenntnis nötigte ihn, der sich nicht gegen sie sträubte, zu einer Revision seiner zivilisationsfeindlichen Haltung. Die Revision dieser Grundhaltung ihrerseits fließt alsbald, ja unverzüglich in das dichterische Werk ein. So eng sind Dichter und Denker, sind Träumer und Polemiker doch in diesem Mann verschwistert. Sie fahren nie und zu keiner Zeit auf getrennten Geleisen, sie kollidieren nie miteinander, wie sie es bei Hamsun unaufhörlich tun. Giono ist kein Gespaltener. Er ist kein Zerrissener. Die Ähnlichkeit mit Hamsun ist oberflächlich, flüchtig, vorübergehend. Dieser Mann ist ganz, und er verändert sich als Ganzes. Das ist eminent menschlich, und man erlebt's unter den Dichtern nicht alle Tage.
Man erlebt es, wenn man sich in seine Welt begibt, ihm gegenübersitzt, ihn befragt, von ihm Auskunft erhält.

13

Der Besucher war halb und halb auf eine kühle Zurückweisung gefaßt, als er ihm, zufällig in der Gegend, schrieb, er würde ihn gern aufsuchen, es aber keinesfalls übelnehmen, wenn der Dichter auf den Besuch eines „Städters“ keinen Wert lege. Doch antwortete er umgehend, jederzeit sei man ihm willkommen und zeichnete den Brief an den ihm Unbekannten in seiner eigentümlich ungelenk anmutenden, pastosen Malerhandschrift „amicalement“ — freundschaftlich. Es hieß, nach Gréoux fahren, einem winzigen Nest mit guten Heilquellen gegen Rheumatismus, ganze elf Kilometer von Manosque entfernt, ein wenig höher in den Bergen, versteckter in der Einsamkeit. Dort verbrachte er im Hause von Freunden einige Sommerwochen; eine gefährlich gewundene schmale Bergstraße führt hin.

Abseits vom Ort, hinter einer Gruppe titanenhafter Platanen und Pappeln — Bäume, wie sie der keineswegs landesunkundige Besucher noch nie gesehen — tauchte in einer Wiese ein provençalisches Herrenhaus auf, grau und braun Gebälk, Mörtel und Dach, von zeitloser, alles überdauernder graziöser Standhaftigkeit, nach nichts aussehend, aber unvergleichlich in seinen edlen Proportionen, verträumt, schläfrig, versponnen im Sonnenlicht. Der Besucher sah mit einem, wo Jean Cocteau in seinen Filmen seine Märchenschlösser hernimmt. Das Innere des verwunschenen Hauses wird er auch so bald nicht vergessen: Sommerkühle verband sich mit dem leicht muffigen Aroma von jahrhundertelang sonndurchwärmtem, rieselndem, Spinnweb-umflortem Gebälk. War es dunkel in diesem nachmittäglichen, stillen, kaum hörbar atmenden Haus, war es hell? Die verqueren Gänge und leise seufzenden Treppen führten dahin und dorthin, und auf einmal in ein Vorzimmerchen, von dem blaßgrüne kleine Türen ausgingen, und darin lagen in Mengen, gelesen und auf Sesseln und Simsen durcheinander gestreut — Zeitungen.

Der Dichter legte, als der Besucher eintrat, die Feder nieder. Er mußte während der wenigen Augenblicke, da der andere, schon gemeldet, die Treppen heraufkam, noch rasch ein, zwei Sätze geschrieben haben. Es käme ihm, so meinte er, auf die Unterbrechung nicht an. Er könne am Abend, er könne morgen weiter schreiben. Der Dichter ist kein junger Mann mehr. Natürlich nicht, man kann es sich ausrechnen. Doch wenn einen seit mehr als zwanzig Jahren seine jugendlichen, beschwingten, begeisterungsfähigen Bücher begleitet haben, fällt es schwer, ihn sich als Fünfundfünfzigjährigen vorzustellen. Er ist stark ergraut, sein volles, immer ein wenig verwehtes Haar ist silbrig und erhöht die Blässe des Antlitzes, das einen ein wenig leidenden Eindruck macht. Doch ist es ein gelöstes, freies Antlitz, dem nichts von Starre, Krampf, Verbissenheit, Einzelgängertum, Weltfeindlichkeit und Verquertheit innewohnt. Die Bilder, die der Besucher kannte, täuschten, gaben den Eindruck einer Pose, die das lebende Antlitz nicht hat, nicht die schmale, scharf gebogene Nase, der schmale, lebendige Mund, der keine Gelegenheit zum Lächeln, zur Freundlichkeit ausläßt, nicht die großen hellen, wasserblauen Augen, das schwere Kinn.

Haßt er noch immer die Städte, fragt der Besucher, will er noch immer mit ihren Menschen nichts zu tun haben? Was war mit der Politik, was mit den weltweiten Widerwärtigkeiten, die das Leben des größten Teils der Menschheit verhexen, unerträglich machen und in ein Dickicht treiben, in dem das Wort „Freude“ auch nicht als noch so kleines Blümlein mehr an den stachligen Hecken blüht? Was war mit den Fragmenten aus dem „Fall von Konstantinopel“, in denen zum erstenmal eine große Stadt vorkam? Warum hatte er dieses großartige Buch nicht zu Ende geschrieben?

Aber er habe es doch zu Ende geschrieben, versetzte er. Er schreibe immer alles zu Ende. Er werde noch viel mehr Bücher über die großen Städte schreiben. Das beginne jetzt erst, der Besucher habe es richtig geahnt, er sei in einem ganz neuen Stoff- und Themenkreis. Doch den „Fall Konstantinopels“ konnte er damals, zur Zeit seiner Entstehung nicht veröffentlichen, könne es auch jetzt noch nicht. Das müsse noch ein paar Jahre warten. Er schrieb das Buch zu Beginn des Krieges, erklärt er, und stellte darin den Verlauf des Krieges dar, wie er ihn sich vorstellte und ausmalte. „Natürlich war er ganz anders als er sich tatsächlich abspielte. Alles kam ganz, ganz anders. Mein Krieg, das war une guerre de fantaisie, auf der dichterischen Ebene völlig wahr, aber die Menschen hätten es nicht verstanden. Dieser Phantasiekrieg hätte sie, die mitten in einem wirklichen standen, in all ihrem Leid und Kummer geärgert, aufgebracht — ce n'était pas le moment."

Doch war es der Anfang, die scharfe Biegung im Wege.

Die Mehrzahl der Menschen lebt nun einmal in den Städten, es ist ein Phänomen, das man nun einmal nicht umgehen kann. Nicht der Besucher, der Dichter stellt es nachdrücklich fest. Es sei ein ungeheuer wichtiger Zug im großen, ganzen Menschheits-Antlitz. Wem es um dieses Menschheits-Antlitz zu tun sei, der müsse sich mit ihm befassen, müsse es ergründen, verstehen und auch lieben. Auch er müsse die Städte verstehen und lieben, wenn er die Menschen lieben wolle. „Doch ehe ich daran gehen konnte, mußte ich das alles ganz fest und sicher in mir haben." Er wies aus dem Fenster auf das umliegende, uralte, einsame Land. „Das hat lange gedauert, diese Pans-Periode. Aber ich mußte ganz sicher sein, daß nichts mich aus ihr erschüttern konnte, ehe ich diesen Lebenskreis verließ und nach außen drang. Jetzt —"

Der Dichter unterbrach sich und wies hinaus ins Gebirge, die Kette der Lure-Berge, das Plateau des Contadour. Es ist eineinhalb Jahrzehnte her, seit er mit den Jüngern da hinauf zog. Er sagt es nicht. Aber der Gedanke ist gegenwärtig.

Städte! Da man von Städten spreche — oben auf dem Plateau, in vollkommener Einsamkeit liege eine große Stadt, die kein Mensch kennt, die Überreste einer ganzen, riesigen römischen Stadt, vierzig Kilometer lang, dreißig Kilometer breit, eine riesige Stadt, in all ihren Umrissen noch klar zu erkennen, ein paar Stunden weit von hier. Doch frage man irgend jemand hier im Land danach: niemand habe auch nur von ihr gehört. Ab und zu treibt ein Schäfer seine Schafe über das Grünkraut, das zwischen den Ruinen wuchert und hat keine Ahnung, zwischen was er da umherwandert.

Der Besucher blickte hinauf in die dunkelnden Berge. Irgendwo dort oben lag die große unbekannte Stadt. Gehorsamen Herzens war der Dichter auf dem Weg zu ihr.

4

ÜBER DIE LINIE DES GERINGSTEN WIDERSTANDES

Versuch über Ernst Jünger

„Es gibt also Lagen, die unmittelbar zur moralischen Entscheidung auffordern—"
ERNST JÜNGER: *Der Waldgang*

I

Das Tagebuch als legitime literarische Hervorbringung gehört zu den symptomatischen geistigen Merkwürdigkeiten unserer Zeit. Sowohl für den Schriftsteller als auch für den Leser hat es im letzten Jahrzehnt eine besonders rasch wachsende Anziehungskraft entwickelt. Die Goncourts freilich und Henry James gaben schon vor langem Beispiel und Muster. Aber das rechte Klima, in dem sich diese literarische Form voll entwickelt, hat sich erst in unseren Tagen eingestellt. In diesem Klima bringt das Genre eine Vielfalt von Variationen hervor — von den politischen Tagebüchern Cianos, Hassels und Goebbels' über die Diarien André Gides, Franz Kafkas und Julien Greens zu Theodor Haeckers Tag- und Nachtbüchern, Thomas Manns Faustus-Kommentar, Henry de Montherlants Carnets und den Journalen Ernst Jüngers und seiner Nachfahren.

Hierfür bestehen gute und schlechte Gründe, gültige und ungültige Veranlassungen. Tagebücher von Schriftstellern werden weitgehend aus den nämlichen Gründen geschrieben, aus denen sie gelesen werden. Sie erscheinen sowohl dem Schreiber als auch dem Leser als der angemessenste Ausdruck der Welt geistigen Stückwerks, in welcher sich beide befinden. Das Fragmentarische spiegelt in vieler Hinsicht unsere Verfassung geistigen Vaganten- und Landstreichertums genauer und wahrheitsgetreuer als das Runde, Geschlossene, Wohldurchdachte, das seßhaft an einem Ort Gebaute. Der Grund hierfür dürfte nicht nur darin liegen, daß eine Art rollender Dynamik, wie wir vermeinen, jedes Denk- und Glaubenssystem, jede Andeutung eines zusammenhängenden Musters bereits wieder zerbricht, ehe es sich einigermaßen hat bilden können. Er liegt auch darin, und gar in erster Linie, daß unsere Zeit einen allgemeinen Verlust an Vertrauen zu der Gültigkeit des Geschlossenen und Vollständigen erfahren hat und daß es ihr verdächtig geworden ist. Das Vollständige ist zu gut und zu schön, um wahr zu sein, und da wir nicht glauben können, daß es wahr sei, erscheint es uns auch nicht als besonders gut oder schön. In den meisten Sphären der schöpferischen Spekulation, vor allem aber im Schrifttum, hat es den Anschein, als beschränkten wir uns bewußt mehr und mehr auf die reine Feststellung der Phänomene und hätten beinahe den Versuch aufgegeben, aus ihnen einen zusammenhängenden und dauerhaften Sinn abzuziehen.

Doch hat die Sache noch eine andere Seite. Wenngleich wir einerseits eine aufrichtige Ungeduld mit festgefügten, konsolidierten Welten des Gedankens und des Glaubens empfinden, der die Lose-Blätter-Struktur des Tagebuchs so bereitwillig entgegenkommt, so müssen wir andererseits ein erstaunliches Bedürfnis nach Intimität in unserer im übrigen so sehr entpersönlichten Welt zugeben. Die Anziehungskraft des Tagebuchs auf den Leser gründet sich nicht nur auf sein Verlangen nach Tatsachen, nach dem Dokumentarischen, nach Authentizität. Gewiß besteht ein echtes Bedürfnis zu wissen, was „wirklich geschah" und wie es sich zutrug, und man möchte es vorzugsweise von einem erfahren, der dabei war und sich bei der Darstellung nicht auf seine Erinnerung zu verlassen braucht. Das gilt für politische Vorgänge ebenso wie für die Entstehung eines Kunstwerkes oder einfach das Erlebnis bedeutender oder erregender Zeitläufte. Die Ungeduld mit der Interpretation durch Dritte und das Verlangen nach Authentizität sind die gleichen.

Hinzu kommt noch ein anderes, für unsere Tage charakteristisches Element — das drängende Bedürfnis, überall dabei zu sein, hinter alle Kulissen zu spähen, bei den intimsten geistigen Verrichtungen über die Schulter blicken zu dürfen. Doch ist dies nicht so völlig kindisch wie es den Anschein hat. Es

ist richtig, daß krasse Neugier, Intimitätssucht, regelrechte Schamlosigkeit, eine Disposition, bei der jeder bei jedem glaubt, geistige und seelische Haussuchung halten zu dürfen, nach dem Genre greifen und es fördern. Aber am anderen Ende der Skala stehen auch echtes Mitgefühl und eine Sorge, ein regelrechter Verdacht — oder sollten wir es gar Furcht nennen? — daß wir selbst aufs intimste und persönlichste von dem betroffen sein könnten, was wir da entdecken. Im Grunde ist dies alles nur Ausdruck einer und derselben Besorgnis — ob es nun platte Neugier ist zu erfahren, was sich während der letzten Stunden in Hitlers Hauptquartier ereignete oder das Bedürfnis, die Eigenart des geistigen Dilemmas eines anderen zu verstehen, das morgen unser eigenes sein kann.
Schließlich spielt geistige Trägheit eine Rolle. Tagebücher „lesen sich leichter" als geschlossene, ausgeformte Werke. Sie sind formal zugänglicher, legen dem Leser wenig oder gar keine Disziplin auf und kommen seiner instinktiven Abneigung gegen das Fertige, das Runde, das Ganze entgegen. Da er selbst vornehmlich ein geistiger Landstreicher geworden ist, erkennt er in dem Tagebuchschreiber seinen Bruder. In einer Zeit, da alles in Trümmern liegt, ist das Fragmentarische noch am annehmbarsten und glaubwürdigsten. Es ist ganz einfach „wirklicher".
Wie der Leser, so der Schreiber. Die Beziehung ist reziprok. Der Tagebuchschreiber teilt dieses Bedürfnis nach Intimität mit seinem Leser. Wenn er eine Periode der moralischen Krise und der künstlerischen Widerwärtigkeit durchlebt hat, wie sie die Vereinigung von Tyrannis und Krieg in jedem unabhängigen Geist heraufbeschwören muß, mag er das Gefühl haben, als schulde er eine Erklärung, warum ihm das voll ausgerundete Werk versagt geblieben ist, welches man wohl von ihm erwartete. Äußere und innere Schwierigkeiten, ein geschlossenes Werk hervorzubringen, dem eine halbwegs geschlossene Anschauungswelt zugrunde liegt, lassen das Tagebuch als schöpferischen Ausweg, als eine legitime Möglichkeit des schöpferischen Übergangs erscheinen. Es tritt an die Stelle des verhinderten Werkes, es ist dieses Werk und wird als solches vorgelegt. Dies gilt nicht für André Gides „Tagebuch der Falschmünzer", welches ein echter Kommentar zu einem bestehenden Werk ist, aber es gilt durchaus für Gides seither ver-

öffentlichte Journale, vornehmlich aus der Kriegszeit. Es gilt nicht für Thomas Manns Faustus-Kommentar und Entstehungsgeschichte, wohl aber für Julien Green und Montherlant und im höchsten Maß für die Kriegstagebücher von Ernst Jünger.

Nichts gegen diesen Ausweg des Schriftstellers, der sich in extremen Verhältnissen befindet. Das Bedürfnis ist durchaus schöpferisch und es ist legitim. Man hat, obwohl es einem zu einer geschlossenen Arbeit aus äußeren und inneren, materiellen und geistigen Gründen nicht „zusammengeht", doch und immerhin etwas zu sagen und muß und will es sagen, in erster Instanz sich selbst, in zweiter den anderen. Ja, man mag durchaus der Ansicht sein, daß Momentaufnahmen besser sind als gar keine Bilder und Fragmente des Gedankens und der Beobachtung produktiver, anregender, hilfreicher als vollständiges Schweigen. Auch wenn das Tagebuch, was keineswegs immer der Fall ist, Ausdruck der Unmöglichkeit oder Unfähigkeit des Autors ist, sich anders zu äußern, so kann es noch immer Anteilnahme heischen. Es ist begreiflich, daß wir in allen diesen Tagebüchern, die mehr oder weniger ausdrücklich für den Zweck der Veröffentlichung geschrieben sind, einen Unterton der Entschuldigung, der Apologie und der Selbstrechtfertigung spüren, und wir spüren ihn gern. Er erhöht das Vertrauen. Wo wir ihn vermissen, stellt sich auch bei uns alsbald Widerstand ein, und wir erteilen unser Zutrauen sparsamer. Kein anderes literarisches Genre verlangt eine so vollständige Gleichschaltung zwischen Leser und Schreiber.

Alle diese Motive müssen natürlich besonders stark in einer geistigen Atmosphäre wie der deutschen während der Hitlerjahre wirken. In einer solchen Konstellation verlaufen die Feuerlinien und Schußbahnen überall, vorn und im Rücken und zwischen einem selbst und dem Nebenmann. Dazwischen spannt sich ein labyrinthhaftes Netz von Dilemmen und mit einander in Konflikt stehenden Loyalitäten, und der schöpferische Geist — geschult zu sehen, zu hören und zu denken — verfängt sich in ihnen allen zu gleicher Zeit. Er kann nur in kurzen Anläufen, Sprüngen und atembeschwerten Ruhepausen leben; er kann nur in Fragmenten denken und glauben; er kann nur ein Tagebuch, ja vielleicht gar nur ein Stunden- und Minutenbuch schreiben. Selbst einem so geschlossenen Geist wie Theodor Haecker ist dies inmitten der kriegführenden Tyrannis eine vertraute und geläufige Erfahrung. Er merkt in seinen „Tag- und Nachtbüchern" unter dem 4. Oktober 1940 an: „Ich habe einmal einem Verzweifelten den Rat gegeben, zu tun, was ich selber in ähnlichen Zuständen getan habe: in kurzen Fristen zu leben. Komm, sagte ich mir damals, eine Viertelstunde wirst du es ja noch aushalten können."

Doch sind die Gefahren, die Verführungen im Auge zu behalten, und hier ist zwischen dem „echten" Tagebuch zu unterscheiden, das unverfälscht an den Leser herantritt als ein authentischer äußerer und innerer Erlebnisbericht, und dem hergerichteten, dem zurechtgemachten, dem frisierten und auf Hochglanz polierten, das Ursprünglichkeit vortäuscht, wo mit Bedacht nachträglich interpoliert, weggelassen und ediert worden ist. In die erste Reihe gehören die Nachtbücher Haeckers. Auch sie waren für die Veröffentlichung bestimmt, sobald die Umstände es erlaubten. Ihr Autor erlebte diese Veröffentlichung nicht mehr, aber er bestimmte Form und Auswahl. Das Entscheidende war jedoch, daß er lediglich rein private Eintragungen ausschloß und das übrige bis auf geringe stilistische Korrekturen in der ursprünglichen Gestalt stehen ließ. In die zweite Reihe gehören die Kriegstagebücher Ernst Jüngers „Gärten und Straßen" und „Strahlungen". Hier nehmen die rein privaten Eintragungen eine sehr vordringliche Stelle ein. Die Person des Autors tritt an die Stelle des Werkes, und das Tagebuch erläutert diesen Autor. Damit hört dieser Autor zwar nicht auf, eine geistige Persönlichkeit zu sein, wohl aber ein Autor. Das schöpferische Moment tritt sehr weit zurück, wenn es nicht gar ganz ausscheidet, es wird kein Werk mehr hervorgebracht, denn man selbst ist das Werk. Das Tagebuch, Frucht extremer innerer und äußerer Umstände, steht stellvertretend nicht für das Werk, sondern für den Autor.

Das ist eine riskante Situation. Ist es an diesem, so darf man sich beinahe alles erlauben und spielt damit direkt für die Leser-Galerie, auf der die Neugierigen, die Indiskreten, die Schamlosen sitzen, die einen als schöpferischen Menschen niemals etwas angehen dürfen. Man macht es ihnen leicht, indem man es sich selbst leicht macht. Solche Tagebücher lesen sich nicht nur leicht, sie schreiben sich auch leicht; leichter jedenfalls als ein „regelrechtes“, will sagen den Regeln gerechtes, ein hieb- und stichfestes Buch, das eine ausgeformte gedankliche Struktur besitzt, in sich folgerichtig fortschreitet, keine losen Fäden ungeknüpft hängen läßt, keine Irrelevanzen enthält und was sonst von einem „Werk“ zu verlangen wäre, sei es nun ein Roman, eine „Neue Theologie“ oder ein politisches Glaubensbekenntnis.

Das eigens für die Veröffentlichung geführte Tagebuch jedoch lebt als literarische Spezies von eben diesen Elementen. Es ist sprunghaft, läßt aus, was unbequem ist, „zuviel Mühe macht“ oder „nicht hineinpaßt“. Es darf flüchtig sein, irrelevant, sich mit obskuren Andeutungen begnügen. Es feiert den Autor in seinen Launen, seinen Ungereimtheiten, seinen Unarten. Es nimmt alle Vorrechte des „Werkes“ für sich in Anspruch und weist alle seine Verpflichtungen von sich. Es übernimmt außerdem die meisten Nachteile des „echten“ Tagebuches und nur die wenigsten seiner Vorteile. Es ist im günstigsten Fall abgelagerte Spontaneität, im ungünstigsten Triumph der Schlamperei, eine Unverschämtheit im buchstäblichen Sinn des Wortes.

Die Frage ist, ob und in welcher Weise ein solches „literarisches Halbfabrikat“, wie ein Kritiker es genannt hat, geeignet ist, dem in der Despotie bedrängten Geist zu Hilfe zu kommen. Und zwar in doppelter Weise: ob es ihn, dem andere Möglichkeiten genommen sind, befähigt, seine geistige Integrität inmitten einer Welt zu bewahren und gar zu befestigen, die auf die Zertrümmerung dieser Integrität ausgeht; und ob es ihm gestattet, zu gegebener und geeigneter Zeit derart auf seine Zeitgenossen einzuwirken, wie es andernfalls ein absichtsvoll geformtes, allem Zufälligen und Unartigen enthobenes „Werk“ zu tun hätte. Mit anderen Worten, ob es ein gültiges Instrument der geistigen Moralität vorstellen kann.

In der Vorrede zu seinem Kriegsjournal „Strahlungen“ bemerkt Ernst Jünger, das Tagebuch habe „unter mancherlei Gründen auch den ... der Geschwindigkeit“, der es zu einem „Kennzeichen der Literatur“ mache. „Die Wahrnehmung, die Mannigfaltigkeit der Töne kann sich in einem Maße steigern, das die Form bedroht ... Demgegenüber ist literarisch das

Tagebuch das beste Medium. Auch bleibt es im totalen Staat das letzte mögliche Gespräch."

Auf diesen letzten Satz muß es uns vornehmlich ankommen. Auch für Haecker waren seine „Tag- und Nachtbücher", vom Herbst 1939 bis 1945 geführt — wir ziehen sie hier vorzugsweise zum Vergleich heran, weil sie die gleiche Phase der Tyrannis und die nämlichen Orientierungspunkte im Zeitgeschehen umfassen — die letzte mögliche Form des Gesprächs. Aber obwohl er den schmerzlichen moralischen Niedergang seines Vaterlandes seit Jahren vorausgesehen und nachdrücklich vorausgesagt hatte, gab ihm seine endliche völlige Isolation doch keinen Grund zur Klage. „Alles in allem", so notiert er im August 1941, „sind doch die einsamen Schreibenächte das schönste, was mir Gott geschenkt hat. Anlaß und Grund zu ewiger Dankbarkeit." So erlange er Wissen und Kenntnisse, die er durch reine Gedankenarbeit nie erworben hätte und die das Schreiben möglich mache. So schreibe er für sich selbst und seine eigene Verbesserung und Vervollkommnung. Doch war der Zweck dieser heimlichen, gefahrvollen Bemühung natürlich immer, die Wahrheit zu schreiben. So notiert Haecker an dem Tag, da die deutschen Armeen in Paris einziehen: „Verflucht sei jeder Wunsch, der das Auge trübt, die Zunge lähmt, die Hand hemmt, das Wahre zu sehen, zu sagen und zu schreiben." Und er fügt hinzu: „Die Stunde des Bösen, das ist die Stunde, da der Teufel mehr ‚Wunder' tut als Gott."

Drei Jahre später, im Mai 1944, klagt er dem Tagebuch aufs Bitterste seine Unfähigkeit, seinen Mitmenschen das düstere Läuten der Schicksalsglocken mitzuteilen, das er so deutlich hört und das sie außerstande sind zu verstehen. „Was soll ich tun?" ruft er. „Immer wieder versuche ich spontan, meine so verzweifelt klare Erkenntnis mitzuteilen, ich zeige sozusagen auf den einfach nicht überhörbaren und mißzuverstehenden Ton, den Ton, der identisch ist mit dem Ganzen und der Katastrophe, und immer werde ich geschlagen von dem Unbegreiflichen, daß der Ton nicht gehört, der Sinn nicht verstanden wird. Was soll ich tun? Gar nichts sagen? Schweigen? Oder zu spät sagen?"

Hat das Tagebuch als Instrument der geistigen Moralität doch versagt? Es ist die Frage, die den Schriftsteller Haecker bis in seine letzten Stunden quält. Jünger wirft sie nicht einmal auf.

2

Ernst Jünger war neunzehn Jahre alt, als er in den ersten Weltkrieg, vierundvierzig, als er in den zweiten zog. In den ersten zog er freiwillig und tat sich in ihm hervor; in den zweiten wurde er unfreiwillig gezogen und versteckte sich in ihm. Aus dem ersten ging er ruhmreich als Leutnant mit dem Pour le Mérite hervor; aus dem zweiten wurde er als Hauptmann mit dem Eisernen Kreuz zweiter Klasse wortlos und vorzeitig verabschiedet. Die beiden Kriege waren vermutlich die einschneidendsten Erfahrungen seines Lebens, aber sie waren für ihn klarerweise nicht einer und derselbe Krieg. Nach dem ersten veröffentlichte er sein erstes Buch „In Stahlgewittern", nach dem zweiten sein Kriegstagebuch „Strahlungen". Dazwischen liegt eine beträchtliche Entwicklung, nicht ohne Umwege.

Diese Entwicklung ist aus einem knappen Dutzend von Veröffentlichungen abzulesen, die in diese Spanne fallen, sowie aus einer erstaunlichen Anzahl von Kommentaren und Erläuterungen, die von anderen über ihn veröffentlicht worden sind. Es sind fast ebenso viele Bücher über Jünger erschienen als er selbst geschrieben hat, und die meisten sind wesentlich umfangreicher als seine eigenen Arbeiten. Das scheint merkwürdig, ist es aber nicht. Die Diskussion ist immer bedeutend umfangreicher als der Wortlaut des Themas, welches diskutiert wird. Man kann daraus schließen, daß hier etwas vorliegt, das zu weitgreifender Diskussion Anlaß bietet. Man kann ebenfalls schließen, daß in dieser Diskussion viel bedeutungsloser Unsinn geredet wird. Beides stimmt.

Die Entwicklung Jüngers von Krieg zu Krieg ist für den Versuch, die moralische Orientierung dieses interessanten Geistes im Angesicht der Despotie zu betrachten, in ihren Einzelheiten nicht unerläßlich. Sie kann in den zahlreichen biographischen Kommentaren aus seinem Freundeskreis nachgelesen werden. Aus ihnen, vornehmlich aus Armin Mohlers Anhang zu Gerhard Nebels Buch über Ernst Jünger, erfahren wir das Wesentliche, soweit es auf unsere Betrachtung Bezug hat: nämlich auf Jüngers Beziehung und Verhältnis zu der Despotie, in welcher er sich befand.

Nach dem Ende des ersten Weltkrieges verblieb Jünger vorerst im Heer, nahm aber nach vorübergehender Arbeit im Reichswehrministerium 1923 als Achtundzwanzigjähriger seinen Abschied. Er begann ein naturwissenschaftliches Studium, brach es aber als Dreißigjähriger ab und wandte sich der schriftstellerischen und politischen Arbeit zu.

Diese politische Tätigkeit fällt in die entscheidenden Jahre der Weimarer Republik, von der Mitte der zwanziger Jahre bis zum Regierungsantritt Hitlers. Jüngers drei Bücher aus dem ersten Weltkrieg, die ihn bekannt gemacht hatten, rückten ihn in die politische Nähe der Kriegsteilnehmer-Organisation des „Stahlhelm", aber er verblieb nicht in der „bürgerlichen Trägheit" dieser Gesellschaft, sondern bemühte sich mit anderen um einen politischen Standort zwischen Sozialismus und Nationalismus, der den „Massenparteien des Kommunismus und Nationalsozialismus zuvorzukommen" sucht. Diese Bemühung, außerhalb der großen durchorganisierten Gruppierungen zu arbeiten und Einfluß zu gewinnen, führte ihn „über die verschiedensten Absplitterungen und Bünde in zahlenmäßig immer kleinere Kreise", bis er sich schließlich um die Wende der dreißiger Jahre mit der Bewegung Ernst Niekischs identifizierte und sie mit Wort und Schrift unterstützte.

Dem Kreis Niekischs und seinem als „nationalbolschewistisch bezeichneten" planwirtschaftlich-technischen Weltbild versuchte Jünger mit seinem 1932 erschienenen Buch „Der Arbeiter" eine Art denkerischer, systematischer Grundlage zu liefern, und mit ihr geriet er in beträchtliche geistige Nähe eben jener Massenparteien, für die er eine Alternative suchte. Der „Stahlhelm", wenn er bei ihm geblieben wäre, hätte ihn freilich umweglos in das Lager Hitlers geführt. Doch auch der eingeschlagene Umweg führte ihn in dichte und gefährliche Nachbarschaft mit der heraufkommenden Despotie. Daran ändert auf der Ebene der Ideen auch die reale Tatsache nichts, daß Jünger die Nähe Hitlers mied, der sich um ihn bemühte, und bereits 1927 das Reichstagsmandat ablehnte, das die nationalsozialistische Partei ihm anbot. Die Versuche, vor allem in „Der Arbeiter", die Kluft „zwischen der Arbeiterschaft auf der einen und der nationalistischen Jugend und den Frontkämpfern auf der anderen Seite zu schließen", mögen, wie Mohler und andere immer wieder versichern, „im Kern" vom Nationalsozialismus „wesensverschieden" gewesen sein — wie wesensverschieden, darüber läßt sich debattieren. Unbestreitbar aber haben sie Jünger über ansehnliche Strecken und bei zahlreichen Gelegenheiten in die Nähe der nationalsozialistischen Parolen geführt, aus denen diese Weltanschauung ja im wesentlichen bestand und sie so dicht neben ihnen her laufen lassen, daß für einen, welcher mit den Nuancen und Schattierungen der „kleinen Kreise“ (und ihren politischen Haarspaltereien) nicht genau vertraut war, der Wesensunterschied nicht allzeit offenbar war. Die „Totale Mobilmachung“ ist nicht der einzige Begriff, den Ernst Jünger in diesen Jahren dem Schlagworte-Schatz Hitlers schenkte, und es ist gar nicht einmal so sicher, daß Hitler diesen Begriff wirklich total mißverstand. Hieraus allein läßt sich für Jünger kein Vorwurf konstruieren. Der Präger von Begriffen ist nicht und niemals für die Art und Weise der Verwendung dieser Begriffe oder ihre Interpretation durch andere verantwortlich, mit denen er wenig oder gar nichts gemein hat. Er ist jedoch verantwortlich für die Gedankenwelt, aus der er solche Begriffe schöpft. Diese Gedankenwelt grenzt aber nicht er ab, sondern jener, auf welchen die Begriffe sich auswirken. Dabei gerät er in oft unwillkommene Gesellschaft, aber es ist seine Gesellschaft. Das ist sein Dilemma und auf der Ebene der Ideen auch seine Schuld.

Mit dem Regierungsantritt Hitlers zog sich Jünger aus der politischen Arbeit zurück, wendet sich anderen geistigen Beschäftigungen zu, unternimmt größere Reisen. Der Rückzug aus der Politik kann jedoch nicht verhindern, daß er in wachsenden Gegensatz zu den Machthabern gerät, und er weicht diesem Gegensatz auch keineswegs aus. Er lehnt bereits 1933 eine Berufung in die gleichgeschaltete Dichter-Akademie ab, in der Gottfried Benn sich als am rechten Platz empfand, und verbietet dem „Völkischen Beobachter“ den Abdruck aus seinen Büchern. Er setzt die Mitarbeit an Niekischs Zeitschrift fort und ist mutig genug, im Jahr 1937 angesichts des Hochverratsprozesses gegen Niekisch der Familie seines Freundes bis zu ihrer Verhaftung Unterschlupf zu gewähren. Er ist überwacht, es gibt Haussuchungen, aber vor dem Schicksal Niekischs bewahren ihn einflußreiche Freunde in der Armee. Er bleibt in Deutschland, obwohl ihm die Übersiedlung ins Ausland wesentlich leichter und bequemer gemacht worden wäre als manchem, mit weniger Grund verfolgten und bis zur Verzweiflung drangsalierten Landsmann, der keine Wahl und keine freie Entscheidung besaß und aus dem bitteren Apfel ein größeres Stück herausbeißen mußte als er verdauen konnte und daran zugrunde ging. Dies ist kein Vorwurf gegen Jünger, sondern die Feststellung einer Konstellation, innerhalb derer er trotz seiner unbestreitbaren Gefährdung eine vergleichsweise günstigere Position einnahm als ein sozialdemokratischer Gewerkschaftler oder ein jüdischer Konzertgeiger, die im Reichswehrministerium keine Bekannten hatten, obwohl sie im ersten Weltkrieg es an Tapferkeit und Todesmut nicht mangeln ließen. Jüngers Verhalten war unzweifelhaft mutig, ihres ebenso unzweifelhaft alles andere als feig. Der moralische Vergleich, der hier zuweilen angestellt wird, ist irrelevant und moralisch ungehörig.

Mit dem Ausbruch des zweiten Weltkrieges ging Jünger als Hauptmann und Führer einer Infanterie-Kompanie an die Westfront, machte den Stellungskrieg am Rhein mit und rückte dann im Gefolge der vordringenden deutschen Armeen nach Frankreich ein. Diesen Abschnitt seiner Kriegserlebnisse schildert er in seinem Tagebuch „Gärten und Straßen", das 1942 erschien und bald darauf wegen einer unliebsamen Stelle verboten wurde. Diesem Kriegstagebuch war der kurz nach Kriegsausbruch erschienene Roman „Auf den Marmorklippen" vorausgegangen, der von der Nazipartei als eine allegorische Satire auf die nationalsozialistischen Machthaber verstanden wurde und ihm Beschwerden seitens der Parteileitung bei Hitler eintrug. Das Buch, das eine Reihe von Interpretationen zuläßt, unter denen die der allegorischen Satire nur eine ist und ihm keineswegs gerecht wird, wurde jedoch nicht verboten. Nach Ende des Frankreich-Feldzuges gerät Jünger in der Heimat neuerlich in unbehagliche Lagen, wo die Geheime Staatspolizei, Niekisch-Fährten aufspürend, wieder haussucht. Jüngers hochgestellte Freunde in der Armee sind auch diesmal in der Lage, ihn dem Zugriff der Polizei zu entziehen. General Speidel setzt gegen den Einspruch Keitels die Abkommandierung des Hauptmanns Jünger zum Stabschef des Militärbefehlshabers in Frankreich durch. Nach dessen Versetzung nach Rußland findet Jünger einen neuen Schutzherren in dem nach dem 20. Juli 1944 hingerichteten General von Stülpnagel. Er bleibt in Paris, tief im Räderwerk der unübersichtlichen Militärmaschine verborgen, vom Juni 1941 bis zur Auflösung des Stabes des Militärbefehlshabers am 1. September 1944. Diese Zeitspanne und etwas mehr umfaßt das Kriegstagebuch „Strahlungen“, das im Sommer 1949 erscheint.

3

In dem Roman „Marmorklippen“, zehn Jahre vor den Strahlungen erschienen, hatte sich Jünger zum erstenmal mit der ihn umgebenden Despotie auseinandergesetzt; mehr noch: mit der Welt, in der die deutsche Tyrannis überhaupt möglich wurde. Dieses Buch ist voller Hinweise auf die moralischen Möglichkeiten, die einem vergleichsweise freien und unabhängigen Geist in der Despotie offenstehen. Und aus den moralischen ergeben sich, keineswegs merkwürdigerweise, auch die künstlerischen Möglichkeiten.

Der Schriftsteller Jünger ist zu diesem Zeitpunkt, kurz vor Ausbruch des zweiten Weltkrieges, entschlossen, das zu sagen, was er über die Welt und sein Vaterland zu sagen hat, in denen eine solche Auseinandersetzung zwischen solchen Kräften möglich ist und geradezu unausweichlich wird. Über die Unausweichlichkeit hat er zu diesem Zeitpunkt keinen Zweifel mehr. „Das Strittige ist so gehäuft“, notiert er am 28. August 1939, „daß nur das Feuer es aufarbeiten kann.“ Es handelt sich aber darum, die Dinge so zu sagen, daß sie einerseits verstanden werden können, andererseits aber den Sprecher nicht automatisch der Polizei einhändigen. Es ist nötig, Sinnbilder zu wählen und die Erkenntnisse, deren Verbreitung unter den Augen des Despoten für notwendig gehalten wird, in die stellvertretende Allegorie zu hüllen.

Aber dieser Schutz ist heutzutage nicht mehr ausreichend. In der Tyrannis wird sowieso von niemand angenommen, daß er das meine, was er sagt, daß das Wort auch das Ding bedeute. Der Tyrannisierte nimmt es vom Tyrannen nicht an und der Tyrann nicht vom Tyrannisierten. Der Tyrannisierte, der seinesgleichen etwas mitzuteilen hat, muß also auf zusätzliche Schutzmaßnahmen sinnen, und sie liegen über die herkömmliche Zwei- und Doppeldeutigkeit der Allegorie hinaus in der Mehr- und Vieldeutigkeit. Hier wird die Sache für alle Beteiligten riskant. Wenn das Wort nicht nur das auf der Hand liegende „andere" Ding bedeutet, sondern außerdem noch eine Auswahl von mehreren „anderen" Dingen, wenn die Aussage mehrgeleisig wird und auf mehr als zwei Ebenen gleichzeitig verläuft, so wird nicht nur der Despot verwirrt. Er kann freilich den Sprecher, zumindest so lange die äußere Form eines Rechtsverfahrens noch vorhanden ist, auf kein eindeutiges Delikt mehr festlegen, da der Sprecher sich auf eine Mehrzahl von Ausweichsgeleisen „verschieben" kann, und in dieser Hinsicht entwickelt Jünger in den „Marmorklippen" eine hohe Kunst der Weichenstellung.

Aber die Gefahr besteht an diesem Punkt, daß nicht nur der zu narrende Despot, sondern auch der angesprochene heimliche Mitmensch in Verwirrung gestürzt wird und genau das verliert, was die Aussage ihm geben sollte: nämlich Orientierung. Er kann nicht mehr mit Sicherheit erspüren, was nun eigentlich „gilt", was „wirklich gemeint" ist. Dies wird im Fall der „Marmorklippen" an der Vielfalt der Interpretationen sichtbar, die das Werk von Jüngers Freunden und vertrautesten Anhängern erfahren hat. Die Antwort des Autors selbst wäre wohl, daß diese Interpretationen alle richtig und alle falsch sind, daß keine restlos zutrifft, aber auch keine restlos danebenhaut, und daß das Zutreffende verstreut in allen Schichten und auf allen Ebenen liegt und in einer Schau zusammen gesehen werden muß. Dies trifft auf die „Marmorklippen" in höchstem Maß zu. Das geistige Auge muß gleich einem Magneten alle zusammengehörigen Teilchen auf einen Punkt zusammenziehen, und in diesem Punkt wäre dann der „Sinn". Es ist aber auch der Punkt, den der Zeitgenosse mit einem durchschnittlichen Sensorium selten oder nie erreicht. Die Despotie macht zwar die Tauben hörend und die Achtlosen hellhörig, aber dieser Verfeinerungsprozeß hat seine natürlichen Grenzen. Wenn der durchschnittliche Zeitgenosse über diese Grenze muß, findet er nicht hin zum „Sinn", und der moralische Vorsatz der „Ansprache", wie er einem Buch wie den „Marmorklippen" so stark unterliegt, wird nur teilweise, möglicherweise gar nicht erfüllt.

Künstlerisch ergeben sich dabei, wie die „Marmorklippen"

zeigen, merkwürdige Zwangslagen. Dieses Buch ist im Grunde eine ausgewachsene Novelle, aber der Stoff ist der eines Romans, und etwas Krampfhaftes bleibt bei dieser höchst bewußten und kunstvollen Reduktion auf den kleineren Maßstab zurück. Die Oberfläche des Gemäldes wird allzu glatt, das Ganze geradezu unkörperlich. Man möchte gern zuweilen etwas vom Pastosen des Farbauftrags unter dem Finger spüren, doch kann der Autor sich diese Freiheit nicht erlauben: es würden sich bei der Änderung der künstlerischen Mittel möglicherweise geistig verwundbare Stellen offenbaren. Falten in der Decke verraten die Form des darunter liegenden Körpers. Auch zwingt die Komprimiertheit der Form zu völligem Verzicht auf die direkte Rede, und dies trägt zusätzlich zur Entkörperlichung und geradezu Entseelung bei und rückt die Gestalten, wohl kaum unabsichtlich, weiter als nötig erscheint, in die verdünnte Luft der doppeldeutigen Allegorie, in der jedes einzelne Element, jede Komponente der Allegorie ihrerseits wieder doppel- und mehrdeutig ist, und das pulsschlagende Leben entweicht. Dabei hat der Glanz, der über dem Ganzen liegt, etwas eigentümlich Barbarisches. Die atemlose Stille und Gesammeltheit dieser ins äußerste gefeilten Prosa, die „keine Schwingungen und Drehungen kennt", dafür von „großer Festigkeit" ist, wie Jünger selbst in „Gärten und Straßen" vom Stil der „Marmorklippen" sagt, kreischt plötzlich, Stunden, nachdem man das Buch weggelegt hat, schrill im inneren Ohr. Indessen wird diese „Festigkeit" durch übermäßig häufige Verwendung des Wortes „indessen", das Jüngers erzählerische und essayistische Lieblingsvokabel ist, nicht erreicht. Dieses Wort ist wie ein Gummizug, der die Glieder der Puppe verbindet. Er leiert sich aus, und auf einmal baumelt alles schlapp umher.

Daß die Zensur den Stil verfeinere, wie Jünger in seinen Aphorismen meint, scheint außerdem fraglich. Freilich, derselbe Stoff auf größerer Fläche ausgebreitet, hätte dem Buch vermutlich in den Umständen, in denen es entstand und erschien, die glatt durchschlagende Wirkung des runden, reibungslosen Geschosses genommen. Es hätten sich untunliche Friktions- und Angriffsflächen ergeben. Die Formprobleme, die sich dem Künstler unter extremen äußeren Umständen aufzwingen, nehmen kein Ende. Um lebendig zu bleiben, muß er sich eine künstliche Starre aufnötigen. Um durchzurutschen, muß er sich sozusagen aalglatt machen. Dabei heißt es nun allerdings aufpassen, daß man kein Aal bleibt oder gar zum Schluß die Aalgestalt für die höchste Form des Menschen hält.

Hier ist aus der Not eine ausgezeichnete Tugend gemacht. Aber bleibt sie Tugend, wenn Not und Nötigung nicht mehr bestehen? Das Kriegstagebuch „Strahlungen" und Jüngers nach Kriegsende entstandene Arbeiten werfen die Frage auf, wie weit diese Starre und Glätte bei Jünger nicht bereits natürlich sind, wie weit aus notgedrungener Pose naturgemäßer Habitus geworden ist. Seiner geistigen Gangart mangeln Lockerheit und Gelöstheit — die allein die künstlerisch und denkerisch fruchtbare Improvisation erlauben — und von fern weht einem ein Hauch der lebendigen Gestorbenheit oder gestorbenen Lebendigkeit Stefan Georges entgegen. Die Lähmungserscheinungen, die der Geist in der Despotie simulieren muß, verlassen ihn auch in der nachfolgenden Freiheit nicht vollständig. Aber das ist verständlich. Es ist ja kaum glaublich, daß der Despot wirklich verschwunden sein soll. Man traut seinen Augen und Ohren nicht, gerade, wenn man sich gewöhnt hat, so überscharf zu sehen und zu hören. Für einen Geist wie Jünger, der sich so intensiv sein ganzes Leben lang mit Machtfragen beschäftigt hat und der auf Grund dieser Beschäftigung sein eigenes, sehr intimes Verhältnis gerade zu den Mißbrauchern der Macht entwickelt hat, scheint es unglaublich, daß die Macht nicht mißbraucht oder gar die Abwesenheit von Macht, in welcher Form immer, nicht als ausgesprochen störend empfunden wird. Er erblickt Mißbrauch der Macht auch dort, wo gar keine Macht ist und tarnt sich gegen einen Despoten, der nur in seinem Herzen noch lebt, der ihm aber zur Zwiesprache unerläßlich ist. So wird der Sprecher zeitweise unverständlich und das Gesprochene außerdem unerheblich. Das zeigt sich in Jüngers letzten Schriften, im „Waldgang" und im „Besuch auf Godenholm", die verschlüsselt wispern. Das gleiche, in geraden Worten gesagt, würde sich weitgehend als gegenstandslos erweisen.

4

Die geistige und moralische Absicht der „Marmorklippen“ war klar oder ist es seither geworden. Die der „Strahlungen“ ist es weit weniger. In seinem Vorwort erklärt Jünger, er fasse diese Tagebücher „als meinen geistigen Beitrag zum Zweiten Weltkrieg auf, soweit ihn die Feder leistet“. Dieser Satz ist möglicherweise der wichtigste im ganzen Buch. Aber ist er klar? Denn was heißt „geistiger Beitrag zum Zweiten Weltkrieg“? Heißt es Beitrag zur Führung dieses Krieges, also geistige Kampfleistung? Wenn es das heißt, muß man fragen: auf welcher Seite, für wen, gegen wen? Und zu welchen der verschiedenen Entscheidungen, in denen der Krieg endete, trug der Beitrag bei? Oder heißt es Beitrag zur nachträglichen Durchleuchtung des Krieges und der Kräfte, die ihn führten? Etwas, das erst vier Jahre nach Beendigung des Krieges ans Licht kommt, und wenn es auch nur ein einziges Blatt Papier ist, das während dieses ganzen Krieges höchst sorgfältig geheimgehalten wurde, kann unmöglich einen Beitrag zu diesem Krieg, welcher Art auch immer, darstellen. Es muß also das zweite gemeint sein. Wie merkwürdig, bei einem Autor, der soviel auf Präzision gibt, an dieser Schlüsselstelle eine so schlampige Definition anzutreffen.

Ist die Ausgangs-Formulierung von sorgloser Doppeldeutigkeit, so entspricht sie damit, in gewissem Sinn, der Grundhaltung des Schriftstellers Jünger, der sich in den extremen Verhältnissen der Despotie des Tagebuchs als einer geistigen Ausdrucksform bedient. Wir kommen damit auf das zu Beginn Gesagte zurück. Die Tagebuch-Form ist dem heutigen Menschen, Leser und Schreiber, überaus gemäß. Sie ist dem Schriftsteller Jünger ganz besonders gemäß. Für ihn, der seit den „Stahlgewittern“ über den „Arbeiter“ und die „Marmorklippen“ bis zu diesem Punkt einen ungeheuren Bogen der Umorientierung beschrieben hat und dessen Wegrand die zerknackten Denksysteme in verwirrender Vielfalt säumen, ist diese Form des weitmaschigen Gewebes, durch das der Gedanke ohne viel Kontrolle hin und her schlüpfen kann, der offensichtliche Ausweg. Noch immer hat der Geist in der Despotie das dringende Bedürfnis, sich mitzuteilen, und zwar über die Despotie und in einer Weise, die der Despotie nicht gefallen kann. Doch sind die Zeiten der vielfach verschachtelten und verstuften Allegorie vorbei. Man ist tief drinnen in der gewaltigen Maschine versteckt. Man könnte an dieser Stelle die Maschine wohl ein wenig sabotieren, könnte „Waldgänger" sein, doch dadurch würde das Versteck entdeckt. Es ist aber wichtiger, versteckt zu bleiben und zu überleben, um nachher, 1952, zehn Jahre später, den Zeitgenossen erklären zu können, daß auch die riesige Heeresmaschine ein „Wald" sei, und was der „Freie", dessen Freiheit in der Erkenntnis seiner Existenz liegt, hätte tun müssen, wenn er in der Situation Jüngers gewesen wäre. Doch legitimiert dieser Ausweg weder sich selbst noch das Tagebuch als moralische Aktion angesichts der Despotie.

Denn das Tagebuch fordert vom Schriftsteller ja nicht notwendigerweise ein fest gefügtes, gerundetes Anschauungsbild. Wenn er zur Zeit keins hat — und darin liegt kein Vorwurf, wer hat schon eines? — so besteht darin kein Hindernis. Es erlaubt ihm, in knapper Formulierung stichwortmäßig den Anschein verbindlicher Äußerungen zu geben, ohne daß er die Verbindlichkeit wirklich eingehen müßte: die nächste Eintragung kann und darf sie zurücknehmen oder qualifizieren. Das Tagebuch, wenn es nicht Ergänzung des geschlossenen Werkes, gleichsam vom Autor selbst geliefertes Schlüsselbund ist, sondern wie hier an die Stelle des Werkes tritt und für es genommen zu werden verlangt, erteilt dem Schreibenden eine Generallizenz, sich nicht festzulegen. Darüber hinaus aber auch, den Leser zu narren, irrezuführen, auf jeden noch so absurden Nebenpfad mitzuschleppen und wenn dieser nicht weiterführt, ihn einfach stehen zu lassen. Es duldet, im Gegensatz zum geschlossenen Werk, unfertige, halb gedachte Gedanken, es leidet Sprünge über Klüfte, wo Brücken hingehören, und Irrelevanzen sind ihm nicht untersagt. Im Gegenteil, es lebt recht eigentlich von diesen Elementen. Ein Tagebuch, das ihrer entbehrte, wäre so unerträglich und so unwahr wie ein Mensch, der druckreife Sätze spricht.

Im echten Tagebuch wird laut gedacht, ins Unreine gesprochen. Der Vorgang des Schreibens ist zwar, wie man bei Haecker sieht, unerläßlich, aber doch sekundär. Beim publizierten, für die Veröffentlichung geschriebenen Journal tritt er an hervorragende Stelle. Die flüchtigen Notizen, das unrein Gesprochene, das laut Gedachte — sie werden ausgerundet, ausgefeilt, ausgefüllt — Jünger beschreibt diese Methode genau — und das Ganze als etwas künstlerisch und denkerisch Fertiges und Geschlossenes präsentiert, während es doch seiner ganzen Natur nach, grob gesprochen, nie etwas anderes sein kann als eine mehr oder minder dicke Scheibe, herausgeschnitten aus der Wurst der Zeit. Denn das Tagebuch hat keine Komposition; es kann, ja es darf keine haben. So wird die Versuchung zur Ausflucht enorm, und ebenso die zur Kokketterie und Geheimniskrämerei. „Strahlungen" wimmelt von Bemerkungen, Eintragungen, Anspielungen, die keinen ersichtlichen Zusammenhang mit dem Vorangegangenen und Nachkommenden haben, dem uneingeweihten Leser unverständlich bleiben müssen und auf der Ebene der „Mitteilung", auf der sich ein gedrucktes, in Tausenden von Exemplaren verbreitetes Buch nun einmal bewegt, vollkommen gleichgültig sind. Es ist aber Sache des Autors, seinen Leser einzuweihen. Andernfalls hat der Leser das Gefühl, daß der Autor mit sich selbst hinter des Lesers Rücken tuschelt und sich gar über seine Holzköpfigkeit lustig macht. Das verstimmt. Was dem Autor recht ist, ist dem Leser keineswegs ohne weiteres billig. Es gehört zu den Überheblichkeiten der Tagebuch-Autoren, daß sie sich hierüber hinwegsetzen. Man muß es ihnen ankreiden.

Daran ändert, halten wir es fest, die unbestreitbare Tatsache nichts, daß extreme Lebensumstände, Krieg, Bomben, Überwachung und Bespitzelung sowie die physische Unmöglichkeit kontinuierlicher geistiger Arbeit, die wir alle in den Kriegsjahren, mit oder ohne Despotie, aufs Bitterste erfahren haben, möglicherweise andere Formen der Hervorbringung einfach nicht gestatten. So sehr sie ihrer Zeit aus dem Gesicht geschnitten sind, so unmöglich bleibt es doch, diese Kinder vorbehaltlos zu legitimieren. Dies um so weniger, wenn die Person des Autors an die Stelle des Werkes tritt und für sich in Anspruch nimmt, ein in der Formung begriffenes Kunstwerk zu sein, dessen schrittweiser Gestaltung beizuwohnen der Leser eingeladen ist. Wenige Schriftsteller sind aber auch nur annähernd so interessant wie ihre Bücher. Dennoch muß man Jüngers eigener, früherer Ansicht widersprechen, wenn er in den Aphorismen von 1934 sagt: „Wer sich selbst kommentiert, begibt sich unter sein „Niveau". Durchaus nicht. Eher scheint es, daß er damit das Niveau etabliere. Und das genau geschieht hier, mit einer solipsistischen Süchtigkeit, gegen die mit formalen Gesichtspunkten nicht immer etwas auszurichten ist. Die Irrelevanz feiert Triumphe, und die strukturlose, unorganisierte Aussage widersetzt sich der ordentlichen, disziplinierten Diskussion.

So nähern wir uns einem speziellen Typ des Tagebuchs: dem Logbuch. „Selbst philosophisch", notiert Jünger, „kann die Lage in einer Weise bedrohlich werden, die das Opus dem Logbuch annähert." Und er definiert seine eigenen Aufzeichnungen in bedrohter Lage als „Notizen auf der Fahrt durch Meere, in denen der Sog des Mälstroms fühlbar wird und Ungeheuer auftauchen. Wir sehen den Steuermann bei der Betrachtung der Instrumente, die allmählich glühend werden, den Kurs bedenken und sein Ziel. Auch untersucht er die Wege, die möglich sind, die äußersten Routen, auf denen die praktische Vernunft dann scheitern wird."

So sind die „Strahlungen" offenbar aufzufassen — mit dem Autor als Steuermann. Dagegen ist grundsätzlich nichts einzuwenden. Es erhebt das Tagebuch in eine andere Gattung, aber neu ist sie nicht. Otto Flake begriff den Nutzen solcher Aufzeichnungen bereits nach dem ersten Weltkrieg und nannte sie in der Tat „Logbuch". Ihr Wert liegt rein auf der dokumentarischen Ebene, wie die Aufzeichnungen der von Jünger fleißig studierten und oft genannten erfrorenen Nordpolfahrer und manch anderer historischer Schiffbrüchiger, zu denen er sich selbst, unbewußt, zuweilen auch ganz bewußt, in treffende Parallele setzt. Die Beschäftigung gerade mit dieser Literatur während seiner Pariser Jahre leuchtet ein. Aber: entweder oder. Dieser Formauffassung steht gegenüber:

„— die kurzen kleinen Notizen sind oft trocken wie Tee in Krümeln; die Abschrift ist das heiße Wasser, das ihr Aroma erschließen soll ... daß man sich zum mindesten kurze Notizen macht, die sich dann bei der Revision entfalten wie Teeblumen. Sie geben Gerüste der Erinnerung."

Gerüste der Erinnerung aber sind etwas ganz anderes als ein Logbuch. Sie sind ganz einfach Rohmaterial zu Memoiren, und Rohmaterial weist man nicht vor. Jünger weicht diesem weit übers Formal-Literarische reichenden Entweder-Oder je-

doch aus. Sein Tagebuch ist mal das eine, mal das andere. Literatur ist aber nicht mal das eine, mal das andere; wenn sie es ist, ist sie mangelhafte Literatur. Das gleiche gilt auch für den Mann und den Geist, der dahinter steht: mal Steuermann durch gefährliche Gewässer, mal proustischer Teetassen-Sinnierer. Die Frage erhebt sich, ob hinter dieser doppelten Identität eine einheitliche Persönlichkeit mit einer konsistenten politischen Moralität steht.
Spiegelt das Kriegstagebuch diese Persönlichkeit? Jünger notiert in der Pariser Zeit: „Weiter in Gides Journal, das mich ermüdet. Jedes Tagebuch gibt natürlich das Spiegelbild des Autors; doch darf es in dieser Hervorbringung nicht aufgehen." Der Vorwurf ist echt und recht. Aber er trifft die „Strahlungen" und ihren Autor ungleich härter als Gide. Jüngers Kriegstagebuch ist geistig spannend und menschlich ermüdend zugleich. Und was ermüdet, ist just dieses Spiegelbild des Autors. Er schaut unablässig ins Glas und scheint sich zu seinem eigenen aufrichtigen Eingeständnis zu beglückwünschen, daß er sich selbst zuweilen nicht ganz gefalle. Doch sind dies seltene Augenblicke. Zumeist gefällt er sich gut und hat an sich nichts Wesentliches auszusetzen.

5

Wohin fährt der Steuermann, und wer sitzt im Schiff?
Der Mann, der sich nach Kriegsende standhaft und selbstherrlich weigerte, vor einer Spruchkammer zu erscheinen oder auch nur einen alliierten Fragebogen auszufüllen, hat sich mit seinem selbstsicheren Eigensinn durchgesetzt. Er hat, auf diesem Lebensabschnitt, die in dem Traktat vom Waldgänger späterhin formulierte Existenzform des freien Einzelnen innerhalb der Fragebogen-Maschinerien praktisch vorgelebt. Er hat, auf diesem kleinen, günstig gewählten Abschnitt gezeigt: es geht. Aber er befand sich in diesem Nachkriegs-Wald zwar mannigfachen Kräften gegenüber, denen er verdächtig war und die ihm nicht wohlwollten, jedoch nicht in einer Despotie, die ihm ans Leben wollte. Er hatte mit Leuten und Institutionen, Behörden, Militärregierungen, Ein-

zelwidersachern zu tun, die mit sich reden ließen und die ihn schließlich reden ließen. Deshalb hört man ihn in der Nachkriegswelt; deshalb hörte man ihn in der Kriegswelt nicht. Im „Waldgang" verwischt Jünger diese Unterschiede, die wesentlich sind, setzt die großen „planetaren Mächte" Rußland und Amerika, die Fragebogen- und Plebiszit-Welten Stalins und Trumans einander gleich, als ob es zwischen ihnen nicht viel zu wählen gäbe. Gegen einen solchen Hintergrund hebt sich eine Erscheinung wie seine eigene — „Auch habe ich, wenn es darauf ankam, nie einen Zweifel gelassen, wie ich denke und wer ich bin" — vorteilhaft ab. Aber der Hintergrund existiert nicht. Daran ist allemal festzuhalten. Hier wird gleich- oder parallel geschaltet, was in eine Folge geschaltet gehört. Eine Welt, die mit sich reden läßt, ist nicht dasselbe wie eine, die einen nicht reden läßt.

Unter diesem Gesichtspunkt muß man den Standort Jüngers in der Despotie betrachten, ohne sich von Waldgängern, die in einem vergleichsweise friedlichen Park Trapper und Indianer spielen, irremachen zu lassen. Jünger sagt nirgends, daß er seine Haltung in dieser Zeit für vorbildlich halte. Für solche Direktheit besitzt er zuviel Geschmack, obwohl er anderwärts plattester Geschmacklosigkeiten fähig ist. Aber er gibt es dennoch deutlich zu verstehen: „Zu meiner Autorschaft, meiner Existenz überhaupt. Das Exemplarische daran, ihre Figur. Sie könnte in einer besonderen Art der Schleife liegen: wie man aus schwieriger, ja aussichtsloser Lage zurückfindet, nachdem man ihre äußersten Grenzen erstrebte — moralisch, metaphysisch, rational, rein leiblich in den Wirbeln der Feuerwelt." Auf diesen Schlüsselsatz wird man noch zurückkommen müssen.

Die Schüler und „Jünger" werden ihn ohne weiteres akzeptieren. Sie erwarten, daß man ihnen vorlebt. Jünger hat gegen diese Jünger nichts einzuwenden. Er bezeichnete im Journal diesen und jenen als seinen „Schüler", er notiert: „Früher hielt ich es für undenkbar, Schüler zu haben, während mich heute die Nachfolge freut. Damit hängt es zusammen, daß ich mich damals für eine solitäre Erscheinung hielt, während ich heute glaube, daß ich nichts anderes zum Ausdruck bringe als was wir alle sind." Entscheidender ist aber doch wohl, so scheint es, ob es die anderen, die Schüler glauben. Zu diesen

Schülern zählt an hervorragender Stelle der Schriftsteller Gerhard Nebel. Er ist nicht nur der Autor eines umfangreichen Buches über Jünger, sondern hat selbst, unter dem eingestandenen Einfluß Jüngers, zwei Bände Kriegstagebücher vorgelegt, auf die es lohnt, an dieser Stelle einen Blick zu werfen. Sie beleuchten das „Exemplarische" in Jüngers Gestalt.

Nebel hat die Gefahren und Verführungen zur inneren und äußeren, zur geistigen und formalen Verschlampung, die im „Tagebuch als Literatur" liegen, genauer erblickt als sein persönlicher Freund, Lehrer, Mentor und Meister, und er gibt ihnen weit weniger selbstgefällig nach als jener. Nach den „Strahlungen" ist Nebels „Ausonische Erde" eine erfrischende Erscheinung, auch wenn, wie es hier unumwunden der Fall ist, ein höchst zweifelhaftes Vorbild geradezu beängstigend Schule gemacht hat. Nebel in Ausonien hat fast alle Unarten Jüngers in Paris, die inneren wie die äußeren, in geradezu sklavenhafter Verbundenheit und Unterwerfung übernommen. Aber er hat darüber hinaus eine Menge Artigkeiten, die der „Capitano", wie er ihn nennt, vermissen läßt.

Vor allem besitzt er jene drei Eigenschaften, deren Mangel Stefan George auszeichnete, und diesen „Führer", diese „exemplarische Figur" zu einem Schreckensbild für ihn werden läßt: Demut, Humor und Liebe. Es ist deshalb sonderbar, daß er ihre völlige Abwesenheit bei Jünger nicht bemerkt und die Affinität zwischen dem George-Kreis und dem „Georgs-Kreis" der Stülpnagel-Speidel-Jünger-Tafelrunde, zu dem er selbst gehört, ihm nicht auffällt. Aber er ist nicht „sensitiv" wie Jünger. Er ist geradezu ein grober Klotz, der Sonne, der Landschaft, dem Wein und den Frauen vorbehaltlos zugetan, mit großem Sinn für das Groteske, Burleske und schlechthin Komische, das ihn in Latium und den Abbruzzen allerorten heiter stimmt und lachen macht. Er ist von ansprechender Bescheidenheit, mit einem hellen Auge für seine Umgebung und ihre Menschen begabt, die er um ihrer selbst willen und nicht um seiner selbst willen betrachtet und mit einem Blick wärmer und direkter erfaßt als Jünger je Frankreich und die Franzosen. Sein Buch ist überdies nicht sonderlich gut geschrieben, und das freut einen bei einem Tagebuch, so wie die gefeilte Glätte der „Strahlungen" oft verstimmt. Er stilisiert weder sich selbst noch seine Erlebniswelt.

Dennoch, und hierauf kommt es uns an, scheint das stilisierte Götzenbild des „Capitano“ fast überall durch und verbreitet eine eisige Kälte, wann immer sein starrer Blick auf uns trifft. Diese Strahlungen, mit denen Jünger seine Freunde und Schüler in Bann schlägt, so daß sie in eine sklavenhafte Abhängigkeit von ihm geraten, bis ins einzelne nicht nur seinen Jargon, sondern auch seine Bilder- und Gedankenwelt von ihm übernehmen, haben etwas zugleich Böses und Lächerliches, wenn sie einen originellen und lebendigen Geist wie Nebel treffen. Ursprünglichkeit und Lebendigkeit erstarren auch bei ihm alsbald zu gestorbener Pose.
Böse muß man es nennen, wenn Nebel schreibt: „Jaspers hat mich von Heidegger zu Ernst Jünger befreit“, denn „Jünger steht jenseits dieser Schwelle, sofern er die Kraft zum Mythos hat, die Jaspers vielleicht noch einmal gewinnt. So ist der Capitano sowohl Vollender als auch Überwinder der Existenzphilosophie.“ Und lächerlich ist's, wenn es nicht weit davon heißt: „Ernst Jünger stellt das Preußentum wieder her, aber zugleich hebt er es in Europa auf. Ernst Jüngers Liebe zu Frankreich, vielleicht das wichtigste Ereignis und der eigentliche Sinn der deutschen Invasion in Frankreich ... Jünger führt das Deutsche, das bisher in Europa abseits und am Rande stand, in die europäische Mitte über, er europäisiert unsere Sprache, den geliebten Ätherleib unseres Wesens. Damit wird aber die europäische Einheit möglich.“ Und traurig stimmt es, bei diesem lustigen Mann Hans Blühersche Wandervogelsätze zu lesen wie diesen: „Für mich ist die achtungsvolle Freundschaft, die er mir entgegenbringt, eine Hilfe, die mir sonst kein Mensch geben kann. Da er viel von mir erwartet, so werde ich es auch leisten müssen.“
Achtungsvolle Freundschaft! An der Formel wäre nichts auszusetzen, wenn sie nicht ein so gutes, so schauerlich präzises Synonym für „sublimierte Versklavung“ wäre. Hier spinnt ein schauderhafter, wärmeloser, herzloser, leibloser Kult seine Fäden, auf den es acht geben heißt. Nicht umsonst hat Jünger die „Kraft zum Mythos“ — was soll hier wohl „sofern“ heißen? — denn der warme, lebendige, humorvolle Mann Nebel möchte ja eigentlich im Grunde seines Herzens gar nichts „leisten“. Nun muß er, weil es von ihm erwartet wird. Warum erwartet er es nicht von sich selbst und gehorcht sei-

nem eigenen Imperativ? Hat der neue Führer ihn ihm abgenommen? Dann wäre Nebel, der so herzhaft auf die Partisanen des Krieges schimpft, wahrhaftig ein seltsamer Waldgänger, und die Vorschrift paßte auf ihn ganz und gar nicht. Vom Waldgänger, vom Einzelnen, der den Kampf gegen die Macht der Massenwelt als einziger mit einer Aussicht, ja mit einer Gewißheit des Erfolgs führt, wird gar nichts erwartet. Er erwartet von sich selbst; er befiehlt sich selbst. Jede andere Bindung zerstört die Grundlage seiner Existenz. Was hat Jünger hier aus seinen Schülern gemacht?

„Ernst Jüngers Größe", so versichert Nebel, „ist nicht an seinen Meinungen, sondern an seiner Wahrheit zu ermessen. Und schließlich wird es, da er eine Gestalt der Liebe und der Freiheit ist, dahin kommen, daß Wahrheit und Meinung zusammenfallen." Wie unheimlich doch das Vermögen gerade der Lieblosen und zur Liebe Unbegabten wie Jünger und George ist, ihren „Schülern" weiszumachen, daß sie „Gestalten der Liebe" sind. Doch siehe — der frisch-fröhliche Mann Nebel ist in „äußerster Lage" durchaus eines geradezu rabiaten Waldgängertums fähig. Zwar erklärt er allen Ernstes die „Marmorklippen" zum „Schlüssel zur Wahrheit unserer Situation", doch regt sich im gleichen Atem in ihm dunkel der Drang, die Sklaverei, solchen Unsinn reden zu müssen, loszuwerden. Zwar übernimmt er von seinem Meister die leidige Manie, alle seine Träume aufzuschreiben, doch berichtet er gleichzeitig von einem Nachtgesicht, darin er seinen Meister in verzweifeltem Ringkampf kurz entschlossen umbringt. So war der Waldgang womöglich nicht gemeint. Auch begab sich das Traumerlebnis zu einer Zeit, da der „Waldgang" noch nicht formuliert war. Doch hat jeder Geist seinen eigenen Despoten und jeder Despot seinen eigenen Begriff von der Freiheit. Das macht die Vervielfältigung des Exemplarischen so schwierig.

6

Wie steht es mit den anderen, die keine Schüler sind? Sie befinden sich ja wohl in der Mehrzahl.

Zweifellos wird mancher, der mit Jüngers geistiger und politischer Vergangenheit trotz der „Marmorklippen" keineswegs ausgesöhnt ist, dieses Tagebuch unter anderem oder gar vornehmlich als eine Rechtfertigungsschrift, als eine Präzision seines nunmehrigen Standortes ansehen und ihn danach beurteilen. Das mag irrig sein, aber es ist daran nichts zu ändern. Der Autor kann sich, trotz seiner Versicherung, er habe nie einen Zweifel gelassen, wer er sei und wie er denke, darüber nicht beklagen. Es ist ein Gesichtspunkt, der außerhalb der „Schleife" steht, gewiß. Aber es wird von ihm aus in die Schleife hineingeschaut. Wie steht es also mit der Evidenz?

Hier ist es gut, sich auf der buckligen runden Erde zu bewegen. Wie lebte ein deutscher Offizier, der mit dem despotischen Regime auf gespanntem Fuß stand, im besetzten Paris vom Februar 1941 bis zum August 1944? Das will man vor allem wissen. Sogleich meldet sich ein neuer Nachteil der Tagebuch-Form. Man muß sich die Evidenz, die Belegstücke, die zur Sache gehörigen Aussagen aus allen Ecken zusammentragen. Das wäre eigentlich Sache und Arbeit des Autors. Wenn er sie dem Leser überläßt und der Leser sie mangelhaft durchführt und, nach des Autors Ermessen, unzulässige oder fehlerhafte Schlußfolgerungen zieht, so ist das seine eigene, nicht des Lesers Schuld. Davon darf sich der Leser nichts abhandeln lassen.

Zur Bestimmung des Standortes finden sich, verstreut, diese Hinweise:

„— wenn man den langen, gefährlichen Anstieg bedenkt, besonders dessen, der sich nicht schonte und in den beiden großen Kriegen auf gefährlichem Posten stand — im ersten in den Wirbeln der Materialschlacht und während des zweiten in den dunklen Fährnissen der Dämonenwelt."

Weiterhin: „— meine Lage ist die eines Mannes, der in der Wüste zwischen einem Dämon und einem Leichnam haust. Der Dämon fordert ihn zur Handlung auf, der Leichnam zur Sympathie."

Ebenfalls: „— mein Ort ist an der Spitze einer Brücke, die über einen dunklen Strom geschlagen wird. Die Existenz auf diesem vorgeschobenen Bogen wird mit jedem Tag unhaltbarer, der Absturz drohender, falls nicht von drüben spiegelbildlich ihm die Entsprechung der Vervollkommnung entgegenwächst. Aber das andere Ufer liegt in dichtem Nebel —

und nur zuweilen dringen unbestimmte Lichter und Töne aus der Dunkelheit. Das ist die theologische, die psychologische, die politische Situation."

Schließlich: „— obwohl ich in diesem zweiten Weltkrieg zum größten Teil von den Kulissen des Komforts umgeben bin, lebe ich doch in größerer Gefährdung als während der Somme- oder der Flandernschlacht."

Für den Komfort finden sich reichlich Belege, für die Gefährdung nur gelegentliche vage Andeutungen. (Es ist nicht des Lesers Schuld, wenn er nicht alle gefunden hat.) Jünger berichtet von seiner Tätigkeit im Stabe Speidels so gut wie nichts. Er bearbeitet die Akten des Unternehmens „Seelöwe", stellt Material zusammen „über den Kampf der Vorherrschaft in Frankreich zwischen Heer und Partei", erhält zur Sicherung seiner Akten einen Stahlschrank in seinem Zimmer im Hotel „Majestic", unternimmt zur Zeit des Stalingrad-Débacles eine sechswöchige Tour zu verschiedenen Befehlsstellen im Kaukasus, ohne ersichtlichen Auftrag und möglicherweise nur, um in Paris drohenden Komplikationen aus dem Wege zu gehen, und wird am 20. Oktober 1944 aus der Armee entlassen.

„Man scheint in Berlin sogar Eile gehabt zu haben, sich meiner auf diese Weise zu entledigen."

Soweit das „Dienstliche". Was die tatsächliche Kriegführung betrifft, so hat Jünger sich offensichtlich an ihr nicht beteiligt. Er ist bei Stülpnagel und seinem Kreis im Hotel „George V" untergeschlüpft, wo man schlecht und recht eine Beschäftigung für ihn gefunden hat. Er befaßt sich mit nebensächlichen und unerheblichen Angelegenheiten, die ein geringerer Geist auch bewältigt hätte, und viel zu tun hatte er offensichtlich nicht.

Denn „außerdienstlich" sehen wir den Hauptmann Jünger fast zu allen Tageszeiten in Paris und seiner Umgebung spazieren gehen, Besuche und Einkäufe machen, Studien aller Art treiben, in Museen, Kirchen, bei Freunden, in Antiquitätengeschäften — ein Flaneur in der Welt des Angenehmen und Schönen. Er kauft in dieser Zeit eine mehr als ansehnliche Menge wertvoller Bücher zusammen — „gedachte der Seineufer zwischen den Brücken und der so reichen Fischzüge" — und erwähnt nur einmal, ein Ankauf habe seine Verhältnisse überstiegen. Ein anderes Mal muß ein Kauf wegen eines zu hohen Preises unterbleiben. Aber er erwirbt immerhin die berühmte Pariser

Vulgata-Ausgabe von 1664. Schließlich begegnen wir ihm nahezu auf jeder dritten Seite in einem der berühmten Pariser Restaurants. An einer einzigen, einzeiligen Stelle wird angemerkt, daß Nahrungsmittel im besetzten Paris schwer zu beschaffen seien. Im übrigen liest Jünger heißhungrig und bringt die Schrift über den „Frieden“ zu Papier.

Bleiben wir auf der runden und buckligen Erde, bei dem „Hier und Jetzt“, auf das Jünger im „Waldgang“ und seinen Verhaltungsvorschriften für den freien Einzelnen inmitten der Massen- und Dämonen-Despotie so großen Wert legt.

Jünger erwähnt, daß Hitler seinen Aufenthalt in Paris mit Mißtrauen betrachte, und nach den „Marmorklippen“ und den „Gärten und Straßen“ glaubt man es gern. Er notiert, daß Speidel bereits früher von Keitel vor ihm gewarnt worden sei und daß er, falls er sich nach Berlin versetzen lasse, „dort nicht den Schutz finden würde, den mir hier der Oberbefehlshaber gewährt“. Man hat keine Veranlassung, an der Notwendigkeit dieses Schutzes zu zweifeln. Daß zwischen Jünger und den Herrschenden alles andere als Sympathie-Beziehungen bestanden, bedarf nicht der Unterstreichung. Dennoch fallen die Leute auf, mit denen Jünger unter diesem Schutz zusammentrifft oder umgeht: de Brinon, Sacha Guitry, Arletty, Drieu la Rochelle, Cocteau, Montherlant, Morand, Gallimard, Fabre-Luce, Picasso, Braque, Bénoist-Mechin, Jouhandeau und einmal auch Marcel Déat. Das ist von allem etwas. Gewiß kann man sich als Offizier einer Besatzungsmacht seinen Umgang nicht immer aussuchen. Aber es sind die Kreaturen Hitlers und Goebbels' darunter etwas reichlich vertreten.

Hier tut sich eine merkwürdige Spaltung auf, und ihr haftet etwas durchaus Unmoralisches an. Denn von einer noch so losen Verbindung dieses deutschen Hitlergegners par excellence mit der intellektuellen französischen „Résistance“ — vom „Maquis“ ganz abgesehen — und bestünde sie auch nur in einer Sympathie-Äußerung, findet sich keine Spur. François Mauriac, um nur einen zu nennen, befand sich zu dieser Zeit immerhin in Reichweite. Ein Besuch bei ihm hätte sich für Jünger in seiner „theologischen Lage“ nicht als wertlos erwiesen. Es wäre mehr dabei herausgekommen als bei Gesprächen mit Drieu la Rochelle und Bénoist-Mechin. Wohl aber finden sich Eintragungen, aus denen hervorzugehen scheint, daß

Jünger mit dieser Widerstandsbewegung nichts anzufangen wußte, daß er sie überhaupt nicht begriff, ja, daß sie ihm im Grunde recht zuwider war. Mauriac war ein geistiger Waldgänger par excellence, so weit dieser hypothetische Typ überhaupt der Verwirklichung und Verleiblichung fähig ist. Jünger scheint ihn nicht gesehen, sein Wirken nicht gespürt zu haben. Hierher gehören zwei aufschlußreiche Eintragungen.

Erstens: „— diesem (Médan) wurden durch seine Landsleute schon zwei Särge und ein Todesurteil ins Haus geschickt. Sein Verbrechen liegt darin, daß er die Freundschaft zwischen Deutschland und Frankreich für möglich hält."

Zweitens: „— er erzählte, daß Drieu la Rochelle sich in Paris erschoß. Es scheint ein Gesetz zu geben, nach dem gerade jene, die aus edlen Gründen die Freundschaft zwischen den Völkern fördern wollten, fallen müssen, während die niederen Geschäftemacher davonkommen. Auch Montherlant soll verfolgt werden. Er war noch in der Meinung befangen, daß ritterliche Freundschaft möglich wäre, und wird nun von den Stiefelputzern des Besseren belehrt."

Montherlant war in dieser Meinung keineswegs befangen, wie aus seinen Kriegstagebüchern, den „Carnets", recht deutlich hervorgeht. Er wurde auch nicht von „Stiefelputzern" eines Besseren belehrt, sondern von Menschen, Landsleuten, die der Meinung waren, daß er ihnen gegenüber eine geistige und moralische Verpflichtung habe. Warum und wie weit Montherlant diese Verpflichtung als ungültig von sich wies und in welchen Grenzen er sie anerkannte — die Grenzen wurden von der „Désinvolture" gezogen, einem Haltungsbegriff, den Jünger von Montherlant gelernt hat und der moralische Grazie von einer Art voraussetzt, wie sie unter Deutschlands Geistigen nie sehr bekannt war — das ist eine ganz andere Sache, und sie gehört nicht hierher. Mehr noch: sie geht den Besatzungsoffizier Jünger nichts an. Hier kommt es sehr auf platte Äußerlichkeiten an. In Zivilkleidern, als eingesprengter Waldgänger hätte Jünger sich mit dem Waldgänger Montherlant hierüber unterhalten können. Als einer, der die Uniform und die Insignien des Despoten trug, kaum, gleichgültig, welcher Kerl in der Hülle steckte und warum er die Hülle trug. Wenn das nur einmal eingesehen werden wollte!

Aber es handelt sich um die „Stiefelputzer". Dieses Wort als

Name für Menschen, die sich, wenn auch noch so irrig, auf die moralische Sauberkeit ihres Landes besinnen, ist wohl schwerlich eines, das einem „ritterlichen" Menschen ansteht, und an dieser Stelle beginnt man sich zu fragen, was diese Ritterlichkeit eigentlich vorstellt. Diese totale Blindheit, diese völlige Unfähigkeit, die andere Seite zu sehen, reduziert die Gestalt Jüngers in des Lesers Augen. Diese aalglatte Manier, von der „Freundschaft zwischen Deutschland und Frankreich" zu sprechen, als ob es ein solches Ding an sich gebe, als ob es sich nicht darum handle, was für eine Art Freundschaft das sei und zwischen welchem Deutschland und welchem Frankreich, macht in ihrer hochfahrenden Primitivität tief ärgerlich. Hier offenbart sich die sorglose Grobschlächtigkeit in Jüngers soziologischem Denken, das bedenkenlose Hantieren mit Begriffen, welche nur in ihren Einschränkungen Sinn haben, und die seine Untersuchungen über die Macht aus der Nachkriegszeit so unbrauchbar machen. Freundschaft, gar zwischen Völkern, wenn es so ein Ding überhaupt gibt, ist nicht etwas, das in einem luftleeren Raum, in der Abstraktion existiert. Sie wird überhaupt nur in den jeweils gegebenen handgreiflichen Verhältnissen und Umständen wirklich und ändert ihren Charakter mit ihnen. Dieselben Verhältnisse und Umstände können sie unwirklich machen. Gewiß können Freundschaften zwischen Völkern auch widrige Zeiten überdauern, wie auch Einzelmenschen mit ihren Freundschaften es können. Aber die Voraussetzung hierzu ist, daß die Freundschaft bereits besteht, fest gegründet und durch einige Zeit erprobt ist, ehe sie einer solchen Zerreißprobe ausgesetzt wird. Das war im Fall der Freundschaft zwischen Frankreich und England der Fall, und selbst sie bestand die Zerreißprobe nur mit knapper Mühe und Not. Im Verhältnis zwischen Deutschland und Frankreich waren diese Voraussetzungen seit Menschengedenken nur sehr spärlich gegeben, und seit 1933 existierten sie überhaupt nicht. Es gab Freundschaft zwischen Deutschen und Franzosen, und sie überdauerte auch Hitler. Eine Freundschaft zwischen Deutschland und Frankreich gab es nicht und gibt es auch heute nicht. Es war da aus „edlen Gründen" nichts zu „fördern".

Jünger besitzt ein bedeutendes Fingerspitzengefühl, ein ungewöhnliches Unterscheidungsvermögen, aber es läßt ihn auf

Befehl auch gehorsam im Stich. Dann hat man den Eindruck, als blicke er Dinge und Menschen mit Glasaugen an und hantiere statt mit sensitiven Fingern mit Holzklötzen. Drieu la Rochelle wußte, warum er sich erschoß. Montherlants „Verbrechen", das seine einsichtigen Landsleute nie so genannt haben, weil ihnen das Differenzierungsvermögen selbst in widrigsten, extremsten Umständen nicht abhanden gekommen war, lag gewißlich nicht darin, daß er die Freundschaft zwischen Deutschland und Frankreich an sich, sondern daß er sie zwischen einem niedergeknüppelten Frankreich und einem bluttriefenden Hitlerdeutschland für möglich hielt. Das war, wenn es sich tatsächlich so verhielt — Montherlant selbst hat sich dazu nicht geäußert — ein moralisches Vergehen, und dieses Unterschiedes sollte Jünger nicht gewahr geworden sein? Das fällt schwer zu glauben. Jedoch ist es unmoralisch, ihn zu ignorieren. Damit verwirkt man das Recht zur Beurteilung auch größerer Zusammenhänge, vornehmlich aber das Recht, zum Waldgang aufzurufen.

Es soll nicht heißen dürfen, daß hier, noch dazu im Nachhinein, etwas Ungebührliches verlangt wird. Die Unterscheidung war möglich, auch damals, und den Beleg dafür liefert der Schüler und Adept Nebel. Sein Sinn für das Wirkliche, will sagen, für Verhältnisse und Umstände, ist zu guter Letzt doch stärker und durchdringender als der des Meisters, der bei aller Hypersensitivität häufig überhaupt nicht spürt, was in den Menschen und Gegenden um ihn herum vorgeht, so sehr ist er mit sich selbst beschäftigt. Was die Freundschaft zwischen Völkern, vor allem siegreichen und unterworfenen angeht, so weiß Nebel besser Bescheid:

„Er gehörte zu den tragischen Gestalten, die die Freundschaft zwischen Deutschland und Italien wollen und die noch nicht fühlen, daß sie in diesem reinen Bestreben sich zu Komplizen des Verbrechens machen. Ähnliche Figuren waren mir schon in Paris begegnet, etwa in Drieu la Rochelle und Montherlant ..."

Zu diesen „tragischen Gestalten" gehört Jünger selbst. Es ist schwerlich denkbar, daß Nebel das nicht gespürt hat. Warum sagt er es nicht, da sein Unterbewußtsein die tragische Gestalt ohnedies doch bereits umgebracht, den Komplizen des Verbrechens bereits aus dem Weg geschafft hat, genau wie jene, die Médan den Sarg ins Haus schickten? Zwischen ihnen und ihm besteht ein Unterschied der moralischen Courage.

7

Dennoch mangelt es Hauptmann Jünger nicht an Fingerspitzengefühl. Er spürt genau, welche Luft um ihn weht. Er notiert:
„Ich darf keinen Augenblick vergessen, daß ich von Unglücklichen, von bis in das Tiefste Leidenden umgeben bin." Und an anderer Stelle: „Nie darf ich vergessen, daß ich von Leidenden umgeben bin. Das ist weit wichtiger als aller Waffen- und Geistesruhm und als der leere Beifall der Jugend, der dies und das gefällt." Er registriert am 18. August 1942, als er in Uniform ein Papiergeschäft in der Avenue Wagram betritt, daß das junge Mädchen ihn mit „erstaunlichem Haß" betrachtet und vermerkt: „Auf solchen Strahlenbrücken kann nichts anderes zu uns kommen als die Vernichtung und der Tod." Er vermerkt nicht, was an dem Haß so „erstaunlich" ist — erstaunlich wäre eher das Gegenteil gewesen — und überlegt nicht, wer den Abgrund aufgerissen hat, über den nur noch eine Strahlenbrücke führt. Er notiert den „tiefsten passiven Widerwillen" der Pariser Bevölkerung, wenn er „in Uniform an Schlangen vorbeigeht" und vermerkt: „Auch hier vermehrt sich der Haß (wie in Italien) ununterbrochen." Und das wiederum wundert ihn nicht, denn es ist ja nicht verwunderlich.
Aber im gleichen Atem: „Die Stadt ist eine zweite geistige Heimat für mich geworden, wird immer stärker zum Inbild dessen, was an alter Kultur mir lieb und teuer ist." (Die kuriose Verschmelzung von „Inbegriff" und „Sinnbild" dürfte bei einem Sprachpuristen wie Jünger nicht statthaft sein. Aber er verwendet ja, anderwärts, auch eine Affektation wie „Mutung" statt „Vermutung".) Doch was ist das, fragt man sich, für eine Heimat und gar eine geistige, die mit Feuer und Schwert von eben jenen erobert worden ist, die man zutiefst verachtet und in der man nur im Schutz ihrer Panzer zu verweilen vermag? Eine Heimat, in der die Bevölkerung von

stärkstem passiven Widerwillen erfüllt ist, in der die Ladenmädchen einen mit erstaunlichem Haß anblicken? Eine Heimat von Hitlers Gnaden? Ein Geschenk für den zivilisierten Menschen Jünger gewiß, aber ein Geschenk empfangen aus bluttriefenden Händen? Die Qualität der Gabe wird immer durch den Geber bestimmt; ein Edelstein, von einem Mörder geschenkt, ist nicht nur wertlos, nicht nur gefährlich. Er wird einem auch früher oder später wieder abgenommen, und man kommt glimpflich weg, wenn die Umstände der Rückgabe nur beschämend sind. Wie setzt sich Jünger darüber hinweg? Oder macht er sich — und uns — etwas vor? Jawohl: ist der Mann aufrichtig? Man weiß ja von anderen deutschen Offizieren, die ähnliche Möglichkeiten und Versuchungen hatten und es nicht über sich brachten, unter diesen Umständen der geliebten Stadt ins Auge zu blicken oder gar Heimatansprüche an sie zu stellen.

Jünger erwähnt, daß er „in Paris besser aufgehoben sei als bei dem, was ich sonst treibe." Was treibt er sonst? Er sagt es nicht, und das Argument überzeugt deshalb nicht. Er vermerkt auch, daß er in der Stadt verschiedene „Stützpunkte" eingerichtet habe, für den Fall, daß er persönlich oder die Deutschen allgemein in Schwierigkeiten geraten sollten. Die Möglichkeit unterzutauchen wird also erwogen. Léautaud bietet ihm für diesen Fall seine Wohnung als Unterschlupf an, der „Waldgang" wird nicht als moralische Notwendigkeit, sondern als Ausweg, wenn es gar nicht anders geht, in Betracht gezogen, und später, rückblickend, denkt Jünger nach „über die Möglichkeit, in der Stadt zu bleiben, die von verschiedener Seite für mich vorbereitet war. Trotz der Zunahme der politischen Gefährdung halte ich es für richtig, daß ich darauf nicht eingegangen bin. Der Schritt in die Emigration führt immer in ein schwächeres Element."

Es geziemt einem, man weiß es, nicht französischer sein zu wollen als die Franzosen. Sie haben ja den Schriftsteller Jünger auch durch die Lizenzerteilung im Jahr 1949 aus der geistigen Verbannung im eigenen Land befreit. Doch kann man sich des Gefühls einer Vermischung der Werte und Begriffe (auf beiden Seiten) nicht erwehren. Die Anmerkung über die Emigration ist korrekt. Sie ist ein schwächeres Element und erfordert in gewissem Sinn deshalb einen stärkeren Kerl, um sie zu bestehen. Aber es ist die Frage, ob es sich bei Jüngers Überlegung überhaupt darum handelte. Er war der Strahlenbrücken des Hasses sehr gewärtig, und es ist nicht ausgemacht, wo er am Ende sicherer gewesen wäre. Mit der Befreiung von Paris wäre seine Lage sehr prekär geworden; es ist unwahrscheinlich, daß seine privaten Freunde ihn vor der „Résistance" hätten schützen können, so wie Speidel ihn vor Keitel schützte und die Alliierten ihn schließlich in Kirchhorst vollends in Ruhe ließen.

Solche Erwägungen haben geistige und moralische Bedeutung, weil sich Jüngers geistige und moralische Autorität auf die Gültigkeit der Antwort beruft, die er ihnen erteilt. Freilich, augenblicksweise hat der Leser das ärgerlich-bedrängende Gefühl, der ganze Gegenstand lohne nicht die Mühe, die er auf ihn verwendet. Oder gröbstens gesagt: wer ist schon Ernst Jünger! Doch solche Anwandlungen kommen einem heutzutage bei fast allen geistigen Beschäftigungen. Man muß sie überstehen. Es lassen sich Situationen des Unbehagens, der malaise vorstellen, in denen selbst der Theologe unwillig ruft: wer ist schon der liebe Gott! Und die Bibel in die Ecke wirft. Durch solche trüben Gewässer heißt es durchtauchen. Im übrigen soll der Vergleich nicht blasphemisch genommen werden. Es ist zu bedenken, daß alle möglichen dicken Bücher heutzutage, hast du nicht gesehen, zu Bibeln werden. Die „Strahlungen" können beträchtliche Bedeutung für die zukünftige Geisteshaltung der Deutschen gewinnen, insbesondere ihrer Jugend. Die unwahrscheinlichsten Gestalten werden sich unter Hinweis auf das „Exemplarische" darin berufen, vornehmlich in neuen Situationen, wie sie die Spannung zwischen Osten und Westen in Deutschland schafft. Und wiederum wird Jünger die Scheidungslinie, die er zwischen sich selbst und dem verflossenen Regime zieht — und er schiebt einen großen Teil seiner zeitgenössischen Landsleute in diesem Buch deutlich von sich und ebenso deutlich „über die Linie" auf die andere Seite — nicht viel helfen und ihn vor ungerufenen Gefolgsleuten nicht bewahren. Die Linie verläuft zu sehr im Zickzack-Kurs. Auf solcherlei unübersichtlichen Fronten wimmelt es von Überläufern, die sich für Waldgänger ausgeben.

Ein Kriegsdasein wie dieses verlangt ein außerordentliches Maß von Überzeugung hinsichtlich der Unanfechtbarkeit und

Untadeligkeit der eigenen moralischen und ethischen Position. Jünger nimmt dieses Maß in Anspruch, und dieser Anspruch ist immer und immer wieder zu prüfen. Schon heute kennt man mehr Menschen als einem lieb ist, für die der Autor der „Marmorklippen" eine Art lieber Gott ist. Aber wie schwer ist es, allein bei der äußeren Zusammenstellung dieser Lebensdaten fair zu bleiben, nicht unwissentlich und unbewußt die Gewichte mehr zu Gunsten oder Ungunsten des Autors zu verlagern als gerechtfertigt ist! Geben diese Überlegungen ein zutreffendes Bild? Man muß es hoffen. Ein Tagebuch wie dieses ist wie ein Zimmer voller Tapetentüren. Der Leser ist kein Wachmann, und er hat nicht darauf zu sehen, daß der Autor ihm nicht unbemerkt entwischt.

Schließlich darf man fragen: was hat der Mann, der offensichtlich nichts Tadelnswertes tat, an Gutem gestiftet in seiner zweiten geistigen Heimat, welches diesen Heimatanspruch ein wenig untermauern würde? Außer dem abortiven Friedens-Manifest und der Bemerkung, er dürfe sich rühmen, „daß in diesem Krieg in meiner Nähe noch nie ein Rechtsbruch stattgefunden hat und daß ich manchen verhinderte", findet sich kaum Evidenz. Trotzdem: fairness, fairness über alles bei der kritischen Frage — wo ist in all diesem die Despotie und der Krieg, und wo in diesem Krieg und in dieser Despotie ist Ernst Jünger?

8

Das Exemplarische der Gestalt: zwischen Dämon und Leichnam, zwischen Handeln und Sympathie. Jünger geht der Alternative, wiewohl er sie feststellt, aus dem Weg. Dieses Achselzucken werden ihm viele nachmachen, mit weniger Berechtigung. Aber das „Exemplarische" wird magisch anziehen.

„Die Art der Anteilnahme", so heißt es in diesem Zusammenhang, „die ich in mir der zeitgenössischen Geschichte gegenüber beobachte, ist die eines Menschen, der sich weniger in einen Weltkrieg als in einen Weltbürgerkrieg verwickelt weiß. Bin deshalb in ganz andere Konflikte als in jene der kämpfenden Nationalisten verknüpft."

Oder: „— das Schießen währte, auch als ich schon zu Bett

lag, noch an. Las dabei einen Aufsatz von Du Bos über die Goncourts und ein Kapitel des Buches Samuel. Das Feuer war Zeit-Décor dabei — wie ich dergleichen immer mehr mit Anteilnahme, doch ohne Parteinahme genießen kann."
Oder: „— das ist meine ewige Doppelrolle, zugleich die Feindschaft, zugleich die Verwandtschaft zu sehen. Sie hemmt mich in den Aktionen, durch deren Muster ich immer das Grundgewebe des Unrechts schimmern sehe, und zeigt mir auch stets den Anteil an dem guten Recht, mit dem der Unterliegende zugrunde geht."
Oder: „— bei all dem wird mir deutlich, wie sehr ich bereits außerhalb des Nationalstaates stehe."
Oder: „— vormittags Überfliegungen der Stadt durch starke Einheiten. Ich siedelte wie üblich aus dem „Majestic" ins Zimmer des Präsidenten über; wir pflegen diese Unterbrechungen zu feiern, indem wir dort Kaffee kochen und frühstücken."
Schließlich: „— Alarme, Überfliegungen. Vom hohen Dache des Raphael sah ich ... es handelte sich um Angriffe auf die Flußbrücken. Beim zweiten Male bei Sonnenuntergang hielt ich ein Glas Burgunder, in dem Erdbeeren schwammen, in der Hand. Die Stadt mit ihren roten Türmen und Kuppeln lag in gewaltiger Schönheit, gleich einem Blütenkelch, der zu tödlicher Befruchtung überflogen wird."
Dies sind maßgebende Wegweiser für die exemplarische Haltung.
Mancher wird auf Grund seines persönlichen Temperamentes Sympathie mit dieser Neigung haben, eine neutralisierende Entfernung zwischen das Ich und das Ereignis zu schieben, das sich unter seiner Nase abspielt und ihm von Rechts wegen das Herz zerreißen müßte. Diese Reaktion ist uns nicht fremd; Jünger hat sie nicht erfunden. Sie wird um so dringlicher, je gefährlicher das Ereignis in die Nähe des Ich ruckt. Dann setzt sich der Geist ab und läßt den Körper, den fühllosen, zurück. Doch kann man sich aus allen seinen Bombenjahren, hüben und drüben, nicht daran erinnern, einen Luftangriff oder die durch ihn verursachte Unterbrechung der Arbeit „gefeiert" zu haben. Kaffee freilich hat jedermann gekocht, der welchen hatte, hüben wie drüben; aber das geschah, um zu verhüten, daß einem die Distanz zusammenschrumpfte. Bei Jünger jedoch schrumpft sie, im obigen, auf den Horizont jenes

Mussolini-Sohnes zusammen, der in Abessinien Bomben auf Negerdörfer setzte und das Auseinanderstieben der Eingeborenen und das Aufschießen der Flammen dem Aufgehen einer Rose verglich. Derlei schreiben schriftstellernde Soldaten, nicht aber Schriftsteller, die gegen ihren Willen und ihr Temperament in einer Uniform stecken.
Es ist nicht nur eine Frage des Geschmacks, ob man einen Luftangriff auf eine geliebte Stadt mit Goncourt und Buch Samuel in der Hand „genießen“ kann. Es ist nicht nur eine geschmackliche Entgleisung. Es ist, so vermutet man, eine moralische Geleislosigkeit. Daß die Lokomotive mit Fin-de-Siècle-Wimpeln dekoriert ist, täuscht nicht darüber hinweg, daß sie mit achtloser Désinvolture den Menschen über die Zehen fährt. Wer so viel vom Schmerz als einer moralischen Erfahrung weiß wie Jünger, sollte das beachten.
Natürlich: diese Dinge erlebt man, ohne eigenes Zutun. Sie widerfahren einem. Doch schreibt man sie nieder, auch nur für sich und vor sich selbst? Wenn man sie niederschreibt — und man macht, ins echte Tagebuch, ja zuweilen Kleckse von Seelenkitsch, der sich in den schmuddligen Ecken der schönsten Geister ansammelt und zuweilen herausträufelt — veröffentlicht man sie? Man veröffentlicht sie guten Gewissens doch nur, wenn man sie wirklich für exemplarisch hält. Doch darf man sich dann nicht wundern, wenn die echten Ritter ohne Furcht und Tadel über diese schlechte Kopie ihrer guten Manieren die Achseln zucken. Das gilt, gleichgültig, ob man innerhalb oder außerhalb des Nationalstaates steht. Die Chevaliers, die letzten Ritter, von denen hier viel gesprochen, denen hier viel nachgetrauert wird, stehen ohnedies zumeist außerhalb — wie übrigens auch die ersten Ritter. Sie werden außerhalb geboren. Die Erdbeeren im Burgunder gehören zu ihren Requisiten nicht. Sie stammen aus einem Öldruck in einem wilhelminischen Landwehrkasino. Dorthin aber hat sich noch nie ein Goncourt verirrt.
Das Erstaunliche ist, daß dieser so zwiespältig begabte Geist im gleichen Atem durch die superben sprachlichen Schönheiten seiner mannigfachen Pflanzen- und Tierschilderungen, auch durch die unübertrefflich geglückten atmosphärischen Momentaufnahmen aus Paris zu erfreuen weiß. Hier kommen Jüngers Gaben zu schönster Geltung und Entfaltung: am beobach-

teten und zu beschreibenden Objekt, so lange es kein Menschenwesen ist. Hier zeigt sich, welch miserabler Schriftsteller Waldemar Bonsels war — ein Vergleich, über den es nichts zu lachen gibt. Aber die häufige freudige Zustimmung, die man beim ersten Lesen des Buches für den Autor als ganzen Menschen spürte, weil man in ihm eine ganze Courage vermutete, löst sich bei genauerem Hinsehen und Hinhören schrittweis auf. Das Gesamtbild wird zusehends von einer Säure zerfressen, und es ist, als ob die sinistren Stellen nur so auf einen zugelaufen kämen.

Plötzlich aber, wie auf einen Kommandoruf von einer entfernten, unsichtbaren Befehlsstelle, reißt sich das ganze Buch zu disziplinierter Haltung zusammen, und man liest:

„— es gibt Untaten, die die Welt im ganzen, in ihrem sinnvollen Zusammenhang berühren; dann kann auch der musische Mensch sich nicht mehr dem Schönen, er muß sich der Freiheit weihen. Das Fürchterliche ist indessen, daß man sie bei keiner der Parteien findet und sich ganz ohne Kameraden zu fechten rüsten muß."

Diese Überlegung ist jedem vertraut, welcher sich nicht nur mit der Faust, sondern auch mit dem Kopf an diesem Konflikt beteiligte; sie war auch der anderen Seite vertraut, ihr vielleicht noch mehr, und ist es noch immer, denn wir sind ja noch keineswegs am Ende der Untaten, und die Gefährdung des sinnvollen Zusammenhangs scheint zwar verringert, aber sie ist noch keineswegs abgewendet. Ja, man darf mit Jünger durchaus der Ansicht sein, daß der sinnvolle Zusammenhang seine schwerste Gefährdungsprobe noch zu bestehen hat. Dennoch liegt in dieser Überlegung ein ebenso gefährlicher wie für den musischen Menschen verführerischer Fehlschluß. Es überrascht, daß Jünger ihn so bedenkenlos zieht. Denn die Freiheit als Ganzes, so wie wir sie „meinen", existiert nicht, und sie ward noch nie ohne Abstriche und Einschränkungen bei einer Partei gefunden. Das ist nichts Neues, und daran ist auch nichts „Fürchterliches", weil das Selbstverständliche nicht — oder nicht mehr — fürchterlich ist. Was einleuchtet, flößt kein Grauen mehr ein.

Vielmehr handelt es sich um die alte Geschichte vom kleineren Übel. Was Jünger von der Wahrheit sagt, nämlich, daß man sie heutzutage nehmen müsse, wo man sie finde, gilt weit mehr noch für die Freiheit. Die Wahrheit muß man keineswegs nehmen, wo man sie findet oder wo sie angeboten wird. Ihre Substanz und ihr Volumen können, um es jüngerisch auszudrücken, als konstant angenommen werden; im günstigsten Fall vergrößern sie sich sogar. Außerdem ist heutzutage die Wahrheit an die Opportunität gebunden, wie Jünger selbst mit Zorn und Bitterkeit feststellt: sie wird einem von denselben Hurenbuben angepriesen, die gestern die Unwahrheit feilhielten und es morgen wieder tun können. Es ist nicht ausgemacht, daß diese schmutzigen Hände nicht auf die Wahrheit abfärben.

Aber mit der Freiheit steht es anders, und nur in ihrem Abhängigkeitsverhältnis zur Opportunität, will sagen, zur Gunst und Ungunst der Umstände und Verhältnisse gleichen sich die beiden. Es ist von der Freiheit heutzutage nur noch so wenig übrig, daß man nicht lange wählen kann, und obwohl nicht der erste beste zum Bundesgenossen taugt, kann man bei der Wahl so lange zaudern, bis es zu spät ist, es nichts mehr zu wählen gibt und von der ganzen Freiheit einem nur noch das entseelte und ausgehöhlte Wort übrig bleibt. Mit dem mag man dann jonglieren, aber das interessiert keinen Menschen mehr. Jene, die gegen die Despotie kämpften, — auf beiden Seiten, mit Kopf und Faust — entschlossen sich für das kleinere Übel, oder genauer gesagt: für das größere Un-Übel. Sie kämpften mit der Partei, auf deren Seite nachweislich um einiges mehr Freiheit war als auf der anderen. Indem sie dieser Partei zum Siege verhalfen, vergrößerten sie im Endeffekt das Gesamtmaß an Freiheit in der Welt. Sie rodeten immerhin im Urwald der Despotie ein genügend großes Territorium, damit jene sich darin vergleichsweise unbehelligt aufhalten konnten, die über die Freiheit weiterhin nachsinnen wollten. Darauf allein kam es an, und das taten sie. Wer's ihnen heute abhandeln will, stelle sich die Gegenprobe vor, die ja um ein Haar gelungen wäre. Darauf kommt es auch weiterhin an. Nur in der relativen Freiheit wird die absolute Freiheit auch nur eine denkerische Möglichkeit. Es ist ungehörig und unmoralisch, will sagen, es ist in jedem Sinn unsittlich, so zu tun als sei man jenen, die diese relative Freiheit behaupteten, wenn sie sie nicht gar erkämpften, nichts schuldig.

Das Fechten ohne Kameraden denkt sich gut und liest sich

noch besser. Aber es ist, auf unserer runden, buckligen Erde, eine Unwahrheit. Es kommt zu diesem Waffengang nie, und in der Welt der „Arbeiter“ und „Lemuren“ schon gar nicht. Das weiß Jünger besser denn irgendwer. „Die Technik“, so notiert er, „ist jetzt in solcher Tiefe organisiert, daß auch nach Brechung der Vorherrschaft des Technikers und seiner Leitgedanken mit ihrem Bestand gerechnet werden muß. Die eigentliche Frage lautet, ob man die Freiheit an sie verliert. Wahrscheinlich ergibt sich daraus eine neue Form der Sklaverei.“ Das ist weit vorausschauend gedacht und trifft vermutlich zu. Aber das unmittelbare Problem liegt wesentlich näher, und seine Beantwortung bestimmt unsere heutige Haltung.

Das Problem besteht darin, daß Substanz und Volumen der Freiheit seit einiger Zeit in der Welt im Schrumpfen begriffen sind. Diesen Schrumpfungsprozeß hat Jünger selbst in den Eingangs-Kapiteln seiner Schrift „Der Waldgang“ mit schöner, klarer Handgreiflichkeit, wie man sie bei ihm häufiger antreffen möchte, dargestellt. Deshalb, da in der gegenwärtigen Konstellation der Mächte, die das Volumen der Freiheit bestimmen, neue Zuflüsse vor der Hand nicht zu erwarten sind, ist die Freiheit eine eminent praktische Angelegenheit geworden, die mit beiden Händen, mit Zähnen und Klauen festgehalten und verteidigt sein will. Ihr wichtigstes Merkmal in unserer Zeit ist, daß man, um das Gros zu sichern, die Vorposten opfern oder zumindest einziehen muß. Das hat gerade Jünger schon früh genau erkannt, und es verwundert, daß er sich erlaubt, es zu vergessen. Der letzte Krieg hat allen Beteiligten gezeigt, daß man, um mit Tyrannen fertig zu werden, wenn schon nicht ihre Denkart, so doch zeitweise ihre Methoden übernehmen muß. Und trotz bester, lauterster Absichten bleibt nachher immer etwas Unabwaschbares zurück. Auch erweisen sich einige aus Opportunität und zwingender Notwendigkeit übernommene Methoden in den nachfolgenden Verhältnissen als unentbehrlich und müssen beibehalten werden. Hierüber muß man sich beim Despoten und nicht bei seinen Widersachern und Überwältigern beklagen. Denn beklagenswert ist es natürlich.

So geht aus jedem Kampf um die Erhaltung der Freiheit die Substanz der Freiheit um einiges verringert hervor. Um sie überhaupt wirksam gegen ihre Feinde verteidigen zu können, muß man sich eines Teils von ihr begeben, und diesen Teil erhält man nicht zurück. Die Taktik besteht darin, diesen Teil so gering wie möglich zu halten. Einstweilen ist der Schrumpfungsprozeß stetig, und es handelt sich darum, ihm das denkbar langsamste Tempo aufzunötigen, bis die Größenverhältnisse und Machtkonstellationen in der Welt sich so geändert haben, daß ganz neue Konzeptionen der Freiheit möglich werden. Es besteht immerhin die Hoffnung, daß von der letzten gehaltenen Insel aus sich der ganze Archipel und von dort aus die Kontinente werden zurückgewinnen lassen. Aber das wird eine andere Freiheit sein, und Jünger äußert eine Schulbubenweisheit, wenn er prophezeit, daß sie mit der des neunzehnten Jahrhunderts nichts mehr gemein haben werde. Man möchte hinzufügen: ebenso wenig wie die kommenden Weltreich-Imperatoren mit den letzten Ritter-Kaisern des Mittelalters.

Vor der Hand jedoch wird die Freiheit noch von jenen Nationalstaaten und Gruppen von Nationalstaaten verwaltet und gegebenenfalls verteidigt, die nicht nur Jünger, sondern uns allen als „Lebensraum“ zu eng geworden sind. Aber um auch nur über die Freiheit spekulieren, geschweige denn für oder gegen sie auftreten zu können, muß man sich in einer „Art Freiheit“ befinden. Die einzige „Art Freiheit“ ist aber nur im bestehenden Ordnungssystem der Nationalstaaten und ihrer Gruppierungen zu finden, und deshalb muß es, so sehr es auch im Übergang begriffen sein mag, als bestehend akzeptiert werden. Jüngers Berufung darauf, daß er sich bereits als außerhalb dieses Systems stehend empfinde, ändert hieran nichts und entläßt ihn nicht aus der Entscheidung, was „hier und jetzt“, angesichts der gegebenen Mächte und Konstellationen für oder gegen die Freiheit zu tun sei.

Selbstverständlich kann man den Standpunkt einnehmen, daß man lieber gar keine Freiheit habe als die gegenwärtige rationierte Ausgabe, und daß diese „Art Freiheit“ sich um sich selbst kümmern möge, so wie man es auch mit dem Krieg tut, den man sich selbst überläßt, da er einen nicht „betrifft“. Doch im Gegensatz zum Krieg, der einem nachläuft, läßt einen die Freiheit sitzen, und auch der schnellste Waldgänger holt sie nicht ein. Jünger selbst hätte nicht vier Jahre auf seine publizistische Freiheit im System der Nationalstaaten warten müssen, wenn er zu dem bißchen Freiheit, welches diese Staaten unter anderem auch ihm erkämpften, etwas hinzugetan hätte außer dem schönen Wort „Freiheit". Das hatten sie schon und stellten sich seltsamerweise darunter sogar etwas ganz Konkretes vor.

Deshalb ist Jüngers Schwur aus den „Marmorklippen", in aller Zukunft „lieber mit den Freien zu fallen als mit den Knechten in Triumph zu gehen", prächtig und dramatisch klingender Unsinn. Wie auch die Meinung, „die Tapferen dieser Erde machen im Streit die Grenzen der Freiheit aus", reine Rethorik ist. Es ist richtig und muß bestätigt werden, daß Jüngers Position sich in „Strahlungen" und vor allem im „Waldgang" vom Lager der Mauretanier beträchtlich entfernt hat. Aber die „Freien" haben ihn auch in die neue Position begleitet, wenn auch allerlei andere Weggenossen inzwischen abgehalftert worden sind. Die Zeiten aber, in denen die Freien, von denen hier die Rede ist, etwas zu sagen hatten, sind längst vorbei. Es gibt diese Freien nicht mehr, wenn es sie überhaupt je gegeben hat, außer in den Heldensagen Gustav Schwabs und den Vorstellungen, die das deutsche neunzehnte Jahrhundert vom frühen Mittelalter hatte. Und im „Streit der Tapferen" haben sie zumindest in neuerer Zeit die Grenzen der Freiheit nur stetig verengt. Diese „Freien" und „Tapferen", die in allen Überlegungen Jüngers über die Macht und die Freiheit eine große Rolle spielen, sind keine Realität, sondern eine Illusion. Mehr noch: sie sind eine bewußte und absichtliche Vorspiegelung, um der weniger pittoresken und dramatischen Entscheidung zwischen den relativen Graden der Unfreiheit zu entgehen. Diese Vorstellung von einem Rittertum der „Freien" und „Fürsten", hineinprojiziert in die Welt der Technokraten, die sie, als „Waldgänger" verkleidet, stürzen sollen, ist eine Strähne Gedankenkitsch, die um so mehr irritiert als sie historisch unlauter ist. Sie ist außerdem eine Spielerei mit Menschenschicksalen „hier und jetzt", und das macht sie zum Überfluß moralisch unlauter.

So wäre also die exemplarische Haltung in summa: Anteilnahme statt Parteinahme; zwischen Handeln und Sympathie; zwischen Feindschaft und Freundschaft; zwischen der Freiheit und dem Schönen. Das heißt mit einem Wort: Unverbindlichkeit. Es heißt: die Sache hat mit mir nichts zu tun und ich nichts mit ihr. Ich muß sehen, wie ich mit heiler Haut hindurchkomme. Das ist an sich ein zulässiger, legitimer Standpunkt, man kann ihn einnehmen. Nebel nimmt ihn ein, wenn er von sich sagt: „Es kommt mir allein darauf an, mich durch diesen Krieg hindurchzuschwindeln, lebend, ohne Qualen und wesentliche Einbußen und mit möglichst großer individueller Bereicherung. Ich bin nun einmal Anarchist und kann keine politische Macht, weder die eine noch die andere, ernst nehmen. Ich fühle mich ganz als das von den Mächten und Bürokratien getretene, mißhandelte und ausgebeutete Individuum und suche mich gegen die Gemeinheiten und Brutalitäten der Apparate mit aller Verschlagenheit, deren ich fähig bin, zu behaupten."

Aus dieser Grundhaltung fließen bei Nebel viele gute und nützliche Überlegungen über das Verhältnis des Einzelnen zu den Mächte-Konstellationen, über die Möglichkeiten und Unmöglichkeiten des „Patriotismus" und der „Loyalität". Das ist alles in hohem Maß lesens- und überdenkenswert, besonders da Nebel Wert darauf legt, seine Gültigkeit keinesfalls und niemals über den Einzelnen hinaus auszudehnen. Bei Jünger jedoch sind wir in anderer Lage. Wird diese Haltung für exemplarisch erklärt, drückt sie nur aus, was „in uns allen" ist, so sind sämtliche Beteiligten aus der Verantwortung entlassen. Diese General-Amnestie aber beabsichtigt Jünger gar nicht. Und schließlich — man drehe es, wie man will — hängt die moralische Erlaubnis zur Einnahme dieses Standortes doch wohl ein wenig von dem Grad ab, in dem man selbst am Heraufkommen der Sache beteiligt war. Wird dieser Umstand glattweg ignoriert, wie es in „Strahlungen" der Fall ist, so wird ein solches Buch zu einem geradezu diabolischen Leitfaden der hochtrabenden Unaufrichtigkeit. Da kann man sich dann nicht wundern, wenn man darin die billigsten Koketterien findet wie diese:

„— überrasche mich dabei, daß ich die Bündnisse verwechsle; zuweilen überfällt mich die Täuschung, daß sie (die Japaner) uns den Krieg erklärt hätten. Das ist so unentwirrbar wie Schlangen in einem Sack."

9

Die exemplarische Haltung gründet sich auf eine begrenzte Reaktions- und Registrierfähigkeit. Innerhalb dieser Grenzen manifestiert sie sich. Die Frage nach dem Verlauf dieser Grenzen ist deshalb wichtig. Jünger selbst beantwortet sie:
„— so gleiche ich einem Klavier, bei dem die Tasten nur auf den äußersten Saiten anschlagen. Daher fällt der gewöhnliche Verkehr mit mir schwer, er besteht aus einer mühsamen Übersetzung ins Alltägliche."
Sieht man, was freilich nicht leicht fällt, von der solipsistischen Unerträglichkeit dieses „Selbstkommentars" ab, den der von Jünger bemängelte Gide sich nicht gestattet hätte, so frappiert noch immer die Genauigkeit, mit der hier menschliche Gaben und Defekte den schriftstellerischen Gaben und Defekten entsprechen oder, wie Jünger sagen würde, „zugeordnet" sind. Die Gaben kommen am schönsten zur Blüte an den äußersten Enden der Klaviatur, nämlich in der fast weltentrückten Perfektion der Tier- und Pflanzenschilderung, wo Jüngers andernorts höchst störender Hang zur Abstraktion und Stilisierung größte Triumphe feiert, und in der Darstellung des Grauenvollen und Fürchterlichen. Der reinen makellosen Schönheit steht die Fratze gegenüber, auf deren Haupt auch nicht ein gutes Haar wächst. Die Mittellage fehlt, und so gewinnt man von gewöhnlichen Menschen und Verhältnissen, selbst wenn sie mehrfach wiederkehren, in diesem Buch kein rechtes Bild. Man hat das Gefühl, der Schriftsteller sähe und erfasse sie gar nicht. Es wird kein Eindruck bei ihm hervorgerufen, und so vermag er wiederum keinen Ausdruck zu geben. Die Mittellage kommt, wie bei einer Photographie „nicht heraus". Das heißt jedoch nicht, daß es sie nicht gibt. Zwischen den Extremen der Natur- und Schinderwelt streicht man durch Seiten lebloser „Atmosphäre". Das ist ein ausgesprochener Defekt, noch dazu bei einem, der von sich sagt:
„— so bin ich leicht verstimmt; es hängt mit der überscharfen Beobachtung zusammen, mit der ich gestraft bin wie andere mit einem überfeinen Geruchsorgan. Ich sehe allzu deutlich in die Winkelzüge, die den Menschen nun einmal eigentümlich sind."
Das ist eine sonderbare Selbsttäuschung. Denn gerade hier

fehlt es am auffallendsten. Was er in der Tat sieht, sind die Winkelzüge, aus denen sein eigenes Antlitz sich widerspiegelt. Die anderen sieht er nicht, so wie er anderwärts das Leid Frankreichs nur dort und dann registriert, wo es Züge aus seinem eigenen Antlitz trägt. Man meint zuweilen, wenn er sich selbst weniger beobachtete, würde ihm die Umwelt deutlicher werden. Doch liegt ihm an dieser Umwelt möglicherweise nichts. Die Beharrlichkeit, mit der sie zwischen den Extremen der Klaviatur nicht gesehen wird, entspringt möglicherweise der Notwendigkeit, sie um des auf die Extreme gestellten Weltbildes willen nicht zu sehen. So wird um der Fiktion willen die Realität geleugnet. Es ist ein Vorgang, der von anderen Weltverbesserern her geläufig ist.

Jedoch — man muß das Ausgezeichnete nehmen, wo man es findet und nicht immer fragen, mit welchen Defekten es bezahlt wird. Die „Capriccios" aus der Schinderwelt sind überragende schriftstellerische Leistungen. Dabei stammt das allerwenigste aus eigener Anschauung. Jünger erwägt den Gedanken, „ob es nicht vielleicht doch gut wäre, die Schreckensstätten aufzusuchen, als Zeuge, um zu sehen und festzuhalten, welcher Art die Täter und Opfer sind. Wie ungeheuer hat Dostojewskij durch seine Berichte aus dem Totenhaus gewirkt! Dem entgegen steht der Ekel, der mich schon bei der Vorstellung von solchen Schauspielen ergreift. Ich würde sofort als Widersacher sichtbar sein. Wem wäre damit gedient?" Das ist allerdings die Frage. Wem wäre damit gedient? Ganz bescheiden möchte mancher Leser dieser Zeilen anmerken: mir zum Beispiel. Ich hätte darin etwas wirklich Exemplarisches zu erblicken vermocht. Außerdem wäre vielleicht der Moralität gedient gewesen, der so grausam reduzierten Gesamtsumme des Anstandes in der Welt, deren flackerndes Flämmchen sich an der leisesten Bezeugung des Mitgefühls kraftvoll belebt hätte?

Doch hielt der Ekel davon ab, Augenzeuge zu sein. Die Genauigkeit, Zielsicherheit und Penetranz der Beobachtung, die mühelos durch mehrere Schichten des Anscheins in den Kern, das Wesen des abgründigen Vorgangs dringt, beruht also auf einer anderen Grundlage, und die Affinität dieser Bilder mit den unterweltlichen Abscheulichkeiten seiner eigenen Träume, die Jünger freigebig im Tagebuch notiert, fällt auf. Beide sind

mit der nämlichen Meisterschaft reproduziert. Zuweilen kann man sie austauschen.
Hier liegt ein Schlüssel, man muß ihn aufheben und sehen, ob er das Schloß öffnet. Diese sinistre Gabe hat etwas mächtig Anziehendes, wiewohl sie einem des Schriftstellers komplementäre humanistische und theologische Neigungen verdächtig macht. Was wohnt eigentlich sonst noch alles in dieser Brust? Jüngers oft ans Magische grenzende und gemahnende Gabe, das obenhin Unzusammenhängende an genau dem Punkt zusammen zu führen und in Beziehung zu setzen, an dem die Funken sprühen und die Blitze zucken; seine Fähigkeit, den Vorgang sodann in die knappste Wortformel zu „verdichten", ohne sich dabei mehr als gebührlich mit dem Aphorismus zu begnügen — dies alles konzentriert sich im Zweifelsfall bei ihm auf das Böse und nicht auf das Gute, auf das Niederträchtige und nicht auf das Barmherzige. Wo der Pfuhl am übelsten riecht, fängt er die besten Fische. So beispielsweise:
„— Geheimfriedhöfe, ein Wort aus der modernen Etymologie. Leichen werden versteckt, damit sie der Konkurrent nicht ausgräbt und photographiert. Solche Lemurenhändel deuten das ungeheure Wachstum der Bosheit an."
„— Mischung von Humanität und Bestialität, wie sie dem Schwunde der moralischen Unterscheidungskraft entspricht. Das Reich der Toten wird hier zu einer Art Abstellraum; man steckt, was unbequem, was schwierig scheint, dorthin auf Nimmerwiedersehen. Doch irrt man sich darin vielleicht."
„— Lemuren-Feste, mit Mord an Männern, Kindern, Frauen. Die schauerliche Beute wird verscharrt. Dann kommen andere Lemuren und um sie herauszuwühlen; sie filmen die zerstückte und halb verweste Strecke mit schauerlicher Lust. Dann führen die einen den anderen die Filme vor. Welch sonderbares Treiben entwickelt sich doch am Aas."
Hierzu auch die Vignette vom gefrorenen russischen Kommissar, vom toten siebzehnjährigen russischen Mädchen, von den russischen Verwundeten, die stundenlang im Wald um Hilfe riefen und Pistolen zogen und auf deutsche Soldaten schossen, die endlich zu ihrer Bergung herbeikamen. Doch die Schlußfolgerung: „Auch das ein Zeichen, daß die Kämpfe ins Zoologische gemündet sind. Ein Tier, das angeschossen im Wund-

bett liegt, beginnt zu beißen, wenn es ergriffen wird", ist ein haarsträubender Fehlschluß. Sie ist eine echt Jüngersche „blinde Stelle". Die verwundeten Russen wußten vermutlich, warum sie von den Deutschen nicht gerettet werden wollten, die ihnen vorhalten, daß „sie den Hunden das Futter wegfressen". Man hätte sie gesund gepflegt, um sie dann in der Zwangsarbeit verhungern zu lassen.

Hierzu auch die Momentaufnahme von Calandrus, der die Nacht schlaflos verbracht hat, weil er auf einer Exekutionsliste stehen soll. „Er hatte, als er diese Sorge erzählte, etwas von einem kleinen Jungen, den ein Polizist in sein Notizbuch geschrieben hat." Man braucht Calandrus nicht zu kennen, braucht keine Ahnung zu haben, wer er ist, um zu wissen, daß der Mann beim Erzählen dieser „Sorge" einem kleinen Jungen so ähnlich war wie der Zuhörer Jünger einem Menschen mit einem Herzen. Tatsächlich ist der Zuhörer hier der kleine Junge, der noch nie einen erwachsenen Menschen gesehen hat. Es ist der Triumph des hohen C, der obersten Taste. Musik ist es nicht mehr. Aber was ist es? Nur Lausbüberei?

Die Bilder aus der Schinderwelt werden allen jenen unter Jüngers Landsleuten am unliebsten sein, die, in seinem Schiff sitzend, von ihm dem Eiland, „wo man sich nichts vorzuwerfen hat", zugesteuert werden möchten. Hier wird ihnen nichts erspart, sondern neu vor ihnen ausgebreitet — und zwar von einem, den sie nicht einen „Greuelpropagandisten" zu nennen wagen — was allgemach schon als „ausgestanden" galt. Das ist wichtig. Die Untaten und Missetaten deutscher Soldaten insbesondere im Osten, aber auch in Frankreich, werden auf das genaueste und unbarmherzigste notiert: als Manifestationen einer entfesselten Dämonen- und Lemurenwelt. Hier häuft sich die Evidenz auf das Fürchterlichste, und es ist keine Geheim-Evidenz. Das ist ebenfalls wichtig.

„— Gespräch mit Koßmann, dem neuen Chef des Generalstabs. Er teilte mir fürchterliche Einzelheiten aus den Lemurenwäldern des Ostens mit."

Konzentrations- und Ausrottungslager, Gaskammern und andere Vernichtungsstätten wie das Lodzer Ghetto, insbesondere die Massaker der deutschen und ausländischen Juden und endlich das häufig unmenschliche Verhalten des deutschen Bürgers gegenüber den russischen Kriegsgefangenen, sind dem Hauptmann Jünger und seinen Mitoffizieren geläufig und häufiger Gesprächsstoff. So wie er weiß der Chef des Generalstabs Bescheid, wahrscheinlich sogar besser. Die zusammengetragene Evidenz ist minutiös und überwältigend. Sie lief einem offensichtlich bis ins Pariser Hotel „Majestic" nach. Die Schlußfolgerung ist erlaubt, daß das, was ein auf Druckposten sitzender Hauptmann ohne viel eigenes Zutun wußte und erfuhr, Tausende und Zehntausende von Offizieren und Soldaten gewußt haben. Wie viele von ihnen sitzen im Schiff oder stehen Schlange am Hafen?

Das Verdienst dieser autoritativen Aufzeichnungen besteht, gleichgültig, welche persönlichen oder unpersönlichen Motive die Feder führten. Doch erhebt sich die Frage: woher kommen die Lemuren, wer sind sie, und wer entfesselte sie? Die sehr reale und handgreifliche Schinderwelt, die in „Strahlungen" dargestellt wird, ist bereits in der Phantasie-Welt der „Marmorklippen" mit überdeutlicher Genauigkeit vorweggenommen. Hier handelt es sich um Vorstellungswelten, um Bilder, die Jünger geläufig waren, ehe sie zur Wirklichkeit wurden. Hatte er sie geträumt? Die Grausamkeiten und Abscheulichkeiten, mit denen sein Unterbewußtsein ihn plagt, sind diesen Bildern eng verwandt. Man käme nicht darauf, sie miteinander in Beziehung zu setzen, wenn er selbst einem die Parallele nicht unaufhörlich suggerierte. Wie verhält es sich hier? Auch die Massenwelt der technokratischen Despotie war im „Arbeiter" vorweggenommen. Aber sie war kein Traum gewesen. Man wundert sich, daß ein so überaus introspektiver Autor einem diese Türen in sein Innerstes nicht vor der Nase zuschlägt und fest verrammelt. Vielleicht hat er wirklich gar nichts zu verbergen? Vielleicht auch ist nichts dahinter verborgen?

Es ist, alles in allem, etwas ungemein Deutsches an dieser Niederschrift, diesem kaleidoskopischen Wechsel von Luzidität und Nebulosität, von Vogel- und Käferperspektive, von Plattheit und äußerster Gespitztheit. Man fragt sich, welche Stellung ein solcher merkwürdiger Mann zum eigenen Volk eigentlich einnimmt. Die Reaktion der Deutschen selbst auf Gestalten wie Jünger ist freilich von jeher völlig unberechenbar gewesen. Sie gießen Meere wallenden Zornes und kochenden

Unmutes über jene ihrer Landsleute aus, die sich behutsam bemühen, ihre Herzens- und Geistesmanieren ein wenig zu glätten, und spenden im nächsten Augenblick anderen frenetischen Beifall, die ihnen mit grober Stimme ins Gesicht sagen, was sich kein anderes Volk ohne Erröten anhören würde.

10

Nirgends in diesen sechshundert Seiten findet sich auch nur ein Hinweis darauf, daß Jünger den zweiten Weltkrieg als eine von Hitler willentlich begangene Untat sieht.

(Daß sein Ausbruch im übrigen in der Dynamik der Dinge lag und kommen mußte, nachdem Hitler einmal an die Macht gelassen worden war, ändert nichts daran, daß Hitler ihn de facto begann. Das gilt es, auch heute noch, auseinander zu halten.)

Wohl aber findet sich manche kritische Stelle über die Art seiner Führung und die charakterliche Beschaffenheit jener, die ihn führten — Volk und Generale. Sie führten den Krieg nicht „ritterlich". Das ist Jüngers Vorwurf. Wenn er noch andere Einwände hat, so sind sie zumindest in diesem Kriegstagebuch nicht zu finden. Die interessante Frage, ob ein Despot einen „guten" Krieg führen könne, ob eine „gute Sache" dadurch schlecht wird, daß ein Unhold sie in die Hand nimmt, ob man einem Unhold folgen müsse, weil er eine gute Sache usurpiert hat, ja, ob es nicht gar möglich ist, um der Sache der Freiheit willen mit den Verderbern der Freiheit zu ziehen — sie wird hier nicht erörtert. Dabei liegt sie doch der ganzen Frage der „Ritterlichkeit" zugrunde, soweit dieser Begriff überhaupt Wirklichkeitswert hat. Jünger vermerkt hierzu:

„— das Schlimmste für die Deutschen waren die Erfolge — bei allen gewagten Partien ist der Gewinn am Anfang der gefährlichste. Er ist der Köder, der Angelhaken, an dem sich die Begierde fängt. Auch dazu verführt er den Spieler, daß er die Karten offen zeigt. Er legt die Maske ab. Nach dem Sieg über Frankreich war auch die Bourgeoisie überzeugt, daß alles in Ordnung sei. Sie hörte die Stimme der Unglücklichen, ihr De Profundis nicht mehr."

„— ich frage mich, ob er (ein Mitoffizier und ‚alter Nationalist‘) nicht immer noch bei weitem jenen Offizieren vorzuziehen sei, die, während der Ehrbegriff verloren geht, nur am starren Gehorsam festhalten. Dem faulen Idealismus gegenüber, der fortfährt, als ob die Dinge in Ordnung wären, steht der Landsknecht als echter Typus gegenüber — man fühlt ... er hat mit jenen lebenden Leichen nichts zu tun.“

„— die Generale sind meist energisch und dumm, das heißt, von jener tätigen und disponierenden Intelligenz, die jedem besseren Telefonisten innewohnt und der die Masse so stupide Bewunderung zollt. Aus diesem Grund sind Generale auch meist Handlanger, deren man sich bedient ...“

„— so fahre ich hier (in Rußland) bei den Generalen herum und beobachte auch deren Verwandlung zum Arbeiter. Sie sind Arbeiter auf dem Gebiet der Befehlstechnik und wie der nächste beste an der Maschine ersetzbar und auswechselbar.“

Selbst wenn man den aus der Skatspieler-Perspektive stammenden Vergleich des Krieges mit einer „gewagten Partie“ hinzunehmen bereit ist — es fällt schwer, sich hierzu zu verstehen: wenn Leute ums Leben kommen, hört die Spielerei doch wohl auf — bleibt auch in den bittersten Vorwürfen, die Jünger seinem Volk macht, ein Wurm sitzen. Er entwertet sie und erniedrigt sie alsbald zur Irrelevanz. Nämlich:

„— ich frage mich, wie diese kannibalische Gesinnung, wie dieses völlig Ungute, der Mangel an Herz für andere Wesen sich so schnell verbreiten konnte, und wie das rasche und allgemeine Vernegern sich erklärt. Bei solchen Jungen ist es leicht möglich, daß kein Rest von christlicher Moral sie mehr berührte, doch könnte man erwarten, daß Gefühl für ritterliches Leben und Waffenehre oder auch altgermanischen Anstand und Bewußtsein für das Rechte sich ihnen im Blut erhielt. Denn an sich sind sie ja so übel nicht ...“

Man darf überzeugt sein, daß sie so übel nicht sind. Aber man muß keineswegs überzeugt sein, daß „ritterliches Leben“, daß „Waffenehre“ und vor allem „altgermanischer Anstand“, was immer das sein mag, Begriffe sind, denen in unserer Zeit noch irgendwelches Leben innewohnt. Durch die Infiltration dieser rein sentimentalen Vorstellungen werden die moralischen Präzisionen entwertet. Mit diesen Vorstellungen — denn Begriffe sind sie ja nun wirklich nicht — im Zeitalter des „Arbeiters“

zu arbeiten, heißt weltanschaulichen Schund liefern. Diesen weltanschaulichen Schund aber trifft man seitenweis in der Schrift über den „Waldgang“ an. Dort werden höchst praktische politische und moralische Forderungen an den Einzelnen erhoben, die ihre gesamte ethische Rechtfertigung in Vorstellungen aus der altgermanischen Anstandswelt beziehen, will sagen, nicht in Begriffen, die in unserer Welt existent sind, sondern in Zauberformeln, die nicht einmal einen historisch verbürgten Inhalt haben und heute auf alle Fälle völlig entleert sind. Wenn die Jungen „so übel nicht sind“, so werden sie es hierdurch werden. Aus den Wahnwelten des altgermanischen Anstandes ist das Erwachen noch immer schrecklich gewesen. Doch ist dies die Linie des geringsten moralischen Widerstandes, über die Jünger seinem Dilemma zwischen Handeln und Sympathie mit einigen Désinvolture-Kapriolen entweicht in Gegenden, in denen die Worte nicht mehr für Begriffe stehen, sondern Moralbegriffe aus den Zufälligkeiten von Sprachbildungen entwickelt werden. Da schießen Kraut und Kohl dann in die allerhöchsten Sphären.

So kann man nur mit tiefstem Mißvergnügen lesen:

„Mir macht Vergnügen, wie die jungen Leute, die durch meine Schule gegangen sind, gleich auf den Kernpunkt zukommen. Das Schicksal Deutschlands ist verzweifelt, wenn nicht aus seiner Jugend und insbesondere aus seinen Arbeitern ihm eine neue Ritterschaft erwächst.“

Denn hier wird blauer Dunst gesponnen von einem, der sein moralisches Werkzeug im Wald versteckt hat und es nicht wiederfinden kann. So behilft er sich mit Phrasen, so gut er kann. In anderen Ländern nennt man dies: der Jugend, welche durch den Krieg verroht und verlottert ist, neuerlich Manieren des Geistes und des Herzens anerziehen, ohne die ein normaler, unblutiger Umgang nicht möglich ist. Um ins Geleis zu kommen, braucht man jedoch nicht gleich eine neue Ritterschaft zu gründen; die Gefahr besteht vielmehr, daß man dann erst recht unerträglich wird. Wie seltsam doch die Vorstellung ist, daß die Normalisierung bereits gleichbedeutend ist mit der Zugehörigkeit zu einer Elite; daß, wer aufhört, Juden zu vergasen und Gefangene zu schinden, schon zu den Auserwählten gehört. Auch hier wieder hört man das zurückhaltende Hüsteln jener echten Aristokratie, an die Jünger in Frankreich sein Herz verlor. Wer freilich verlöre es nicht? Es sind ja in der Tat exzellente Damen und Herren.

Doch dieser soziologischen Vorstellung von einer „Elite“, einer „Ritterschaft“, ohne die das Volk sein harmonisches moralisches Gefüge nicht wiederfindet und damit auch nicht die Freiheit, steht bei Jünger eine andere gegenüber, und auch in ihr sitzt der Wurm. Sie heißt der „Pöbel“, und einmal nennt Jünger sie auch französisch „la pourriture“, recht übersetzt: der Abschaum, der Abfall, der stinkende Mist. Auch hier schlägt er mit Ingrimm zu:

„— man hat den Eindruck, daß dem Volk nicht nur die alte Biederkeit und Gutmütigkeit, die es auszeichnete, verlorengegangen ist, sondern auch der Sinn für das Angemessene, ja Selbstverständliche. Diese ungemeine Verhärtung und Austrocknung des Gemüts ist schlimmer, bedenklicher als selbst die Grausamkeit.“

„— es sind dies Geister, die von einem Tizian die Farbe herunterkratzen würden, um sich aus der Leinwand Fußlappen zu machen.“

„— auch jetzt, nach so gewaltigen Schicksalszeichen, überbietet die Verblendung des unübersehbar gewordenen Pöbels noch jede Vorstellung, jedes Maß.“

Und endlich, anläßlich einer Fahrt durch die ausgebrannten Städte Westdeutschlands, die sich in dunkler Kette aneinander reihen, der Gedanke: „so sieht es in euren Köpfen aus“ — und das „Gefühl, in einen Viehwagen eingesperrt zu sein.“

Jetzt zeigt sich, wie ungeheuer treffend das Bild von den äußersten Saiten des Klaviers ist: auch hier wieder sind nur die Extreme lebendige Vorstellungen, die Elite und der Pöbel, wobei der Pöbel noch um einiges greifbarer, weil wirklicher und erlebter auftritt als die nur von fern geahnte und nur in den zugänglichen preiswerten Reproduktionen wirklich erblickte Aristokratie. Die Mittellage fehlt abermals. Sie heißt: das Volk.

Wie konnte aber einem empfindsamen Sprachforscher die gemeinsame Wurzel, ja die Identität von Pöbel und Volk entgehen? Wie konnte, wie durfte er, wenn sie ihm nicht entging, sie mit gutem wissenschaftlichen Gewissen ignorieren. Der „Pöbel“ ist nichts anderes als „le peuple“, „the people“, Begriffe, die anderwärts — wo man die Freiheit, wenn sie noch so geschrumpft ist, nicht weniger entschlossen verteidigt als in Deutschland — in einigen Ehren gehalten werden. Der „Pöbel" ist das „Volk", war es immer, wird es immer sein. Und dieses Volk sitzt in des Steuermanns Schiff; jawohl, es sitzt. Andere Passagiere gibt es nicht.

Mit der Verwendung dieses Begriffes „Pöbel", um den jeder Soziologe einen großen Bogen macht und weiß, warum, wird der Großteil des Volkes kurzerhand zum Untermenschentum relegiert, dem in seiner hoffnungslosen Vertiertheit nicht mehr zu helfen ist. Man ist mit ihm in einen „Viehwagen eingesperrt". Hier wird vom „Pöbel" gesprochen wie bei Hitler von den „Juden". Darum kommt man nicht herum, auch wenn anderes, außerordentlich Treffsicheres, anscheinend den Weg zu öffnen verspricht, wie dies:

„— der größte Raub (den Hitler dem deutschen Volk zufügt) ist der Rechtsraub — das heißt, er hat den Deutschen der Möglichkeit beraubt, Recht zu haben und sich im Recht zu fühlen gegenüber den Unbilden, die ihm zugefügt werden und die ihm drohen. Freilich hat das Volk als solches sich mitschuldig gemacht durch Akklamation — das war der furchtbare, bestürzende Unterton, den man unter den Jubelstürmen, den Jubelorgien vernahm."

Also wurde das Volk durch die Akklamation des Rechtsraubs zum Pöbel, zur Pourriture. Dieses soziologische Gebäude ist von einem von Märchenvorstellungen geplagten Amateur gebaut. Der Ritter-Pöbel-Staat mit Erdbeeren im Burgunder hat in unserer Zeit nur noch in der Despotie eine Aussicht auf schauerlich-groteske Verwirklichung. Überall sonst bleibt er eine stilisierte Pose. Nichts aber ist unerträglicher als die stilisierte Moralität:

„Ein Ekel ergreift mich dann vor den Uniformen, den Schulterstücken, den Orden, dem Wein, den Waffen, deren Glanz ich so geliebt. Das alte Rittertum ist tot, wie es noch in den Kriegen Napoleons, ja noch im Weltkrieg der Macht den Adel gab. Die Kriege werden von Technikern geführt."

Das werden sie. Und die Techniker führen die Lemuren an, so wie sie selbst von der „Totalen Mobilmachung" herausgetrommelt worden sind. Das alles hat Jünger früher und genauer gewußt als seine Zeitgenossen. Dieser Weitblick in die erst halb entwickelten Stadien, die Kühnheit und Sicherheit des Griffs, mit der er diese Bilder aus dem Halbdunkel ins Helle gezogen hat — sie haben seinen Ruf als eines modernen Menschen begründet. Das Rittertum ist gewißlich tot, was immer man von seinen Auferstehungs-Chancen halten mag. Der Ritter-Pöbel-Staat aber reicht noch vor seinen Beginn zurück. Er ist in der Tat eine altgermanische Konzeption. Er ist barbarisch.

II

Jedoch: Woher kommen die Lemuren?
„— in Gesprächen über die Grausamkeit dieser Tage taucht oft die Frage auf, woher all die dämonischen Kräfte wie die Schinder und Mörder kommen, die doch sonst in unserem Volk niemand sah. Doch waren sie potentiell vorhanden, wie nun die Wirklichkeit beweist. Das Neuartige liegt in ihrer Sichtbarwerdung, in ihrer Freilassung, die ihnen den Menschen zu schädigen erlaubt. Zu dieser Freilassung führte unsere gemeinsame Schuld; indem wir uns unserer Bindungen beraubten, entfesselten wir sie. Da dürfen wir nicht klagen, wenn uns das Übel auch als Individuen trifft."
Freilich dürfen wir nicht klagen. Jünger klagt jedoch. Denn unablässige Äußerungen des Ekels sind eine Form der Klage. Sie sind überdies eine Form des Rückzugs aus der Verantwortung. Wie kann auch nur die geringste Verbindung, auch nur der loseste Zusammenhang zwischen ihm und einem Phänomen bestehen, daß ihm geradezu exhibitionistisch den Magen umdreht? Und doch ist's eine Ausflucht, ein neuerliches Entwischen über die Linie, an der man haltmachen und der Sache ins Gesicht blicken müßte. Doch nein, man entweicht in Bereiche jenseits des Nihilismus. Wer möchte auch einem Mann moralische Vorhaltungen machen, dem grün und gelb der Ekel im Gesicht steht? Das ist der Appell an den geringsten Widerstand.
„Vielleicht", so notiert Jünger, „ergeht's in Deutschland vielen so wie mir, in dem die Kenntnis des Infamen einen Ekel gegen die Teilnahme an kollektiven Dingen überhaupt erzeugt." Er fügt an anderer Stelle hinzu: „Noch ist die Lage für Deutschland nicht verzweifelt — doch welchen Ekel bringt es,

dem Schauspiel zuzusehen.“ Und weiterhin: „Merkwürdig, daß ich inmitten des jämmerlichen Schauspiels gar keinen Haß empfand, obgleich die stumpfen Gesellen dieses Schlages doch über zwölf Jahre lang mir die Tage vergifteten.“ Endlich: „Ich muß die Maximen ändern; mein moralisches Verhältnis zu den Menschen ist auf die Dauer zu anstrengend.“

Was fängt man mit diesem Ekel an? Wie verhält er sich zur Frage der „gemeinsamen Schuld“? Was waren die „Bindungen“ und was führte zu ihrer Trennung? Diese Bindungen hießen selbstverständlich Europa, hießen das Abendland, hießen „seine alten Nester“, um die Jünger in Frankreich inmitten des total mobilgemachten Techniker- und Arbeiterkrieges zittert. „Denn worauf kommt es jetzt an in diesem Land?“ fragt er. „Daß seine alten Nester, die Städte nicht umgepflügt werden, auf deren Trümmern man Filialen von Chicago errichten würde, wie es in Deutschland geschehen wird —“ (Und geschehen ist. Nur ist es ein Reichskanzlei-Chicago geworden. Aber das mag der Stil der neuen Chevaliers sein.)

Sehr wohl. Ganz recht. Dennoch hieß es in der „Totalen Mobilmachung“ von 1934:

„Der Deutsche hat den Krieg geführt mit dem für ihn allzu billigen Ehrgeiz, ein guter Europäer zu sein. Da aber so Europa gegen Europa Krieg führte — wer anders als Europa konnte Sieger sein? Dennoch ist dieses Europa ... ein Verlust an Überzeugungskraft. Bei uns heißt, an seinen Werten noch teilnehmen, an Dingen haften, deren Schicksal seit langem besiegelt ist.“ Und nicht weit von dieser Stelle: „Hier hört das allgemeine auf, hier beginnt die Schranke, die uns von Europa trennt.“

Auf diesen Seiten wurden die „alten Nester“ abgeschrieben. Auf ihnen wurden die „Bindungen“ gelöst. Das war zu einer Zeit, da die Lemuren-Häuptlinge mit ihrer „Sichtbarwerdung“ keine Schwierigkeiten mehr hatten, da sie bereits obenauf waren und an ihrer Lemurenhaftigkeit nicht mehr zu zweifeln war. Man hatte Potempa erlebt, den Reichstagsbrand, den 30. Juni 1934. In diesen Ereignissen und zahllosen anderen war das Lemurenreich mit seinen sämtlichen Möglichkeiten bereits enthalten. Die Schinderhütten waren da, und in den Wäldern vermoderten die Leichen von „auf der Flucht“ Erschossenen.

Ernst Jünger wußte es, als er diese Zeilen der „Totalen Mobilmachung“ schrieb. Es hinderte ihn nicht daran, sie zu schreiben und seither unzählige Male neu auflegen zu lassen. Die Ausgabe, aus der sie hier zitiert sind, stammt aus dem Jahr 1942. Es ist das Jahr, in dem Jünger den Verlust dieser Bindungen so bitter beklagt und sich ekelgeschüttelt fragt, wer eigentlich das Mordgesindel freigelassen habe.

Gewiß, es „gehört sich nicht“, einen Autor gegen sich selbst zu zitieren. „Wenige sind wert, daß man ihnen widerspricht.“ So sagt Jünger selbst in „Blätter und Steine“. Zu den wenigen gehört man selbst. Man darf sich außerdem irren, darf sich täuschen. Man darf sogar seine eigenen Gedankenspuren verwischen, wenn es gilt, einem intellektuellen Inferno zu entkommen. Der Despotie gegenüber ist jeder Schwindel erlaubt, wenn er die Rettung der geistigen Integrität zum Zweck hat. Aber darf man stillschweigend unterstellen, die Fußtapfen stammten von einem anderen, der zufällig den nämlichen Weg gegangen? Wir kommen um die Weggenossen nicht herum, wie groß immer der Bogen, den Jünger in ehrlichem Entsetzen und Abscheu um sie beschreibt. Dabei blickt er selbst häufig über die eigene Schulter zurück. Also dürfen wir es auch.

Diese Rückblicke sind „wehmütige Reminiszenzen an die alte Nationalistenzeit“, und in ihnen heißt es an einer Stelle: „Besonders bleibt das geheime Treffen im Eichhof 1929 denkwürdig. Die Münchner Schule, das heißt, die flachste, hat dann réüssiert; sie tat es am billigsten.“

Es handelt sich also um das Réüssieren — ob und wie man es verstand, sich dem deutschen Volk zu „verkaufen“. Ist hier zu verstehen: die Jünger-Schule hätte die gleiche Ware geliefert, nur um einiges teurer und von soliderer Qualität? Und worin hätten Preis- und Qualitätsunterschied bestanden? Darin, daß die Lemuren, die Schinder und Mörder in Schach gehalten worden, potentiell geblieben wären? Dieser Beweis ist nicht mehr zu erbringen. Rückblickend kommen einem die Aussichten der Ritter mit den Burgunder-Erdbeeren gering vor. Wenn Welten sie getrennt hätten! Aber es waren nur „Schulen“. Freilich darf die Einwirkung der Jüngerschen Gedankengänge der zwanziger Jahre auf die Weimarer Republik ebenso wenig überschätzt werden wie die der vierziger und fünfziger Jahre auf die Bonner Republik, trotz der hohen Auflagen seiner Schriften in beiden Republiken. Er kann mit gutem Recht geltend machen, daß er damals voraussah und aufzeigte, was ohnedies im Heraufkommen war. Um dessentwillen wird ihm nur ein Narr am Zeug flicken wollen. Aber daß er die Welt des „Arbeiters", des technisierten Befehlssystems als eine vorwärts weisende Entwicklungsstufe entwarf, durchdachte und bejahte, nachdem er ihre wahren Wesenszüge und ihre Potentialitäten erkannt hatte, so wie er die Welt der „Totalen Mobilmachung" bejahte, ja mit ihrer Prägung des Begriffs ihr erst eigentlich Existenz und Greifbarkeit verlieh — das ist eine andere Sache. Zumindest kann es eine andere Sache sein. Man darf sie nicht vermischen.

Denn es gibt so etwas wie „den Teufel an die Wand malen". Dinge, für die es noch keine Worte gibt, existieren noch nicht im Leben der Menschen. Sind sie benannt, so beginnen sie zu wirken. Einer, der sich im Dämonenreich und seinen Fährnissen auskennt wie Jünger und dem die Beschwörungskraft der Sprache vertraut ist — der ganze „Waldgang" gipfelt ja am Ende in einem Versuch zur Neuordnung der menschlichen Beziehungen aus der Schöpferkraft der Sprache! — muß das wissen, kann das wissen, und weiß es auch. Die Kenntnis dieses innersten Zusammenhangs spricht überdeutlich aus dem großartigen Bild, in dem er sich selbst sieht als „Maschinenheizer im Kesselraum, wo hinter den Ventilen ein Druck von vielen Millionen Atmosphären preßt. Die Manometer steigen langsam über den letzten roten Strich. Es wird ganz still. Zuweilen leuchtet hinter den Panzergläsern der Schimmer von Flammen auf." Er spricht es aus, er schreibt es hin und weiß, was er tut: „Freilich liegt schon ein höchst gefährliches Abenteuer in der bloßen Erwähnung, in der bloßen Sichtbarmachung solcher Möglichkeiten." Ja, er ist mit den Dämonen vertraut, wenn er auch nicht mehr auf gutem Fuß mit ihnen steht: „Man sieht ja, wohin die ungefesselte Erkenntnis führt!"

Man sieht es. Dennoch fiele es schwer, der gefesselten Erkenntnis das Wort zu reden, auch heute, auch jetzt und hier. Wir müssen noch immer glauben, daß es erlaubt sein muß, alles zu denken und alles Gedachte mitzuteilen, solange wir uns darüber im klaren sind, daß angewandte Spekulation fast

immer materielles Unheil unter den Menschen anrichtet, weil sie fast immer mehr „Bindungen“ löst als sie neu knüpft. Wir dürfen sogar für das Unheil sein, wenn die Spekulation sich lohnt, und glauben, daß sie es vielleicht sogar rechtmäßig anrichten darf. Dennoch ist es nicht angängig, leibliche Kinder zu verleugnen, weil sie sich zu siebenschwänzigen Teufeln entwickelt haben und man mit ihnen nicht mehr fertig wird. Es ist ungehörig zu warten, bis die Nachbarn herbei eilen, um sie totzuschlagen und einen selbst auf diese Weise mitzuretten. Man muß sie selbst einsperren, so lange die Gefängnisse noch groß genug sind. Jünger sperrt die seinen nicht ein. Er erklärt sie für erwachsen und vor sich selbst verantwortlich, was ein verführerischer aber unmoralischer Ausweg ist, wenn man weiß, wie gerade Geisteskinder ein Eigenleben entwickeln.
Es ist kein Wunder, daß dieser Schriftsteller von Träumen radikalster und unbarmherzigster Fürchterlichkeit geplagt wird. Aber wunderlich ist es, daß er verzweifelt ruft: „Auf welchen Galeeren fallen uns solche Bilder zu?“ Eine solche Frage ist entweder rein rhetorisch oder unaussprechlich naiv. Auf welchen Galeeren? Auf jenen, die wir selbst für unsere Mitmenschen bauen, im Traum und nicht nur im Traum. Doch soll deshalb das Basteln verboten werden?
Das ist das Dilemma.

12

Der Mensch hat das Recht, seine Meinung zu ändern. Er hat das Recht zu sagen: ich habe mich geirrt, ich habe die Wegelagerer für reisende Barone und Gutsbesitzer gehalten. Er hat das Recht, ja die Pflicht, sich aus seinen Sackgassen zu befreien und weiter zu schreiten. Nichts darf ihn hindern umzukehren, wenn er falsch eingebogen ist. Man muß seine Kreuz- und Querfahrten akzeptieren, auch wenn dabei sämtliche Verkehrsmittel zuschanden werden.
Was man nicht muß: sich nachher einreden lassen, es sei gar nicht die eigene Meinung gewesen, sondern die anderer Leute, die man nur für sie ausgesprochen habe, da die ungebildeten Tröpfe sich nicht auszudrücken verstanden hätten, und die Meinungen seien doch recht interessant gewesen. Was man

nicht muß: sich nachher einreden lassen, dem allem liege ein Plan, ein Muster, ein Gesetz zugrunde, es sei nicht anders gegangen. Was man nicht muß: blind die Formel akzeptieren. Man darf sie zumindest nachrechnen.

Dieses erstaunliche Bedürfnis nach der Formel scheint den meisten Menschen innezuwohnen, besonders aber dem ruhelosen deutschen Geist, dem unablässig daran liegt, Bestätigung und Bekräftigung dafür zu erlangen, daß seinem Treiben auf dieser Erde sowohl kollektiv als auch individuell ein Sinn zugrunde liege; daß sich zu guter Letzt alles harmonisch zusammenfüge; daß auch seine katastrophalsten Tölpelhaftigkeiten unentbehrliche Teile eines höheren Ganzen und daher nicht nur entschuldbar, sondern sogar notwendig waren und man ihm im Grunde nicht zuletzt für sie zu Dank verpflichtet sei. Die Befürchtung, er könne sich widersprochen haben und müsse diesen Widerspruch unaufgelöst mit sich ins Grab nehmen, wird in ihm um so stärker und unerträglicher, je kühner seine Spekulation wie seine Aktion zwischen den äußersten Polen hin- und herschwingt, und er ruht und rastet nicht, bis er sich selbst überzeugt hat, daß „alles in Ordnung" ist. Es scheint dies eine niedere Ausdrucksform des allgemeinen menschlichen Dranges zu sein, dem Leben auf diesem Planeten einen transzendentalen „Sinn" abzugewinnen. Der Deutsche ist jedoch mit diesem Kollektiv-Sinn noch nicht zufrieden: auf einer tieferliegenden Stufe strebt hier der Einzelne noch besonders danach, für sich allein und privat, eine Formel zu konstruieren, die ihm beweist, daß er es „richtig gemacht" hat.

Bei Jünger ist dieses Bedürfnis nach der privaten Formel, das sich nicht mit der zuversichtlichen Annahme begnügt, die Einzelexistenz werde ihren Sinn auf irgend eine Weise schon in der menschlichen Gesamtformel finden, besonders stark ausgeprägt, und gerade bei ihm verwundert es. Es enthüllt einen deterministischen Zug in ihm, der seinem starken Drang nach Bestätigung der menschlichen Willens- und Entscheidungsfreiheit und seiner tiefen Animosität gegen alle entgegensteht, die sich dieser Willensfreiheit im Arbeiter-, Techniker- und Lemurenstaat begeben haben. Die gesamte, freilich in einem soziologischen luftleeren Raum sich abspielende Spekulation des „Waldganges" gründet sich auf diesen Drang. Das Bedürfnis nach der individuellen Lebensformel aber ist deter-

ministisch und in seiner deutschen Ausprägung ganz besonders. Es ist das Bedürfnis nach Bestätigung, daß der Einzelmensch seine „Aufgabe“ hienieden erfüllt habe, was voraussetzt, daß ihm von Anfang an von einer höchsten transzendenten Planungsbehörde eine solche Aufgabe zugewiesen worden ist, die sich nicht in der Anweisung erschöpft, sich auf Erden wie ein moralisches Wesen zu benehmen. Ob man diese Behörde nun Gott oder „die dem Kosmos innewohnende höchste Intelligenz“ nennt, macht dabei keinen Unterschied.
Nun braucht man aber von der Existenz dieser Aufgabe, dieser vorbestimmten Figur, die es zu erfüllen gilt, keineswegs überzeugt zu sein. Man kann mit seinen Irrtümern und Widersprüchen durchaus auf ganz gutem Fuß leben. Es kann einem sogar, gerade angesichts der „höchsten dem Kosmos innewohnenden Intelligenz“ fast ein wenig würdelos vorkommen, sie in eine glatte und gefällig-übersichtliche Formel oder Figur einschließen und damit auflösen zu wollen und das so offensichtlich Unvollkommene ins Vollkommene umzuschustern, das ohne ungelösten, widerborstigen Rest aufgeht. Auch ist nicht unbedingt ersichtlich, wie die endliche Konstruktion der Formel zum Glück und zur Zufriedenheit des Einzelnen beitragen kann, da er ja weiß, daß er sie selbst zusammengeschustert hat.
Wohl aber ist ersichtlich, daß der Mehrzahl der Menschen ihre Irrtümer und Widersprüche unerträglich sind, und man muß bedauern, daß Jünger zu dieser Mehrzahl gehört. Das Gefühl der Verwandtschaft und Zugehörigkeit, das man oftmals zu seiner Gedankenwelt empfindet, gründet sich ja zumeist just auf die kühne Rücksichtslosigkeit, mit der er ungeachtet aller Formeln und Sinnfiguren durch die Gegend streift. So betrübt es einen zu sehen, daß ihm so sehr daran liegt, vor Anbruch der Dunkelheit wieder zu Hause zu sein, daß er es nicht, wie der echte Forschungsreisende, offen läßt, ob er zurückkehren wird oder nicht, ob die Figur sich runden oder sich verlieren wird. Er gefiele einem besser als ehrlicher Schiffbrüchiger, der zugibt, seinen Kompaß verloren oder als nutzlos über Bord geworfen zu haben, denn als einer, der einem weismachen will, ohne Kompaß zu reisen, erspare Zeit und Mühe. Man kann selbstverständlich von Calais nach Dover über Singapore fahren, aber die Begründung, es sei die „sinn-

vollere“ Route, verstimmt. Sie kommt jedoch leichter von der Zunge als das Eingeständnis, daß das „abenteuerliche Herz“ sich versegelt hat.

Jünger ist in jedem Sinn des Wortes ein bedeutender Exzentriker. Aber um nichts in der Welt möchte er es sich zugestehen oder als ein solcher gelten. Diese Angst, in sich den Exzentriker zu erkennen, der ohne Mittelpunkt denkt und seinen Schwerpunkt in den Außenbezirken hat, wo er ihn auf einem äußeren Ring unablässig zu verschieben vermag, ist ein bourgeoiser, ein kleinbürgerlicher Zug an ihm, und diese Angst drängt ihn auch in den Schatten der Erb-Aristokratie und ihrer Kultur, während er sich mit Léon Bloy im Grunde viel besser versteht. Es ist nicht nur ein deutscher, es ist ein generell kleinbürgerlicher Hang, „Ordnung“ im Dasein zu schaffen und sich zehnmal am Tag zu vergewissern, daß die Haustür wirklich auf die Straße und nicht ins Nebenhaus oder in einen Abgrund führt. Bei den großen spekulativen Geistern unserer Zeit findet sich nirgends diese Präokkupation mit sich selbst und der Frage, ob der Lauf ihrer Spekulation sich zu einem harmonisch gerundeten Dasein fügen werde oder nicht. Weder bei Einstein noch bei Bertrand Russell macht sich diese Sorge, das eigene Leben auf eine Formel, in eine „Figur“ zu bringen, bemerkbar. Auch sind sie nicht damit beschäftigt, zu ergründen, ob ihre „Figur“ exemplarisch sei. Ein echter Exzentriker wie Russell, der spaßigerweise noch dazu ein echter Aristokrat ist, käme auf einen solchen Gedanken überhaupt nicht.

Es betrübt bei Ernst Jüngers kühnem Geist, aber man muß sich damit abfinden, daß er ohne Figur nicht auskommt, daß seine Widersprüche ihn plagen und er sich genötigt fühlt, sie in ein Ordnungssystem einzufügen oder wenigstens sie zu glätten und „auszubügeln“. Daß die Suche nach der Formel nun gerade das Kriegstagebuch so stark und mit manischer Beharrlichkeit durchzieht, ist wiederum kein Wunder. Denn es ist nicht nur ein Meilenstein auf einer verblüffenden und ungewöhnlichen Bahn, sondern bezeichnet außerdem noch seines Autors offiziellen Wiedereintritt ins deutsche Geistesleben. Die nachfolgenden Schriften stehen bereits unter dem Sigillum der „Schleife“, einer kunstgewerblichen Verschlingung der Anfangsbuchstaben des Autornamens, die seither in alle seine

Bücher eingedruckt wird und sie, ganz zu Unrecht, etwa ins Jahr 1905 zu datieren scheint. Endlich ist es bei einem, der die reine soziologische Spekulation nie ganz von der öffentlichen Person abtrennen kann, die er nun einmal darstellt, verständlich, wenn das Bedürfnis sich einstellt, an diesem Punkt vor allen anderen zu belegen, daß man es „richtig gemacht" hat. Denn man hat ja Schüler, und von hier aus soll es weitergehen.

Die Bahn ist allgemach bekannt. Sie reicht vom Blitze schleudernden Halbgott der „Stahlgewitter", vom Säter der Drachenzähne, vom Trommler — absichtlich wählen wir dieses Wort, das aus einer anderen „Schule" stammt — der „Totalen Mobilmachung" zur westeuropäischen Kulturmimose, die klagt: „Mein Tastsinn ist zu zart; das hat mir große Genüsse, aber auch viele Schmerzen eingebracht." Sie reicht vom Nihilisten und Propheten des „Arbeiter"-Staates zum proustischen Bouquinisten, Waldgänger und Räucherstäbchen-Mystiker auf Godenholm. Und warum auch nicht? Sie ist selten und erstaunlich. Es ist gegen sie nichts einzuwenden — als Phänomen. Dieses Phänomen besteht für sich und ist rar und durchaus staunenswert. Es ist nicht einzusehen, warum es damit nicht sein Bewenden haben kann. Man wäre mit diesen richtigen und aufrichtigen Sätzen vollkommen zufrieden:

„Demgegenüber darf ich sagen, daß ich zunächst meinen Beitrag zur Zeit geleistet habe, ja, daß ich sie überflügelte, indem ich ihre Motive, ihre Konsequenzen schärfer erkannte als alle, die mir begegneten. Es war notwendig, daß ich diesen Kreis durchlief. Es werden für immer Spuren in meinem Wesen davon zurückbleiben."

Recht so; es bedarf keiner Entschuldigung. Die Ausschließlichkeit des Anspruchs ist vielleicht etwas übersteigert, aber im wesentlichen besteht der Anspruch zu Recht. Es kann einem genügen. Jünger genügt es nicht, und das verdirbt einem immer wieder die Freude an seiner geistigen Gesellschaft. Freilich ist er selbstherrlich genug, die stirnrunzelnden Einwände insonders seiner politischen Kritiker und Widersacher auf sich beruhen zu lassen. „Wenige sind wert, daß man ihnen widerspricht." Man erkennt den Aphorismus bereitwilligst an, besonders heutzutage, da die Amateur-Polemiker so zahlreich geworden sind wie die Sonntagsreiter unter Wilhelm II. und

sich auch ähnlich aufführen. Um ihretwillen sucht er nicht nach der Figur, bastelt er nicht an der Schleife herum. Vielmehr biegt er sie für sich selbst und die Schüler zurecht. Und dem zuzuschauen ist nicht erbaulich. Es deprimiert wie der Anblick von Krücken, wie jeder Verlust an Souveränität. Der wahrhaft Freie geht und steht auf seinen Beinen, ob sie nun einwärts oder auswärts gehen oder in verschiedener Richtung „über den Onkel“ wandern. Unmutig aber wird man, wenn einer seine Krücken überdies zu Stelzen erhebt, damit man ihn besser sehe. So hier:
„— ich widerspreche mir nicht — das ist ein zeitliches Vorurteil. Ich bewege mich vielmehr durch verschiedene Schichten der Wahrheit, von denen die jeweils höchste sich die anderen unterstellt.“
„— er (der ‚Arbeiter‘) ist für mich das Denkmal meiner Auseinandersetzung mit der technischen Welt. Durch diese bin ich hindurchgegangen wie durch die großen Schlachten, und insofern gibt das Buch ein Beispiel, denn man kann ihr nicht ausweichen.“
„— aus diesem Grunde ist, was ich treibe, auch strukturell schwer einzusehen. Doch ist die Veränderung gründlich; sie ist molekular. Daraus erklärt sich, daß ich Freunde habe, die es wider Willen geworden sind.“
Und so endlich:
„Es ist richtig, daß viele meiner Ansichten und insbesondere meine Wertung des Krieges und auch des Christentums und seiner Dauer sich änderten. Doch weiß man bei der Arbeit in diesen alten Schächten niemals, ob und wann man auf Minen stößt. Auch muß man den Einschnitt sehen, der dem der Sanduhr gleicht. Während die Körnchen sich dem Punkt der größten Dichte, der größten Reibung zu bewegen, ist ihre Tendenz eine andere, wenn sie ihn passiert haben. Die erste Phase steht unter dem Gesetz der Konzentration, des Engpasses, der Totalen Mobilmachung, die zweite unter dem der endgültigen Lagerung und Ausweitung. Es sind ein und dieselben Atome, deren Umlauf das Bild ergibt.“
Es ist ein verführerisches Bild. Aber es ist unwahr. Und es ärgert, daß Jünger sich seiner bedient und tatsächlich versucht, zwischen den verschlungenen Linien einer preziösen Metapher zu entschlüpfen. Der Vergleich mit der Sanduhr ist ungeheuer

charakteristisch für Jünger: er ist entseelt, er ist total unmenschlich. Der menschliche Geist ist keine Sanduhr, er ist auch nicht ein Häufchen Moleküle oder Atome, die sich verbindungs- und zusammenhanglos mal so, mal anders lagern. Wenn er das wäre, könnte und brauchte man von ihm nicht mehr Moralität zu verlangen als von einem Haufen Holzscheite, mit denen der Despot seinen Ofen ebenso gut heizen kann wie der Freie. Außerdem: was geschieht, wenn man, wie es bei der Sanduhr vorgesehen ist, sie nach vollzogenem Durchlauf umkehrt? Der ganze Prozeß beginnt von neuem. Die „endgültige Lagerung“ ist keineswegs endgültig, sie ist bei jedem Umstülpen anders, und die Reihe der Umstülpungen ist unbegrenzt, wie die geistige Existenz Ernst Jüngers selbst vor, während und nach dem Konflikt mit der Despotie am besten und bildhaftesten beweist. Was er als ein zeitliches Vorurteil von der Hand weist, ist weder zeitlich noch ein Vorurteil. Es ist moralisch. Und es ist ein Urteil.
Dennoch wäre man bereit, den Vergleich zu akzeptieren, unter der Voraussetzung, daß auch Jünger ihn akzeptiert, auf die einzige Art, in der er, um des Argumentes und der Debatte willen, akzeptabel ist — mit allen seinen Konsequenzen. Doch ihn so akzeptieren, hieße auf die Formel, die Figur, das Exemplarische verzichten. Es hieße, die Möglichkeit totalen Schiffbruchs ruhig in Rechnung stellen. Und diesen Schritt tut er nicht. Mit ihm freilich würde er unter die wahrhaft Freien treten, ein versprengtes Fähnlein, die keinerlei Figur bilden und häufig gar nicht gut aufeinander zu sprechen sind. Doch treiben sie nicht in einem imaginären Wald mit zeitlichen Vorurteilen, verschiedenen Schichten der Wahrheit und molekularen Veränderungen Mummenschanz. Sie widersprechen sich selbst und einander, häufig und gern, hier und jetzt.
Das unterscheidet sie, unter anderem, von den Despoten, diesseits und jenseits der Linie.

5

DAS VERHARREN VOR DEM UNVEREINBAREN

Versuch über Gottfried Benn

„Die geistigen Dinge sind irreversibel, sie gehen den Weg weiter bis ans Ende."

GOTTFRIED BENN: *Doppelleben*

I

Was ist das Exil und zu welchem Ende sucht der Geistige es auf?

Es ist eine Frage, die eine Minderheit angeht, aber die Mehrheit achtet auf die Antwort. Die große Mehrzahl jener, die zwischen 1933 und 1939 aus Deutschland ins Exil gingen, tat es nicht aus intellektuellen Gründen, sondern weil sie an Leib und Leben und Hab und Gut bedroht war; weil die Machthaber sie in der Ausübung ihres Berufes oder Gewerbes drangsalierten und schließlich ganz verhinderten; weil man sie unerträglichen inneren und äußeren Demütigungen aussetzte; weil man ihr ein normales Dasein mit unerläßlichen Rechten und erfüllbaren Pflichten nicht gestattete. Jene, für die geistige Gründe hinzukamen oder gar ausschlaggebend waren, befanden sich in der Minderzahl. Aber sie waren sichtbarer.

Daran hat sich nicht viel geändert. Die Frage nach dem Verhalten des Einzelnen gegenüber der Tyrannis ist die Frage unseres Zeitalters. Es gibt auf sie eine große Anzahl von Antworten. Eine unter ihnen ist die Gegenfrage: was rechtfertigt das Verbleiben in der Tyrannis, wenn die Aussicht besteht, daß dieses Verbleiben die Tyrannis in ihrem Bestand stärkt und stützt? Wiederum gibt es eine Anzahl von Varianten der Umstände, unter denen die Frage sich erheben kann. Lassen wir uns die Frage nicht vernebeln, auch wenn es inzwischen so aussieht, als hätten die Dinge sich seit der Hitlerei halbwegs aussortiert, als habe jeder fürs erste sein mehr oder

weniger passendes Plätzchen gefunden, der eine hüben, der andere drüben, der dritte im Grab und der vierte als Aschen-Kunstdünger. Es sieht nur so aus. Es ist eine vorübergehende Regelung. Auch die Toten werden noch einmal aufstehen müssen.
Hier ist eine deutsche, eine europäische Erfahrung, aus der Lehren zu ziehen sind. Die neue Despotie hat ja, kaum daß man die alte mit Bomben und Granaten hinausgejagt hat, den großen Stiefel schon in der Tür und streckt uns die Zunge heraus, durch den Briefkasten. Das Wort „Flucht", mit einem großen Fragezeichen dahinter, steht schon wieder mit aschfahlen Buchstaben in manchen europäischen Flammenhimmel geschrieben, der sich als Morgenröte gibt. Das Dilemma geht weiter, es ist das Dilemma unserer Zeit. Wegweiser aller Art werden gebraucht, und die besten Auskünfte geben jene, die sich schon einmal gründlich verlaufen haben.
Ein Geist wie Gottfried Benn spürt das genau. Er hat die Hand am Puls der Zeit, auch wenn er meint oder vorgibt, die Ereignisse seien nicht mehr als beliebige und auswechselbare Kassenpatienten. Warum sonst legte er seine persönliche, detaillierte Rechnung vor? Weil heute ununterbrochen Bilanz gemacht wird. Wenn jeder Partner ein potentieller Betrüger, jeder Lieferant ein potientieller Schwarzmarkthändler, jeder Kunde ein potentieller Ladendieb ist, heißt es, täglich, stündlich nachprüfen, wie man steht. Außerdem ergibt sich aus der Bilanz von 1933 ein Übertrag ins Jahr 1945. Wie wäre er zu verbuchen? Auf der Soll- oder der Haben-Seite? Die Erscheinung Gottfried Benns ist von Bedeutung, sobald vom Verhalten des Geistes in der Despotie gesprochen wird, weil sein Beispiel zitiert, seine Bilanz angeführt wird. Wenn ein kapitaler Geist sich irrt oder verläuft, so wird es von allen jenen beachtet, die sich gleich ihm geirrt oder verlaufen haben, und überdies auch von jenen, die nur so tun.
Daran ist nichts zu ändern. Es ist das Los bedeutender, repräsentativer Geister; es ist Teil ihrer Haut, aus der sie nicht können. Das Maß der eigenen geistigen Bedeutung, innerhalb und außerhalb der Öffentlichkeit, bestimmt man nicht selbst. Es wird für einen bestimmt. Man hat es nicht in der Hand zu entscheiden, ob man repräsentativ sei oder nicht. Es ist gleichgültig, ob man sich selbst für beispielgebend hält oder ge-

halten werden möchte, oder nicht. Das regelt die Welt, ohne einen zu fragen.

Wie sich ein um seiner Kühnheit willen bewunderter und anerkannter Intellekt in kritischer geistiger Lage orientiert, hat Auswirkungen auf andere. Er kann sie nicht abschütteln, er kann nicht. Es hilft ihm nichts, daß er ruft: und wenn ihr mich liebt, was geht es mich an? Die Welt ruft ihm zurück: und wenn ich dir gleichgültig bin, was geht es mich an? Ob er außerdem diese Verbindung gar nicht abschütteln darf, ob also für ihn eine moralische Verpflichtung besteht, in Ansehung der Beispielhaftigkeit der eigenen Erscheinung diese Auswirkungen in Rechnung zu stellen, ist eine andere Frage. Keinesfalls darf er sich wundern, wenn man es von ihm verlangt, wiewohl man darüber debattieren kann, ob das Verlangen gebührlich ist und ob man sich nach ihm richten muß.

Auf einen kapitalen Intellekt mit großen schöpferischen Gaben wie Gottfried Benn blickt man, wenn eine kritische geistige Alternative sich auftut. Denn er hat wie wenige seine Zeit und Umwelt dazu angehalten, in kritischen Alternativen zu denken, die Welt in ihnen zu sehen. Sein gesamtes dichterisches und denkerisches Werk ist Zeugnis dafür. Von der ersten bis zur letzten Zeile trennt es, sortiert es, sondert es aus. Auf Werner Beumelburg zum Beispiel andererseits, den Gottfried Benn als einen aufrichtig-redlichen Zeitgenossen und Mitakademiker inmitten der widerwärtigen Welt nennt, blickt man nicht, denn er hat nichts Derartiges vorzuweisen. Sein Doppelleben, wenn er eines geführt hat, wäre uninteressant.

Das ist der Unterschied. Mit seinem Bestand oder Zerfall steht oder fällt in der heutigen, aufs äußerste gefährdeten Zivilisation — von Kultur wollen wir gar nicht sprechen, an sie ist überhaupt erst zu denken, wenn die Zivilisation gerettet ist — das Primat der geistigen vor jeglicher anderen Entscheidung. Wird dieser Unterschied aufgegeben, so besteht kein Grund mehr, warum man nicht jedem Quatschkopf unbesehen seinen Kohl abkaufen sollte. Billig genug wird er ja angeboten.

2

Das Buch „Doppelleben“ ist eine autobiographische Rechtfertigungsschrift, wohl die einzige ihrer Art, die von einem hervorragenden Geist seit dem Zusammenbruch der Hitler-Despotie vorgelegt worden ist. Ihr Erscheinen besagt, daß ihr Autor der Meinung ist, sein Leben und seine Autorschaft bedürften der Erklärung und Aufklärung. Sie können ihrer aber nur bedürfen, wenn diesem Leben und dieser Autorschaft in seinen eigenen Augen öffentliche Bedeutung zukommt. Dem Autor liegt daran, daß sein Leben während der kritischen Jahre, die er beschreibt, nicht mißverstanden, ja, daß es richtig verstanden werde. Andernfalls bestünde für ihn keine Notwendigkeit, den Bericht niederzuschreiben und gar zu veröffentlichen. Er gesteht der Mitwelt ihren Anspruch auf Erklärung zu und entzieht sich ihm nicht, wie er es ja könnte und wie es mancher tut, mit dem Hinweis, sein Verhalten gehe niemand etwas an außer ihm selbst, da niemand außer ihm selbst darunter habe leiden müssen — es wäre denn eine Geisteswelt als Ganzes, der er sich nicht verpflichtet fühlt und der er keine Rechenschaft schuldig ist. So nicht. Gottfried Benn ist eine exemplarische Erscheinung. Professor Max Bense, ein Philosoph, für den wir wenig übrig haben, stellt ihn absichtsvoll neben Ernst Jünger. In ihm sieht er den gesammelten, sublimierten Glanz des vergangenen Jahrhunderts, in Benn den modernen Denker. Dies täte er auch, wenn Benn das Exemplarische seiner Gestalt bestritte. Doch tut Benn ein übriges und bestätigt es und damit seine Zugehörigkeit und damit seine Verpflichtung. Er vor allen anderen hätte es sich viel leichter machen können. Andere tun es, indem sie erklären: ich bin ich und sonst niemand. Freilich sind gerade sie zuweilen nicht einmal ich, sondern eine Kombination von mehreren Niemanden.

Außerhalb Deutschlands ist diese Schrift vielleicht, freilich mit Einschränkungen, Knut Hamsuns „Überwachsenen Pfaden“ zur Seite zu stellen. Die Einschränkungen gelten jedoch für Hamsun. Benns Bilanz ist die wichtigere, weil kompliziertere. Hamsuns großartige Vereinfachungen verrammeln der Analyse die Tür; er spielt nicht mit. Sein Buch hat aber Benns Aufmerksamkeit erregt, gewiß nicht zufällig, und er sagt einiges darüber. Er nennt es „süß und albern", was eher eine Bezeichnung für ein leicht angetrunkenes Barmädchen ist. So möchte man seines nicht nennen, eher vielleicht mulmig und gewitzt. Hamsun kann man nicht widersprechen, Benn muß man. Dabei sind sie beide angeblich Nihilisten. Welche Ausweisbehörde gibt eigentlich die Mitgliedskarten zu dieser neuen Massenpartei aus?

„Doppelleben" besteht, wie es sich ziemt, aus zwei Teilen. Der erste heißt „Lebensweg eines Intellektuellen" und ist bekannt. Er wurde 1934 geschrieben und im gleichen Jahr als zweite Hälfte des Bandes „Kunst und Macht" veröffentlicht. Der Autor macht daraus kein Geheimnis, camoufliert allerdings unnötigerweise das umstrittene Buch ohne Titelangabe als „einen Essayband, der vergriffen ist". Die textlichen Veränderungen sind gering an Zahl und inhaltlich unerheblich. Der zweite Teil heißt „Doppelleben" und ist 1950 geschrieben. Doch enthält er, kurioserweise, auf den letzten Seiten längere Passagen, die wörtlich ebenfalls aus „Kunst und Macht" übernommen, aber nicht als solche gekennzeichnet sind. Vielmehr wird angegeben, sie seien „aus einem Interview mit einem Herrn vom Rundfunk und einem Herrn von der Presse" entstanden. Fand aber das Interview 1934 oder fünfzehn Jahre später statt? Das wird nicht gesagt. Da der ganze Teil aus dem Jahr 1950 datiert ist, wird einem die Annahme nahegelegt, auch diese Interview-Passagen gehörten in diese Zeit. Wie kamen sie dann aber in „Kunst und Macht"? Diese Vertuschung ist um so unverständlicher als gerade diese Seiten originellster, eigentümlichster und (politisch) total unanfechtbarer Benn sind. Da stehen Sätze, die heute so gut sind wie 1934, wenn nicht besser. Wie seltsam, daß einer so kleine Unwahrheiten an den Mann zu bringen sucht, wenn er doch den Sack voll beträchtlicher Wahrheiten hat.

Dies sei vermerkt. Doch mögen sich andere darüber ereifern. Es tut der dokumentarischen Bedeutung des „Doppellebens" keinen Abbruch. Auf seinen zweihundert knappen kleinen Seiten prüft der Arzt und Schriftsteller Dr. Gottfried Benn aus Berlin sein persönliches, privates, öffentliches, ärztliches und schriftstellerisches Verhalten angesichts der Hitler-Diktatur. Wer dächte da nicht unversehens an den Arzt und Schriftsteller Dr. Hans Carossa? Wer nicht an den Arzt und Schriftsteller

Dr. Alfred Döblin, der seinerseits den Berliner Kollegen kurzerhand einen „Schuft" genannt, an den Arzt und Schriftsteller Dr. Richard Hülsenbeck — die beiden letztgenannten vor Zeiten gar nicht so übermäßig weit von Dr. Benn angesiedelt? Von Döblin liegt ein paralleler Lebensbericht vor — aus dem Exil. Er heißt „Schicksalsreise" und ist ein ergreifendes Buch. Doch trägt es zu dieser Diskussion nichts Beziehungsvolles bei. Dr. Döblin ist ein deutscher Jude. Ihm ließ der 30. Januar 1933 keine äußere Wahl und damit auch keine innere. Selbst wenn die innere Wahl bestanden hätte, wäre sie durch das Fehlen der äußeren Alternative unmöglich gemacht worden.

Dr. Benn, im Gegensatz hierzu, hatte die äußere Wahl und leitete aus ihr sein Anrecht auf eine innere ab, die er sodann traf. Folgt die eine aber notwendigerweise aus der anderen? Das war, unter anderem, die Frage, welche Klaus Mann in seinem Brief an Gottfried Benn aus dem Exil richtete und den Benn in diesem Buch wiedergegeben und verspätet beantwortet hat. Klaus Mann schien, man könne zwar die äußere Wahl und trotzdem keine innere haben. Das Fehlen der inneren Alternative mache die äußere hinfällig; der Fall des Dr. Döblin gelte mit umgekehrtem Vorzeichen für den des Dr. Benn. Daß Benn dies nicht anerkannte, tat seinem jungen Verehrer über alle Maßen weh. Diese alten Wunden schmerzen, heute wie damals, und sie tun es um so heftiger, je behutsamer man die Verbände abhebt. Begreifen das nicht einmal die Ärzte? Wie sollen es dann die Schriftsteller verstehen?

3

Bei diesem Punkt heißt es kurz verweilen. Er gehört in hohem Maß zur Sache und zeigt, wie schwer es ist, in ihr endlich in klare, unvergiftete Luft zu kommen.

Aufs Ganze gesehen, so meint Hans Egon Holthusen in seinem einsichtsvollen Aufsatz über „Die Überwindung des Nullpunktes", werde es eines hohen Grades von Takt, Geduld und gegenseitigem Entgegenkommen bedürfen, „damit die beiden deutschen Literaturen, die emigrierte und die nichtemigrierte, wieder zusammenwachsen können". Das ist taktvoll, geduldig und entgegenkommend ausgedrückt, und es war in hohem Grad an der Zeit, daß es von einem integren Geist wie Holthusen gesagt wurde. Denn eines hat viel Unheil angerichtet und erschwert auch eine Erörterung wie die vorliegende über alle Gebühr: die sorglos-schmähenden Nachkriegs-Äußerungen einiger deutscher Schriftsteller, wonach ihre Kollegen in der Verbannung sich die deutsche Tragödie aus einem bequemen Logensitz angesehen haben. Diesen trostlosen Unfug fand man noch fünf Jahre nach Kriegsende, zu einer Zeit, da man es wahrhaftig besser wissen konnte und besser wußte, von einem Schriftsteller wie Gerhard Nebel in seinem Buch über Ernst Jünger nachgeplappert. Und schon wiederholt sich jetzt, auf anderer Ebene, aber in verdächtig ähnlichem Jargon, zwischen Ost und West, die gleiche trübselige Eiferei. „Wer niemals eingesperrt war", meint Gerhard Nebel, „kann nicht mehr mitreden." Es ist ein bestechender Satz. Aus ihm läßt sich viel ableiten. Unter anderem: wer nie ein Kommunist war, hat auf der Seite des Anti-Kommunismus den Mund zu halten. Das hört man heute. Das eine ist so falsch und gefährlich wie das andere und entsprießt dem gleichen Hochmut. Der Weg zur richtigen Beurteilung führt nicht notwendigerweise über den Irrtum. Er kann über ihn führen, aber er muß nicht. Keine menschliche Erfahrung hat einen Ausschließlichkeits-Anspruch. Nur die Toten können rechtens behaupten, daß sie über das Leben besser Bescheid wissen als die Lebenden. Und sie reden auf alle Fälle mit. Man sollte ihnen etwas aufmerksamer zuhören.

Ernst Jünger, so schreibt Nebel, „wollte sein Schicksal nicht von dem seines Volkes trennen, auch und gerade, weil er Schreckliches voraussah." Das ist nur zu begreiflich. Wer wollte es denn? Es kam nicht darauf an, was man wollte, sondern darauf, was man mußte — auf den äußeren Zwang in erster Linie, auf den inneren in zweiter, je nach Temperament. Vielen blieb nichts anderes übrig. Aber griffen sie deshalb mit beiden Händen zu? Wie mancher zauderte zu lang, weil er wußte, daß er mußte und doch nicht wollte. Dann blieb ihm gar nichts mehr übrig, nicht einmal das Exil. Wundert sich Nebel über manch irritiertes Wort von drüben? Stülpt man die Wahrheit um, so schießt ihr das Blut in den Kopf.

Ernst Jünger beispielsweise blieb etwas übrig. „Natürlich hätte er fliehen müssen, wenn er bedroht gewesen wäre, aber er fühlte den Gürtel der Sicherheit, der ihn umgab, und so blieb er." Selbstverständlich. Doch ist es, wenn schon davon gesprochen wird, erlaubt und nötig zu fragen, wer den Gürtel der Sicherheit lieferte und wie man ihn erlangte. Es lieferten ihn Jüngers Freunde aus der nationalistischen Bewegung, seine ehemaligen Kameraden, die in Hitlers Heer hohe Stellungen bekleideten und ihn im Hotel „Majestic" zu Paris unterschlüpfen ließen. In gewisser Weise liegt der Fall Dr. Benns ähnlich. Der ehemalige Militärarzt war in der Lage, Verbindungen im Heer aufzunehmen, als die Partei ihm nachstellte, und diese Verbindungen ließen ihn unterschlüpfen und einigermaßen, wenn auch nicht völlig, aus dem Gesichtskreis seiner Widersacher verschwinden. Nichts, aber auch gar nichts ist dagegen einzuwenden. Vor dem Terror der Despotie verkriecht sich jeder so gut er kann. Nur taugt nicht jedes Versteck für jeden. Auch zu den Verstecken werden Einlaßkarten ausgegeben, und es empfiehlt sich, der rechten Gesellschaftsklasse anzugehören.

Einzuwenden nämlich ist etwas gegen das Wort Dr. Benns: „Die Armee ist die aristokratische Form der Emigration." Es lief bis 1945 im Oberkommando der Wehrmacht um. Bruno E. Werner zitiert es in seinem Roman „Die Galeere". Geprägt ward es von Gottfried Benn und ist eine geschniegelte Abscheulichkeit, die es einem schwer macht, bei zivilisierter Laune zu bleiben. Die Flucht, das Unterschlupfen in die Armee war, wenn Worte noch etwas bedeuten, weder eine Emigration noch eine „aristokratische Form". Sie war eine Möglichkeit des Ausweichens vor der Despotie auf Grund einer Vorzugssituation, eines Privilegs — nämlich, daß man wie im Fall Jünger oder Benn die Verbindungen und den daraus erwachsenden Schutz besaß oder sich beschaffen konnte; oder wie im Fall Gerhard Nebels sie nicht besaß und sich in eine uniformierte Anonymität begeben konnte, in der man nicht so leicht und so rasch zu finden war. Doch selbst diese Anonymität stand nicht jedermann offen, der viel darum gegeben hätte, wenn er sein Schicksal nicht von dem seines Volkes hätte trennen müssen: einem nichtjüdischen Sozialdemokraten oder Kommunisten stand sie offen, einem jüdischen war sie versperrt. Daß aber Privilegien die Aristokratie ausmachen, das hat wohl seit Wilhelm II. in Deutschland niemand ernstlich mehr behauptet. Das wäre ein Adelsstand, um den man, wenn er sonst nichts vorzuweisen hätte, einen großen Bogen machen würde. Gewiß gibt es auch im Unglück und gar im namenlosen Kollektiv-Unglück Privilegien, Vorrechte, Vorzugssituationen. In den Konzentrationslagern genossen sie keineswegs immer die Edlen und Adligen. Eine Aristokratie des Unglücks gibt es nicht.

Das gilt es angesichts dieses aalglatten Bonmots zu erinnern. Der Arzt und Schriftsteller Dr. Döblin besaß dieses Privileg nicht — wenn wir es schon so nennen wollen, denn es ist ein zweifelhaftes, und niemand behauptet, es sei ein Vergnügen gewesen, unter Hitler Soldat oder Offizier zu sein — und es ist auch nichts davon bekannt und ist nicht anzunehmen, daß General von Stülpnagel und General Speidel Gürtel der Sicherheit für Thomas Mann, Franz Werfel, René Schickele bereithielten. Ihnen blieb nur die „Loge" als Zufluchtsort. Das war, so muß man schließen, die plebejische Form der Emigration.

„Zudem wollte sich Jünger nicht der Erfahrungen berauben, wie sie demjenigen verschlossen sind, der die Bühne verläßt und in einer Loge Platz nimmt." Das schreibt der ansonsten einsichtige Schriftsteller Nebel, dem wir ein in vieler Hinsicht glänzendes Buch über die italienische Kriegsbühne verdanken. So lange derlei geschrieben wird, müht sich ein Mann wie Benn, ein Mann wie Holthusen, auch ein Mann wie Jünger selbst umsonst und setzt seine Aufrichtigkeit dem Spott seiner Landsleute aus. Ihm mag es gleichgültig sein. Andere verletzt es. War denn die Bühne nur Deutschland? Welch merkwürdiger Ehrgeiz, der der außerdeutschen Welt mit kleinlichem Hohn zu allem noch das Unmaß an Blut und Tränen und Drangsal abhandeln will, das sie hat auf sich nehmen müssen, und das Monopol des Leidens ausschließlich für den deutschen Geist beansprucht.

Die plebejische Form der Emigration hat das Bild von Bühne und Loge nicht erfunden. Doch wenn man es schon übernimmt, so taten nach bescheidener persönlicher Erinnerung Regisseure und Schauspieler — Statisten werden auf dem Theaterzettel ja nicht namentlich erwähnt, obwohl es ohne sie kein Trauerspiel gibt — ihr Bestes, um die Bühne über den ganzen Zuschauerraum bis ins Foyer und die Garderoben auszudehnen. Einige Szenen wurden sogar auf der Straße gespielt, unter Passanten, die sich für Theater gar nicht interessierten und trotzdem bei dem mörderischen Stück mitspielen mußten. In den Ranglogen sind, so weit es sich übersehen läßt, mehr „Zuschauer“ an ihren „Erfahrungen“ zugrunde gegangen als Akteure oder Statisten auf den Brettern. Man darf angesichts dieser Hochfahrenheit fragen, wo es sich bequemer und logenmäßiger mit Sicherheitsgürtel gesessen hat: im Hotel „Majestic“ bei der Niederschrift eines Tagebuchs oder im französischen Konzentrationslager Les Milles? In welcher Loge starb Theodor Wolff? Welcher Sicherheitsgürtel schützte Walter Hasenclever? Man kann es in „Unholdes Frankreich“ von Lion Feuchtwanger nachlesen.

Umgekehrt gilt das gleiche. Die unsäglichen Drangsalierungen, die deutsche Intellektuelle in Deutschland während der nämlichen Zeit auf sich nahmen, sind im Ausland oft in beschämender Weise verkannt worden, und mancher völlig ungerechtfertigte Vorwurf oder Verdacht ist aus totaler Unkenntnis der innerdeutschen Sachlage und einer verwandten Bausch-und-Bogen-Beurteilung geäußert worden. Die wahre Lage der Intellektuellen in Hitler-Europa — die Mißverständnisse beschränken sich ja keineswegs auf Deutschland — war bis Kriegsende kaum in Erfahrung zu bringen. Aber seither hat es an Gelegenheiten, das verschobene Bild gerade zu rücken, nicht gemangelt. Niemand, der auch nur einen halben Blick in das Deutschland der unmittelbaren Nachkriegszeit getan hat, wird den deutschen Geistigen, die im Lande blieben, weil sie glaubten, dem Sturm trotzen zu können und zu müssen, auch nur ein Gran ihrer körperlichen und geistigen Bedrängnis abhandeln wollen. Sie ist allemal zu ihrer hohen Ehre unveräußerlich.

Nur jene, denen an einer Versöhnung der Geister nichts gelegen ist und damit wohl auch am Geiste im Grunde nicht sehr viel, werden weiter hadern in würdeloser Leidenskrämerei. Wer nie eingesperrt war, kann heutzutage nicht mehr mitreden? Wenn der Satz stimmte, hätten wir mit Gottfried Benn und seiner Welt nichts zu handeln. Es ist aber merkwürdig, daß just jene, welche im Gefängnis gesessen und die bittere

Pein überlebt haben, den Begriff des Gefängnisses sehr weit zu ziehen bereit sind und sich an der Nebelschen Logen-Dialektik nicht beteiligen. Das Leiden kennt vielerlei Formen, unter vielen Himmeln; die Drangsalierer treten in hunderterlei Gestalt auf. Aber das Leiden bleibt immer Leiden. Man wägt das Vaterland nicht mit der Bäckerwaage. Es wiegt überall gleich schwer. Die Leidenden wissen das, und ihr Schweigen in diesem frivolen Streit sollte die Kläffer aufhorchen lassen.

4

Welche Möglichkeiten besitzt der Geistige gegenüber der geistfeindlichen Tyrannis? Das ist damals wie heute die Frage.

Es lassen sich zwei Gruppen abgrenzen: jene, die auf der Ausrottungsliste der Tyrannen stehen und keine Möglichkeit haben, ihren Namen von ihr zu löschen; und jene, die nicht auf ihr stehen, im Lauf der Ereignisse aber auf sie geraten können und die Möglichkeit haben, sich ihr fernzuhalten.

Zur ersten Gruppe gehört man mit oder ohne eigenes Zutun. Man mag nicht-genehmer Herkunft sein, wofür man nichts kann. Man mag eine nicht-genehme Geisteswelt einschließlich politischer Bindungen vertreten, wofür man etwas kann. Man kann weder äußerlich noch innerlich in der Lage sein, diese Stigmata vor dem Despoten zu verheimlichen, so daß einem sogar das selbst-auslöschende Untertauchen verwehrt ist. Für diese Gruppe gibt es nur einen Zwang: den zur Flucht. Denn in der entgegengesetzten Richtung marschiert sie in den sicheren Tod, für nichts und wieder nichts. Ihr Fall ist eindeutig. Sie besitzt nicht einmal die Möglichkeit einer moralischen Entscheidung. Ihr Verhalten ist deshalb nicht nach moralischen Gesichtspunkten zu beurteilen.

Mehrdeutig ist der Fall der zweiten Gruppe. Sie besitzt die Möglichkeit der moralischen Entscheidung, und sie muß uns deshalb beschäftigen.

Hier begegnen wir dem totalen Träumer, dem echten und dem vorgeblichen, mit dem naiv-unschuldsvollen Unvermögen, die Zeitläufte überhaupt zu begreifen, der sich für die Zeitläufte nicht interessiert und für den sich auch die Zeitläufte, wenn

überhaupt, nur in extremen Umständen interessieren. Hier begegnen wir auch dem naiv-schuldvollen Träumer, der glaubt, die Zeitläufte zu begreifen, sie aber durchaus mißversteht, der sich im Tyrannen täuscht und von ihm getäuscht wird.
Hier treffen wir den vorsätzlichen und absichtsvollen Opportunisten, der seinen Geist wissentlich auf die Seite des Tyrannen schlägt, und den unabsichtlichen Opportunisten, der vom Ungeist eingefangen und nicht wieder losgelassen wird und sich schließlich an den etwas seltsamen Bettgenossen gewöhnt.
Hier finden wir schließlich den erklärten Anhänger des Ungeistes wie auch des nämlichen Ungeistes erklärten Feind. Dieser ist der vorsätzliche, bewußte, absichtsvolle Oppositionelle, der sich mit Umsicht und Schläue durchzuschlagen sucht, ohne sich zu kompromittieren. Er tut's in der Hoffnung, durch Initiative und Beispiel einiges vom gefährdeten Bestand des Geistes zu retten. Sein Bruder ist jener, der dieses riskante Spiel nicht wagt, entweder weil er es für nutzlos, undurchführbar, im Verhältnis zu den Kosten zu unergiebig hält oder aber, weil er sich selbst nicht für den Mann erachtet, es kompromißlos durchzuhalten. Er wählt deshalb das freiwillige Exil, und ihn begleitet jener Oppositionelle, der der Auffassung ist, daß er von außerhalb mehr zum baldigen Sturz der Tyrannis beitragen kann als von drinnen.
Schließlich erkennen wir jenen Intellektuellen, der sich auf überhaupt nichts einläßt. Er macht für die Dauer der Tyrannis den geistigen Laden überhaupt zu. Er sattelt auf einen neutralen Beruf um, verkauft Zahnpasta oder wird Versicherungsagent, da es ihm wichtiger erscheint und auch erträglicher, als ein solcher im eigenen Vaterland zu leben, denn außerhalb seiner Grenzen das zu sagen und zu schreiben, was ihn vom Versicherungs-Agenten unterscheidet. Dieser Entschluß wird ihm erleichtert, wenn er neben seinem geistigen Handwerk ohnedies bereits den neutralen Beruf beispielsweise eines Arztes ausgeübt hat. Das Umsatteln bleibt ihm erspart.
Diese Gruppierung hat, wie jede Typologie, den Nachteil, daß niemand genau in sie hineinpaßt. Sie ist nicht mehr als ein grobes Ordnungs-Schema. Die tatsächlichen geistigen Schicksale spielen sich in den Übergangsgebieten zwischen den Gruppen ab. Für alle diese Varianten und zahlreiche mehr lassen sich lebende und tote Beispiele anführen. Doch ist die Gei-

steswelt zwar, wie man seit Franz Blei weiß, ein Bestiarium, aber kein Zoologischer Garten. Das wird sie erst in der Despotie, und dort sehen sich dann alle Tiere zum Verwechseln ähnlich. Käfige sind aber dazu da, daß man aus ihnen befreit wird.

Dr. Gottfried Benn ist ein großes Tier, das sich selbst eingesperrt hat. Mit seiner Befreiung hat es die Schwierigkeit, daß er selbst nicht genau weiß, in welchem Käfig er sitzt. Es ist mal der eine, mal der andere. Durch die Gitterstäbe reicht er einem geduldig immerfort die falschen Schlüssel. Aus Verwirrung? Aus Absicht? Die Verwickeltheit und Verzwicktheit seiner geistigen Angelegenheiten ist im wörtlichen Sinn aufschlußreich. Denn er ist ja nicht der Kollege Beumelburg.

5

Konnte man im Jahr 1933 von einem Mann wie Gottfried Benn erwarten, daß er die Zeitläufte verstand?

Jene, die sich ihm zugehörig fühlten und denen er sich nach eigenem Zeugnis zugehörig empfand, erwarteten es mit Selbstverständlichkeit. Wenn er es nicht vermochte, wer dann? Auf wen war dann noch geistiger, auf wen moralischer Verlaß? Überdies erwartete er es von sich selbst. Unschuldsvolle Naivität nimmt er nicht für sich in Anspruch. Er sagt nicht mit Hamsun, er habe den Nationalsozialismus nicht verstanden und nie gewußt, was er eigentlich sei. Das Rüstzeug, mit dem er der Alternative von 1933 begegnete, war nach seinem eigenen Ermessen das beste, gewißlich hundertmal besser als das vieler seiner Zeitgenossen: er war aus der Kaiser-Wilhelm-Akademie für das militärärztliche Bildungswesen hervorgegangen.

„— eine vorzügliche Hochschule, alles verdanke ich ihr!"

„— und eines lehrte sie — die induktive Epoche der Medizin und Biologie — die Jugend, da sie noch unbestritten herrschte: Kälte des Denkens, Nüchternheit, letzte Schärfe des Begriffs, Bereithalten von Belegen für jedes Urteil, unerbittliche Kritik, Selbstkritik, mit einem Wort, die schöpferische Seite des Objektiven. Die kommenden Jahrzehnte konnte man ohne sie nicht verstehen; wer nicht durch die naturwissenschaftliche Epoche hindurchgegangen war, konnte nie zu einem bedeutenden Urteil gelangen, konnte gar nicht mitreifen mit dem Jahrhundert — Härte des Gedankens, Verantwortung im Urteil, Sicherheit im Unterscheiden von Zufälligem und Gesetzlichem, vor allem aber die tiefe Skepsis, die den Stil schafft, das wuchs hier."

Das sind hohe Ansprüche. Nicht viele können eine solche eindrucksvolle Liste der Qualifikationen vorweisen. Sie machen genau das aus, was Benns Zeitgenossen an ihm und seinem Werk bis zum Jahr 1933 bewunderten, liebten und ehrten. Sie kommen in ihm mit revolutionärer Radikalität zum Ausdruck. Um ihretwillen hing ihm die Generation Klaus Manns an, begriff ihn buchstäblich als maßgebend und wegweisend. Kälte des Denkens, Nüchternheit, Härte des Gedankens, die schöpferische Seite des Objektiven: in ihnen erblickten die Zeitgenossen die unveräußerlichen Elemente des Bennschen Werkes, der geistigen Persönlichkeit seines Autors, und ohne sie ist die Gefolgschaft nicht denkbar, die er an sich zog. Wenn je einer in Stand gesetzt war, die deutsche geistige Situation des Frühjahrs 1933 zu erfassen und zu beurteilen, dann mußte er es sein, dem „Sicherheit im Unterscheiden von Zufälligem und Gesetzlichem", dem „tiefe Skepsis", „unerbittliche Kritik" und „letzte Schärfe des Begriffs" selbstverständliche Grundlagen der geistigen Existenz waren.

Wie bewährten sie sich im kritischen Jahr? Wie bewähren sie sich heute?

6

Schränken wir nochmals ein, um der äußersten Fairness willen. Wohlgemerkt und niemals zu vergessen: im Verhältnis des Geistes zur Despotie gibt es die Situation der Nötigung. Es läßt sich einwenden, und wird eingewendet, daß niemand gänzlich ohne jegliches eigenes Verschulden in sie gerät. Wer sich im Machtbereich des Despoten aufhält, so heißt es, kann sich nicht wundern, wenn er früher oder später eingespannt wird. Wer den kleinen Finger auch nur zeigt, muß darauf gefaßt sein, daß ihm beide Hände gebunden werden.

Doch wie auch immer, entschuldbar oder unentschuldbar — man kann gezwungen werden, etwas zu tun oder zu sagen, was man aus eigenen freien Stücken nicht getan oder gesagt hätte. Man kann erpreßt werden, unter Druck gesetzt, kann Verwandte und Nahestehende gefährden, wenn man sich nicht fügt. So sind, wir wissen es, in den zwölf Jahren der nationalsozialistischen Despotie viele Bücher, Bilder, Filme, Rundfunkreden und Zeitungsartikel zustande gekommen, die ihre Urheber aus freien Stücken nicht so oder überhaupt nicht geschaffen hätten. Sie sind, ganz oder teilweise, Produkte der Nötigung in allen ihren Graden. Die deutschen Entnazifizierungsverfahren haben diesen Aspekt einigermaßen, wenngleich nicht hinreichend, geklärt; wie wenig hinreichend, das zeigte der Fall des Filmregisseurs Veit Harlan.

Im Fall des Schriftstellers Gottfried Benn lag eine solche Nötigung zu keiner Zeit vor. Er nimmt sie auch für sich selbst in keinem einzigen Fall in Anspruch. Niemand zwang ihn, Dinge zu schreiben, die er nicht schreiben wollte. Was er schrieb, schrieb und veröffentlichte er aus freien Stücken. Wenn er, der am 30. Januar 1933 sich dafür entschied, im Land zu bleiben und unter der Tyrannis zu leben, von diesem Tag an aufgehört hätte zu schreiben — oder doch zumindest sichtbarlich zu veröffentlichen — so hätten die Tyrannen nicht bemerkt, daß etwas fehlt. Niemand nötigte ihn, von seinen in der preußischen Militärakademie erworbenen außerordentlichen geistigen Ansprüchen abzugehen, sie zu verwässern oder gar zu verleugnen. Was er nach Beginn der Tyrannis schrieb und veröffentlichte, stand weiterhin im Wertesystem dieser Ansprüche.

Ohne Nötigung also schrieb Gottfried Benn:

„— der Nationalsozialismus ist heute eine feststehende geschichtliche Erscheinung; seine Fundamente sind eingelassen in den glanz- und opferdurchtränkten Boden Europas. Er wächst, er richtet sich aus. Er wird Europa geben, und er wird aus Europa nehmen. Er wird die Fluten seiner ahnenschweren Vitalität durch abgelebte europäische Flächen ergießen, aber er wird sich auch einspinnen in dieses Erdteils alte Gesichte, denn seine Kraft ist sowohl treibend wie sammelnd, geschichtsgebunden wie revolutionär, und seine Tendenz im ganzen ungemein synthetisch. Man ehrt ihn nicht, wenn man ihn nicht so allgemein und fruchtbar sieht."

Dies sind die Anfangssätze des Vorworts zu „Kunst und Macht", veröffentlicht im Jahr 1934. Ihr Verfasser nahm und nimmt für sich in Anspruch „Sicherheit im Unterscheiden von Zufälligem und Gesetzlichem". Nicht Daumenschrauben nötigten ihn, den Nationalsozialismus zu „ehren", sondern „tiefe Skepsis" und „unerbittliche Kritik".

Ohne Nötigung schrieb Gottfried Benn weiterhin:

„— wir sind in das Zeitalter der Genealogie eingetreten ... es ist eine seelische Welt geworden, tief erregend und das Innere gestaltend ... und da ich nun aber reiner Arier bin ... und stelle meine Herkunft hiermit unter Beweis — meine genealogische Rechtfertigung —"

Diese Worte stehen an verschiedenen Stellen im ersten Abschnitt „Die Erbmasse" des autobiographischen Fragmentes „Lebensweg eines Intellektualisten", geschrieben und erstmals veröffentlicht 1934, neu veröffentlicht in „Doppelleben" 1950. Niemand nötigte zu dieser Niederschrift, es sei denn die „letzte Schärfe des Begriffs", der trotz jahrelangem naturwissenschaftlichem Studium und allgemeiner wissenschaftlicher Schulung entgangen war, daß „Arier" die Zugehörigkeit zu einer Sprachenfamilie, keinesfalls aber zu einer Rasse oder Rassengruppe bedeutet. Das hat inzwischen auch der „Kleine Brockhaus" eingesehen, der erklärt: „Die Verwendung des Begriffs Arier im rassischen Sinn ist unwissenschaftlich." Der Kleine Moritz wußte es schon vorher. Die „letzte Schärfe des Begriffs" fand auch an dem logischen Monstrum der „genealogischen Rechtfertigung" nichts auszusetzen. Rechtfertigung kann es nur geben, wo ein Unrecht unterstellt wird. Recht und Unrecht und Rechtfertigung aber sind moralische, sittliche, nicht aber genealogische Begriffe. Oder wäre denn gar die „nicht-arische" Herkunft ein „Unrecht", dessen Unterstellung man von sich weisen muß? Die unwissenschaftliche Unterscheidung zwischen „arisch" und „nichtarisch" war ein Unrecht, das es zurückzuweisen galt. Doch diesen Unterschied bemerkte der wissenschaftliche Kopf nicht.

Auf diesen Grundlagen konfrontiert sich der schöpferische Geist mit der despotischen Macht.

„— das Maß an Interesse, das die Führung des neuen Deutschland den Fragen der Kunst entgegenbringt, ist außerordentlich. Ihre ersten Geister sind es, die sich darüber unterhalten, ob in der Malerei Barlach und Nolde als deutsche Meister gelten dürfen, ob es in der Dichtung eine heroische Literatur geben kann und muß, die die Spielpläne der Theater überwachen und die Programme der Konzerte bestimmen, die mit einem Wort die Kunst als eine Staatsangelegenheit allerersten Ranges der Öffentlichkeit fast täglich nahebringen. Der enorme biologische Instinkt für das rassenhafte Vervollkommnen, der über der ganzen Bewegung schwebt, läßt sie in all dem Wirbel von außen- und innerpolitischen, sozialen und pädagogischen Problemen, die sie umdrängen, nie diesen einen Gedanken aus den Augen verlieren: hier ist, fühlt dieser Instinkt, der Schwer- und Hebepunkt der ganzen geschichtlichen Bewegung: die Kunst in Deutschland, Kunst nicht als Leistung, sondern sie als fundamentale Tatsache des metaphysischen Seins, das entscheidet die Zukunft, das ist Deutsches Reich, mehr: die weiße Rasse, ihr nordischer Teil; das ist Deutschlands Gabe, seine Stimme, sein Ruf an die abgleitende und gefährdete abendländische Kultur, und für uns ist es ein neues Zeichen für das, was Europa bis heute nicht sehen kann oder nicht sehen will: wie sehr diese Bewegung Pflichten auf sich genommen hat, Verantwortung trägt, mit ungeheuren geistigen Kämpfen sich beladen hat, Kämpfen, die sie für den ganzen Erdteil austrägt, dessen Mitte sie bildet. Diese großartige Bereitschaft für Dinge der Kunst wird sicher geneigt sein —"

Halten wir inne. Dies sind nicht die chaotischen Stammeleien eines fünfundzwanzigjährigen Gauleiters, der genötigt war, die Schule zu verlassen, ehe Grammatik und Syntax gelehrt wurden. Es sind die Einleitungssätze zu Gottfried Benns Aufsatz über den „Expressionismus", auch sie 1934 gedruckt. Es ist nicht nötig, sich mit ihrem sachlichen Inhalt zu beschäftigen. Er ist nicht „Deutsches Reich", sondern kompletter Unsinn, wenn man es freundlich ausdrücken will. Ein weit schärferes Wort wäre durchaus gerechtfertigt. An diesen Sätzen muß uns etwas anderes beschäftigen. Nicht, was sie aussagen, sondern warum sie geschrieben wurden. Wozu sollte die großartige Bereitschaft geneigt sein? Was erbat hier der Geist von der Macht, deren despotischen Charakter er, anläßlich der Überwachung der Theaterspielpläne, durchaus erfaßt hatte?

Die Geneigtheit der Bereitschaft wurde dafür erbeten, dem

Autor dieses Aufsatzes seine expressionistische Vergangenheit nicht als art- und rassefremd peinlich anzukreiden. Die Despoten unterhielten sich bereits darüber, ob Barlach und Nolde als deutsche Meister gelten dürften. Da konnte es nicht mehr lange dauern, bis sie sich darüber unterhielten, ob der Autor des Gedichtzyklus „Morgue" als deutscher Dichter gelten dürfe. Nun ist aber das Merkwürdige an dem Aufsatz über den „Expressionismus", daß der angeführte Absatz nicht durchweg charakteristisch für ihn ist. Der Aufsatz ist beileibe kein seicht gedachtes, opportunistisches Geschluder. Er gehört tatsächlich zu den interessantesten und scharfsinnigsten Dingen, die Benn geschrieben hat. Seine Argumentation ist über weite Stellen fesselnd, historisch aufschlußreich und sogar ausgesprochen couragiert. Es bedurfte des Mutes, gewisse Dinge, die hier ausgesprochen sind, den damaligen Herren darzulegen. Doch gerade das ist es.

Denn wozu wird dieser Mut aufgeboten? Zu einer Ehrenrettung der expressionistischen Kunstbewegung vor Behörden, die keinerlei Qualifikationen besaßen — außer Hanns Johst, der selbst aus ihr hervorgegangen — das Dargelegte überhaupt zu begreifen? Das wäre eine Don Quixoterie gewesen, aber eine rühmliche. Doch war das nicht sichtbarlich der Zweck des Unterfangens. Dieser war, es ist kein anderer Schluß möglich, den Dichter Gottfried Benn den Tyrannen genehm und annehmbar zu machen. Der Dichter Gottfried Benn war aber den Tyrannen als Expressionist verdächtig. Er war sich darüber im klaren, daß sie durchaus imstande waren, auch seine Dichterarbeit zu überwachen. Folglich mußte, kostete es, was es wollte, mit einem Todessprung der Versuch gemacht werden, den Expressionismus als Ganzes den Despoten genehm zu machen.

War es aber wirklich nur ein Versuch, den Tyrannen das expressionistische Fell über die Ohren zu ziehen, damit man die eigene Dichterhaut retten konnte? Dagegen wäre nichts Erhebliches zu erinnern. Der Geist darf die Despotie beschwindeln, wahrhaftig, er darf es; er darf ihr die tollsten Räubermärchen erzählen, so lange er sie nicht selbst glaubt und das Märchenerzählen überhaupt in Verruf bringt. Aber das war es hier nicht. Dieser Aufsatz war eine einzige Bemühung, die Kunstbewegung des Expressionismus in die Tyrannis des

Nationalsozialismus einzubauen und sie in ihm organisch aufgehen zu lassen. Nicht nur wird hier bewiesen, daß alle ihre hervorragendsten Vertreter „rassisch" durchaus einwandfrei seien — „keiner von den Genannten ist etwas anderes als ein Arier" — indem die „Nicht-Arier", beispielsweise Else Lasker-Schüler, einfach nicht genannt werden. Seine öffentliche Liebe zu ihr entdeckte Benn erst zwanzig Jahre später wieder, als es nicht mehr gefährlich war und die Angebetete im palästinensischen Exil begraben lag. Es wird außerdem bewiesen, daß, gleich wie der Futurismus den italienischen Faschismus „mitgeschaffen" habe, der Nationalsozialismus dem Expressionismus im Grunde und bei näherem Hinsehen tief verschuldet sei. Warum? Denn er „lebte in Todbereitschaft und lebte aus gläubigem Blut."
So steht es geschrieben in „Kunst und Macht". Man kann es drehen wie man will, es war damals und bleibt heute eine „trahison du clerc". Der es schrieb, war kein enthusiastischer, naiver, unerfahrener junger Mensch; er war kein dummer Junge. Er war ein Mann von achtundvierzig Jahren. Er war außerdem ein Naturwissenschaftler, ein Arzt, ein biologisch ausgiebig geschulter Kopf mit der Verpflichtung zur wissenschaftlichen Verantwortung. Doch das alles gilt ihm nichts, wenn ein Rasseschnüffler ihm schreibt, wie er es in „Doppelleben" berichtet, er halte ihn für einen Juden. Alsbald setzt sich der Biologe allen Ernstes hin und setzt jenem auf zwölf Seiten auseinander, was kein Wissenschaftler je auseinandersetzen kann, weil es Unsinn ist, nämlich daß er ein „Arier" sei. Warum? Weil es ihm wichtiger war, von den Rasseschnüfflern akzeptiert zu werden als der Wissenschaft zur Seite zu stehen. So brach er der Wissenschaft die Treue.
Er war aber auch ein bedeutender expressionistischer Künstler, einer der hervorragendsten Exponenten dieser Schule, und er gibt auch diesen hohen Ruf hin und schreibt allen Ernstes zwanzig Seiten lang, was auch auf zweitausend nicht zu beweisen ist, weil es eine kunst- und geistesgeschichtliche Unwahrheit ist. Warum wiederum? Weil es ihm wichtiger war, von den Kunstschnüfflern akzeptiert zu werden, als der Kunst und dem Geist zur Seite zu stehen. So brach er der Kunst die Treue.
Auf späteren Seiten des „Doppelleben" wird viel und aus-

giebig Verwahrung eingelegt gegen den Verdacht des Antisemitismus. Es werden große Worte gesagt der Dankesschuld und der Verpflichtung gegenüber Deutschlands Juden. Aber, Hand aufs Herz, was kann derlei gelten nach diesem? In der entscheidenden Stunde kannte er sie nicht, hatte nie von ihnen gehört, erklärte, es habe sie nie gegeben. Selbstverständlich muß auch ein Intellektueller, muß gar ein Arzt einen „Arier-Nachweis" erbringen, wenn er von der Despotie hierzu genötigt wird und es dabei um Kopf und Kragen, um Brot und Suppe geht. Man muß ihn beglückwünschen, wenn es ihm gelingt, dieser unmenschlichen Vorschrift zu genügen. Aber er muß ihn nicht ungenötigt vor aller Öffentlichkeit anbieten. Und er darf es nicht, wenn das Angebot nur mit Hilfe einer geistigen Unehrenhaftigkeit möglich ist.

7

So versagt beim ersten Zusammenstoß mit der neuen Wirklichkeit das vielgerühmte Werkzeug samt und sonders.
Verantwortung im Urteil, Sicherheit im Unterscheiden von Zufälligem und Gesetzlichem, tiefe Skepsis, unerbittliche Kritik, letzte Schärfe des Begriffs, Bereithalten von Belegen für jedes Urteil — hier werden sie gebraucht und sind samt und sonders nicht zur Stelle. Das Zufällige wird kritiklos für das Gesetzliche genommen. Ohne die mindeste Skepsis werden die verschwommensten Begriffe übernommen, und Urteile werden abgegeben, für die die Belege weggezaubert worden sind. Eine geistige Autorität erster Ordnung fällt in sich zusammen, die Abdankung des Intellektuellen vor der Tyrannis ist komplett. Man hat ihm kein Haar gekrümmt. Aber sein Verstand ist ihm angesichts der Tiraden einer Bande halbgebildeter, verkrachter Existenzen, die mit Revolvern herumfuchteln, zu Krümeln zerfallen. Und es währt nicht lange, da wirft ihm der Despot diese Krümel verächtlich ins Gesicht.
Denn es fügte sich, daß die Tyrannis sich das expressionistische Fell nicht über die Ohren ziehen ließ, daß sie für ihn keine Verwendung hatte und nicht auf ihn angewiesen war. So erwies sich die Treulosigkeit obendrein noch als umsonst.

Doch wie dringlich muß Gottfried Benn das Bedürfnis gewesen sein, um alles in der Welt nicht abgewiesen zu werden! Warum sonst schminkte er gar heute noch an der unerbaulichen Vergangenheit herum? Warum behauptet er, auf Seite 102 des „Doppelleben", schon 1933 sei es mit ihm hinsichtlich der Dichter-Akademie aus gewesen; nach der Sitzung vom 7. Juni 1933 habe er nichts mit dieser Akademie mehr zu tun gehabt, deren neue Mitglieder „kaum über sich gewinnen konnten, mir bei der Begrüßung die Hand zu geben"? Und druckt doch 1934, auf Seite 61 des Buches „Kunst und Macht", den Satz: „Zumal ich der einzige von dieser ganzen zersprengten Gesellschaft bin, der die Ehre hat, in der neuen deutschen Akademie der Dichtung einen Sitz zu haben." Daß er die Ehre für zweifelhaft hielt, gibt er nicht zu verstehen.
Bereits 1933 hatte ihn der nationalsozialistische Ärztebund, wie er im „Doppelleben" erzählt, von seiner Liste gestrichen und ihm auf seinen Protest eine rüde-ehrenrührige Antwort erteilt. Aber erst im März 1938, als ihn die Reichsschrifttumskammer endgültig hinauswarf, wundert er sich und glaubt nicht, „daß es auf der ganzen Welt irgend eine Berufsgenossenschaft, Gewerkschaft, Handwerkskammer geben kann, die mit ihren alten, nicht kriminell gewordenen Mitgliedern so verfahren wäre." Dabei war das „Maß an Interesse, das die Führung des neuen Deutschland den Fragen der Kunst entgegenbringt", wie erinnerlich, „außerordentlich". Bis tief in den Fuchsbau der Wehrmacht hinein verfolgten die Literatur-Schnüffler ihn und ließen nicht ab, an ihm herumzuzerren. Aber bis ins Jahr 1936 hinein publizierte er noch, und erst als die graue Last des Krieges sich herabsenkt, werden die Kunstförderer endgültig zu „Spielern, die mit einem trüben System nach Monte Carlo gereist waren, um die Bank zu sprengen, Bauernfänger, so töricht anzunehmen, die Mitspieler würden ihre gezinkten Karten nicht bemerken, Saalschlacht-Clowns, Stuhlbeinheroen, eine mystische Totalität von Narren, ein prälogisches Kollektiv von Erfahrungsschwachen —"
Die Invektive ist hübsch. Aber sie dreht einem den Magen um. Denn wer verwahrte sich 1933, als andere Geister, seine früheren Freunde, in solcher und ähnlicher Weise die neuen Despoten beurteilten, gegen diese Beurteilung mit großer Ent-

rüstung? „Kunst und Drittes Reich", ein höhnisches Wortgepolter auf den Propagandaminister, den „Tankwart für Lebensinhalt", in dem unter anderem nunmehr zugestanden wird, daß der Expressionismus auf der Ausrottungsliste steht, dieser Aufsatz wurde erst 1941 geschrieben, als die Erfahrungsschwächsten gemerkt hatten, wohin man geraten war, und schließlich 1949 in dem Band „Ausdruckswelt" veröffentlicht. Ihn 1941 zu schreiben, war ein unnötiges Risiko. Als er erschien, wurde er nicht mehr gebraucht.

Leicht könnte man sagen: das kommt davon. Doch möchte man sich zu solcher Leichtigkeit nicht ohne weiteres verstehen. Denn so einfach ist die Sache nicht. Die schier unlösbaren Situationen, in die der Intellektuelle gegenüber der Despotie geraten kann, werden dadurch nicht gelöst. Man kann sich ja irren. Wahrhaftig, man kann. Jeder Tag in Europa lehrt es uns. Hitler ist nicht der erste, nicht der einzige, nicht der letzte Despot, dem der freie Geist ohne Nötigung beide Handgelenke zur Fesselung kniefällig hingestreckt hat. Und Gottfried Benn ist nicht der erste, nicht der einzige, nicht der letzte Intellektuelle, der vor der Despotie abgedankt hat.

Die Entmachtung des Geistes, seine Unterwerfung unter ein grobschlächtig-starres, von der politischen Opportunität dirigiertes Denksystem hat, so scheint es, zu Zeiten eine mächtige Anziehungskraft. Einem düsteren, schicksalhaften Verhängnis gleich fühlen sich oftmals die Gescheitesten zu den Dümmsten hingezogen, verkünden die klarsten Köpfe mit einem den haarsträubendsten Unfug. Die Versuchung zur Abdankung in die Primitivität, zur totalen Auflösung ist groß. Es ist etwas in den „clercs", das sie immer wieder zur „trahison" drängt. Es hat der Verrat eine mächtig anziehende Kraft gerade für sie. Die Möglichkeit, ihr nachzugeben, die Welt des Geistes mit einem Wort, mit einer intellektuellen Geste auf den Kopf zu stellen, ihre Wertbegriffe von innen nach außen zu kehren, die Vorzeichen ihres ganzen Beziehungssystems zu vertauschen, so wie der Spaßmacher des Nachts vor den Hotelzimmertüren alle Schuhe vertauscht — dies alles strahlt eine dringlich-quälende Faszination auf den spekulativen Geist aus. Es ist eine dem Intellektuellen und seinem Handwerkszeug vorbehaltene Operation. Die anderen kommen auf sie nicht und besäßen auch nicht die Schraubenschlüssel dazu.

„Wo eine Schraube ist, muß man dran drehen —"
So las man vor Jahren in einem pfiffigen Kinderbuch des Expressionisten Kurt Schwitters. Der Satz ist einleuchtend. Der Intellektuelle kennt die Schraube. Und zuweilen dreht er dran. Dann öffnet sich der Rachen, der ihn verschlingt und zuweilen auch, wegen Ungenießbarkeit oder Unverdaulichkeit, wieder ausspeit. Es ist die Frage, ob der Intellektuelle das darf. Doch angenommen, er dürfe es — hat er das Glück, wieder hervorzukommen und ist er noch der zusammenhängenden Rede fähig, so muß er doch wohl berichten, was er da eigentlich gemacht hat; so darf er doch wohl nicht behaupten, er sei es gar nicht gewesen.
Alles, könnte man meinen, darf der freie Geist. Nur nicht: sich dümmer stellen als er ist. Man könnte ihm gar das Recht auf den Verrat zubilligen; es ist ein Teil seiner Freiheit. Aber nicht: daß er die blitzende Treulosigkeit in eine schmuddlige Treuekundgebung umschminkte. Treulosigkeit, insonders geistige, ist unter anderem auch eine Sache des Formats. Sie kann, so läßt sich argumentieren, rein größenmäßig so ungeheures Maß annehmen, daß sich damit ihre Qualität verändert. Aber wie immer, verlangt sie den Mut zur eigenen Courage.
Gottfried Benn hat in seinem geistigen Leben an vielen Schrauben gedreht, und dabei ist manches, zu Nutz und Frommen der umstehenden Geistigen, in die Luft geflogen. Es gab Zeiten, da stoben die Funken nur so, während der kleine Mann im Ärztekittel wie ein Wilder am Schaltbrett des Geistes hantierte, und immer, wenn man gerade nicht hinsah, hatte er eine neue Sicherung springen lassen. Das machte Spaß. Als er an die Hochspannungsleitungen geriet, wurde die Sache bedenklich.

8

Am 9. Mai 1933 schrieb Klaus Mann an Gottfried Benn aus Le Lavandou in Frankreich einen Brief, in dem er ihn über seine Haltung zur nationalsozialistischen Tyrannis befragte. Dieser Brief ist allenthalben bekannt geworden. Dr. Benn veröffentlicht ihn in seinem „Doppelleben". Der Brief wurde Anlaß zu Benns „Antwort an die literarische Emigration", die

„im Frühjahr 1933 durch Presse und Rundfunk ging, im In- wie im Ausland besondere Beachtung fand und mir bis heute vorgehalten wird." Aus dieser Antwort wiederholt Benn einiges, aber längst nicht alles. Hier wie anderwärts wünschte man sich etwas mehr Mut zur Courage. Etwas mehr. Denn einiger Mut ist ja vorhanden.

„In welcher Gesellschaft", so schrieb Klaus Mann, „befinden Sie sich dort? Was konnte Sie dahin bringen, Ihren Namen, der uns der Inbegriff des höchsten Niveaus und einer geradezu fanatischen Reinheit gewesen ist, denen zur Verfügung zu stellen, deren Niveaulosigkeit absolut beispiellos in der europäischen Geschichte ist und von deren moralischer Unreinheit sich die Welt mit Abscheu abwendet? Wie viele Freunde müssen Sie verlieren, indem Sie solcherart gemeinsame Sache mit den geistig Hassenswürdigen machen — und was für Freunde haben Sie am Ende auf dieser falschen Seite zu gewinnen? Wer versteht Sie denn dort? Wo waren denn die, die Ihre Bewunderer sind? Doch nicht etwa im Lager dieses erwachenden Deutschland? Wenn Ihnen aber an Ihren Verehrern nichts liegt — sehen Sie doch hin, wo die sich aufhalten, die Sie Ihrerseits auf so hinreißende Art bewundert haben. Aber freilich müssen Sie ja wissen, was Sie für unsere Liebe eintauschen und welchen großen Einsatz man Ihnen drüben dafür bietet; wenn ich kein schlechter Prophet bin, wird es zuletzt Undank und Hohn sein. Denn wenn einige Geister von Rang immer noch nicht wissen, wohin sie gehören — die dort drüben wissen ja ganz genau, wer nicht zu ihnen gehört: nämlich der Geist."

Und an anderer, entscheidender Stelle:

„Es scheint ja heute ein beinah zwangsläufiges Gesetz, daß eine zu starke Sympathie mit dem Irrationalen zur politischen Reaktion führt, wenn man nicht höllisch genau achtgibt. Erst die große Gebärde gegen die ‚Zivilisation' — eine Gebärde, die, wie ich weiß, den geistigen Menschen nur zu stark anzieht — dann plötzlich ist man beim Kultus der Gewalt, und dann schon bei Adolf Hitler."

Nirgends in seinem maßvollen Brief wirft der junge Schriftsteller dem um so vieles Älteren vor, daß er nicht das Exil gewählt habe. Dieses Argument taucht nicht auf, und es war auch gar nicht die damalige Alternative. Es ist deshalb be-

merkenswert, daß Gottfried Benn sich in längeren Ausführungen gerade gegen diesen, überhaupt nicht erhobenen Vorwurf verteidigt.
Mehrfach aber wird in dem Brief die Frage gestellt, warum der bewunderte Intellekt sich auf die Seite der Geistfeindlichkeit schlagen mußte und ihr ausdrücklich seine Loyalität erklärte. Bemerkenswert wiederum, daß der Befragte der Antwort hierauf im Grunde ausweicht. Diese doppelte Reaktion ist nur zum geringen Teil 1933 datiert, zum weitaus größeren 1950. Gewiß räumt Dr. Benn „vollkommen verblüfft" beim Wiederlesen des Mannschen Briefes ein: „Dieser 27jährige hatte die Situation richtiger beurteilt, die Entwicklung der Dinge genauer vorausgesehen, er war klarer denkend als ich —" Niemand wird ihm etwas von der schönen Geste des Zugeständnisses an den Jüngeren abhandeln wollen. Doch fügt er hinzu: „— meine Antwort, aus der ich Teile anführen werde, war demgegenüber romantisch, überschwänglich, pathetisch, aber ich muß ihr zugute halten, sie enthielt Probleme, Fragen, innere Schwierigkeiten, die noch heute für uns alle akut sind —" Das ist das Entscheidende. Denn die Antwort nimmt, in den damals geschriebenen wie den heute getanen Äußerungen das Zugeständnis des Irrtums wieder zurück. So ist „Doppelleben" das zweite Versagen des hohen Anspruchs. Die volle Geste wird entleert und damit entwertet. Abermals lassen die hohen Qualifikationen den Intellektuellen im Stich, und er begeht eine zweite Untreue. Diesmal an der historischen Objektivität. Auch hier handelt es sich um eine prinzipielle Konstellation, eine grundsätzliche Überlegung, die Gottfried Benn für uns alle illustriert. Sie ist durchaus „noch heute für uns alle akut".

9

„— Ich blieb also 1933 in Deutschland, und zwar zunächst in Berlin. Sofern dieses Verbleiben in Deutschland einer Begründung bedarf — hier sind einige Begründungen."
So im „Doppelleben". Wohlgemerkt, niemand erheischte eine Begründung. Es sei denn, Gottfried Benn benötigte sie nachträglich für sich selbst. An dem Entschluß selbst ist hierorts

nichts herum zu handeln. Er wurde von vielen geteilt. Er war völlig legitim, im Sinn des groben Ordnungs-Schemas der geistigen Möglichkeiten, wie in jeder anderen Hinsicht. Man konnte ihn fassen. Gottfried Benn befand sich in kleiner, vieler ausgezeichneter Mitglieder beraubter, aber noch immer guter Gesellschaft. Er kann sich auf sie berufen und tut es: Kollwitz, Sintenis, Kolbe, Pechstein, Hofer, Barlach, Hauptmann, Ricarda Huch, Strauß, Lörke, Voßler, Jaspers, Curtius, Heidegger, und das sind noch nicht alle.

Doch geht es um die Begründungen. Von den Genannten hat keiner eine solche Begründung gegeben, vermutlich, weil er sie nicht für nötig hielt. Liebe und Treue zum angestammten Heimatland, dem äußeren wie dem inneren, besonders und gerade in Zeiten der Heimsuchung, haben noch nie einer Begründung bedurft. Aber es hat auch keiner der Genannten ein Dokument in der Art der „Antwort an die literarischen Emigranten“ produziert. Keiner hat eine „genealogische Rechtfertigung“ verfaßt und veröffentlicht. Keiner hat sich auf die „Ehre“ berufen, in der neuen deutschen Akademie der Dichtung einen Sitz zu haben. Keiner hat es für nötig befunden, dem Nationalsozialismus zu attestieren, daß er „eine feststehende geschichtliche Erscheinung“ sei, oder sich dazu verstiegen, die Kunstrichtung, aus der er hervorgegangen und der er verpflichtet, zu „arisieren“. Das ist zu erinnern, wenn nicht alle Maßstäbe durcheinander purzeln sollen. Gottfried Benn gehörte zu dem Kreise nicht, auf den er sich jetzt beruft. Er teilte mit ihm nicht mehr als die äußere Tatsache, daß kein unpassender Vorfahr und keine Zugehörigkeit zu einer verbotenen politischen Organisation ihn ins Exil zwangen, und er deshalb die Wahl hatte, im Vaterland zu verbleiben oder nicht.

Die Begründungen sind also Gottfried Benns spezielles Anliegen. Er hielt sie für notwendig. Sein Entschluß bedurfte ihrer, im Gegensatz zu dem der Angerufenen, da er anscheinend nicht mit voller Eindeutigkeit von vornherein auf der Hand lag. Wenn er die Begründungen aber für notwendig und schlüssig hält — er vor allen anderen, der zu den radikalsten und kompromißlosesten Geistern der Vorhitlerzeit zählte — so wird mancher von geringerer Radikalität und größerer Bereitwilligkeit zum Kompromiß sie sich gern zu eigen machen.

Das aber hätte gerade noch gefehlt. Denn diese Begründungen stellen die zeitgenössische Geschichte auf den Kopf.
Es handelt sich um drei Hauptargumente oder Thesen. Erstens sei der Begriff der Emigration damals in Deutschland nicht bekannt gewesen. Zweitens sei die Hitlerregierung legal zur Macht gekommen. Drittens habe keine Veranlassung bestanden, dem nationalsozialistischen Parteiprogramm Glauben zu schenken. Diese drei Thesen machen, wenn sie stimmen, eine entscheidende Verschiebung des zeitgenössischen deutschen Geschichtsbildes und eine entscheidende Verlagerung der moralischen Verantwortung des Einzelnen in ihm und zu ihm aus. Wenn ein Geist wie Gottfried Benn sie zur Diskussion vorlegt, so heißt es, sie diskutieren. Denn es handelt sich hier in der Tat um Fragen und Probleme, die für uns alle akut sind. Es ist nicht undenkbar und der Tag mag nicht allzu fern sein, da Geister wie Arnold Zweig und Johannes R. Becher auf ähnlicher Grundlage Schritte und Entscheidungen „begründen" müssen, die ihnen heute vielleicht noch nicht völlig vorstellbar sind.
Zur ersten These erklärt Gottfried Benn: „— den Begriff der Emigration gab es damals in Deutschland nicht. Man kannte politische Flüchtlinge, aber den massiven, ethisch untermauerten Begriff der Emigration, wie er nach 1933 bei uns gang und gäbe wurde, kannte man nicht. Man kannte natürlich die russischen Emigranten, aber bei denen lag Flucht vor gegenüber Ermordetwerden, das war eine vitale Reaktion, kein gesinnungshafter Protest gegen eine andere Gesinnung — und wer war 1933 fähig und bereit, den 30. Januar in Berlin mit dem 8. November 1917 in Petersburg zu vergleichen? Wenn nun also Angehörige meiner Generation und meines Gedankenkreises Deutschland verließen, emigrierten sie noch nicht in dem späteren, polemischen Sinn, sondern sie zogen es vor, persönlichen Fährnissen aus dem Weg zu gehen — es war mehr eine Demonstration als eine Offensive, mehr ein Ausweichen als eine Aktion. Emigration als Führerfronde war kein bei uns bekannter Begriff. Ich persönlich hatte keine Veranlassung, Berlin zu verlassen, ich lebte von meiner ärztlichen Praxis und hatte mit politischen Dingen nichts zu tun."
Diese These wird 1950 verfochten und nicht damals, 1933. Doch war sie weder zum einen noch zum anderen Zeitpunkt

annehmbar. Möglicherweise läßt sich behaupten, daß es den Begriff der Emigration in Deutschland damals nicht gab, obwohl man auf 1848, auf Carl Schurz, auf Georg Büchner verweisen kann, in dessen Namen Gottfried Benn seltsamerweise sogar einen Literaturpreis erhielt. Da war in gewissem Sinn ein Vorbild, eine Tradition, an der man sich sehr wohl in kritischer Stunde orientieren konnte. Aber vor allem gab es einen europäischen Begriff der Emigration, auch abgesehen von Rußland. Sein Vorhandensein war Deutschland nicht entgangen. Nur ein Blinder und Tauber, der in den zwanziger Jahren durch die Straßen von Berlin ging, konnte nicht bemerken, daß halb Europa in den Zwischenkriegsjahren auf der Wanderung war. Ungarn, Polen, Rumänen, Griechen, Armenier lebten vor, was Deutsche später nachlebten.

Vor allem aber war die antifaschistische italienische Emigration, namentlich in ihren intellektuellen Äußerungen ein europäisches Phänomen erster Ordnung, von Carlo Sforza über Don Sturzo zu G. A. Borgese. Sie war auch jenen sichtbar, die sich wie Gottfried Benn darauf versteiften, am 29. März 1934 „in Vertretung von Hanns Johst" dem „Mitglied der Königlich Italienischen Akademie, Exzellenz Marinetti" anläßlich seines Deutschlandbesuchs dafür zu danken, „weil Sie der deutschen Delegation in Ragusa zur Seite standen". Auf dem Kongreß in Ragusa trat, wie erinnerlich, unter beträchtlichen Skandalszenen die deutsche Delegation aus dem Internationalen PEN-Club aus. Gottfried Benns Rede auf Marinetti, seine glühendste faschistische Tirade — „der Führer, den wir alle ausnahmslos bewundern" — steht in „Kunst und Macht". Sie wurde gehalten zum gleichen Zeitpunkt, da Ignazio Silone aus seinem Zürcher Exil „Fontamara" veröffentlichte. Zu behaupten, man sei nicht auf den Gedanken gekommen, ins Exil zu gehen, nicht, weil man nicht gewollt habe, sondern weil man nicht gewußt habe, was das eigentlich sei — Exil, ist das nur eine erstaunliche Naivität? Es verrät, so scheint es, eine totale Unkenntnis der europäischen geistigen Gesamtkonstellation, in der man damals lebte. Daß einem beliebigen Arzt davon nicht viel bekannt war, mag man glauben. Aber einem Schriftsteller?

Doch selbst unterstellt, daß es 1933 und gar 1934 den Begriff des Exils in Deutschland nicht gab — schließlich gab es den der Diktatur, der Ein-Mann-Despotie ja auch nicht, und an ihn mußte man sich ebenso rasch und unvermittelt gewöhnen wie an den Gedanken, daß man in ihm ein schweres Leben haben werde. Das eine war so neu wie das andere, und die Konsequenzen, die vor allem der Geistige zog, durften deshalb auch neu sein. Wenn die Tradition nicht bestand, so war der tragische Augenblick gekommen, um sie zu schaffen, und diese Aufgabe fiel den beispielgebenden Geistern zu. Auf wen wartete einer wie Gottfried Benn denn, daß er ihm bedeute, was zu tun sei? Viele warteten auf ihn, alle jene, die durchaus fähig waren, den 30. Januar 1933 in Berlin mit dem 8. November 1917 in Petersburg zu vergleichen, und wenn es schon nicht der 30. Januar war, den mancher verschlief, so wachte man doch spätestens beim Feuerschein des Reichstagsbrandes auf. Allen jenen aber, die sich inzwischen wieder schlafen gelegt haben, singt Gottfried Benn sein tröstliches Lied. Es ist das Geraune des Geschichtsverdrehers, und man wacht daraus in der „Morgue" auf.

Doch das Herz der Sache liegt anderswo. Die Unterscheidung zwischen einer Emigration im polemischen Sinn und einer, die persönlichen Fährnissen entgehen will, ermangelt recht sehr der „letzten Schärfe des Begriffs". Denn die persönlichen Fährnisse beruhten durchaus auf polemischer Grundlage, und beruhen auf ihnen auch heute. Flohen etwa die Großherzöge mit ihren Juwelen wie anno 1917 in Rußland? Keineswegs. Sie blieben zu Hause und folgten Prinz August Wilhelm in die SA. Wer in keiner polemischen Lage war, wer mit der Despotie auf keinem polemischen Fuß stand, war ja, zumindest vorerst, nicht gefährdet. Zur Polemik aber gab es vom ersten Tag an überreichlich Anlaß. Es war lediglich eine Frage des geistigen Temperamentes wie der politischen Verpflichtung — im Fall der parteimäßig Gebundenen — ob man den Anlaß ignorierte oder nicht.

Emigration ist immer Flucht — vor Menschen oder vor Ideen, die einem ans Leben oder an die Ideen wollen. Es ist legitim, sich ihrem Zugriff zu entziehen, um entweder das Leben oder den Bestand an Ideen oder beides zu erhalten und von günstigerer Position aus zu verteidigen. Für jeden Intellektuellen, der auch nur einen halben eigenen Gedanken im Kopf hatte, war am 30. Januar 1933 die polemische Grundlage gegeben, und damit die Gefährdung. Das hat Gottfried Benn um einiges später selbst erfahren, denn er hatte eine Menge eigener Gedanken im Kopf. Rückblickend aber, im Jahr 1950, dem geistesgeschichtlichen Bild um einer intellektuellen Bequemlichkeit willen seine Grundlage zu entziehen, ist ein grober Mißbrauch geistiger Autorität. Und das ist das Entscheidende. Die Emigration war ein Versuch unter manchen anderen zur Rettung der polemischen Potenz. Man konnte sich an ihm beteiligen oder auch nicht. Man konnte ihn für wirksam oder für aussichtslos halten. Man konnte ihn sogar für der guten Sache gefährlich halten. Auch das läßt sich zur Not beweisen. Aber man konnte und kann seine Legitimität nicht bestreiten, ohne eine geistige Unwahrhaftigkeit zu begehen.

Zur zweiten These erklärt Gottfried Benn: „— ich jedenfalls und viele andere mußten die neue Regierung als legal zur Exekutive gekommen betrachten, Gegenargumente lagen eigentlich gar nicht vor. Der vom Volk gewählte Reichspräsident hatte offenbar nach schweren inneren Bedenken die neue Regierung ernannt, sie war ihrer Zusammensetzung nach in keiner Weise totalitär, Zentrum und Konservative waren im Kabinett, der Reichstag bestand weiter, die Presse erschien, die Gewerkschaften waren noch im Gang. Ob der Reichspräsident ein kluger und weitsichtiger Mann war oder ein unkluger und unweitsichtiger, wie man es heute behauptet, wurde damals nicht erörtert, es stand nirgends zur Diskussion. Also, es war eine legale Regierung am Ruder, ihrer Aufforderung zur Mitarbeit sich entgegenzustellen, lag zunächst keine Veranlassung vor."

Das möchte heute mancher gerne glauben dürfen, wenn ihm nur irgend eine Autorität bescheinigen wollte, daß es auch wirklich so war. Gottfried Benn stellt bereitwilligst das Attest aus, das sogar Herr von Papen zu unterschreiben sich einigermaßen scheut. Stünde diese These nicht im 1950 veröffentlichten Buch dieses Radikal-Denkers und Ideen-Chirurgen, man könnte und dürfte sie als reinweg lachhafte Geschichtsverdrehung beiseite schieben. So aber? So aber soll nicht nur uns, die es anders wissen, sondern namentlich den Jüngeren, die es gar nicht oder nur von Goebbels wissen, hier etwas eingeredet werden, was ganz einfach nicht wahr ist.

Selbst wenn man unterstellt, daß die Regierung Hitler in der

Tat „legal" zur Macht gekommen war — eine These, die von vielen Staatsrechtlern und Historikern mit einer Heerschar ausgezeichneter Argumente bestritten wird — so bleibt die weit augenfälligere Tatsache bestehen, daß ihre Amtsführung illegal war, und zwar vom ersten Tag an. Sie erwarb ihr Mandat in einer reinen Terrorwahl am 5. März 1933 und sie beschaffte sich ihr Ermächtigungsgesetz, indem sie alle mißliebigen Abgeordneten, die das Volk trotz Terror zu wählen gewagt hatte, einsperrte und an der Teilnahme an der Abstimmung verhinderte. Auf diesen illegalen Fundamenten baute sie ihre illegale Herrschaft auf. Das pfiffen die Spatzen von den Dächern, und man konnte es sogar in der einen oder anderen couragierten Zeitung lesen.

Unklugheit und Kurzsichtigkeit des Reichspräsidenten — „Unweitsichtigkeit" ist uns ein allzu merkwürdiges Wort — wurden damals sehr wohl erörtert. Die Diskussion ging überhaupt um nichts anderes. Wenige Stunden nach dem großen Fackelzug der SA am 30. Januar erzählte sich ganz Berlin den Witz, wonach Hindenburg Meißnern (oder war es sein Sohn Oskar?) fragte: „Wo kommen denn die vielen gefangenen Russen her?" Der Witz war möglicherweise apokryph. Wenn er es war, um so besser, denn er zeigte, was die Berliner in dieser Stunde von der Geistesschärfe ihres Reichspräsidenten hielten.

Freilich bestand der Reichstag. Aber das war auch das einzige, was man von ihm sagen konnte: daß er bestand. Seine demokratischen Funktionen waren in Flammen aufgegangen. Freilich erschien die Presse. Aber die Verbote hagelten herab, und was nach dem 30. Januar erschien, hatte mit dem vor dem 30. Januar nicht viel mehr als den Zeitungskopf gemeinsam. Dafür sorgten die kommissarischen Chefredakteure. Die Gewerkschaften waren im Gange? Sie überlebten die „Machtergreifung" um genau die wenigen Monate, die zu ihrer kalten Liquidation nötig waren.

Ist das alles vergessen? Es ist es nicht. Aber wie einfach es ist, diese blutigen Revolutionsvorgänge in ein harmloses Märchen umzudichten, zeigt sich hier, gefolgt von einem ungewöhnlichen Gedanken-Kurzschluß: es war eine legale Regierung am Ruder und es bestand keine Veranlassung, sich ihrer Aufforderung zur Mitarbeit entgegenzustellen. Nun ist nirgends zu ersehen, daß der Schriftsteller Gottfried Benn eine solche Aufforderung erhalten hätte. Wohl aber ist zu ersehen, daß er sich freiwillig meldete und ohne Nötigung sein Scherflein beitrug. Zweitens aber: seit wann ist eine Regierung, nur weil sie legal ist, auch unterstützenswert? Seit wann leitet sie aus ihrer Legalität einen moralischen Anspruch auf Unterstützung her, dem blindlings Folge geleistet werden muß, selbst wenn er direkt gar nicht erhoben worden ist? Wo ist dem Radikaldenker, dem Begriffeschärfer das Wort „Opposition“ hingekommen? Welcher Glaube an die Unfehlbarkeit der zeitweiligen Staatsautorität reitet diesen Demokraten? Eine Regierung kann so legal sein wie nur immer möglich und dennoch ablehnenswert, hassenswert, bekämpfenswert. Darauf sollte der scharfsinnige Mann nicht gekommen sein? Es verlangte ja niemand von ihm, daß er Dr. Goebbels eine Bombe unter den Stuhl legte. Das sind Formen der Opposition, die in der totalitären Gesellschaft selten möglich sind. Aber mußte er ihm deshalb einen Blumenstrauß aus Worten hintragen? *Kein* Blumenstrauß — das wäre in diesem Fall schon Opposition genug gewesen. Es wäre ein Beispiel für andere, jüngere, ratlose Geister gewesen.

Zur dritten These endlich, das Parteiprogramm betreffend, erklärt Gottfried Benn: „Ich hatte es nie bis zu Ende gelesen — aber ich wußte natürlich, es enthielt unter seinen zahlreichen Punkten einen üblen antisemitischen, aber wer nahm politische Parteiprogramme ernst? Es gab, glaube ich, 22 Parteien, also ebenso viele Parteiprogramme, alle beschimpften sich untereinander — daß die Parteiprogramme verwirklicht würden, das konnte man nach den Erfahrungen mit den politischen Verhältnissen überhaupt auf keinen Fall erwarten — wörtlich konnte man diese Parteiproklamationen doch wirklich zunächst nicht nehmen — zunächst; dann allerdings, als sie ihre Rassentheoreme praktizierten, schauderten einem die Knochen, aber das war noch nicht 1933.“

Es ist nicht ersichtlich, warum der Schriftsteller das Parteiprogramm nicht bis zu Ende las, da er doch, obwohl er „mit politischen Dingen nichts zu tun hatte“, die Lektüre einmal begonnen hatte, vermutlich aus begreiflichem politischem Interesse. Es war ja ein ganz dünnes Heftchen. Politische Parteiproklamationen aber nahm ernst, wer sie in die Praxis umgesetzt sah, und dazu bot jeder Tag in Berlin, spätestens aber der 1. April 1933 Gelegenheit. Wörtlich brauchte man es vielleicht nicht zu nehmen. Aber tätlich wurde es genommen.

Das war noch nicht 1933?

Um der historischen Richtigkeit willen: es war 1933.

Sie „praktizierten ihre Rassentheoreme" vom ersten Tag an. Das Gesetz zur Säuberung des Berufsbeamtentums, das die „nichtarischen" Beamten auf die Straße setzte, war bereits in den ersten Apriltagen 1933 in den Zeitungen zu lesen. Auch schauderten einem die Knochen bei dem, was auf Universitäten, Hochschulen, Gerichten und in städtischen Krankenhäusern vor sich ging. Auch Dr. Benn durfte es 1933 schaudern, als ihn der nationalsozialistische Ärztebund von der Liste jener strich, die „bestimmte Atteste ausstellen durften". Doch teilte der Arzt dem Schriftsteller von diesen Erfahrungen nichts mit. So praktizierte der Schriftsteller just zu jener Zeit ahnungslos die Rassentheoreme selbst, arisierte den „Expressionismus", der inzwischen unter dem erweiterten Begriff der „Ausdruckswelt" wieder standesgemäß geworden ist, und schrieb seine „Genealogische Rechtfertigung".

Und schließlich, alles, was an Naivität recht ist: die NSDAP war im Frühjahr 1933 nicht einfach eine von 22 skurrilen kleinen Parteien. Sie war weitaus die größte und lärmendste. Es kam ihr eine gewisse Aufmerksamkeit zu. Und sie erhielt sie auch.

10

Was betrübt an diesen Ausflüchten? Nicht, daß der Schriftsteller Gottfried Benn sich 1933 verrannte und verlief und gar eine doppelte Treulosigkeit beging. Das kränkt auch, aber auf anderer Ebene.

Vielmehr: brächte ein kleiner Schullehrer, ein kleiner verschreckter Beamter derlei in seinem Entnazifizierungsverfahren vor, so lächelte man vermutlich über solche Biedermanns-Naivität, oder sollte es doch. Denn es sind die kleinen Ausflüchte der kleinen Leute. Bei einem Schriftsteller von der Statur Gottfried Benns aber lächelt man nicht. Denn er ist kein konfuser Halbgebildeter, sondern schreibt es in gewichtiger Sprache hin und druckt es mit Nachdruck. Er stempelt es mit Autorität: so war es; ich, ein bekannt klarer Kopf, habe es selbst erlebt; ihr könnt es mir glauben. Das ist das Entscheidende. Schriebe er: ich, ein bekannter Wirrkopf und bramarbasierender Wortemacher, hatte keine Ahnung, was los war und verstehe es auch jetzt noch nicht, so könnte man sagen: nun ja, ein weltfremder Mediziner — obwohl es auch so eine einigermaßen schauerliche Vorstellung wäre. Doch war es so nicht, ist es so nicht. Und das betrübt. Denn der Schriftsteller Benn gibt die Autorität des Geistes zu billig her und blamiert damit die ganze Innung.

Es ist ein Vorgang, der sich heute unter unseren Augen mit veränderten Vorzeichen allerwärts wiederholt. Deshalb erheischt er unsere dringende, ins einzelne gehende Aufmerksamkeit.

Unsägliche Verschlingungen, in die der Geistige in seinen Händeln mit der Despotie gerät! So plädiert Gottfried Benn auch heute noch „für das Recht eines Volkes, sich eine neue Lebensform zu geben, auch wenn diese Form anderen nicht zusagt", nennt es „den Kernpunkt des Problems" (des damaligen) und ignoriert den wirklichen Kern. Sagten nicht Engländer und Franzosen just dies: was in Deutschland vorgeht, gefällt uns nicht, aber es geht uns nichts an, und wir haben kein Recht zur Einmischung, solange die Außenwelt nicht in Mitleidenschaft gezogen wird? Das konnten sie mit einer gewissen Berechtigung nur sagen, weil sie Deutschland nicht kannten, nicht so gut wie Gottfried Benn und tausend andere, die in Deutschland lebten oder gelebt hatten. Wir mußten sehen, daß diese neue Lebensform über die Grenzen hinausdringen würde; ja, daß sie, ohne über die Grenzen zu dringen und andere in Mitleidenschaft zu ziehen, sich gar nicht verwirklichen konnte; und daß sie deshalb auch innerhalb Deutschlands — wenn schon aus keinem anderen Grunde — kein Recht, sondern ein Unrecht war. Wir mußten es sehen und sahen es auch, aber Dr. Benn fand es in Ordnung, daß die „ahnenschwere Vitalität" der neuen Lebensform sich „durch abgelebte europäische Flächen ergieße". Doch bereits 1941, in dem Aufsatz „Kunst und Drittes Reich" war daraus etwas ganz anderes geworden. Jetzt zitterte er, heimlich in der Militärbaracke schreibend, um die mittelmeerische Welt, die auf einmal keine „abgelebte europäische Fläche" mehr war; jetzt sah er „das Besondere des Umbruchs" klar; jetzt höhnte er: „Ein Volk in der Masse ohne bestimmte Form des Geschmacks, im ganzen unberührt von der moralischen und ästhetischen Verfeinerung benachbarter Kulturländer, philosophisch von konfuser idealistischer Begrifflichkeit, prosaistisch dumpf und unpointiert, ein Volk der Praxis mit dem — wie seine Entwicklung lehrt — alleinigen biologischen Ausweg zur Vergeistigung durch das Mittel der Romanisierung oder der Universalierung, läßt eine antisemitische Bewegung hoch, die ihm seine niedrigsten Ideale phraseologisch vorzaubert ... und nun blicken sie fragend die gebildeten Nationen an und erwarten mit einer kindlich anmutenden Naivität deren bewunderndes Erstaunen."

Aus der „ahnenschweren Vitalität", die sich „ergießt", waren jene geworden, die „alleine reden, reden, reden, bis sich von ihrem stinkenden Atem die Fladen über die erstickten Fluren wälzen."

So weit kann einen der biologische Humbug treiben, wenn man sich einmal entschlossen hat, mit Henry Ford zu befinden, daß „Geschichte Quatsch ist" — history is bunk — und nicht, unter anderem, die Herrschaft oder Knechtschaft, je nachdem, der vernünftigen Überlegung in der Ordnung der menschlichen Gesellschaftsverhältnisse, eine Betätigung, an der jeder Geistige, ob er es will oder nicht, eminent beteiligt ist. So kann es kommen, daß man auch heute noch plädiert, „das liberale Zeitalter konnte die Macht nicht sehen", wenn man lediglich einen artistischen Begriff von der Macht hat, und feststellen: „— die Geschichte verfährt nicht demokratisch, sie verfährt mit Gewalt" und „jede Ordnung ist Gewalt". Dann sieht es freilich so aus, als sei die Machtlosigkeit des Menschen vor der Macht des Menschen ein für allemal verbrieft und besiegelt, als mache die „Geschichte" mit dem „Menschen" was sie wolle.

Diesen Verzweiflungs-Unsinn, nicht länger mehr dorisch verbrämt, hört man auch heute wieder, und wieder sind es die Intellektuellen, ja die Intellektualisten wie Benn sie nennt, in ihrer Verstrickung mit der Despotie, die ihn in Angstschreien durchs Land rufen. So heben sie die Tyrannen auf ihre Schultern, und wenn unter der Last alles zusammenbricht, dann war es nicht ihre Schuld, sondern ein Ding namens Dynamik, das sich nicht kontrollieren läßt. Man kann durchaus zugestehen, wie es in „Ausdruckswelt" (nach der Katastrophe) formuliert wird, daß „die Geschichte keinen ideologischen und Ideale realisierenden Prozeß bedeutet, sondern daß das Gröbste gemeinsam zu verhindern, die einzige gegen sie gerichtete Möglichkeit ist", aber das heißt noch immer, daß die Geschichte so verfährt, wie der Mensch verfährt. Und der Mensch verfaßt seine „genealogische Rechtfertigung", wenn die Macht es von ihm erheischt, und das sieht dann nicht nur wie Geschichte aus, sondern es ist Geschichte, blutige, gewalttätige, die darüber lacht, daß man sie verachtet, nachdem man sie selbst gemacht hat.

Welche Rolle fällt hier dem Geistigen zu, der wie Gottfried Benn das „besondere Wesen des Dritten Reiches" nicht mehr „im alten Stil als Gegensatz von Geist und Macht" empfindet? Er habe, so heißt es in „Ausdruckswelt", dieses besondere Wesen „von nahem und schärfer erblickt als es den im Ausland lebenden möglich war", doch welche Verantwortung fiel ihm daraus zu? „Wenn die, die dann Deutschland verließen und noch heute so sehr auf uns herabsehen", so heißt es in „Doppelleben", „so klug und weitsichtig waren, wie es Klaus Mann ja ohne Zweifel war und wie es viele von den anderen vielleicht auch waren — warum haben sie das Unheil nicht von sich und uns abgewendet?"

Kapitale Frage, die den ganzen ungeheuren Fragenkomplex der Stellung des Intellektuellen in der Gesellschaft überhaupt, seines Einflusses und seiner Macht und Wirksamkeit aufwirft! Aber mit welch billiger, beispielloser Leichtfertigkeit wird sie gestellt! Sie hätten ja, höhnt Benn, Beziehungen gehabt zu Braun, Severing, Brüning, die Presse habe ihnen zur Verfügung gestanden, Botschaften und andere Gremien — „warum haben sie, wenn sie Bescheid wußten, das Unheil nicht abgewendet von sich, von uns, von Europa, von der ganzen Welt?"

Erwartet er auf diesen billigen Spott ernstlich eine Antwort? Natürlich nicht. Er weiß nur zu gut aus eigener Erfahrung, wo die Grenzen verlaufen zwischen Kunst und Macht, zwischen Geist und Macht, zwischen dem „Neuen Staat" und den „Intellektuellen". Er hat mehrere Bücher darüber geschrie-

ben, jedes zu seiner Zeit. Er weiß genau, daß „Bescheidwissen“ und „Verhindern“ weder dasselbe sind noch auseinander folgen, ebensowenig wie „Beurteilen“ und „Bessermachen“. Doch verwendet er auch nur einen Satz auf diese komplizierten Zusammenhänge? Fragt er mit einem Wort nach den Beziehungen zwischen Intellekt und physischen Machtmitteln in der modernen Gesellschaft, die Ernst Jünger im „Waldgang“ immerhin zu klären sich bemüht, nach den Ursachen der „praktischen“ Ohnmacht der „theoretischen“ Kritik in allen Lebensgebieten, nach den Gründen für die Diskrepanz und dem Widerstreit zwischen „Wissen“ und „Können“ in unserer Welt, die uns so hilflos der „Geschichte“ auszuliefern scheinen?
Nichts von alledem. Er begnügt sich mit einer Frivolität, und diese Frivolität trägt ihm gar noch Applaus ein von jenen, denen er beigebracht hat, daß im „Nihilismus ... das Ergebnis und die Möglichkeit der Geschichte endet“. Gern läse man ja im „Doppelleben“ mit herzlicher Zustimmung diese Sätze: „— es ist nicht so, daß man uns nicht glauben kann. Wir waren nicht alle Opportunisten. Wir haben genau so unsere inneren Überlegungen gehabt, unsere Hoffnungen und dann unsere Zweifel durchgekämpft und dann mit unseren inneren und äußeren Niederlagen bezahlt wie jene, die sich von uns trennten. Wir haben es in dieser Form erlebt, jene in einer anderen. Immer alles gewußt zu haben, immer recht behalten zu haben, das alleine ist nicht groß. Sich irren und dennoch seinem Inneren weiter Glauben schenken müssen — das ist der Mensch, und jenseits von Sieg und Niederlage beginnt sein Ruhm. Der Ruhm nämlich, das auf sich genommen zu haben, was der uns zugemessene Teil, was die Moira, man kann natürlich auch sagen der Zufall und die Gelegenheit uns bestimmte. Opportunismus ist das nicht. Aus Opportunismus erhält sich kein schöpferischer Mensch.“
Gern läse man's zustimmend. Doch es handelt sich ja gar nicht darum, immer alles gewußt, immer recht behalten zu haben. Es handelt sich auch nicht darum, groß zu sein. Es handelt sich darum, in entscheidenden, kritischen Situationen „das Zufällige vom Gesetzlichen“ unterscheiden zu können, sie nicht miteinander zu verwechseln und sich darüber klar zu sein, daß Zufall und Gelegenheit Menschenwerk und nicht ein

„zugemessener Teil" sind. Es handelt sich nicht darum, recht zu behalten, sondern das Rechte zu erkennen und sich zu bemühen, es zu tun. Wenn man Glück hat, behält man damit dann auch recht, aber es braucht nicht unbedingt so zu sein und es kommt auch im letzten Grund darauf nicht an.
Was aber heißt „der Ruhm, das auf sich genommen zu haben, was die Gelegenheit uns bestimmte?" Es heißt möglicherweise gar nichts. Wenn es aber etwas heißt, dann doch nur, daß man sich herumknuffen läßt, wie es den hohen Herren paßt. Wer bestimmte denn die Gelegenheit? Es war doch wohl der Despot. Freilich ist das dann kein Opportunismus, sondern die „Abdankung der schöpferischen Seite der Objektivität". Dies aber ist tragisch und nicht ruhmreich.
So wird die wahre Feststellung unwahr durch den Opportunismus der Begründung, die uns etwas weismachen will; unwahr durch den Opportunismus, mit dem der Irrtum als Irrtum proklamiert und im selben Atem rechthaberisch wieder wegeskamotiert wird. So wird dieser großangelegte Versuch, die Stellung des Intellektuellen im Reich der Despotie mit Aufrichtigkeit zu fixieren, herabgewürdigt auf das Niveau von Taschenspielertricks im Dorfzirkus. Die Bauernbuben schauen einmal hin und haben den Kniff heraus.

II

Unsägliche Verstrickungen!
Siebzehn Jahre nach dem betrüblichen Irrtum, da er „die Macht nicht sah", lassen sie den Verhaspelten noch immer nicht los und führen ihm die Feder, damit er an der Geschichte herumklittere, an seiner Vergangenheit herumdoktore, ein bißchen der Wahrheit hier, ein wenig der Unwahrheit dort abstreiche. Unsägliches Schauspiel des Geistes, der seine Souveränität verpfändet hat! Noch immer geben sie die längst zur Hölle niedergefahrenen Despoten nicht heraus und haben sie gar drunten an den Teufel weiter verpfändet.
So wie Gottfried Benn den Expressionismus umbaute, damit er in den Nationalsozialismus passe, so baut er die Geschichte um, damit der Nazismus hineinpasse, so baut er sich selbst

um, damit er in das Jahr 1950 passe, und das Jahr 1950 gar, damit es nonchalant auf seinen Schultern sitze. Welch übermächtiger Drang, koste es, was es wolle, das Unvereinbare zu vereinen! Welch mörderischer Versuch zur Synthese, der vor den unerlaubtesten dialektischen Mitteln nicht zurückschreckt! Er rückt die greuliche Zwangslage des in die Tyrannis verstrickten Intellektuellen in ein unbarmherzig grelles Licht. Der Despot, schlauerweise, hält von diesem Versuch zur Synthese nichts. Er zieht seine Kraft aus der Trennung des Zusammengehörigen, aus der unablässigen Aufspaltung, Scheidung und Sonderung — auf daß sich nichts verbinde, das stärker wäre denn er: eine Konstellation, in der Jünger als einzigen Ausweg nur noch das radikale Einzelgängertum des Waldgängers erblickt. So sieht der Despot freilich von weitem täuschend ähnlich dem prüfenden Geist und ist dabei doch sein Verderber. Mit dieser Täuschung aber reitet er den Geist in sein ärgstes Dilemma, in seine eigene Spaltung. Es wird die Not zur Tugend, die Ausweglosigkeit zum einzig möglichen Ausweg erklärt.

„Völlig aussichtslos war die Lage zunächst noch nicht. Aber sie war andererseits auch nicht so, daß ich ihr weiter meinen Namen überlassen wollte. Um mich zurückzuziehen, gab es für mich nur einen Weg, er lautete: die Armee."

Die Situation ist exemplarisch, ein in die nackte Abstraktion getriebenes Schulbeispiel für die Lage des Intellektuellen in nahezu jedem modernen Staat dieser Erde. Völlig aussichtslos ist die Lage nirgends. Aber die Grade des Ausmaßes, in dem der Geistige sich gegenüber der Macht behaupten kann, sind verschieden. Am Wort „zunächst" hängt es. Daraus kann die vollständige Unterdrückung, kann aber auch die Befreiung werden. Und welcher Geistige, mit dessen Namen sich auch nur ein Schimmer intellektueller Autorität verbindet, überlegt heute nicht, ob er überhaupt und wie lange noch ihr seinen Namen überlassen soll?

1935 also war es. Da machte der Arzt und Dichter Gottfried Benn seinen Laden zu, den ärztlichen und den dichterischen. Er wurde Militärarzt und verschrieb sich das Doppelleben als Existenzform.

Was den letzten inneren Anstoß gab, sei dahingestellt: daß er die „Macht gesehen" oder aber daß ihm die Synthese

zwischen Macht und Geist mißglückt und zwischen den Händen zerschlagen wurde? Das überdeckt sich ohnehin. Das Entscheidende ist, daß die „Kraft" des Nationalsozialismus ursprünglich als „geschichtsgebunden wie revolutionär" gesehen, daß „seine Tendenz im ganzen ungemein synthetisch" erblickt wurde und als solche den Beifall des Schriftstellers fand. Damals, im Angesicht der Macht, doch vor ihrer Entschleierung und Entgötterung, als man noch glaubte, daß eine „Umlegung der Achse vom moralischen zum ästhetischen Weltbild" stattfinde, daß der Staat, die Macht „das Individuum kunstfähig" mache, wie es in der „Dorischen Welt" auseinandergesetzt wird, wurde auch die Synthese zwischen der Macht des Despoten und dem Geist des Individuums versucht und aufgegeben. Jetzt wird das Steuer radikal in den entgegengesetzten Kurs herumgerissen, in die Anti-Synthese, in die Aufspaltung, die Parallelität getrennter Existenzschichten.
An dieser Wegkreuzung erhebt sich die doppelte Frage: Ist dies eine legitime moralische Möglichkeit für den Geistigen in der Tyrannis, und wenn sie es ist, ist es eine schöpferische Existenzform? Mit anderen, groben Worten ausgedrückt: geht es, und was kommt dabei heraus? Es ist ein faszinierendes und über alle Maßen lehrreiches Experiment.
Zunächst jedoch gilt es Brücken zu bauen, wenn auch im Nachhinein, damit man sich selbst, und gewißlich auch andere, davon überzeugen kann, man sei geraden Weges Schritt für Schritt gegangen und nicht unvermittelt über einen sich auftuenden Abgrund gesprungen. Zum Nachspringen würden sich vielleicht nur wenige Gefolgsleute bereit finden, zum Nachwandern über ordentlich gefügte Stege ist mancher geneigt.
Die Voraussetzung war ja in äußerer Form gegeben; es hieß, die innere Entsprechung zu ihr finden. Der soeben zugemachte Laden war ja ein Doppelladen gewesen. Vorn wurde Medizin betrieben, im Hinterzimmer Literatur. Die beiden kamen einander, bis die Macht auftauchte und die Synthese erheischte, nicht ins Gehege. Nichts deutet auf die Notwendigkeit hin, sie vor dem Auftauchen der Macht getrennt zu halten. Im Gegenteil: sie profitierten höchlichst voneinander, wie sie im Arzt und Schriftsteller Döblin oder Carossa voneinander profitierten. Ging nicht Dr. Benn noch weiter? Bewies er nicht,

daß der Schriftsteller und Dichter Benn ohne die naturwissenschaftliche Ausbildung des Mediziners Benn gar nicht denkbar gewesen sei, daß er dieser Schule „alles verdanke"? Das war sicher nicht nur eine aufrichtige, sondern außerdem auch noch eine richtige Vorstellung.

Man muß jedoch an sie erinnern, weil sie im Angesicht der Macht und im Ansehen der tragisch mißglückten Synthese plötzlich als nie vorhanden, als in des Mannes und seiner Persönlichkeit Disposition nie gegeben hingestellt wird. So war es aber nicht. Wenn sie jetzt bestritten wird, so nur, weil sie dem Brückenbau im Wege steht. Jetzt erfahren wir, daß „die Einheit der Persönlichkeit eine fragwürdige Sache" sei. „Man stelle sich vor, der Schöpfer der Relativitätstheorie solle diese Theorie in seinem Privatleben ausdrücken." Jetzt lernen wir: „Denken und Sein, Kunst und Gestalt dessen, der sie macht, ja sogar das Handeln und das Eigenleben von Privatem sind völlig verschiedene Wesenheiten — ob sie überhaupt zusammengehören, lasse ich dahingestellt." Jetzt wird uns erklärt, Doppelleben sei „in dem von mir theoretisch behaupteten und praktisch durchgeführten Sinne ein bewußtes Aufspalten der Persönlichkeit, ein systematisches, tendenziöses", und „in diesem Institut sind Handeln und Gedanken streng separiert, Leben und Geist zwei völlig verschiedene Dinge."

So wird aus dem, vor Einbruch der Macht nicht vorhandenen, aber jetzt a posteriori behaupteten Dualismus Schriftsteller-Arzt nach dem Einbruch der Macht die Doppelform „Handelnder-Denkender" hergeleitet. In der „aristokratischen Form der Emigration" ist der Militärarzt durchaus wörtlich als der „Handelnde" zu verstehen, während der Intellektuelle, welcher in abgeschiedenen, verborgenen Stunden weiter schreibt und dichtet, der „Denkende" ist. Da der Intellektuelle unter der Macht Handeln und Denken nicht zu vereinbaren, zur Synthese zu bringen vermochte, behauptet er jetzt, eine solche Vereinbarung, eine solche Synthese sei auch ohne die störende Einwirkung der despotischen Macht nicht möglich, zumindest aber sei sie nicht nötig. Es gehe auch ohne sie, und zwar besser. Er selbst sei das lebende Beispiel.

Er ist es. Und das Beispiel ist lehrreich.

„Ich bin also Dualist, Anti-Synthetiker, ich halte ‚vor dem Unvereinbaren', mein Streben nach Einheit beschränkt sich auf das jeweilig in meinen Händen zur Bearbeitung befindliche Blatt ... Mein eigenes Doppelleben war mir nicht nur immer sehr angenehm, ich habe es sogar mein Leben lang bewußt kultiviert." Denn „das, was lebt, ist etwas anderes als das, was denkt, dies ist eine fundamentale Tatsache unserer Existenz, und wir müssen uns mit ihr abfinden ... Das, was in mir dachte, bewegte sich in einem eigenen Raum; das, was von mir lebte, war innerhalb des mir zugewiesenen Milieus entgegenkommend, von guten Formen ... Nichts wird stofflich-psychologisch mehr verflochten, alles angeschlagen, nichts durchgeführt. Alles bleibt offen. Antisynthetik. Verharren vor dem Unvereinbaren."

12

So die Diagnose, so das Rezept.
Es ist ein ungeheuer verführerischer Aktionsplan. Er erscheint um so annehmbarer, als die Warnungstafel vor dem Betreten der Brücke ausdrücklich verkündet: „Ein Bedürfnis, in der Art wie ich zu denken, liegt soziologisch gesehen, bestimmt nicht vor, andererseits sind mir auch keine Gesetze bekannt, die es verbieten." Und doch: nur einer, der das Dilemma, die unsägliche Verstrickung des Intellektuellen in der Despotie wirklich erlebt, der die Macht zu beschwindeln versucht hat, der von der Macht beschwindelt worden ist, vermochte diesen Plan zu entwerfen. Daß er ehrlich ist, vermag man nicht zu bezweifeln. Aber es ist die Ehrlichkeit der Verzweiflung. Und wer verspürte diese Verzweiflung nicht?
Dennoch: was kommt dabei heraus? Sind wirklich keine Gesetze bekannt, die verbieten, so zu denken? Wenn es sie nicht gibt, ist es nicht an der Zeit, sie zu finden? Wo steht der Geistige in der Gesellschaft, wenn Geist und Geschichte keinen Zusammenhang mehr haben? Denn was wäre denn die Gesellschaft, wenn nicht die leibhaftige Geschichte ihrer Existenz, was der Intellektuelle, wenn nicht das Blinklicht, das anzeigt, an welcher Wegkreuzung diese Existenzgeschichte hält?
„Es ist natürlich naheliegend", so meint Gottfried Benn, „zu

sagen — wer die Dinge so sieht, wie sie im vorstehenden dargestellt sind, müsse eingreifen, aufhalten, Revolution machen oder sich erschießen lassen. Dieser Ansicht bin ich nicht. Es gibt hinsichtlich dieser Dinge keinen allgemeinen Beweis, es gibt nur existenzielle Gründe. Bei mir liegen diese Gründe in meinem persönlichen Unglauben an eine Bedeutung der geschichtlichen Welt." Und er fragt, scharf pointiert: „Wenn einer zufällig, durch die Zeitereignisse gezwungen, innerhalb der geschichtlichen Welt lebt, also zwischen Scharfschützen und Schiebern, Fallenstellern und Hasendieben, sollte das ihn veranlassen, aus sich herauszutreten und tatkräftig Ansichten zu äußern?"

Das ist die Fragestellung, und sie ist falsch. Denn der Geistige lebt nicht „zufällig" innerhalb der geschichtlichen Welt; er lebt „allfällig" in ihr, immer und unter allen Umständen. Und die geschichtliche Welt allein ermöglicht es ihm überhaupt, kraft ihrer Existenz, diese Existenzfrage zu stellen. Die Gesellschaft aber, Personifikation dieser geschichtlichen Welt, ist die Macht, und ihre Geschichte ist die Geschichte der Macht, und es mag der Geistige tausendmal erklären, er schulde der Gesellschaft nichts und sie ihm ebensowenig, es bleibt die Gesellschaft und damit die Macht auf alle Zeit auf ihn angewiesen, als Blinklicht, als Richtungsweiser, wenn schon sonst nichts. Und er blinkt auch, ob er will oder nicht. Der Kampf des Geistes um die Form, um den Stil, um den „Ausdruck" ist der ewige Kampf des Geistes mit der Macht. Und das, so scheint es, ist das Gesetz, welches verbietet, so zu denken wie dieser Geist. Der Stil mag der Wahrheit überlegen sein, wie Gottfried Benn behauptet. Aber auch der Lüge? Sie hat den Stil noch immer klein gekriegt, auch hier, auch in diesem Geist.

Doch lesen wir zu guter Letzt noch etwas anderes: „Bei diesem Verfahren gibt es etwas, das man streng vermeiden muß, man darf sich nicht découvrieren." Das ist der springende Punkt, und er découvriert, daß das Doppelleben keine Lösung des Konfliktes zwischen Geist und Macht zu bieten hat. Die Notwendigkeit der „Tarnung" — Benn braucht auch dieses Wort ausdrücklich — zeigt an, daß man im Dunkeln munkeln muß, wenn man so leben will. Gemunkel aber ist nicht „Ausdruck". Denken und Handeln lassen sich gewiß lichtdicht gegeneinander abdunkeln. Doch das Ergebnis ist, daß es in allen Teilkammern finster wird: politisch, moralisch, künstlerisch. Eines Tages wird der ganze Verdunkelungszauber heruntergerissen und zutage tritt der Atom- und Bewußtseinsspalter Dr. Klaus Fuchs. Ihm ist der Existenzspalter Gottfried Benn um zwei Ecken verschwägert. Dr. Fuchs unternahm den Versuch zur Spaltung der politischen Moralität; Dr. Benn den zur Spaltung der künstlerischen. Beide bedurften zu diesem Zweck der Tarnung, und beide découvrierten sich schließlich selbst: Dr. Fuchs vor Scotland Yard, Dr. Benn vor seinen Mit-Intellektuellen. Denn Tarnung ist immer eine Sache auf Zeit. Sie ist ein Auskunftsmittel, keine permanente Lebensform. Sie wird angelegt einzig und allein zu dem Zweck, damit man sie wieder ablegen kann. Und sie wird abgelegt, sobald die Notwendigkeit nicht mehr besteht, will sagen, sobald Geist und Macht vorübergehend im Einvernehmen sind. Im Menschengewühl auf offener Straße im hellen Tageslicht verbirgt man sich nicht dadurch, daß man eine Maske anlegt. Man fällt dadurch auf.

Soll man Ansichten äußern, wenn es gefährlich ist? Das ist der schmerzende Nerv des Problems. Es kommt wohl darauf an, was es für Ansichten sind, ob es Ansichten von Gewicht, das heißt, ob sie schöpferisch sind. Diese Entscheidung muß der Geistige im Angesicht der Macht allemal erst bei sich und für sich entscheiden. Nachher muß er sich fragen, was eher verschmerzt werden kann: der Untergang der Ansichten oder sein eigener, wer wichtiger ist, die Ansichten oder er selbst? Sind die Ansichten aber wichtiger als man selbst und gingen sie unter, wenn man sie nicht äußerte — muß man sie dann nicht äußern, auch wenn die Äußerung den eigenen Untergang mit sich bringt?

Mit dieser Preisfrage kriegt die Macht den Geist immer wieder beim Schopf und spannt ihn in die unausstehlichsten Qualen. Nichts auch nur vergleichbar Gräßliches vermag der Geist der Macht anzutun. Es sei denn, er bilde sich ein, die Macht kränke sich, wenn er ihr erklärt, er stünde ja mit ihr in keinem Zusammenhang, denn er lebe ja doppelt. Die Macht macht sich daraus nichts. Dr. Benn antwortet: Die Ansichten soll der Teufel holen. Und er holte sie sich auch prompt. Das mag Dr. Benn gleichgültig sein. Aber der Gesellschaft ist es nicht gleichgültig. Sie erhebt einen Anspruch auf die Ansichten. Sie braucht sie, wenn auch nur, um sie zu verwerfen. Und sie leistet sich einen Geist wie Gottfried Benn auch nur um seiner Ansichten willen. Sie duldet nicht, daß die Ansichten im Doppelladen durch die Hintertür abgegeben werden. Sie verlangt sie über den Ladentisch. Dr. Benn weiß das, und sein Ausweg ist: er macht den Laden zu.

13

Auch das aber ist zulässig, muß unter allen Umständen zugestanden werden, wenn das Verharren vor dem Unvereinbaren zulässig ist. Dies ist aber zulässig, wenn es schöpferisch ist. Um der Sterilität willen werden keine Zugeständnisse gemacht; um der Fruchtbarkeit zwar nicht alle, wohl aber die äußersten. Das wird der Doppellebemann nicht bestreiten, denn Sinn und Zweck des Doppellebens sind ja die Erhaltung der schöpferischen Potenz, ihre Bewahrung vor dem Zerriebenwerden in der Synthese zwischen Geist und Macht.
Das Schöpferische aber — stupende Binsenweisheit! — verharrt nicht. Es formt, es drückt sich aus, also bewegt es sich. Die Richtung ist nicht ausschlaggebend. Es bewegt sich nach vorn, auch rückwärts, auch im Kreis. Aber es bewegt sich. Es schafft immerdar aus zwei Dingen das dritte, aus neunundneunzig Gedanken den hundertsten, und wenn es auch nur der Gedanke darüber ist, wie dieser Gedanke zu schaffen wäre, wie im Fall Gottfried Benn; äußerste Verdünnung der schöpferischen Initiative, aber den Impuls zur Synthese wird sie nicht los. Mit der Aufgabe der Bemühung um die Synthese jedoch wird die schöpferische Bemühung aufgegeben, das Verharren wird unausweichlich zum Erstarren. Das Erstarrte aber ist steril, und die Sterilität hat keinen Preis. Man nimmt sie nicht einmal umsonst.
Dies nun hat Gottfried Benn mit großer Klarheit erblickt. Verharrt er vor dem Unvereinbaren oder dem, was er für unvereinbar hält — sei es Handeln und Denken, Geschichte und Stil, Macht und Geist — so verharrt er vor sich selbst, seiner eigenen sterilen Dualität, und das Ergebnis des Verharrens ist der Zerfall des Gedankens:

„Man kann schon gar nicht mehr darüber nachdenken. Manchmal hat man schon das Gefühl, mit dem Gedanken ist es vorbei. Jeder Gedanke ruft sofort einen Gegengedanken hervor, man denkt ihn, man schreibt ihn, und im selben Augenblick ist schon der Gegenstoß da und reißt ihn um. Im Dialektischen ist offenbar Herbst, die Gedanken fallen vom Atemzug des eigenen Schöpfers, er erzeugt sie, und er verschlingt sie in das Aufgehobensein, in seinen Dunst. Wenn Dinge sehr lange gedacht werden, fallen sie ins Nichts. So die Dinge der Macht und des Geistes, der Ordnung und des Chaos, des Staates und der Freiheit. Man muß anhalten, sonst fällt man selber mit."

Diese gehören zu den Sätzen, vor denen man den Hut ziehen möchte, nicht weil sie richtig wären, sondern wenn sie richtig wären. Die Tiefkühlung des Geistes angesichts der Macht ist ein verführerisches Bild. Doch reagieren Gedanken und Ideen in der gleichen Weise wie die Negerin, die in ihrem Auto in Chicago von einem Blizzard überrascht wurde, auf der Stelle erfror, nach einigen Stunden auftaute und wieder weiterfuhr? Ist es dem Geist gegeben, einzufrieren, ohne dabei zu sterben? Die Frage ist nicht an den Schriftsteller, sie ist an den Mediziner und Biologen Gottfried Benn gerichtet.

Herbst wird es in der Tat in einer Dialektik, die auf den schöpferischen Zwist zwischen dem Unvereinbaren verzichtet, die den zeugenden Streit zwischen Geist und Macht aus ihrer Domäne verweist. Dann naht der Winter rasch. Die Bewegung erstarrt unter der Eisdecke, aus der hervor man sich nicht mehr „découvrieren" könnte, selbst, wenn man wollte. Am äußersten Fluchtpunkt des Dilemmas erfriert der Geist in der glühenden Sonne der despotischen Strafkolonie, und es kommt nicht mehr „darauf an, was man aus seinem Nihilismus macht", denn der Nihilismus, nicht einmal er, macht noch etwas mit einem.

Das ist die äußerste Lage, die die Despotie benötigt und zu schaffen sich bemüht, um den Geist aus ihrer Welt zu schaffen. Es ist die Lage, in der der Geist von sich gesteht: „Man war im günstigsten Fall ein Chargenspieler." Kein noch so peinliches Verhör kann aus ihm mehr das Geständnis herauspressen, daß ja das ganze Stück von ihm war. Denn er hat es vergessen.

„Ich verachte die Menschen, die mit ihren eigenen Dingen nicht fertig werden und nun eine andere Stelle um Aushilfe angehen."

Mit diesem Satz meint Gottfried Benn in schöner Selbstherrlichkeit die Religion. Aber um wie vieles mehr gilt er für die Macht! Und doch: der Geist, der mit seinen eigenen Dingen nicht fertig wird — denn seit wann wäre Schizophrenie eine Weltanschauung? — und der die Macht um Aushilfe angeht, ist er verachtenswert? Es wird sich der geschundene, mißbrauchte, erniedrigte, beleidigte und verratene Geist, so lange er sich an die Freiheit auch nur als einen Traum erinnert, gegen diese Verachtung verwahren, so wie der Mann Gottfried Benn sich dagegen verwahrt, verachtet zu werden. Und das mit großem moralischem Recht. Denn wer könnte verachten, was ihm einen Todesschrecken einjagt?

Es ist aber die Frage, ob man es über sich vermag, den Schrecken zu verachten. Todesverachtung ist ein Wort. In unserer Zeit hat mancher Geist in der Despotie gezeigt, daß es einen Inhalt hat. Manche vermögen es; viele haben es bewiesen. Aber nicht jedem ist es gegeben. Jene, denen es nicht gegeben ist, haben den Ausweg des Exils. Daß er ein ehrenhafter Ausweg ist, zeigt die tragische Gestalt des Schriftstellers Gottfried Benn, welcher ihn nicht wählte.

Auch ihn hätte das Exil mit manchem Konflikt und manchem Dilemma konfrontiert, deren Lösung und Überwindung den ganzen Mann erfordert hätten, außer mit dem einen, dem er nicht gewachsen war und das seine geistige Persönlichkeit zerrieben, zerspalten, in den Herbst der Dialektik, in den Zerfall des Gedankens, in die letzte Zusammenhanglosigkeit mit der lebendigen Welt getrieben hat. Der Mann Benn wäre ganz geblieben. Es wäre für ihn keine Schande gewesen, der für ihn so gefährlichen Nähe des Irrationalismus zur Despotie zu entfliehen, sich selbst diesen Rückzug abzuschneiden. Es wäre vielleicht gar seine Pflicht gewesen. Es wäre damit auch ein Vorbild gegeben worden, das heutigen Tages zu brauchen wäre. Es wäre ein Wert gewesen, und nicht eine Entwertung.

Denn das Ganze ist immer mehr wert als die Summe seiner Teile, und die Tyrannen wissen das. Das Ganze — das Ganze allein — vermag zu rebellieren. Die Teile sind stumm und ohnmächtig.

NACHWORT

In diesen erstmals 1953 veröffentlichten Untersuchungen über die Frage, wie sich der Intellektuelle, der Künstler, der Schriftsteller in einer Diktatur oder überhaupt gegenüber der Vereinnahmung durch politische Macht zu verhalten habe, hat man den Autor Peter de Mendelssohn ganz: seine Kühnheit und Unerschrockenheit; seine Liberalität und Fairness; seine Geistigkeit und Weltkenntnis; den Zugriff seiner, wenn es darauf ankommt, polemischen und doch auch eminent diskursiven, analytischen Schreibweise, die keinen Widerspruch aus dem Weg geht; seine stupende Belesenheit und Gescheitheit; und schließlich seinen Sinn für Rang, Niveau und unlösbare menschliche Konflikte. Er erörtert die Stellung des Geistigen in der Gesellschaft ja nicht am Beispiel von jedermann und irgendwem, sondern an extremen und herausragenden Sonderfällen der Literatur, an schöpferischen Menschen von höchst eigenwilliger und vertrackter innerer Disposition, und ohne jede Absicht, sie einer bloßen These, eines Postulats wegen über einen Kamm zu scheren, ihre besondere Situation zu leugnen oder sie mit Hohn von ihrem Postament zu stoßen. Wer nichts aufzuweisen hat, auf den käme es hinsichtlich seiner Verantwortung für das Geistige wohl auch nicht an. Was aber ist diese Verantwortung? Und worin besteht das Geistige? Hat der schöpferische geistige Mensch in der modernen, zwischen den Diktaturen lebenden Gesellschaft überhaupt eine moralische Autorität, der er verpflichtet wäre? Und wie kann er sich von Fall zu Fall mindestens so verhalten, als wäre es so? Daß sich die „moralischen Möglichkeiten des Intellektuellen" nicht auf eine einfache, lehrbuchhafte Formel bringen lassen, das hat Peter de Mendelssohn gewußt, als er sich auf diese Thematik einließ. Es sind daher „Überlegungen höchst persönlicher Art", wie der Autor vorausschickt, provoziert von der mörderischsten und geistfeindlichsten Despotie unsres Jahrhunderts; Überlegungen, die Mendelssohns Standpunkt von 1953 wiedergeben, auf halbem Wege zwischen Exil und Rückkehr – sie haben nichts von ihrer Aktualität und sittlichen Verbindlichkeit verloren, weil sie angestellt sind nicht auf der Basis einer bloßen

„Gesinnung“, sondern einer Erfahrung, nämlich der des Jahres 1933, in welchem der Autor selbst alle Chancen und Möglichkeiten genau durchdenken mußte, die er innerhalb und außerhalb Deutschlands besaß, wobei sich ihm unausweichlich die Frage stellte: Was ist zu tun?

Peter de Mendelssohn, am 1. Juni 1908 in München geboren und ebenda am 10. August 1982 gestorben, wuchs in Hellerau bei Dresden und in Berlin auf und wurde nach seinem Abitur 1926 Redaktionsvolontär und Redakteur am Berliner Tageblatt. Er debütierte mit einer Novelle, ab 1929 arbeitete er als Schriftsteller und Journalist in Berlin, Paris und London und emigrierte, nachdem er mit seinem vierten Buch, dem Roman ‚Schmerzliches Arkadien‘ (1932) erstmals größere Aufmerksamkeit geweckt hatte, als einer der jüngsten unter den deutschen Autoren über Paris und Wien nach London, wo er von 1936 bis 1970 seinen ständigen Wohnsitz hatte und für Zeitungen und Rundfunkanstalten tätig war. 1970 kehrte er nach Deutschland zurück und ließ sich in München nieder. Das Exil konfrontierte ihn mit der Politik und machte ihn zum politischen Publizisten. Die Neugier nach historischem Hintergrund weckte seinen Geschichtssinn; so kam er über Geschichtsstudien, Übersetzungen und Biographien auch zur Beschäftigung mit der Literaturgeschichte, an der er sich als kritischer Essayist und Monograph, der Unbekanntes und Vergessenes in neuem Zusammenhang sah, zu bewähren begann. Er legte 1970 die umfangreiche Monographie ‚S. Fischer und sein Verlag‘ vor und wurde in der Folgezeit zum umsichtigen Biographen und Herausgeber Thomas Manns.

Was seine vier bedeutendsten Essaybände auszeichnet – ‚Einhorn singt im Regen‘ (1952), ‚Der Geist in der Despotie‘ (1953), ‚Von deutscher Repräsentanz‘ (1972) und ‚Unterwegs mit Reiseschatten‘ (1977) –, das ist die liberale Grundhaltung, der gerechte zeitkritische Nachvollzug im persönlichen und literarischen Urteil über das, was seinem vielseitigen Geist in der Literatur und in der Wirklichkeit an allen Ecken und Enden begegnete. Wenn er sich auf etwas einließ, dann mit Passion und nicht aus Routine; er mußte kritisch und liebend gereizt sein – und einem Dichter wie Jean Giono war er wohl sogar besonders verfallen, da einer seiner eigenen Romane, ‚Das Gedächtnis der Zeit‘ (deutsche Neuausgabe 1974) deutlich in Gionos Nachfolge stand. Wer also bewundernd kritisiert und urteilend noch Respekt erweist, kennt das Sowohl-Als-auch. Und doch war Peter de Mendelssohn kein Mann der Zweideutigkeiten, so gut er die Ambivalenzen kannte, so sehr seine geschmeidige Sprache für das Einerseits und Andrerseits taugte. Es mußte schon am Ende etwas halbwegs Eindeutiges herauskommen, besser gesagt: es hatte auf eine erwachsene Vernunft hinauszulaufen. Er war von Haus aus zu sehr Aufklärer, als daß er das Ungenaue gelten lassen konnte. Daher auch die weitläufige und immer wieder neu ansetzende Prüfung des Sachverhalts in den vier Essays dieses Buches, die Gründlichkeit, mit der er auch rhetorisch seine Sache verfolgt, um ja nichts außer acht zu lassen und jeden Gedanken zu verdeutlichen und möglichst keinem Kurzschluß zu erliegen. Für die modische Umkehrung von Vernunft ins bloß Sophistische, der Gescheitheit in Aberwitz, hatte er nichts übrig. Er war ein Rationalist reinsten Geblüts, der vom Abgründigen wußte. Da wird nichts flach wegargumentiert, da findet man keinen einzigen Versuch, die Welt aus einem Punkte zu erklären, nicht eine Stelle, an der eine Einsicht einer Formulierung wegen preisgegeben würde. Gewiß mag an dem politisch-ethischen Raster, mit dem die Verhaltensweisen der Intellektuellen zwischen 1933 und 1945 gemessen werden, jüngeren Lesern einiges starr und in formalem Sinn „konservativ" erscheinen, aber bei genauerer Prüfung sind die vom Autor aufgeworfenen Alternativen (etwa am Beispiel Jean Gionos: Widerstand oder Leben) immer noch anwendbar, und die Probleme eines Realitätsverlustes und einer absoluten Moral werden auch in der Gegenwart unter Begriffen wie Gewissens- und Verantwortungs-Ethik wieder diskutiert: keine sehr neuen Fragestellungen. Überhaupt ist nicht viel neu unter Gottes Himmel – dieser Satz könnte von Peter de Mendelssohn stammen, und im Grunde hätte er damit recht, denn man kann sich gar nicht so schnell umdrehen, wie die alten Normen wieder zu neuen werden, und umgekehrt.

Kann man, wie der innere Widerstand sich manchmal einredet, praktische, politische und moralische Forderungen an den einzelnen erheben, die ihre gesamte ethische Rechtfertigung nicht aus einer klaren Gegenposition, sondern aus weltanschaulichem Schund beziehen? Genügt es, sich wie Jünger ins Schneckenhaus des Pariser Hotels ‚Majestic' zu begeben? Genügt es, sich der durch die Diktatur aufgenötigten Starre und Glätte der Mittel zu bedienen, wenn man sie so verinnerlicht, daß man sie der Selbstübereinstimmung wegen beibehält und damit Staat macht in Schriften, die „verschlüsselt wispern"? Darf man der Despotie das Fell über die Ohren ziehen mit Räubermärchen, an die man am Ende selber glaubt? Das sind und bleiben erregende Fragestellungen, solange das Problem Geist und Macht diskutiert werden wird. Aber selbst indem der Autor gegen verfängliche elitäre Philosopheme polemisiert, selbst indem er Jüngers und Benns Irrtümer bloßlegt, Gionos Abseitigkeiten und Hamsuns Nichtwissenwollen vor das Gericht der Geschichte bringt und der Wirklichkeit gegenüberstellt, macht er sich nicht zum Advokaten politischer Allerweltsklugheit. Das Grobe liegt ihm so wenig wie das Heftige – ausgenommen wenn ihm jene „Wahrheit" begegnet, die an die Opportunität gebunden ist: „sie wird einem von denselben Hurenbuben angepriesen, die gestern die Unwahrheit feilhielten und es morgen wieder tun können. Es ist nicht ausgemacht, daß diese schmutzigen Hände nicht auf die Wahrheit abfärben." Anders die Freiheit: bei ihrer Wahl kann man „so lange zaudern, bis es zu spät ist, es nichts mehr zu wählen gibt und von der ganzen Freiheit einem nur noch das entseelte und ausgehöhlte Wort übrig bleibt". Auch vor dieser Frage steht der Geist.

Kurzum, immer wieder scheint es darum zu gehen: Kommt die Kunst vor der Gesinnung, oder die Gesinnung vor der Kunst? Eine falsche Fragestellung, denn es gibt nur nachahmenswerte und weniger nachahmenswerte Verhaltensweisen in der Despotie und gegenüber der Despotie, Verhaltensweisen, die sich der Intellektuelle, der schöpferische Künstler und Schriftsteller auch nicht ohne weiteres wie aus einem Katalog aussuchen kann. Denn manche sind ihm aufgezwungen, andre nicht. Manches ist unausweichlich, andres eine freie Gewissensentscheidung. Er kann reden, und er kann schweigen. Beides kann aber von Fall zu Fall das eine oder das andre bedeuten, und so hütet sich denn Peter de Mendelssohn auch, aus seinen vier Fällen allgemeinste Schlußfolgerungen zu ziehen oder Biographien mit Zensuren zu versehen. Er urteilt – aber erst, nachdem er dem Leser jene Kenntnis der Vorgänge verschafft hat, die ihn selbst befähigen, eigene Urteile zu fällen, und

nachdem er uns in alle jene Versuchungen versetzt hat, die jedem Intellektuellen wie Fallen gestellt sind: die Versuchung, vor der großen Dummheit abzudanken, die Versuchung, es sich durch Versteckspiel, Mimikry und Anpassung leicht zu machen, oder gar die Versuchung, das Glück der Unterwerfung, der Entselbstung, der Nichtverantwortung bis zur Neige auszukosten und Verrat an der Vernunft, Verrat am Geist, Verrat an der Kunst zu begehen. Dem einen verzeiht die Geschichte, dem andern nicht. Lehrreich bleiben die Beispiele allemal.
Was man in diesem Buch zu lesen bekommt, hat zwei Vorzüge: es ist repräsentativ, und es ist, wieweit immer man mit dem Autor gehen mag, durch seine eigene Biographie beglaubigt. Er urteilt mit einer moralischen und politischen Legitimation. Und es ist schließlich kein Nachteil für den Geist, wenn er sich richtig entschieden hat. Man fragt sich immer wieder, und meist vergeblich, warum einer in Deutschland erst dreimal geirrt haben muß, um als Künstler oder Intellektueller „interessant“ zu sein und zu publizistischen Ehren zu kommen. Hier ist einer, der sich nicht geirrt hat; deshalb ist er hörenswert.

MARTIN GREGOR-DELLIN

Peter de Mendelssohn

S. Fischer und sein Verlag
1487 Seiten. Leinen im Schuber

Schmerzliches Arkadien
176 Seiten. Geb.
Wolfgang Krüger Verlag

Unterwegs mit Reiseschatten
Essays. 303 Seiten. Geb.

Unterwegs
Peter de Mendelssohn zum 70. Geburtstag
125 Seiten. Leinen

Der Zauberer
Das Leben des deutschen Schriftstellers
Thomas Mann. Erster Teil 1875–1918.
1187 Seiten, Leinen im Schuber

Die Geburt des Parlaments
Essays. Fischer Taschenbuch Band 2524

Nachbemerkungen zu Thomas Mann 1
›Buddenbrooks‹, ›Der Zauberberg‹, ›Doktor Faustus‹,
›Der Erwählte‹
Fischer Taschenbuch Band 5770

Nachbemerkungen zu Thomas Mann 2
›Frühe Erzählungen‹, ›Späte Erzählungen‹,
›Leiden und Größe der Meister‹
Fischer Taschenbuch Band 5771

S. Fischer

fi 205 / 3